Direito Empresarial II

Volumes desta Coleção

v. 1 – *Direito empresarial*. O empresário e seus auxiliares. O estabelecimento empresarial. As sociedades. 3. ed. rev., atual. a ampl. da obra *Manual de direito comercial*. São Paulo: Ed. RT, 2009. v. 1.

v. 2 – *Direito empresarial*. Sociedade anônima. Mercado de valores mobiliários. 2. ed. rev., atual. a ampl. da obra *Manual de direito comercial*. São Paulo: Ed. RT, 2009. v. 2.

Dados Internacionais de Catalogação na Publicação (CIP)
(Câmara Brasileira do Livro, SP, Brasil)

Franco, Vera Helena de Mello
  Direito empresarial II : sociedade anônima, mercado de valores mobiliários / Vera Helena de Mello Franco; Rachel Sztajn. – 2. ed. rev., atual. e ampl. – São Paulo : Editora Revista dos Tribunais, 2009.
  – (Direito empresarial ; v. 2)

Bibliografia
ISBN 978-85-203-3252-8 (obra completa)
ISBN 978-85-203-3435-5

1. Direito empresarial I. Sztajn, Rachel. II. Título. III. Série.

09-01070   CDU-34:388.93

Índices para catálogo sistemático: 1. Direito empresarial 34:388.93

Vera Helena de Mello Franco
Rachel Sztajn

Direito Empresarial II

Sociedade anônima
Mercado de valores mobiliários

2.ª edição revista, atualizada e ampliada da obra *Manual de direito comercial*, v. 2.

EDITORA
REVISTA DOS TRIBUNAIS

Direito Empresarial II
Sociedade anônima. Mercado de valores mobiliários

2.ª edição revista, atualizada e ampliada
da obra Manual de direito comercial, v. 2.

VERA HELENA DE MELLO FRANCO
RACHEL SZTAJN

1.ª edição: 2005.

© desta edição
[2009]

EDITORA REVISTA DOS TRIBUNAIS LTDA.
CARLOS HENRIQUE DE CARVALHO FILHO
Diretor responsável

247

Rua do Bosque, 820 – Barra Funda
Tel. 11 3613-8400 – Fax 11 3613-8450
CEP 01136-000 – São Paulo, SP, Brasil

TODOS OS DIREITOS RESERVADOS. Proibida a reprodução total ou parcial, por qualquer meio ou processo, especialmente por sistemas gráficos, microfílmicos, fotográficos, reprográficos, fonográficos, videográficos. Vedada a memorização e/ou a recuperação total ou parcial, bem como a inclusão de qualquer parte desta obra em qualquer sistema de processamento de dados. Essas proibições aplicam-se também às características gráficas da obra e à sua editoração. A violação dos direitos autorais é punível como crime (art. 184 e parágrafos do Código Penal) com pena de prisão e multa, busca e apreensão e indenizações diversas (arts. 101 a 110 da Lei 9.610, de 19.02.1998, Lei dos Direitos Autorais).

CENTRAL DE RELACIONAMENTO RT
(atendimento, em dias úteis, das 8 às 17 horas)
Tel. 0800-702-2433

e-mail de atendimento ao consumidor:
sac@rt.com.br

Visite nosso site:
www.rt.com.br

Impresso no Brasil
[03-2009]

Universitário (texto)

Atualizado até
[02.02.2009]

ISBN 978-85-203-3252-8 (Coleção)
ISBN 978-85-203-3435-5 (Volume)

Para
OSCAR BARRETO FILHO.

Nota das autoras

Uma explicação deve ser dada para justificar a mudança do título do Manual de "Direito Comercial" para "Direito Empresarial". Embora no direito comparado tenha-se mantido a terminologia "Direito Comercial", o novo Código Civil, por infelicidade, substituiu a denominação proposta por Silvio Marcondes – "Da atividade negocial" por "Do direito de empresa" e com isto criou situação singular no direito nacional. Singular, posto que em descompasso com aquela acatada pelo direito comparado. Disto decorreu introduzir-se no direito brasileiro uma dicotomia distorcida de molde a designar a parte do direito comercial cuidada no Código Civil como "Direito empresarial", reservando a expressão "Direito Comercial" para o que ali não fosse tratado.

É certo que esta orientação não autoriza se inclua a matéria tratada (Sociedades Anônimas e Mercado de Valores Mobiliários) sob a denominação "Direito Empresarial", ainda mais considerando que, saudavelmente, este segmento restou fora do atual Código. Todavia a *praxis* introduziu a rotulação defeituosa, o que nos força a acatar a sugestão (ainda que sob protestos) de alterar o título do *Manual* de molde a adequá-lo ao desejo do mercado.

Apresentação do volume

A presente obra conjuga a visão do direito acionário com a de seu mercado, incorporando as novas regras e instruções da CVM, o novo Código Civil e leis adjacentes.

Com isto, a obra adota postura inovadora, vez que não somente analisa as questões pertinentes ao funcionamento do Mercado de Valores Mobiliários sob o ponto de vista econômico e financeiro, mas apresenta e explica o regramento jurídico que o suporta, bem como versa sobre a governança corporativa e as instituições sociais e jurídicas.

A idéia de fundo foi elaborar um compêndio sério, sintético e compacto, que possa servir para consultas de todo estudioso e profissional do direito a par de permitir acesso a relevantes conhecimentos que interessam ao desenvolvimento da economia nacional.

Sobre as autoras

RACHEL SZTAJN

Livre docente e doutora pela Faculdade de Direito da Universidade de São Paulo – USP. Professora associada do Departamento de Direito Comercial da FDUSP. Consultora e parecerista.

VERA HELENA DE MELLO FRANCO

Mestre e doutora em direito comercial pela Faculdade de Direito da Universidade de São Paulo – USP. Professora assistente doutora do Departamento de Direito Comercial da FDUSP e, também, professora responsável titular de Direito Comercial na Faculdade de Direito da Universidade São Judas Tadeu – USJT e professora contratada da Faculdade Autônoma de Direito – FADISP.

É membro do Conselho do Instituto Brasileiro de Direito de Seguro, sócia fundadora do Instituto Brasileiro de Estudos de Empresas em Crise – IBR e membro do comitê de redação da Revista de Direito Mercantil, Industrial, Econômico e Financeiro.

Autora de várias obras publicadas, conferencista, parecerista e consultora legal em São Paulo, recebeu o prêmio Gastão Vidigal de 1966 e, pela obra *Os negócios e o direito*, o prêmio Jabuti de 1993.

Sumário

Nota das Autoras 7
Apresentação do Volume 9
Sobre as Autoras 11

I
AS SOCIEDADES ANÔNIMAS: ORIGEM E EVOLUÇÃO

1. Antecedentes 21
2. Da *universitas* à *universitas* 24
3. Gênese das sociedades anônimas 26
4. As companhias colonizadoras 29
5. Evolução 32

II
A SOCIEDADE ANÔNIMA MODERNA

1. Função econômica 35
   1.1 A mobilização de capitais 35
   1.2 Os mercados e as operações – Visão geral 37
       1.2.1 Antecedentes: reservas, poupança e investimento 37
       1.2.2 Os papéis e os mercados 38
       1.2.3 Os mercados do dinheiro 40
             1.2.3.1 De crédito 40
             1.2.3.2 Monetário 40
             1.2.3.3 De capitais 40
2. Formas organizativas de mercado 42
   2.1 Mercado de procura direta 43
   2.2 O mercado de *brokers* 43
   2.3 O mercado de *dealers* 43
   2.4 Mercado de bolsa e de balcão 44
   2.5 Mercado de balcão organizado 45
3. Avaliação dos mercados mobiliários 46

III
O SISTEMA FINANCEIRO NACIONAL

1. O Sistema do ponto de vista institucional 48
2. O Conselho Monetário Nacional 49

3. A Comissão de Valores Mobiliários... 49
   3.1 Antecedentes 49
   3.2 A adequação ao modelo escolhido 51
   3.3 O poder disciplinar da CVM 53
4. Outros órgãos com competência normativa 58
   4.1 Superintendência de Seguros Privados (SUSEP)................... 58
   4.2 A Secretaria de Previdência Complementar 59
5. Instituições auxiliares e entidades auto-reguladoras 59
   5.1 Regulação 60
   5.2 Auto-regulação e hétero-regulação.. 61
6. As Bolsas no sistema de distribuição do Mercado de Capitais.................. 63
7. O Mercado de Balcão e o Mercado de Balcão Organizado 68
8. Os serviços de liquidação e custódia.. 70
9. O fundo de garantia 71
10. Sociedades corretoras... 73
Jurisprudência.. 74

IV
A SOCIEDADE ANÔNIMA:
TIPOS E SUBTIPOS. NATUREZA E REGIME JURÍDICO

1. Tipos e subtipos 76
2. Características básicas das sociedades anônimas......................... 84
   2.1 Sociedade comercial (empresarial) pela forma.................... 84
   2.2 Capital social dividido em ações 85
       2.2.1 O capital social.. 85
       2.2.2 As ações... 87
   2.3 Responsabilidade dos acionistas limitada ao montante das ações subscritas... 88
   2.4 Sociedade estatutária.. 88
   2.5 Submissão integral ao princípio da publicidade 89
   2.6 Estrutura complexa: órgãos com atribuições específicas 89
   2.7 O uso de denominação.. 89
Jurisprudência.. 90

V
OS VALORES MOBILIÁRIOS: VISÃO ATUAL

1. Antecedentes... 91
2. As definições 93
3. O conceito de *security* no direito norte-americano................... 95
4. A securitização ou titularização 97

5. Reflexos no modelo brasileiro 101
   5.1 As CRIs 101
   5.2 As debêntures securitizadas 102
   5.3 O contrato de *boi gordo* 103
   5.4 Valores mobiliários emitidos por companhias beneficiárias de incentivos fiscais: quotas FINAM, FINOR etc. 104
6. A situação perante o direito continental europeu 104
7. Conclusões no estado da questão 109

VI
OS VALORES MOBILIÁRIOS EM ESPÉCIE E OUTROS PAPÉIS: AÇÕES, DEBÊNTURES, PARTES BENEFICIÁRIAS, BÔNUS DE SUBSCRIÇÃO E OPÇÃO DE COMPRA DE AÇÕES

1. As ações 111
   1.1 Classificação das ações 111
   1.2 Espécies e classes 116
   1.3 Certificados – Títulos múltiplos e cautelas 119
   1.4 Desdobramento de ações 119
2. As debêntures 120
   2.1 Qualificação jurídica 120
   2.2 Procedimento para a emissão de debêntures 122
   2.3 A escritura de emissão 123
   2.4 O agente fiduciário dos debenturistas 124
   2.5 Espécies de debêntures 125
   2.6 Garantias 127
   2.7 O regime jurídico da emissão de debêntures 130
3. Partes beneficiárias 130
   3.1 Definição 130
   3.2 Antecedentes 131
   3.3 Emissão 131
   3.4 Problema – A qualificação como valor mobiliário 132
4. Os bônus de subscrição 133
5. A opção de compra de ações 134

VII
OS VALORES MOBILIÁRIOS EM ESPÉCIE: DERIVATIVOS E OUTROS

1. Introdução 135
2. Cupons, direitos, recibos de subscrição e certificados de desdobramento relativos às ações, debêntures e bônus de subscrição 135
   2.1 Os cupons de ações, debêntures e bônus de subscrição 135

16   Direito Empresarial

2.2 Recibos de subscrição.. 136
2.3 Certificados de desdobramento (ações, debêntures e bônus de subscrição) 137
3. Os certificados de depósito de valores mobiliários........................... 137
4. As cédulas de debêntures.. 139
5. As cotas de fundos de investimento em valores mobiliários ou de clubes de investimentos em quaisquer ativos..................................... 139
6. As notas comerciais... 140
7. Os contratos futuros, de opções e outros derivativos....................... 142
   7.1 Definição... 142
   7.2 Os contratos futuros... 144
   7.3 O contrato de opções.. 145
   7.4 Outros derivativos.. 147
       7.4.1 Índices representativos de ações................................... 147
       7.4.2 A operação de SWAP... 148

VIII
A CONSTITUIÇÃO DA COMPANHIA.
COMPANHIA ABERTA E CONTRATO DE UNDERWRITING

1. Requisitos preliminares... 149
   1.1 Subscrição do capital social... 149
   1.2 O ato de subscrição.. 150
   1.3 Constituição simultânea ou instantânea e constituição sucessiva.. 152
2. A criação da companhia aberta.. 153
   2.1 O registro da companhia e da emissão................................... 153
   2.2 Emissão e distribuição... 154
   2.3 Procedimento da emissão.. 157
       2.3.1 O registro da companhia... 157
       2.3.2 Documentos que devem acompanhar o pedido de registro da companhia e procedimento........................... 158
       2.3.3 O registro da emissão.. 158
       2.3.4 Atos e contratos ligados à subscrição........................... 159
       2.3.5 Cláusulas mínimas obrigatórias no contrato de underwriting 161
       2.3.6 A intermediação específica... 162
       2.3.7 Documentos que devem acompanhar o pedido de registro 163
       2.3.8 Obrigações (fundamentais) do underwriter 164
3. A constituição propriamente dita.. 164
4. A constituição da companhia fechada 165

5. Responsabilidade dos fundadores, das instituições financeiras intermediárias e dos primeiros administradores 166
6. Atos complementares à constituição 167
Jurisprudência 168

IX
ESTRUTURA DAS SOCIEDADES ANÔNIMAS

1. As assembléias gerais 170
   1.1 A estrutura 170
   1.2 As assembléias gerais 170
   1.3 Assembléias gerais: ordinária e extraordinária 171
   1.4 Convocação e instalação 171
   1.5 *Quorum* de instalação e *quorum* deliberativo 172
   1.6 O procedimento 173
2. As assembléias especiais 174
   2.1 Justificativa 174
   2.2 A assembléia dos acionistas preferenciais 174
   2.3 A assembléia dos debenturistas 175
   2.4 A assembléia dos titulares de partes beneficiárias 176
3. A administração 177
   3.1 Teoria orgânica e representação 177
   3.2 Os órgãos de administração 177
   3.3 O *Aufsichrat* no modelo acionário alemão de 1937 178
   3.4 O modelo dualista de administração no direito brasileiro 181
   3.5 A ação de responsabilidade contra administradores 182
   3.6 Deveres e impedimentos – A prática do *insider trading* 183
       3.6.1 A expressão e seu significado 183
4. A orientação legal e as formas de repressão 185
   4.1 Origem da disciplina e estado atual da questão no direito comparado 187
5. Administração das companhias e a questão da *corporate governance* 190
6. O Conselho Fiscal 194
Jurisprudência 195

X
TUTELA DOS MINORITÁRIOS E DOS TERCEIROS CREDORES

1. Controladores e não controladores (minoritários) 200
2. O poder de controle 202
3. A tutela dos minoritários 203
4. Os direitos em espécie 204

4.1 Individuais 204
    4.1.1 Participar dos lucros sociais 204
    4.1.2 Direito de participar do acervo da companhia em caso de liquidação 205
    4.1.3 Direito de fiscalizar na forma prevista na lei a gestão dos negócios sociais 206
    4.1.4 Direito de preferência 206
    4.1.5 Direito de retirar-se da sociedade nos casos previstos em lei 207
4.2 Os direitos de minoria 207
4.3 Sociais 208
    4.3.1 O direito de voto 208
    4.3.2 Os direitos dos acionistas preferenciais 209
4.4 Instrumentais (destinados a dar eficácia a outros direitos) 209
    4.4.1 A *actio ad exhibendum* 209
    4.4.2 A ação de responsabilidade contra administradores (*ut universitas*) 210
5. Normas paralelas de tutela 211
    5.1 As ações anulatórias e a de declaração de nulidade 211
    5.2 A delimitação das atribuições dos administradores na hipótese de uso indevido dos poderes de administração (art. 154 e ss.) 212
    5.3 A responsabilidade do acionista controlador pelos atos praticados com abuso de poder: arts. 116 e 117 da Lei 6.404/1976 214
    5.4 O acordo de acionistas (art. 118 da Lei 6.404/1976) 215
6. A situação de abuso de minoria 216
7. A tutela dos terceiros credores 217
Jurisprudência 218

XI
NEGÓCIOS INCIDENTES SOBRE O CONTROLE ACIONÁRIO E SUAS AÇÕES

1. Penhor – Alienação fiduciária em garantia – Usufruto – Fideicomisso 222
    1.1 Negócios de garantia 222
    1.2 Usufruto 223
    1.3 Fideicomisso 225
2. Negócios incidentes sobre o controle – As ofertas públicas 226
    2.1 O controle como bem a ser valorado em si mesmo 226
    2.2 O mercado de controle e o direito norte-americano 227
    2.3 O tratamento atual das ofertas perante o direito europeu 232
    2.4 A questão perante o direito brasileiro 241
    2.5 Período intermediário: a Lei 9.457 de 5 de maio de 1997 245

2.6 Regime atual das ofertas públicas no direito brasileiro 247
2.7 A importância da liquidez no mercado de valores mobiliários 259
3. Considerações finais 261

XII
DISSOLUÇÃO, LIQUIDAÇÃO E EXTINÇÃO
NAS SOCIEDADES ANÔNIMAS

1. A dissolução 263
2. Sede da matéria 264
3. A liquidação 269
4. Extinção da companhia em virtude de fusão, incorporação e cisão 270
5. Problema colocado – A dissolução parcial perante a sociedade anônima.... 272
Jurisprudência 274

XIII
A SOCIEDADE ANÔNIMA DE ECONOMIA MISTA

1. Antecedentes. Regime jurídico da atividade econômica exercida pelo Estado 277
2. A sociedade anônima de economia mista 278
3. O controle acionário do Estado por intermédio da sociedade anônima de economia mista 280
 3.1 Controle e qualificação jurídica 280
 3.2 O Estado como acionista controlador 281
 3.3 O interesse público e a finalidade lucrativa 283
Jurisprudência 286

XIV
SOCIEDADES CONTROLADORAS E CONTROLADAS

1. Introdução ao tema 290
 1.1 Motivos e objetivos da criação dos grupos 290
 1.2 Sociedades coligadas, controladas e grupos de sociedades 291
2. Definições propostas 294
3. O vínculo de subordinação 296
4. Reconhecimento da relação de dominação – A convenção grupal 297
5. A disciplina dos grupos formalmente constituídos............ 298
 5.1 Antecedentes 298
 5.2 A disciplina dos grupos perante o direito brasileiro 299
  5.2.1 A convenção de grupo 299
  5.2.2 O grupo formalmente constituído – conseqüências 301
 5.3 Grupos de coordenação 302

6. As participações recíprocas 303
   6.1 O direito anterior 303
   6.2 Finalidade da vedação 304
   6.3 Sanção 305
7. A subsidiária integral 306
Jurisprudência 307

BIBLIOGRAFIA 309

I

As Sociedades Anônimas: Origem e Evolução

1. Antecedentes

"Convenhamos que a história das sociedades comerciais se tem de fazer, acima de tudo, com os olhos postos nas modificações jurídicas intrínsecas que se detectarem e sem constrangimentos artificiais provocados pela summa divisio entre sociedades de pessoas e sociedades de capitais."

Com estas palavras, Rui Manuel de Figueiredo Marcos justifica a delimitação do âmbito de pesquisa acatado na sua tese de doutorado em ciências jurídico-históricas, apresentada à faculdade de direito da Universidade de Coimbra.[1]

Todavia, ousamos discordar, eis que a apreensão da Sociedade Anônima, a complexidade da sua estrutura, seu perfil institucional e os interesses extra societários que porta, impõe se distinga, juntamente com Inocêncio IV: "a *universitas* é uma pessoa; a *societas* apenas outro nome, um nome coletivo para os *socii*".[2]

---

1. Aut. cit., *As companhias pombalinas – Contributo para a história das sociedades por acções em Portugal*, Coleção Teses, Livraria Almedina, Coimbra, 1997, nota 6, p. 12.
2. Conf. Frederic William Maitland (tradutor), na Introdução à *Political theories of the middle age* de Otto Von Gierke, Thoemmes Press, Bristol, England, 2. ed. (reimpressão da edição de 1900), 1996, p. XXII, nos termos seguintes: "There were a few phrases in the Digest capable of perplexing the first glossators, but in clear words Innocent IV I had apprehended the distinction: the *universitas* is a person; the *societas* is only another name, a collective name, for the *socii*. Since then jurisprudence had kept or endeavoured to keep the two in very different boxes, in spite of the efforts of Natural Law to break down the partition. In a system of *Pandektenrecht* the universitas appeared on an early page under the rubric 'Law of Persons' while the *societas* was far away, probably in another volume, for a Partnership is a kind of Contract and Contract is a kind of Obligation."

Quer a *societas* romana, quer a *Gesellschaft* germânica eram pessoas jurídicas no sentido como a temos no Direito moderno.[3]

A *universitas* romana, à época, nada mais era do que "o protótipo de uma coleção de indivíduos e de seus direitos, puramente formal e inorgânica",[4] justificando a crítica de Gierke ao critério romano de fazer derivar o Direito Privado do indivíduo singularmente considerado.[5]

O Direito Romano não tinha a visão comunitária, comum ao Direito Germânico. Sua concepção de associação estava submetida à soberania do indivíduo, não se admitindo, dentro do âmbito do Direito Privado, pudesse este abdicar de sua personalidade em favor de uma esfera comunitária portadora de uma vontade unitária.[6]

Inclusive, embora aceito portasse a *societas publicanorum* uma estrutura dotada de uma certa complexidade e os romanistas admitam fosse dotada de personalidade jurídica,[7] esta concepção não tinha o sentido que, atualmente, se lhe atribui.[8]

---

3. Silvio A.B. Meira, *Instituições de direito romano*, 2. ed., Max Limonad, São Paulo, Brasil, 1962, p. 125, nos termos seguintes: "Os romanos não conheceram a noção abstrata das pessoas jurídicas no antigo direito quiritário. Foi o direito clássico que estendeu o conceito de capacidade jurídica à reunião de pessoas com um objetivo comum. Esse objetivo tanto poderia ser político, como econômico, religioso ou social. Por essa transformação, os agrupamentos de pessoas passaram a ter personalidade distinta da de seus membros, patrimônios e direitos próprios. Essa reunião de indivíduos, com objetivos comuns, passou a ser conhecida pela denominação genérica de – *universitas* (...)".
4. Conf. George Heiman, nota a tradução do *Das deutsche Genossenschaftsrecht*, de Otto Von Gierke, do Inglês, *Associations and law – The classical and early christian stages*, University of Toronto Press, Toronto e Buffalo, 1977, p. 71.
5. Idem, p. 68.
6. Otto Von Gierke, *Associations and law – The classical and early christian stages*, cit., p. 99-100, nos seguintes termos: "Roman Law knew nothing of the communal extension of rights and obligations familiar to Germanic law. Owing to its basic conception of person, it was plainly obliged to place all associations of subjects under the objective competence of the sovereign individual. It would have been necessary to negate the Roman concept of liberty in order to be able to look upon a private community as a substantial limitation upon the individual will in favour of a communal sphere of will. Furthermore, it was unthinkable that a Roman community based upon private law could formulate itself, of its own volition, into a corporate association whose unity was a subject of law distinct from that of the sum of its members."
7. Rui Manoel de Figueiredo Marcos, op. cit., p. 19, nota 26.
8. Idem. Confira-se p. 21, nota 27: "Só vozes isoladas, como Bouchard, apoiaram o vislumbre de um nexo de filiação entre as modernas sociedades anônimas e

A par disto, mal não faz, lembrar que a generalização da expressão "*societas*", conforme a lição de Gierke,[9] significou o "(...) desaparecimento de qualquer linha clara de divisão lógica entre a corporação genuína[10] e a mera sociedade ou *partnership* (...)", o que, igualmente, dificulta a visão clara das origens romanistas que se pretende.

Vale, portanto, a tese que situa vestígios da sociedade por ações, ou melhor dizendo – seus embriões, a partir do século XII.[11]

---

as ancestrais *societates vectigalium* do direito romano. A esmagadora maioria dos autores, por exemplo Gagliano na esteira de Worms, não considera as segundas, nem de longe, autênticas sociedades por ações. (...) A moderna romanística também recusa a identificação da *societas publicanorum* a figuras jurídicas actuais. Alguns escritores defenderam que sua estrutura complexa originava uma sociedade dotada de personalidade jurídica, fazendo lembrar, sob certos aspectos, uma sociedade por acções. (...) No entanto, esta posição não encontra apoio nas fontes literárias, epigráficas e jurídicas. Cimma vai ainda mais longe. Nega-a, na medida em que o *manceps* surgia como único contraente perante o Estado, não agindo na qualidade de representante dos sócios. Vale, ainda, a lição de Gierke (op. cit. p. 100-101), "An exception to the prevailling doctrine in Roman Law did however exist in the case of the associations of the publicani. But that these societies gained recognition as having an existence independent of its members was due to the fact that they came under the aegis of the Roman state's financial administration. As such they were under the jurisdiction of the *jus publicum*. They may be considered as vocational corporations but not as bodies derived from private law. Rather they appeared as political bodies that included the social relationships of private law. Despite the greater permanence of the publicani and a certain type of organization permitted to their societies, they belonged to the category of a purely obligatory *societas*".

9. Aut. cit., *Natural law and the theory of society 1500 to 1800*, Trad. de *Ernest Backer*, The Lawbook Exchange, Ltd. Union, New Jersey, 2001. Verifique-se a lição "All this meant the disappearance of any clear line of logical division between the genuine corporation and the mere 'society' or partnership. Internally the law of partnership was made to explain every form of human community, including the State; externally every form of human community, including the mere relation of joint – owners of property, was vested with a moral personality (...)".

10. A estrutura corporativa não era comum a todas as formas associativas, distinguindo-se as associações (*Verein*) das sociedades (*Gesellschaft*) e só quanto à primeiras era possível identificar a corporação. As segundas permaneciam como mero contrato ou relação obrigacional entre todos os participantes.

11. Idem, aut. e op. cit. p. 22.

A sua estrutura corporativa, todavia, tal como enxergamos hoje, advém em momento posterior, eis que o conceito de personalidade, identificando a *universitas* como pessoa jurídica de Direito Privado, tal como apreendemos atualmente, era tarefa ainda em elaboração à época.

2. DA *UNIVERSITAS* À *UNIVERSITAS*

É necessário lembrar que, após a queda do Império Romano, o resgate do seu direito foi feito em um ambiente cultural, no qual se misturavam elementos do germanismo e do romano cristianismo.

Invoca-se aqui a lição de Koschaker[12] a demonstrar que o relativo florescimento do Direito Romano (então de Theodosio) por influência de Bizâncio e da escola jurídica de Roma, durante os séculos V e VI, não sobreviveu incólume à época de decadência cultural que se lhe seguiu. O resgate das leis romanas nos Estados germânicos que surgiram no território do antigo império romano foi feito à sombra do direito bárbaro.

O Império Carolíngio era germânico.[13] A Europa que nasceu no século 800, não existiu na antiguidade e o Império Romano que aí se instalou não pode ser confundido com aquele do antigo mundo mediterrâneo.

O Direito de Justiniano sobreviveu de permeio àquele consuetudinário e tosco, como *ius commune*, alicerce do império cristão universal carolíngio. Natural, portanto, que as instituições jurídicas, ao depois resgatadas, sofressem a influência da cultura germânica.[14]

Invocamos, neste ponto, em seu inteiro teor, a lição de Javier Alvarado Planas[15] a testemunhar que "en rigor, la Europa medieval no se edificó

---

12. P. Koschaker, *Europa y el derecho romano*, Editorial Revista de Direito Privado, Madrid, 1955, p. 104, 105.
13. Idem, aut. e op. cit. p. 54.
14. Valem aqui os comentários de *James Q. Whitman, long live the hatred of roman law,* Yale Law School, Public Law & Legal Theori Research Paper Series, downloaded at Social Science Research Network Paper Collection at: www.papers.ssrn.com, p. 7, como segue: "Yet today specialist all know that the picture of German histori that underlies the debate over the supposed 'Reception of Roman Law' is problematic. What was 'received'in Germany, was not Roman law as such, but the *ius commune* system. That system, especially trough the use of the Canon Law and the *Sachenspiegel,* had already begun to penetrate the German-speacking world well before the sixteenth century. The use of the *ius commune* system did not by any means necessarily involve de application of Roman law (...)".
15. Aut.cit., *El problema del germanismo en el derecho español – Siglos V-VI,* Marcial Pons, Ediciones Jurídicas Y sociales, S.A., Madrid, 1997, p. 21.

sobre el antagonismo entre romanos y germanos sino en la confluencia de culturas. Y si el vasto proyecto de integración o sincismo – utilizando las palabras de Mommsen – que constituyó el Imperium romano pudo perdurar tantos siglos, fue por su capacidad de asimilación y adaptación a todos tipo de culturas (...)".

A noção de *universitas, corpus, collegium*, apreendidas em novo contexto, não deixou de refletir a ênfase comunitária e coletiva do Direito Germânico, permitindo, ao depois, a visão da associação como um sujeito de direito com existência própria, distinta daquela dos membros que a compunham e isto fora do âmbito do *Jus Publicum*.

E, embora o desenvolvimento do Direito Alemão das associações tenha sido interrompido com a recepção do Direito Romano, tal como advinda do pensamento dos pós glosadores e dos canonistas italianos, não se pode negar a contribuição posterior da *Genossenschaftstheorie* (teoria das associações) para a visão da sociedade de capitais como estrutura corporativa, organicamente constituída.

Como ensina Planitz[16] a pessoa moral da doutrina do Direito Natural enxergava a corporação como mera pluralidade de pessoas singulares, unidas mediante um contrato. Esta tese, posteriormente revitalizada por Savigny (*romanistische Korporationstheorie*), não subsistiu, abrindo espaço para a teoria germanista da associação (*germanistische Genosseschaftstheorie*) que rechaçou a teoria da ficção (e também aquela da concessão), afirmando a realidade da corporação como fator inerente à realidade econômica e social.

Despida de seus exageros, sua contribuição é inegável para a compreensão da sociedade anônima moderna,[17] orientando nossa visão sob este prisma.

---

16. Hans Planitz, *Principios de derecho privado germânico*, Trad. de Carlos Melon Infante, Bosch, Barcelona, 1957, p. 86.
17. Maitland, op. cit., p. XXXIX, em poucas palavras dá noticia do valor desta contribuição: "Spetacles are to be had in Germany which, so it is said, enable the law to see personality wherever there is bodyliness and a time seems at hand when the idea of 'particular creation' will be as antiquated in Corporation Law as it is in Zoology. Whether we like it or no, the Concession Theory has notice to quit, and may carry the whole Fiction Theory with it. The delicts, or torts and crimes, of corporations have naturally been one burning point of the prolonged debate. To serious minds there is something repulsive in the attribution of fraud or the like to the mindless *persona ficta*. The law would set a bad example if its fictions were fraudulent But despite some fairly clear words in the Digest, and despite the hight authority of the great Innocentius, the pratice of holding communities liable for delict was, so Dr. Gierke says, far too deeply rooted in the Germanic world to be eradicated. Even Savigny could not permanently prevail when the day of railway collisions had come.

3. GÊNESE DAS SOCIEDADES ANÔNIMAS

Para aqueles que situam os vestígios da sociedade anônima a partir do século XII, os achados distribuem-se pela Itália, França e Alemanha, denunciando-se como embrião medieval a forma associativa da exploração de moinhos, obtida mediante concessão feudal das quais sobressaiu a de Toulouse.[18]

Nestas formas, o valor do empreendimento estava subdividido em frações ideais, denominadas *uchaux* ou *saches*, circuláveis e transmissíveis *inter vivos* ou *causa mortis*, as quais representavam o limite da responsabilidade dos participantes nos riscos do empreendimento.

As associações mineiras medievais foram, igualmente, vistas como antecedentes das sociedades acionárias germânicas e italianas.[19] A co-propriedade da mina, estabelecida em regime de condomínio, corporificava-se em documentos, denominados *Kuchen* que podiam circular livremente.

Inexistia, todavia, o limite da responsabilidade, respondendo os partícipes pelas dívidas sociais.

Outros, assim Alfredo Lamy Filho reportando-se a Scialoja, assinala as *Maones* e as *Rhedereien* (consórcio de armadores dos países do norte) como "formas germinais do instituto".[20] As primeiras, associações medievais corporativas de credores de empréstimos públicos, para atender às carências das cidades italianas dos séculos XII e XIII.

Estes empréstimos eram garantidos pela cobrança privilegiada de determinadas receitas,[21] partilhando das rendas públicas. O fundo representado por estes empréstimos era repartido em partes iguais, as *locas*, com rendimento inicialmente fixo e, posteriormente, (1418) variável, corporificadas em certificados que podiam ser alienados livremente, transferindo com eles a posição

---

And so in England we may see the speculative doubt obstructing (...), while out in America the old sword of *Quo warranto*, forged for the recovery of royal rights from feudal barons, is descending upon the heads of joint-stock companies with monopolizing tendencies. When an American judge wields that sword and dissolves a corporation, he is peforming no such act of discretionary administration as Savigny would have permitted; he uses the language of penal justice; he may even say that he passes sentence of death, and will expend moral indignation on the culprit that stands before him (...)".

18. Rui Manoel de Figueiredo Marcos, op. cit., p. 22-23.
19. Idem, aut. e op. cit., p. 24-25.
20. Alfredo Lamy Filho cit. e José Luiz Bulhões Pedreira, *A lei das S.A.*, Renovar, Rio de Janeiro, 1992, p. 36-37.
21. Rui Manoel de Figueiredo Marcos, op. cit., p. 29.

de participe no empreendimento. As *locas* eram registradas nos livros sociais (*cartullari*), nos quais se transcreviam, igualmente, em caso de alienação, o nome do adquirente. Estas participações não podiam ser seqüestradas e estavam submetidas às regras da flutuação de preços.

Dentre estas organizações, cumpre mencionar as *Maones* genovesas de Chio e Foncea, ao depois (1407) reunidas na *Casa di S. Giorgio* ou *Società delle compere e de banchi di S. Giorgio*, esta sim, segundo parte da doutrina,[22] a primeira manifestação *embrionária* real da sociedade por ações.

Nas *Rhedereien*, sustentam os defensores da tese, existia a repartição do empreendimento comum (a expedição naval) em partes ideais, iguais, alienáveis e transmissíveis *mortis causae*. Estas participações, igualmente (ao molde das *maones*) denominadas *locas*, representavam o limite da responsabilidade do "investidor".

E, os defensores da tese vislumbram, justamente nesta possibilidade de corporificar a situação de participação em determinada estrutura organizativa numa posição jurídica padronizada a par da limitação da responsabilidade e da livre circulação destes títulos, indícios da futura sociedade anônima, vista como conjunto de posições de igual natureza.[23]

A tese, contudo, como se fez notar[24] não foi acatada sem ressalvas.

Na Inglaterra, a evolução é singular e distinta daquela ocorrente na Europa continental.

Gower e Vagts,[25] discorrendo sobre o tema, enfatizam o papel das guildas medievais (*the merchants adventurers*). Estas associações (*regulated companies*), muitas das quais constituídas mediante "cartas" outorgadas pela coroa, eram o meio adequado para obter o monopólio no comércio de alguma mercadoria ou de um ramo de atividade em particular e de empreendimentos privados, passaram a semi-públicas no século XII. Inicialmente controlavam o comércio realizado dentro das cidades. Posteriormente, evoluíram passando a regular o tráfico externo.[26]

Todavia, não constituíam, exatamente, a gênese do que procuramos, eis que o desenvolvimento de uma atividade comercial em conjunto somente vai

---

22. Idem, aut. op. e loc. cit. reportando-se à Thaller.
23. Alfredo Lamy Filho et all, op. cit., p. 37.
24. Idem, aut. e op. cit., p. 37-38, reportando-se à Brunetti e à Scialoja.
25. L. C. B. Gower, *Principles of modern company law*, 4. ed., Stevens & Sons, London, 1979, p. 22-23; e Detley F. Vagts, *Basic corporation law – Materials – Cases – Text*, 3. ed., The Foundation press. Inc., Westbury, New York, 1989, p. 1-2.
26. Rui Manuel de Figueiredo Marcos, op. cit., p. 40.

surgir num momento posterior, transformando estas associações de proteção ao comércio em empreendimento comercial comum, dotado de uma certa permanência.

Com este teor, Gowers[27] esclarece que, embora a atribuição de personalidade jurídica fosse um modo conveniente para separar a responsabilidade da associação daquela particular de cada um de seus membros, raramente era necessária. E não era necessária, porque cada associado comerciava por sua própria conta, com a única restrição de submeter-se às regras emanadas da associação. Desta forma, estas associações de mercadores, constituíam muito mais "câmaras de comércio" ou corporação de mercadores, com a finalidade de facilitar e promover os negócios particulares de seus membros, do que uma sociedade de mercadores perseguindo um objetivo comum.

Somente posteriormente percebeu-se o inconveniente desta associação com fundos separados, criando-se um *joint stock,* comum, o qual poderia ser subscrito, em diferentes montantes, pelos diversos participantes. Este processo está na gênese da criação em 1600 da *East Índia Co.*, (*the Governor and Company of Merchants of London trading into the East Indies*) criada, mediante concessão régia (*Royal charter*) para garantir o monopólio do comércio com a Índia.

Mas estas formas associativas, inicialmente, eram ocasionais eis que os fundos postos em comum e os lucros eram distribuídos entre os participantes após cada viagem ou empreendimento. Somente após 1614 passaram a ser estabelecidas por um determinado número de anos, adquirindo uma certa estabilidade para, finalmente, em 1653 tornarem-se investimentos de caráter permanente.

Em 1693 proibiu-se, aos associados, o comércio particular por conta própria, ordenando a criação de um capital, intocável pelo prazo de 21 anos. Os acionistas foram *incorporados,*[28] especificando-se as formas de transferência de ações. Assim firma-se o perfil da *Joint stock company,* dotada de um capital fixo e de uma certa permanência. Por outro lado, as deliberações eram aprovadas de forma democrática na assembléia geral dos sócios, atribuindo-se a cada sócio um voto (independente da participação acionária). Nestas assembléias eram, igualmente, eleitos os administradores.

Com isto a *East Índia Co.* deixou de ser uma companhia autorizada, criada pelo governo para um comércio particular, evoluindo para uma companhia comercial criada para o lucro de seus membros – a *joint stock company,* esta sim uma sociedade anônima com as características modernas.

---

27. Aut. e op. cit., p. 23.
28. Rui Manuel de Figueiredo Marcos, op. cit., p. 59.

Portanto, quando se pretende vislumbrar na *East Índia Co.* vestígios da sociedade anônima moderna, isto somente é verdadeiro para a sua fase final de evolução. Por tal razão, merecedora de acato é a tese que atribui às companhias holandesas do início dos 1600 o papel pioneiro neste terreno.

É necessário mencionar que outras teses vislumbram nas atividades realizadas em sociedade ou parceria, sob formas como o contrato de "commenda", da qual derivou (no direito continental), a sociedade em comandita, o gérmen da futura companhia.

E com esta finalidade,[29] afirmam a origem das sociedades anônimas nesta sociedade como o resultado da atribuição da limitação da responsabilidade limitada a todos os sócios. Não parece, porém, que assim seja, notadamente quando se têm em vista a diferença, já mencionada, entre a *Societas* e a *Universitas*, a denunciar a estrutura particular de uma e outra, reduzindo a primeira a mero vínculo obrigacional entre os sócios. A hipótese, portanto, fica afastada, centrando nosso ponto de partida em torno das companhias colonizadoras medievais do século XVII.

4. AS COMPANHIAS COLONIZADORAS

A evolução econômica, social e política que se vislumbra a partir da segunda metade do século XV, prolongando-se por todo século XVI, aliada aos descobrimentos, impõe a necessidade da criação de novas formas associativas, aptas a prover um maior volume de capital. Esta carência manifestou-se com igual intensidade tanto nos países da *Continental law* como naqueles da *Common law*.

Na Inglaterra, já fizemos referência à lição de Gowers,[30] mencionando o momento em que as antigas uniões de armadores, abandonando a anterior postura do exercício singular, individual, do comércio, uniram seus *portfollios*, passando a operar com contas conjuntas. Este procedimento estaria na origem do desenvolvimento da *East Índia Company*, a qual, todavia, somente adquiriu o perfil que procuramos em 1693.

História similar, denunciando procedimento semelhante no direito continental, é compartilhada pelos demais estudiosos, enfatizando o papel dos consórcios de armadores na constituição, em 1602, da Companhia das Índias Orientais Holandesa, a qual resultaria da fusão de oito *Rheedereien*, admitido o ingresso de quem dela quisesse participar.[31]

---

29. Assim Rui Manuel de Figueiredo Marcos, reportando-se à Frémery, Fick, Laband e Renaud, op. cit., p. 32, nota 71.
30. Aut. e op. cit., p. 24-25.
31. Assim, Lamy Filho e Bulhões Pedreira, op. cit., p. 41; Rui Manoel de Figueiredo Marcos, op. cit., p. 37.

Estas companhias eram corporações, dotadas de personalidade jurídica própria, o que, como assinala Hueck,[32] era uma regalia concedida por um ato governamental. Uma concessão do Estado, consubstanciada num documento a *Oktrooi*, o que lhe dava uma conotação de Direito Público.

Os diversos associados recebiam um comprovante correspondente à sua participação – a *Aktie*, livremente transferível e que lhes conferia o direito de acionar a companhia para haver sua participação no acervo comum ou nos lucros produzidos. A par disto, a responsabilidade de todos os sócios estava limitada ao montante subscrito.

A participação dos associados, inicialmente por prazo determinado (10 anos), transmudou-se, nos mesmos moldes das companhias inglesas, em perpétua, o que foi compensado[33] com a livre negociabilidade das *Aktien*, transferíveis mediante inscrição em livro próprio da companhia. Todavia, nelas, não vigorava o mesmo princípio democrático que vislumbramos nas *East Índia Co.* inglesa. O poder supremo na Cia. das Índias estava confiado aos 17 senhores, "representativos dos principais núcleos da República",[34] denunciando o interesse do governo no empreendimento. A Cia. apresentava a particularidade de estar subdividida em "câmaras" com sede em diferentes lugares. Os acionistas não ingressavam na Companhia diretamente, mas nas câmaras, as quais por sua vez enviavam delegados à assembléia composta pelos dezessete senhores e indicavam os administradores, na proporção do capital subscrito por cada uma. Estas câmaras detinham a sua frente um corpo de diretores (*Bewindhebers*), por sua vez, também diretores da Companhia que se erguiam, como fronteira intransponível, entre os acionistas e o centro da administração. Os acionistas, por seu lado, em nada influíam o destino da sociedade, ficando a distribuição de dividendos e a prestação de contas da gestão ao sabor da boa ou má vontade dos "dezessete senhores".

Estas características, para mais ou para menos, acompanharam as demais companhias colonizadoras que surgem, a partir daí, em França, Portugal, Suécia e Bélgica,[35] em regra com participação dominante do Estado, salvo o exemplo da Inglaterra onde as *regulated companies* recusavam qualquer participação do Estado, apresentando características peculiares.

Dentre estas, vale mencionar a configuração dos administradores como *trustees* dos sócios, o que lhes impunha atuar no seu interesse,[36] afastando a oligarquia absoluta característica das Companhias Holandesas.

---

32. Götz Hueck, *Gesellschaftstrecht*, 18. ed., C.H.Beck, München, 1983, p. 165.
33. Cf. Lamy Filho e Bulhões Pedreira, op. cit., p. 42.
34. Cf. Rui Manuel de Figueiredo Marcos, op. cit., p. 63.
35. Lamy Filho e Bulhões Pedreira, op. cit, p. 43.
36. Idem, aut. e op. cit., p.44-45.

No Brasil, mal não faz mencionar a Companhia Geral do Comércio do Brasil, criada pelo Alvará de 6 de janeiro de 1649, por D. João IV, com objetivos mais militares do que comerciais. Esta companhia, cujos estatutos foram aprovados em 10 de março de 1649, obrigava-se, conforme a narrativa de Roberto Simonsen,[37] "(...) a aprestar, dentro de dois anos, 36 navios de guerra, armados pelo menos de 20 a 30 peças de artilharia, guarnecidos de gente de mar e guerra, com tudo o mais necessário, 'com que dariam comboio, na ida e volta, aos barcos mercantes que ligavam comercialmente a Metrópole com o Brasil'. Auxiliaria, ainda à Coroa, na defesa da costa e dos portos nacionais e na restauração das praças do Brasil e de Angola (...)".

Esta sociedade detinha o monopólio do comércio de vinhos, azeites, farinha e bacalhau em terras brasileiras, cujo preço vinha estabelecido nos seus estatutos. Posteriormente, foi-lhe concedido, igualmente, o monopólio do comércio do pau-brasil, proibindo-se aos nativos a fabricação de vinho, mel, aguardente de cana e cachaça. Perante a oposição encontrada, a Companhia foi gradualmente perdendo seus privilégios, para finalmente ser extinta em 1720.

A ela seguiu-se a Companhia do Estado do Maranhão e Pará, criada pela coroa portuguesa em 1682, à qual foi garantido o monopólio de certos produtos e a introdução de escravos em território brasileiro. Isto pelo período de 20 anos, mediante preços tabelados num regime de créditos privilegiados e isenções fiscais.[38] Todavia, teve curta duração. Sacudida em seus alicerces pela revolução liderada por Manoel Beckman em 1684, foi condenada à morte pela coroa a conselho do Governador Gomes Freire de Andrade que nela nada mais via do que uma fonte de constante atribulações.

O governo do marquês de Pombal presenteou-nos com uma terceira companhia – a Companhia Geral do Grão Pará e do Maranhão, fundada em 1755, com o monopólio de toda importação e exportação do Estado do Maranhão, salvo o vinho e seus derivados, cujo monopólio já fora concedido a outras empresas portuguesas.[39] Esta companhia prestou reais serviços ao desenvolvimento da colônia, permitindo, conforme a lição de Simonsen,[40] a intensificação da cultura do arroz e do algodão, fonte, posteriormente, do desenvolvimento da região.

Seguiu-se-lhe em 1759, a Companhia de Pernambuco e Paraíba que não sobreviveu perante a concorrência de empreendimentos já existentes, sendo declarada extinta no reinado de Dona Maria I (1759).

---

37. Aut. cit., *História econômica do Brasil*, Siciliano, 8. ed., 1977, p. 356.
38. Rui Manoel de Figueiredo Marco, op. cit. p. 180.
39. Roberto Simonsen, op. cit., p. 358-359.
40. Idem, aut., loc. e op. cit.

5. Evolução

Na lição de Waldírio Bulgarelli[41] as companhias surgiram, como entidades semipúblicas, submetidas integralmente ao Estado, para, posteriormente, durante o período do liberalismo, dele se desvincularem, retornando à submissão nos tempos modernos.

Sua constituição, assinala, submeteu-se a três sistemas diversos: a *octroi*, a *autorização* e a *regulamentação*. No primeiro sistema (a *octroi*) a personalidade jurídica representava uma concessão do Estado, concedendo aos membros da sociedade o privilégio da limitação da responsabilidade ao montante dos aportes efetuados. Este sistema foi suprimido na França em 1791, conforme os idéias do iluminismo, para afinal, em 1793, acatar-se o regime de criação livre. Com o advento do Código de Comércio dos franceses o sistema foi substituído pelo da autorização governamental, ocasião em que, como narra, utilizou-se pela primeira vez a expressão *sociedade anônima*, trazendo sua regulação para o campo do Direito privado.

Padrão não dissemelhante foi o acatado no modelo inglês, em substituição àquele da *octroi*, substituído por *Royal charters* (cartas de incorporação) e, finalmente, em 1844, por aquele da *incorporation by registration*, segundo o qual a atribuição da personalidade jurídica não mais decorreria de qualquer autorização especial, bastando para tanto sua inscrição num ofício especial.

Finalmente, com o *Companies Act* de 1862, foi possível obter a limitação da responsabilidade dos sócios, decorrente do reconhecimento da personalidade jurídica, pelo simples registro do Estatuto.

Esta orientação influenciou os demais países do sistema continental, passando a França, a partir de 1867, a acatar o sistema da ampla liberdade na constituição das companhias.[42]

Assinala Lamy Filho[43] que a evolução das sociedades anônimas não se fez sem escândalos. Após a descarada especulação que se seguiu à criação da Companhia Holandesa das Índias Orientais, sorte melhor não acompanhou as companhias inglesas, com jogos especulativos tendo por base as ações emitidas. Digno de nota é o exemplo da venda de ações da "South Sea Company", (Companhia dos Mares do Sul) totalmente lastreadas em fantasias.

---

41. Aut. cit., *Manual das sociedades anônimas*, 12. ed., 2000, p. 63.
42. Idem, aut. op. e loc. cit. Verifique-se a lição p. 64: "No Brasil não foi diferente: a exemplo do código comercial francês, o Código Comercial de 1850 consagrou o regime da prévia autorização governamental, dependendo ainda de aprovação do Poder Legislativo, quando houvesse a concessão de algum privilégio. Essa exigência foi derrogada pela Lei 3.150, de 1882, como já visto e a seguir as leis posteriores vieram mantendo essa linha (...)".
43. Op. cit., p. 47 e ss.

De 1.711 a 1.720 milhões de libras mudaram de mãos e inúmeras companhias, igualmente fantasiosas foram criadas, forçando os diretores da "South Sea Company" a investir legalmente contra essas outras companhias. Isto instalou o pânico no mercado, levando à companhia à bancarrota. O descaramento na emissão de tais papéis foi tal que uma lei inglesa veio a lume em 1720, com a finalidade de coibir tais abusos. A lei, chamada de *Bubble Act* (lei da bolha), visava proibir que viessem a público projetos comerciais temerários, verdadeiras "bolhas" de sabão, destinados somente a apartar o investidor de seu dinheiro.

Digno de nota, igualmente, e merecedor de atenção foi o que se considerou o maior escândalo financeiro da França: O Banco Real, criado por John Law.

John Law, nascido em Edinburgh em 1671, de família rica, não teria necessidade de trabalhar, não fosse sua paixão pelo baralho e mulheres bonitas.

Forçado a fugir de Londres pela morte de um homem em duelo, Law refugiu-se no continente, onde prosseguiu com sua jogatina e consecutivas conquistas, paralelamente apaixonando-se pelo estudo das altas finanças.[44] Neste afã de cultura descobriu que o segredo da riqueza era absolutamente simples: todos os negócios fundam-se no crédito e quanto mais lucros eles produzissem, mais os seus empreendedores pediriam dinheiro emprestado com a intenção de ampliá-los. Todavia, o dinheiro, à época, era cunhado em ouro ou prata, inexistindo a possibilidade de emissão de mais moedas sem estes dois preciosos elementos.

Law, teve, então, a brilhante idéia de imprimir papel-moeda, o qual poderia ser imediatamente reembolsado em ouro ou prata, mediante simples solicitação a um Banco. Destarte, enquanto os clientes confiassem no papel, não exigiriam o seu correspondente em metal e, com isto, seria possível ao governo emitir a quantia de dinheiro que quisesse, incentivando o comércio.

Salvo a hipótese de pânico no mercado, o esquema parecia-lhe seguro.

Após uma tentativa fracassada de "vender" sua idéia na Escócia, Law retornou ao continente, desta vez instalando-se em Paris, onde conheceu o Duque d'Orleans, impingindo-lhe a idéia da sua genialidade financeira.

Após a morte de Luís XIV e a indicação dovc Duque d'Orleans para exercer a regência, Law convenceu-o a aceitar o esquema financeiro idealizado. Obtida a autorização, Law abriu seu Banco com autorização para imprimir seu próprio dinheiro. Em 1718, perante o sucesso obtido, o Banco de Law foi transformado em Banco Real, com liberdade para imprimir quanto dinheiro quisesse.

---

44. Conf. Colin Wilson, *True crime*, 2. ed. Carrol & Graf Publisher, Inc. N. York, p. 107.

Para manter a continuidade dos negócios e o ingresso de ouro e prata, Law voltou seus olhos para a Louisiana, no continente americano, então possessão dos franceses, convencendo-os a investir no novo continente. Afluíram os investimentos em "*Louisiana bonds*". O negócio expandiu-se rapidamente e o preço das participações também. Law, então, convence os franceses a imigrarem para Louisiana, obtendo do governo francês o direito de cobrar taxas pelos negócios ali praticados. Outras companhias foram imediatamente criadas no continente americano. Todavia, logo não existia ouro suficiente para reembolsar os investidores, quando solicitado. A confiança decaiu, e a corrida ao Banco denunciou a triste realidade, com o anúncio da sua quebra.

Estes e outros escândalos levaram à desconfiança no mecanismo das sociedades por ações, as quais somente vão recuperar-se, após a Revolução Industrial, com a edição de leis mais adequadas a resguardar os interesses e a confiança dos acionistas. Justifica-se destarte a supervisão governamental sobre as atividades destas sociedades quando fazem apelo à poupança pública, como ocorre, ainda atualmente, com relação às companhias abertas.

II
A Sociedade Anônima Moderna

1. FUNÇÃO ECONÔMICA

1.1 A mobilização de capitais

Até o século XVII, embora sobejamente conhecido o emprego de ferramentas e utensílios, a energia utilizada era primária e reduzida à força muscular.

É certo que algumas corporações de ofício já utilizavam a energia eólica e d'água, os moinhos de vento e hidráulicos desde a Idade Média, mas o resultado na formação do excedente de capital era inexpressivo.

Serviram, todavia, como laboratório para o desenvolvimento de novos equipamentos e processos de produção.

No século XVIII (1794) surgiu uma nova forma de energia, representada pela descoberta da máquina a vapor, revolucionando o modo de produção até então existente.

Adveio daí uma autêntica revolução social e produtiva, por não só absorver os rudimentos técnicos já conhecidos, como permitir a adoção e criação de novos procedimentos.

A esta primeira revolução no processo produtivo, no século seguinte (1850), seguiu-se uma outra, a industrial, caracterizada pelo maquinismo. O homem foi substituído pela máquina com a mecanização da produção.

Pelo menos assim era o modo de ver de alguns críticos de então, embora na realidade a expansão do sistema industrial acarretasse a necessidade de mais mão-de-obra e mais serviços.

A queda na taxa da mortalidade decorrente da melhor assistência médica e da melhoria das condições sanitárias,[1] o aumento da renda geral com o surgimento do proletariado e a concentração urbana foram fatores a aconselhar

---

1. Fatos que irão ocorrer somente depois de muitas lutas, pois, nas fábricas do período "heróico" da formação capitalista, o regime de trabalho (14 horas dia), mais a grande insalubridade das instalações e a inexistência de sistemas assistenciais ou previdenciários para os trabalhadores, eram responsáveis por inúmeras mortes, principalmente de menores e mulheres.

e favorecer a produção em grande escala, acelerando o surgimento da prática econômica que se convencionou chamar como "de mercado".[2]

A produção deixou de ter por destino o consumo local, o qual era insuficiente para receber a totalidade dos bens fabricados, impondo a necessidade da procura de novos centros onde colocar o excedente produzido.

Com isto, teve lugar uma nova revolução – a comercial, levada a feito pela descoberta da possibilidade de explorar o sentimento do desejo de consumo das massas.

A manipulação na criação de demandas entre os consumidores atingiu seu extremo no século posterior (XX), com a expansão do crédito ao consumo, em escala que as primeiras casas bancárias, financeiras e câmbio de antes jamais tinham atingido.

A conseqüência foi o aumento da possibilidade de demanda, o que iria determinar a necessidade da produção em larga escala a par da boa qualidade.

Vale dizer, capaz de derrotar o competidor, com melhores preços e quantidade suficiente para atender aos mercados.

Produzir satisfatoriamente, barateando o custo dos produtos obtidos significa produzir em maior escala, em massa e de forma mais eficiente, com melhor utilização dos fatores da produção.

Mas a produção em maior escala significa também investimento em equipamentos, máquinas (bens de capitais), o que exige maiores recursos financeiros. Qual a solução necessária para os proprietários daquelas empresas, que *ab hoc et ab hac* faziam dos lucros excedentes a base para aquisição de bens e propriedades pessoais, com isso descapitalizando a empresa e reduzindo a sua capacidade de modernização e crescimento?

Era necessário encontrar algo que lhes garantisse tudo aquilo e lhes assegurasse o real domínio e maior apropriação dos lucros.

A sociedade anônima, dotada de capacidade ilimitada para atrair recursos financeiros, com a correlata possibilidade de limitar e dispersar os riscos decorrentes do exercício do empreendimento, foi o modelo jurídico societário adequado para prover a essa necessidade de grandes volumes de capitais.

Ademais disto, o fato da limitação da responsabilidade do acionista tão-somente ao montante do capital subscrito tornava-a forma extremamente

---

2. Cf. Lamy Filho e Bulhões Pedreira, op. cit. a p. 53, "A palavra mercado expressa, em geral, o local em que os agentes econômicos se encontram para efetuar trocas (por exemplo: a praça ou edifício do mercado municipal e o prédio da bolsa de valores). Mas significa também o conjunto das pessoas que se encontram nesse local, conceituado como sistema social de trocas; e é com esse segundo sentido que é empregada na expressão 'economia de mercado' (...)".

atraente ao investimento, tendo em vista a consentânea diluição do risco perante o insucesso eventual do empreendimento.

E foi o modelo jurídico adequado para prover essa necessidade porque, dentre os tipos societários conhecidos, é a única apta a captar diretamente a poupança popular, concentrando os recursos financeiros obtidos de molde a concretizar os investimentos propostos. Para tanto emite títulos que coloca no mercado, oferecendo-os àqueles que, com excesso de poupança (agentes econômicos superavitários), buscam alternativas atraentes de investimentos no longo prazo.

E isto com risco significativamente menor para o empreendedor, idealizador do empreendimento, o qual, mediante o mecanismo acionário, pode controlar grandes volumes de capitais, colocando muito menos do próprio bolso.

Como isto funciona?

A resposta exige breve incursão na área dos mercados financeiros e de seu funcionamento.

1.2 Os mercados e as operações – Visão geral

1.2.1 Antecedentes: reservas, poupança e investimento

Usualmente, os mais ponderados, previdentes, não gastam tudo o que percebem e reservam, quando podem, moeda para emergências. Estas sobras monetárias que estocam à parte, em algum tipo de depósito, em instituição financeira, ou não, é o que se denomina reservas.[3] Ora, como o mercado necessita de cada vez maior volume de recursos financeiros, esse conceito tornou-se tão elástico que hoje absorve investimentos de fundos previdenciários e de aposentadoria destinados a cobrir necessidades futuras dos segurados.

Quando estas reservas não são utilizadas, quando se convertem em poupança de longo prazo, podem ser mobilizadas, transmudando-se em investimentos.

Investimento é assim, a aplicação da poupança na produção.

Em termos técnicos, investimento é toda aquela aplicação de recursos (títulos, dinheiro) em empreendimentos que renderão algum benefício como juros (preço do capital) ou lucros, (remuneração do capital investido na produção).

---

3. Conf. entre outros a João Regis Ricardo dos Santos, "Poupança, investimento e intermediação financeira", *Introdução ao mercado de Capitais*, obra conjunta coordenada por Hélio Portocarrero de Castro, IBMEC, 7. ed., Rio de Janeiro, 1979, p. 13-21.

Atualmente, porém, com a sofisticação e diversificação das atividades financeiras, pode-se dizer que investimento é toda aplicação de dinheiro com expectativa de ganho, seja ele lucro ou outra forma de remuneração.

1.2.2 Os papéis e os mercados

A mobilização destas reservas, todavia, não ocorre aleatoriamente. Elas têm lugar em áreas ou setores da economia que chamamos de *mercados*.

Qual o conceito jurídico de mercado?

A lei, assim o antigo Código Comercial de 1850, no seu artigo 32, utilizava a expressão praças de comércio; não a expressão mercado. Sobre o ponto, aliás, não faz mal denunciar que para alguns, assim Peter Nobel,[4] as expressões mercado financeiro, mercado de capitais e Direito Bursátil não representariam o objeto de qualquer categoria de classificação tradicional na sistemática jurídica. Seriam conceitos econômicos instrumentais do ponto de vista jurídico, dos quais lançaríamos mão para regulamentar estes segmentos da realidade econômica e financeira.

Mas, na verdade, a segmentação é *jurídica* porque os negócios celebrados em tais mercados têm peculiaridades inexistentes em outros. Esta a clara posição de Natalino Irti ao definir o mercado como *"unità giuridica delle relazioni di scambio, riguardanti un dato bene o date categorie di beni"*, identificando, destarte, a noção jurídica de mercado com a legalidade das relações de troca[5] e cujo princípio basilar repousa naquele constitucional que garante a livre iniciativa.[6]

Estes mercados do dinheiro e aquele que chamamos de capitais, todavia, do ponto de vista dos técnicos do mercado, conforme compilação produzida pela *Comissão Nacional da Bolsa de Valores*,[7] distinguem-se pelo prazo das

---

4. Tal a lição de Peter Nobel, *Schweizerisches Finanzmarketrecht*, Stämpfli Verlag AG, Berna, 1997, p. 6, n. 15.
5. Aut. cit., Concetto giuridico di mercato e dovere di solidarità, *Rivista di Diritto Civile*, anno XLIII. n. 2, marzo-aprile, 1997, Cedam, Padova, p. 186 e ss. Consulte, outrossim, do mesmo autor, Teoria generale del diritto e problema del mercato, *Rivista di Diritto Civile*, anno XLV, n. I, gennaio-febbraio, 1999, Cedam, Padova, p. 1 e ss.
6. Aut. cit. *Rivista di Diritto Civile*, anno XLI. n. 3, maggio-giugno, 1995, Cedam, Padova, p. 289 e ss., p. 293.
7. Conf. publicação da Comissão Nacional de Bolsas de Valores, coordenação de Miguel Delmar de Oliveira, *Introdução ao mercado de ações*, edição de 1988, atualizada por Miguel Dirceu Fonseca Tavares e Eduardo Novo Costa Pereira, p. 51 e ss. nos termos seguintes: "De acordo com certas características, os mercados financeiros podem ser subdivididos em quatro mercados

aplicações ou dos investimentos, e não porque se submetam a uma específica classificação conforme a dogmática jurídica.

De modo geral, todavia, deixando de lado o aspecto institucional, conforme esta visão extrajurídica, podemos considerar o mercado financeiro como uma categoria geral na qual atuam todos os profissionais que lidam com o dinheiro.

Este entendimento corresponde à concepção costumeira de que no mercado financeiro tem lugar a prestação de serviços financeiros, realizados sob a supervisão (regulação) do Estado.[8]

Esta concepção, vaga e imprecisa, decorre da dificuldade de estabelecer a definição exata de mercado financeiro, quando se tem em vista a vastidão e complexidade das operações que o constituem, sem deixar de mencionar a tipologia variada dos operadores que dele participam e a multiplicidade de operações financeiras que ali têm lugar.

Por tal razão, ficamos com a noção de mercado como o centro da oferta e da demanda de mercadorias, participação acionária ou de moedas, ou, quando muito, sob um aspecto institucional, como o conjunto dos organismos, instrumentos e técnicas que favoreçam a transferência de meios financeiros dos agentes (ou setores), que apresentam um saldo positivo financeiro. Isto é, que gastam em atos de consumo menos do que os próprios rendimentos,

---

específicos. *Mercado de crédito*. É onde são efetuados os financiamentos a curto e médio prazo, do consumo corrente e dos bens duráveis, e do capital de giro das empresas. No Brasil, atuam basicamente neste mercado os bancos comerciais e as companhias financeiras. *Mercado de capitais*. É onde são efetuados os financiamentos do capital de giro e do capital fixo das empresas e das construções habitacionais. É neste mercado que está concentrada a maior parte das operações das instituições financeiras não monetárias; os financiamentos são, basicamente, de médio e longo prazos e até mesmo de prazo indeterminado, como as operações do mercado de ações que se constitui em segmento deste mercado. *Mercado monetário*. É onde se realizam as operações de curto e curtíssimo prazos. Nele são financiados os desencaixes monetários dos agentes econômicos, especialmente as necessidades momentâneas dos bancos comerciais e do Tesouro Nacional (...). *Mercado cambial*. É onde são realizadas operações que envolvem a necessidade de conversão de moedas estrangeiras em moedas nacionais e vice versa. Basicamente, são operações de curto prazo e as instituições que nele atuam são os bancos comerciais e as firmas autorizadas, com a intermediação das Corretoras".

8. Para uma visão abrangente do surgimento dos mercados regulados e das razões que levaram a tanto sugerimos, por todos, à consulta do *Mercado de Capitais & insider trading* de Luiz Gastão Paes de Barros Leães, RT, 1982, principalmente, p. 3-23.

para agentes (ou setores) que apresentam um retrocesso financeiro. Vale dizer, despendem em atos de consumo ou de investimento em bem reais mais do que os próprios rendimentos.[9]

Com esta visão, o mercado financeiro tem por função facilitar o recolhimento dos recursos excedentes dos agentes ou setores "superavitários" redistribuindo-os para os agentes (ou setores) deficitários.

1.2.3 Os mercados do dinheiro

Partindo destas noções podemos distinguir, conforme as operações desenvolvidas e seus prazos, os mercados do dinheiro[10] em:

1.2.3.1 De crédito

Onde tem lugar o financiamento de curto e médio prazos do consumo de bens duráveis e do capital de giro das empresas.

1.2.3.2 Monetário

Onde se realizam as operações de curto e curtíssimo prazos e o financiamento do desencaixe de agentes econômicos (caixas de Bancos comerciais e do Tesouro), bem como as operações de mercado aberto (open market) e de um dia (over night), que é uma operação típica de mercado aberto. O mercado aberto é, também, o que se convencionou chamar de mercado secundário. Vale dizer que nele circulam títulos já emitidos anteriormente. É um mercado privativo das instituições financeiras e é nele que se perfazem as trocas de reservas bancárias, lastreadas em títulos públicos federais.

É neste mercado que tem lugar a política monetária do governo federal que dele se vale para aumentar ou reduzir a liquidez, lançando títulos de emissão do tesouro ou recolhendo, tirando ou colocando moeda no sistema. É, ainda, por intermédio deste mercado que o Bacen influencia a taxa de juros.

1.2.3.3 De capitais

É aquele do financiamento do capital de giro ou capital fixo de empresas e ainda de construções habitacionais.

---

9. Conf. Alberto Banfi, *La borsa e il mercato mobiliare (Organizazzione, strumenti, intermediari)*, Utet, Torino, 4. ed., 1998, p. 3.
10. Na acepção de Siegfried Kümpel, *Direito do mercado de capitais (do ponto de vista do direito europeu, alemão e brasileiro – uma introdução)*, Renovar, Rio de Janeiro, 2007, p. 48-49, a expressão Mercado financeiro é termo genérico que abrange o mercado monetário, o mercado de divisas e o mercado de capitais, ao que acrescentamos aquele de crédito (e o de valores mobiliários como um segmento do mercado de capitais).

As operações, aqui, são, em regra, de médio, longo e prazo indeterminado e é o mercado em que é realizada a maior parte das operações financeiras não bancárias, principalmente as operações tendo por objeto valores mobiliários, num segmento que representa um subsistema deste mercado.

Este segmento – o mercado de valores mobiliários – traduz o centro (o lugar), para o qual convergem todas as operações financeiras tendo por objeto valores mobiliários. Isto é, instrumentos financeiros, assim denominados por sua capacidade de circular facilmente entre os operadores com um elevado grau de mobilidade e transferência.[11]

Nele, podemos considerar duas espécies de participantes. Por um lado o que denominados *agentes financeiros e econômicos*, a saber, as companhias abertas e os chamados *investidores institucionais*, dentre os quais as companhias seguradoras, os fundos de investimento, as sociedades de previdência privada, os bancos de investimento. Por outro lado, distinguimos os *agentes distribuidores e negociadores*, assim v.g. os bancos (de investimento e comerciais autorizados), as sociedades corretoras (Bolsa de Valores e Mercado de Balcão autorizado), as sociedades distribuidoras (v.g. Mercado de Balcão) e agentes autônomos autorizados.

A característica básica deste mercado é a de os tomadores finais serem sociedades anônimas (salvo os títulos de emissão do governo) e os ativos financeiros, objeto de negociação, emitidos por estas sociedades. Já os investidores, a par daqueles assim ditos institucionais, podem ser agentes diversos (pessoas naturais ou jurídicas ou o próprio, governo) atuando individual ou coletivamente (p. ex. carteiras de ações ou fundos de ações).

As transações ocorridas nesse mercado podem, em geral, ter por objeto tanto títulos representativos de uma relação de débito/crédito entre o ofertante e o receptor dos meios financeiros, como títulos representativos de uma participação direta deste na gestão da atividade desenvolvida por quem está recebendo os recursos. Exemplo da primeira situação é o título de emissão da sociedade anônima que chamamos debênture ou as chamadas letras de câmbio financeiras, títulos emitidos por estas sociedades, com a participação de uma instituição financeira.

Cuidando-se de debênture, o investidor não se filia ao risco do investimento (capital exigível). Já na segunda situação, ter-se-ia, por exemplo, uma ação, situação em que o investidor assume o risco do investimento (capital não exigível), eis que se a companhia for declarada falida corre o risco, juntamente com ela, de perder todo o montante investido. Isto, salvo se sobrar alguma coisa após o pagamento de todos os credores. Já no primeiro caso, como é

---

11. Alberto Banfi, op. cit., p. 6-7.

credor, ainda que teoricamente, contará com a possibilidade de habilitar-se para receber o dinheiro investido.

Neste segmento, do ponto de vista que diz respeito ao financiamento do capital das sociedades anônimas, é necessário distinguir o que se convencionou denominar *mercado primário* e *mercado secundário*.

No *mercado primário*, a relação está estabelecida entre o investidor e o receptor do investimento, a saber, a sociedade anônima emissora dos papéis.

Aqui o público investidor subscreve os papéis (títulos) de uma emissão nova, e os recursos entram no caixa do emitente dos títulos integrando o capital social.

Já *o mercado secundário* abrange o complexo de operações que tem por objeto títulos já emitidos e colocados junto ao público investidor (emissão secundária inclusive) e existe para assegurar a eventual liquidez destes papéis, facultando que circulem entre os próprios investidores. A relação não se estabelece de investidor para emitente, mas de investidor para investidor. É necessário lembrar que neste mercado as operações, quando em confronto com o mercado de crédito, são feitas para permanecerem sem tempo definido de duração. A finalidade aqui é possibilitar a liquidez dos títulos já em circulação (papéis "velhos", já emitidos). E a utilidade deste mercado é evidente eis que caso inexistisse um mercado apto a permitir a liquidação pronta destes papéis, os títulos "velhos" perante um eventual "aperto" financeiro de quem os tivesse em seu poder, seria duvidosa a eficiência deste mercado do ponto de vista da sua capacidade para atrair investimentos.

Por isto é que se diz que o mercado primário exercita uma função típica de financiamento das companhias emissoras, enquanto o secundário desenvolve de forma principal, a função de facilitar o investimento em títulos e o *desinvestimento* por parte dos poupadores de molde a permitir a sua liquidação.

Em outros termos, enquanto as operações efetuadas no mercado primário *alimentam* o mercado mobiliário (quando se cuida de emissão primária, ou de títulos novos); as operações realizadas no mercado secundário têm por objeto títulos *velhos*, já emitidos, quer tenham sido objeto de distribuição pública,[12] quer não.

2. Formas organizativas de mercado

Mas estes mercados podem também ser examinados sob o ponto de vista da sua estrutura organizativa, eis que a obtenção das condições que

---

12. Sobre as características da emissão pública ver art. 18, § 3.º da Lei 6.385/1976.

permitem ao mercado ser mais ou menos suficiente está ligada à sua estrutura organizativa.

Segundo os estudiosos, assim Alberto Banfi[13] é possível, examinando a diferente tipologia dos mercados existentes, agrupá-los sob três formas:

2.1 Mercado de procura direta

Quando os próprios investidores procuram o ofertante dos títulos, suportando todos os custos, tanto da informação, quanto da transação que se façam necessários para realizar a operação.

Neste caso a ausência de *participação de* profissional, um intermediário financeiro, favoreceria o preço obtido. Todavia esta vantagem seria tão-somente aparente, eis que não só o ônus de obter informações como o dispêndio de tempo poderiam limitar o investidor na sua busca de ofertas. Vale dizer, teria uma visão limitada do mercado de ofertas, correndo o risco de não obter as melhores condições, como ocorreria se pudesse visualizar o mercado como um todo, tendo em consideração o preço geral do mercado.

E, caso o preço pago não for o preço perfeito, isto poderia afetar, posteriormente, a liquidação do papel, *i.e.*, sua transferência no mercado secundário.

2.2 O mercado de *brokers*

No qual se prevê a intervenção de uma categoria particular de intermediários que, mediante o pagamento de uma determinada comissão, realizam a função de localizar os títulos e aproximar as partes. Todavia, a comissão somente será devida quando a operação for concretizada.

Banfi enfatiza, neste ponto,[14] que o *broker* não garante a execução da ordem, mas tão somente a busca da outra parte, o que vale dizer que investidor não estará resguardado perante a possibilidade de não se realizar a operação.

Outrossim, perante a possibilidade de insucesso e, destarte, o não recebimento de qualquer comissão, o *broker* poderá se sentir tentado a preferir ordens de valor unitário mais elevado, com uma estrutura informativa que lhe permita contatar o maior número possível de ofertantes.

2.3 O mercado de *dealers*

Neste mercado torna-se possível obter a execução de uma ordem. Este mercado difere daquele de *broker* à medida que, enquanto o *broker* atua,

---
13. Op. cit., p. 8-15.
14. Op. e aut. cit., p. 12.

unicamente, como um intermediário puro, o *dealer* é um intermediário que se coloca em oposição direta perante a parte que tem a intenção de vender ou adquirir, comprando ou vendendo o produto financeiro, com margem de lucratividade. O *dealer* negocia diretamente com o cliente, sem ter de procurar uma "contraparte", revendendo-o depois para a sua clientela.

2.4 Mercado de bolsa e de balcão

O Mercado de Bolsa é um mercado de oferta, um mercado apregoado, no qual os interessados se encontram num único lugar físico, para o qual convergem a procura e a oferta de valores (pregão). Nas Bolsas de Valores somente podem participar as sociedades corretoras, que tenham título patrimonial para tanto e a devida autorização legal para funcionar. O fato de a oferta ocorrer, atualmente, de forma eletrônica, não lhe suprimiu a característica de mercado apregoado (oferta simultânea). A característica básica deste mercado é a formação simultânea da obrigação de preferir a melhor oferta (contratos integrados).

A expressão Bolsa significa tanto o local, onde se realizam as negociações (mercado apregoado), como o estado das operações (variação nos índices), cujos resultados afetam a economia como um todo. É, ademais, sob o aspecto institucional, um mercado hétero-regulado (submetido à fiscalização da CVM) e auto-regulado, freqüentado por comerciantes, com a despersonalização ou objetivação dos contratos, papéis e mercadorias, ali negociados.

Neste mercado, as transações versam sobre quantidades de títulos *sem nenhuma especificação*. Em decorrência, os títulos de uma mesma categoria são considerados, do ponto de vista jurídico, como coisas "fungíveis".

Note-se que, embora as corretoras recebam as ordens de compra e venda de seus clientes, o peso da autonomia da vontade cessa a partir do momento em que a ordem foi dada. A partir daí, os intermediários atuam por conta própria, seguindo as regras usuais das operações em Bolsa, conforme for estabelecido.

As vendas e compras são realizadas em bloco, destinando-se a cada um dos clientes uma fração do global negociado, conforme as ordens recebidas. E, independente da sua vontade, o cliente submete-se às regras da modalidade negociada (quantia, prazo para entrega, prova da operação) tal como fixados pela CVM, eis que a tutela do interesse público impõe a regulação desta atividade.

Já o Mercado de Balcão é mercado não apregoado (operações *over the counter*) sem um lugar fixo para desenvolver as negociações. Neste mercado, o conjunto das transações é concluído diretamente entre as instituições ofertantes e os aceitantes (mercado negociado) fora da Bolsa. Dele participam as instituições financeiras a agentes autônomos autorizados, credenciados a atuar no mercado de capitais e não somente sociedades corretoras. Está, igualmente, submetido à supervisão da CVM que é a autoridade que disciplina e define as operações autorizadas neste mercado.

A vantagem deste mercado está no menor custo que representa para as companhias, quando comparado com aqueles das operações realizadas na Bolsa. As negociações são realizadas diretamente pelas instituições financeiras entre si, incumbindo-lhes, igualmente, a liquidação física e financeira das operações realizadas.

No direito brasileiro a tarefa de intermediação é privativa das instituições financeiras ou entidades a elas equiparadas a tanto autorizadas (arts. 5.º e 16 da Lei 4.728/1965 e art. 15 e 16 da Lei 6.385/1976) assim definidas nos termos do art. 17 da Lei 4.595/1964.[15]

2.5 Mercado de balcão organizado

Este é de criação recente no modelo brasileiro[16] e constitui um mercado de criação livre, administrada por uma sociedade, especialmente constituída para este fim. No nosso caso a SOMA – Sociedade Operadora do Mercado de Acesso – que surgiu por iniciativa das Bolsas de Valores do Rio de Janeiro e do Paraná e à qual, posteriormente, aderiram outras instituições.

Este mercado distingue-se daquele de balcão não organizado pelo fato de ter seus negócios supervisionados por uma entidade auto-reguladora, no caso a SOMA, cujo funcionamento foi autorizado pela CVM. Paralelamente, da mesma forma que as Bolsas de Valores, nele há a obrigação da formação simultânea de preços e a exigência de fechar pela melhor oferta.

Neste mercado há a possibilidade da atuação dos chamados *formadores de mercado* (*market makers*), pessoas jurídicas, cujas atribuições estão definidas no Capítulo VI, art. 6.1 do Regulamento de Operações do Mercado de Balcão Organizado, aprovado pelo Conselho de Administração da SOMA com a finalidade de obter, para seus clientes, o melhor preço intermediado.

Estes formadores de mercado, bem como os agentes intermediários, respondem diretamente pela boa liquidação dos papéis negociados e também

---

15. Art. 17. "Consideram-se instituições financeiras, para os efeitos da legislação em vigor, as pessoas jurídicas públicas ou privadas, que tenham como atividade principal ou acessória a coleta, intermediação ou aplicação de recursos financeiros próprios ou de terceiros, em moeda nacional ou estrangeira, e a custódia de valor de propriedade de terceiros. Parágrafo único. Para os efeitos desta lei e da legislação em vigor, equiparam-se às instituições financeiras as pessoas físicas que exerçam qualquer das atividades referidas neste artigo, de forma permanente ou eventual."
16. Regulado pela Instrução CVM 243/1996, alterada pelas Instruções 250/1996; 343/2000; 440/2006; 461/2007.

por sua legitimidade e, inclusive, contratam em próprio nome atuando como verdadeiros comissários mercantis.

Tal não impede, todavia, a possibilidade de negociação direta entre os participantes, os quais, quer na posição de venda, quer naquela de compra, devem ser instituição integrante do sistema de distribuição de valores mobiliários, autorizadas a tanto.

Mas voltaremos a estes mercados quando da análise do seu perfil institucional, como faremos no capítulo seguinte.

3. AVALIAÇÃO DOS MERCADOS MOBILIÁRIOS

A função do mercado é avaliada em termos de perfeição e eficiência.

Considera-se o mercado perfeito quando todos os operadores dispõem de homogeneidade absoluta perante as informações nele veiculadas.

Vale dizer, todos os investidores devem ter a possibilidade de acesso às informações existentes sobre os valores mobiliários em negociação de molde a conhecer, com exatidão, as intenções dos demais operadores. Por tal razão não podem influenciar com a própria intervenção o funcionamento do mercado.

Isto significa a exigência de transparência e a proibição da formação de canais privilegiados de informações.

Por tal razão, a exigência de que toda a informação sobre ato ou fato relevante relativo à companhia aberta deve ser imediatamente comunicado ao mercado (v. Instrução CVM 31, de 8 de fevereiro de 1984, revogada pela Instrução CVM 358, de 03 de janeiro de 2002), evitando-se, destarte, o comércio de informações privilegiadas (*insider trading*) pela mesma razão, veda-se a prática de quaisquer manipulações e comportamentos que possam influir na decisão dos investidores de comprar ou vender papéis, bem como a criação de condições artificiais, destinada a provocar a demanda, a realização de operações fraudulentas ou o uso de práticas eqüitativas no mercado (v. Instrução CVM 8, de 8 de outubro de 1979).

Quanto à eficiência, como ensina Banfi,[17] distinguem-se duas formas: a valorativa e a informativa.

---

17. Aut. e op. cit., p. 8-9, nos termos seguintes: "Il venir meno del concetto di mercato perfetto a motivo della difficultà di riscontrare nella realtà un'effettiva distribuzione uniforme del'informazione, porta a valutare il mercato mobiliare sulla base del concetto di efficienza. Tale concetto consente, tuttavia, di distinguere due forme di efficienza: quella valutativa e quella informativa. Un mercato è dotato di efficienza valutativa quando i prezzi dei titoli che in esso si formano corrispondono al loro effettivo valore intrínseco, ossia al loro livello di redditività nel lungo período. Il concetto

A valorativa tem lugar quando o preço dos títulos, ali negociados, reflete um valor intrínseco efetivo, adequado ao seu nível de rentabilidade no longo prazo.

Vale dizer, reflete de forma satisfatória a saúde financeira do empreendimento.

Já o conceito de eficiência informativa decorre do fato do preço dos títulos estar adequadamente formado com base nas informações sobre ele obtidas. Em mercados transparentes, essa eficiência em certa medida reflete as expectativas dos investidores, atuais e potenciais sobre os resultados da ação administrativa na geração de lucros.

Daí a necessidade de que todas as transformações ocorridas na vida da sociedade emissora sejam imediatamente divulgadas ao público.

Todavia, na prática, o preço dos valores negociados pode refletir, muito mais, expectativas particulares dos mercados perante fatos econômicos adversos, do que a realidade da saúde financeira da companhia emissora dos papéis negociados. Assim, por exemplo, a situação política interna ou externa, a conjuntura econômica, os escândalos financeiros etc.

Esta é, em síntese, a visão dos mercados do dinheiro.

---

di efficienza informativa è, invece, riscontrabile nel mercato quando i prezzi dei titoli si formano sulla base delle informazioni su di essi disponibile; in tal caso, dunque, i prezzi non tengono più conto del valore instrinseco dei titoli, bensì delle aspettative che gli operatori, considerate le informazioni a loro dispoizione, hanno sull, evoluzione futura dei titoli stessi. Quando mutano gli informazioni a disposizione, gli operatori cambiano le proprie aspettative e, di conseguenza, con il loro operare agiscono sul prezzo del titolo. Il mercato risulta perfettamente efficiente dal punto di vista informativo quando per um investitore, a parità dell livello d'informazione, è impossibile conseguire dal proprio investimento performance superiori a quello degli altri operatori. Infatti, per realizzare investimenti con performance brillanti, tale investitore deve posseder informazioni migliori di tutti gli altri investitori e dimonstrare, comunque, di posseder maggiori capacità preventive sull'andamento futuro dei prezzi (...)".

III

O Sistema Financeiro Nacional

1. O SISTEMA DO PONTO DE VISTA INSTITUCIONAL

A mobilização da poupança, a que nos reportamos no capítulo anterior, não se faz de qualquer maneira. Existe todo um conjunto de institutos e instrumentos financeiros adequados para permitir a transferência de recursos dos que têm reservas monetárias estocadas (agentes superavitários) para os que deles necessitam (agentes deficitários). É preciso, ademais, ter condições de garantir a liquidez dos "instrumentos" (contratos, títulos diversos etc.), utilizados para as mobilizações financeiras feitas (investimentos). Este, agregado de institutos e instrumentos financeiros, é o que chamamos de sistema financeiro.

A sua estrutura institucional tem origem na Lei 4.595/1964 que delimitou a base da sua organização, tarefa posteriormente acrescida pela Lei 4.728/1965 ao disciplinar o mercado de capitais e completada pela Lei 6.385/1975, com a criação da CVM e a regulamentação do segmento denominado de mercado de valores mobiliários.

Sede da matéria, atualmente, é o art. 192 da CF de 1988, que reestruturou o sistema financeiro, vinculado ao desenvolvimento equilibrado do país e ao interesse da coletividade.[1] Conforme a redação trazida pela Emenda Constitucional 40 de 29 de maio de 2003 é permitido seja o sistema financeiro nacional regulamentado por leis complementares (no plural), afastando as

---

1. Nas palavras de Rachel Sztajn (op. e loc. cit.), "as normas destinadas a disciplinar os diferentes 'micro sistemas' correspondentes aos diversos setores (concorrência, defesa do consumidor, meio ambiente e, para o que nos interessa, o sistema financeiro nacional), 'excepcionais, não recondutíveis ao sistema geral, são inovadoras, são normas que derrogam princípios gerais e produzem outros específicos (...)' esclarecendo que 'o texto condicional, no art. 192, define um específico microssistema financeiro-bancário e securitário, determinando, ainda, a finalidade e funções do financeiro, na promoção do desenvolvimento nacional (...)'".

discussões em torno do tema e a posição daqueles que propugnavam por uma lei complementar única[2] para a regulação do sistema.

As instituições, integrantes deste sistema, a par da organização hierárquica, têm atribuições diferentes, razão pela qual há critérios de classificação. Distinguem-se conforme tenham competência normativa, ou não, e conforme a possibilidade, ou não, de emitir moeda e operar o crédito.

A competência normativa está reservada aos órgãos responsáveis pela regulação do sistema, por exemplo, o Conselho Monetário Nacional (CMN), órgão normativo de cúpula do sistema financeiro nacional.

2. O Conselho Monetário Nacional

O Conselho Monetário Nacional é colegiado, integrado na administração federal direta[3] junto à Presidência da República, criado pela Lei 4.595, de 31 de dezembro de 1964, a qual reorganizou o sistema financeiro nacional. No terreno que nos interessa (mercado de capitais), a competência do CMN está assinalada na Lei 4.728/1965, artigos 1.º, 2.º, 7.º, 8.º, 9.º, 10, 14, e na Lei 6.385/1976, artigos 3.º, 4.º, 10, 15, § 1.º e 18, I.

A competência normativa do Conselho Monetário Nacional perfaz-se mediante Resoluções e Circulares e advém de poder normativo delegado pelo Executivo (descentralização normativa), superando-se com esse entendimento, a antiga discussão que questionava a constitucionalidade desse poder regulamentar. No segmento, mais próximo ao que nos interessa, tendo em vista o mercado de valores mobiliários, a competência normativa, mais imediata, é exercida pela Comissão de Valores Mobiliários (CVM), autarquia federal criada pela Lei 6.385/1976, regulamentada pela Portaria 327 de 11.06.1977, com função normativa e de assessoria do Conselho Monetário Nacional, conforme o que lhe for atribuído pelas Leis 6.385/1976 e 6.404/1976 com as alterações posteriores.

3. A Comissão de Valores Mobiliários

3.1 *Antecedentes*

A CVM é entidade autárquica Federal, em regime especial,[4] cuja criação foi inspirada no modelo da *Securities and Exchange Commission* (SEC), criada

---

2. Luis Virgilio Afonso da Silva e Jean Paul Cabral Veiga da Rocha, A regulamentação do Sistema Financeiro Nacional: o art. 192 e o mito da Lei complementar única, *RDM* 127, p. 79-92.
3. V. Res. 849/1983 – Manual de normas e instruções.
4. A norma do art. 5.º da Lei 6.385/1976, conforme a redação determinada pela Medida Provisória 8/2001, define a CVM como agência reguladora ou

em 02.07.1934, pelo Congresso Norte-Americano, mediante a promulgação do *Securities Exchange Act*.

A SEC é uma agência independente com função quase judicial, cuja composição procura manter sua independência política, obstando possa ser influenciada por quaisquer tendências ideológicas ou político-partidárias. É composta por 5 membros dos quais não mais do que 3 podem pertencer a um mesmo partido político. Estes membros são indicados pelo Presidente da República mediante aprovação do Senado; o seu Presidente é indicado por aquele dos Estados Unidos. O corpo de Conselheiros da SEC é composto por advogados, analistas contábeis e financeiros, analistas de mercado em conjunto com outros profissionais, sendo auxiliado por um corpo administrativo.

As normas regulamentares emanadas da SEC incidem, normalmente, sobre o setor de valores mobiliários e financeiro visando tutelar investidores e o público em relação a papéis negociados em mercados. A regulamentação do setor inclui, ademais, o *Securities Exchange Act of 1934*, o *Securities Act of 1933* (utilizado pela *Federal Trade Commission*, até setembro de 1934), o *Public Utility Holding Act* de 1935; o *Trust Indenture Act* de 1939; o *Investment Companies Act* de 1940; o *Adviser Investment Act* de 1940,[5] o *Securities Investor Protection Act* de 1970 e mais recentemente o *Sarbanes-Oxley Act of 2002*. As unidades da federação têm competência para dispor sobre matéria societária.

A função da SEC é garantir que o público receba informações claras, essenciais e transparentes para decidir sobre realizar, ou não, investimentos em uma dada companhia ou empreendimento. Por isso a análise e a clareza das informações oferecidas ou prestadas são padronizadas pela SEC.

Em atenção ao *Securities Act of 1933*, os objetivos básicos da SEC são:

– dotar o investidor de informações objetivas, financeiras e outras referentes a *securities* oferecidas ao público;

---

autarquia de regime especial, constituindo uma autoridade administrativa independente, sem subordinação hierárquica e com mandado fixo de seus representantes, a fim de garantir a rotatividade. Simultaneamente preconiza a estabilidade de seus dirigentes e autonomia financeira e orçamentária. Com esta redação torna a instituição mais próxima do seu modelo inspirador. Esta redação foi mantida pela Lei 10.411 de 26.02.2002 nos termos seguintes: "É instituída a Comissão de Valores Mobiliários, entidade autárquica em regime especial, vinculada ao Ministério da Fazenda, com personalidade jurídica e patrimônio próprios, dotada de autoridade administrativa independente, ausência de subordinação hierárquica, mandato fixo e estabilidade de seus dirigentes, e autonomia financeira e orçamentária".

5. Cf. Marc I. Steinberg, *Understanding securities law*, 2. ed. Matthew and Bender, New York, 1977, p. 6.

– proibir informações falsas (*misrepresentantion*), enganosas ou outros atos fraudulentos na alienação das *securities*.

Para atingir esta finalidade, existe um controle *a priori* da oferta, realizado mediante a exigência do registro da emissão perante a SEC e cujo intento é obter informações sobre as companhias emissoras de molde a permitir ao investidor apreciar o mérito da emissão. Esta supervisão estende-se durante a vida da companhia, cujo registro junto à SEC é, igualmente, de rigor; as companhias são, ainda, obrigadas à apresentação de demonstrações contábeis anuais de molde a revelar sua real saúde econômico-financeira. Note-se que a concessão do registro não está vinculada ao mérito da emissão. Sua função é tão somente verificar se as informações são suficientemente transparentes para permitir ao investidor apreciar, de forma adequada, o risco do papel emitido e decidir sobre subscrever, ou não parcela da emissão.

Tampouco o registro garante a veracidade das informações colhidas ou prestadas. A lei, todavia, sanciona severamente as informações inverídicas dotando o investidor de instrumentos suficientes para ingressar com ação de responsabilidade contra os administradores da companhia faltosa. Por outro lado, as operações praticadas no mercado são igualmente fiscalizadas (*market surveillance*), havendo regras para impedir práticas não eqüitativas ou fraudulentas, submetendo os intermediários do mercado (*brokers e dealers*) a exigências especiais para a concessão do registro, sem o qual não podem atuar.

Demais disto, a SEC presta um serviço auxiliar de interpretação da Lei, colaborando na decisão de questões legais quando da aplicação da lei ou perante a regulação de uma situação nova. Estes pronunciamentos são chamados de *no actio letters*.[6]

Além destes primeiros objetivos a SEC tem o dever de investigar denúncias e quaisquer indícios de possível violação da lei nas negociações em mercado, para o que tem poder disciplinar, podendo aplicar penalidades na esfera administrativa. Isto independente dos eventuais procedimentos civis e criminais que a SEC está autorizada a intentar.

3.2 A adequação ao modelo escolhido

De forma não dessemelhante, a Comissão de Valores Mobiliários (CVM) foi criada com poderes normativo,[7] fiscalizador e disciplinar. A norma do art. 4.º da Lei 6.385/1976 assinala-lhe entre outras atribuições:

---

6. Idem, p. 7 e 8.
7. V. deliberação CVM 1, que discrimina a nomenclatura a ser utilizada nos regulamentos emanados da CVM, a saber: *Deliberações* para todos os atos

52 Direito Empresarial

– promover a expansão e o funcionamento eficiente e regular do mercado de valores mobiliários;

– disciplinar o funcionamento dos mercados regulamentados de valores mobiliários, bem como a constituição, organização, funcionamento e extinção das bolsas de valores, bolsas de mercadorias e futuros e mercados de balcão organizado (v. Instrução CVM 461, de 23.10.2007);

– assegurar o funcionamento eficiente e regular do mercado de Bolsa e de Balcão, fiscalizando suas atividades (v.g. Instrução CVM 14 de 17.10.1980 (alterada pela Instrução 283/1998, cujo art. 10, por sua vez, foi revogado pela Instrução CVM 467, de 10.04.2008);

– proteger os titulares de valores mobiliários e os investidores no mercado nas condições que assinala (art. 4.º, IV, alíneas *a*, *b*, *c*);

– assegurar o acesso do público às informações sobre os valores negociados e companhias que os tenham emitido, vinculando as informações a eles relativas (Instruções CVM 69 de 08.09.1987,[8] 436 de 05.06.2006[9] e 296 de 08.12.1998; alterada pela Instrução 350 de 03.04.2001).

– garantir a observância de práticas eqüitativas no mercado de valores mobiliários, bem como aquelas das condições de utilização do crédito, fixadas pelo CMN (v.g. Instrução CVM 8 de 08.10.1979[10]).

---

do colegiado em matéria da sua competência; *Instrução* para atos destinados a regulamentar as matérias previstas na lei acionária (Lei 6.404/1976); *Pareceres*, subdivididos em de (a) Orientação, pelos quais orientará os agentes do mercado e aos investidores em matéria da sua competência; e de (b) Consulta, mediante os quais responde à consultas específicas, formuladas por agentes do mercado e investidores, sobre matéria da sua competência; *Nota Explicativa*, para veicular as razões que lastrearam determinada proposta regulamentar apresentada ao CMN e as razões que fundamentaram determinada Instrução; *Portaria*, relativa a atos que envolvam a administração do seu pessoal; *Ato Declaratório*, pelo qual a CVM declara a existência de um determinado direito no âmbito do seu poder de credenciar ou autorizar o exercício de determinada atividade.

8. Instrução 69 de 08.09.1987 disciplina a divulgação de informações na aquisição de ações com direito a voto de companhia aberta de companhia aberta.
9. Dispõe acerca da divulgação e do uso de informações sobre ato ou fato relevante relativo às Companhias abertas (Publicada DOU 14.02.1984 – p. 2.239 e 2.240). Revogada pela Instrução CVM 358/2002.
10. Dispõe sobre condições artificiais de demanda, oferta ou preço de valores mobiliários, manipulação de preços, operações fraudulentas e práticas não eqüitativas. V. nota explicativa 14/1979 (Publicada no *DOU* 15.10.1979, p. 5.699).

A nova redação trazida à Lei 6.385 pelas Leis 10.303/2001 e 10.411 de 26 de fevereiro de 2002 ampliou a competência normativa da CVM, deferindo-lhe poder para expedir normas nas circunstâncias mencionadas nos seus arts. 2.º, § 3.º (principalmente, inciso IV), art. 18, I e 22, § 1.º.

Esta maior competência normativa vislumbra-se, outrossim, na nova redação do art. 2.º da Lei 6.385/1976, quando suprime a expressão no seu anterior inciso III "(...) a critério do Conselho Monetário Nacional (...)" e ao ampliar a relação de valores mobiliários, cuja distribuição no mercado fica sujeita à fiscalização da CVM.

Note-se, sobre o ponto, que a redação do inciso IX do art. 2.º da Lei, tal como está, recepciona conceito de valor mobiliário mais próximo daquele de *security* do Direito norte-americano, simplificando a qualificação de papéis como valores mobiliários ao mesmo passo em que sujeita os emissores destes papéis (sem limitá-los à sociedade anônima), seus controladores e administradores à disciplina estabelecida na Lei, o que, também, representa maior proximidade com o modelo norte americano (art. 2.º, § 2.º).

Para a realização desta atribuição, a lei outorga à CVM poder suficiente para que possa exigir, inclusive, a mudança da forma societária da emissora para anônima (art. 3.º, Lei 6.385/1976). Ademais disto, a alteração da lei ampliou o poder fiscalizador da CVM estendendo-o à negociação e intermediação no mercado de derivativos, à organização, funcionamento e operações das Bolsas de Mercadorias e Futuros e à administração de carteiras e serviços de custodia de valores mobiliários.

Conforme o novo teor do art. 1.º da Lei 6.6385/1976 estas entidades passaram a depender da prévia autorização da CVM para o exercício das suas atividades (art. 16, III e IV). A par disto as normas dos artigos 8.º, III e V, 9.º, V e VI e 11 da Lei 6.385/1976, além do poder fiscalizador, atribuem-lhe poder disciplinar, podendo, não só promover inquéritos para apurar as faltas cometidas contra o mercado, como, inclusive, aplicar penalidades aos infratores.

Veja-se que a norma do art. 9.º da lei teve, igualmente, seu teor ampliado. A CVM, agora, não somente tem o direito de examinar os registros contábeis e demais documentos, como pode, igualmente, deles extrair cópias. E mais, adequando a lei à modernidade, incluiu entre estes documentos, programas eletrônicos, arquivos magnéticos e ópticos de qualquer natureza.

Esta competência estende-se a qualquer emissora de valores mobiliários e não somente às companhias abertas (art. 9.º, I, g, da Lei 6.385/1976).

3.3 O poder disciplinar da CVM

A Lei 6.385/1976, em seu novo momento de reforma, ampliou o poder disciplinar da CVM. Na redação anterior ela estava submetida ao procedimento estabelecido pelo CMN. Com a nova orientação (art. 9.º, § 2.º), a CVM passa a ter competência para disciplinar o procedimento disciplinar o qual pode ser precedido de etapa investigatória, antecedente ao processo.

O núcleo do poder disciplinar da CVM está nas normas dos arts. 9.º e 11, da Lei 6.385/1976, que lhe atribuem especial poder para aplicar aos infratores do mercado, no âmbito da sua competência (Leis 6.404/1976, 6.385/1976 e resoluções emanadas do CMN) penalidades diversas que vão da advertência até a cassação do registro para funcionar ou a declaração de inabilitação temporária (20 anos) para o exercício das atividades de administrador ou conselheiro fiscal de companhia aberta e de entidades, integrantes do sistema de distribuição, ou que dependam de autorização da CVM para funcionar.

Novidade é a possibilidade de dar prioridade aos processos que tenham por objeto infrações de maior gravidade e a divulgação da instauração de processos administrativos quando o interesse público assim o exigir.

A reforma levada a efeito reforçou extraordinariamente os poderes da CVM, abrandando, de forma expressiva, a atuação do CMN no setor. O mesmo diga-se quanto aos poderes do Bacen em relação ao mercado de valores mobiliários.

Com isto, a par de ampliar o âmbito dos sujeitos passivos submetidos ao poder da CVM,[11] dá-se-lhe maior independência para apreciar situações anormais de mercado.[12] A competência disciplinar, tal como está previsto no § 6.º ao artigo 9.º, parece ir além das fronteiras anteriores eis que a Comissão teria poderes para apurar e punir condutas fraudulentas sempre que seus efeitos ocasionassem danos a pessoas residentes no território nacional, e isto independente do local de ocorrência. Mas a segunda parte da norma restringe esta interpretação exigindo que os atos ou omissões relevantes tenham sido praticados em território nacional.

A CVM pode ainda, no exercício de sua competência disciplinar (art. 10 da Lei 6.385/1976), celebrar convênios com órgãos similares de outros países ou entidades de cooperação internacional, de molde a apurar transgressões às normas do mercado ocorridas no país ou no exterior.

A competência, agora, torna mais clara a natureza do inquérito administrativo, como processo administrativo sancionador, isto é, procedimento mediante o qual a autoridade aplica penalidades administrativas, uma vez

---

11. Fica, igualmente, submetida à CVM a autorização para o exercício das atividades de mediação ou corretagem de operações com valores mobiliários e, ainda, a compensação e liquidação de operações com valores mobiliários, anteriormente na órbita da competência do BACEN.
12. Conforme a nova redação a Comissão não estará mais submetida à definição do CMN, quanto ao que se deve entender como situação anormal de mercado, tal como preconizado na antiga redação do § 1.º desta norma (art. 9.º).

que, por se tratar de processo, submete-se ao *due process of law*, assegurando ao acusado o exercício da mais ampla defesa, precedido, quando for o caso de *etapa investigativa*.[13]

Cuida-se, aqui, de função judicante exercida pela administração publica, com a diferença de que, neste caso, a administração atua como parte (autora) e como juiz, circunscrevendo-se, no caso concreto, aos atos praticados no âmbito de mercado submetido ao poder regulamentar da CVM.[14]

A competência ia mais além, eis que, suprimida a segunda instância administrativa (Conselho de Recursos do Sistema Financeiro Nacional) quando a decisão administrativa fosse unânime (art. 11, § 4.º, da Lei 6.385/1976). Todavia a nova redação introduzida pela Lei 10.303/2001 trouxe de volta a instância recursal.[15] De qualquer forma, toda mediação ou corretagem realizada

---

13. Conf. art. 9.º, § 2.º.
14. Matéria regulada pela Lei 6.404/1976, 6.385/1976 e instruções CVM.
15. O Conselho de Recursos do Sistema Financeiro Nacional – CRSFN foi criado pelo Decreto 91.152, de 15.03.1985. Transferiu-se do Conselho Monetário Nacional (CMN) para o CRSFN a competência para julgar, em segunda e última instância administrativa, os recursos interpostos das decisões relativas à aplicação das penalidades administrativas referidas nos itens I a IV do art. 1.º do referido Decreto. Permanece com o CMN a competência residual para julgar os demais casos ali previstos, por força do disposto no artigo 44, § 5.º, da Lei 4.595/1964. Com o advento da Lei 9.069, de 29.06.1995, mais especificamente em razão do seu artigo 81 e parágrafo único, ampliou-se a competência do CRSFN, que recebeu igualmente do CMN a responsabilidade de julgar os recursos interpostos contra as decisões do Banco Central do Brasil relativas a aplicação de penalidades por infração à legislação cambial, de capitais estrangeiros, de crédito rural e industrial.O CRSFN tem o seu Regimento Interno aprovado pelo Decreto 1.935, de 20.06.1996, com a nova redação dada pelo Decreto 2.277, de 17.07.1997, dispondo sobre as competências, prazos e demais atos processuais vinculados às suas atividades. São atribuições do Conselho de Recursos: julgar em segunda e última instância administrativa os recursos interpostos das decisões relativas às penalidades administrativas aplicadas pelo Banco Central do Brasil, pela Comissão de Valores Mobiliários e pela Secretaria de Comércio Exterior, nas infrações previstas: a) no inciso XXVI do art. 4.º e no § 5.º do art. 44 da Lei 4.595, de 31 de dezembro de 1964; b) no art. 3.º do Decreto-lei 448, de 3 de fevereiro de 1969; c) no § 4.º do art. 11 da Lei 6.385, de 7 de dezembro de 1976; d) no § 2.º do art. 43 da Lei 4.380, de 21 de agosto de 1964; e) no § 2.º do art. 2.º do Decreto-Lei 1.248, de 29, de novembro de 1972; e f) no art. 74 da Lei 5.025, de 10 de junho de 1966; II – de decisões do Banco Central do Brasil: a) relativas a penalidades por infrações à legislação cambial, de capitais estrangeiros e de crédito rural e industrial; b) proferidas com base no art. 33 da Lei 8.177, de 1.º de março de 1991, relativas à aplicação de penalidades por

com valores mobiliários, inclusive fora da Bolsa, submete-se integralmente à autoridade da CVM (lembrando sempre que o poder disciplinar estende-se expressamente à Bolsa de Mercadorias e Futuros e às entidades de compensação e de liquidação conf. art. 17, § 1.º, da Lei 6.385/1976).

Este processo, na lição de Nelson Eizirik,[16] está submetido a princípios de *ordem material* (da legalidade ou da reserva legal, da irretroatividade, da tipicidade da conduta, da culpabilidade do acusado e da proporcionalidade da pena) e *processual* (da presunção da inocência do acusado; da prescrição das sanções administrativas; da impossibilidade da dupla apenação; da legalidade do procedimento; do cabimento do recurso na esfera administrativa).

Do princípio da legalidade ou da reserva legal (art. 5.º, XXXIX, da CF) decorre a exigência de que a norma determine, previamente, qual conduta há de ser qualificada como delituosa vedando se possa impor pena não prevista em lei.

Daquele da irretroatividade (art. 5.º, XL, da CF) a proibição possa a lei retrogir para enquadrar o acusado em situação não tipificada na lei anteriormente. Na esfera administrativa, da mesma forma como ocorre no âmbito penal, a retroatividade somente é admissível quando benéfica para o acusado. Por tal razão a lei nova, que impõe sanções mais gravosas, somente tem aplicação às infrações ocorridas após sua entrada em vigor.

O da tipicidade ordena que a conduta apenada corresponda, exatamente, ao tipo legal previsto em lei, vedada qualquer interpretação analógica ou extensiva. Aqui, da mesma forma como ocorre com a retroatividade benéfica, a analogia somente é admitida quando possa beneficiar o acusado.

O da culpabilidade (art. 5.º, XLV, da CF), veda possa a pena passar da pessoa do acusado, impedindo que terceiros venham a ser responsabilizados por fato de outrem. Conforme esse princípio, para que alguém possa ser punido, é impositiva a demonstração do nexo causal entre o comportamento do acusado e o fato definido como crime. Mas, no caso, exige-se a consciência da ilicitude do ato praticado, a qual, por cuidar-se de mercado regulamen-

---

infração à legislação de consórcios; c) proferidas com base no art. 9.º da Lei 9.447, de 14 de março de 1997, referentes à adoção de medidas cautelares; e d) referentes à desclassificação e à descaracterização de operações de crédito rural e industrial, e a impedimentos referentes ao Programa de Garantia de Atividade Agropecuária – PROAGRO. Art. 3.º Compete ainda ao Conselho de Recursos do Sistema Financeiro Nacional apreciar os recursos de ofício, dos órgãos e entidades competentes, contra decisões de arquivamento dos processos que versarem sobre as matérias relacionadas no inciso I e nas alíneas *a* a *c* do inciso II do art. 2.º (cf. <http://www.bcb.gov.br/crsfn/crshist.htm>).

16. Aut. cit., *Reforma das S.A. & do mercado de capitais*, Renovar, 1997, p. 155 e ss.

tado, deve ser apreciada em conformidade com o dever de informar de seus participantes.

O da proporcionalidade das penas veda o excesso da punição, exigindo seja ela suficiente para reprovar e prevenir o crime (caráter retributivo).

O princípio da presunção de inocência do acusado, princípio processual norteador de todo procedimento sancionatório (art. 5.º, LVII), impede se possa considerar alguém culpado antes do trânsito em julgado da sentença penal condenatória. Dele decorrem:

O *princípio do contraditório* que garante ao acusado o direito de contestar as imputações que lhe foram feitas; o da ampla defesa, que garante ao acusado o direito de participar de todos os atos processuais, conhecendo todos os elementos de convicção apresentados pela condenação.

Em virtude da aplicação deste princípio, esclarece Nelson Eizirik,[17] o ônus da prova incumbe à administração pública e o desrespeito ao cumprimento deste princípio por parte da administração dá lugar ao abuso de poder, a ser rebatido via mandado de segurança. Disto decorre a necessidade, para a administração pública de demonstrar não só a prova do fato, como sua autoria e, aqui, igualmente o ânimo lesivo (culpa ou dolo).

O *princípio da impossibilidade* de dupla apenação impede possa o acusado ser punido duas vezes pela mesma infração. Mas, tal impossibilidade, é restrita à sanção administrativa, não obstando ao que possa eventualmente advir na esfera penal. Lembramos, todavia, que a decisão criminal pode atuar como prejudicial no âmbito administrativo. O que se veda é a apenação pelo mesmo comportamento em processos administrativos, eventualmente, concorrentes.

O *princípio da prescrição das sanções administrativas* impõe que, também, os crimes praticados no mercado se incluam dentre aqueles prescritíveis.

O *princípio da legalidade do procedimento* exige que a atividade desenvolvida pela autoridade administrativa esteja previamente disciplinada em norma legal ou regulamentar em todas as suas etapas. Neste âmbito estavam previstos para a CVM dois tipos de procedimento: o inquérito de rito originário, regulado pela Resolução 454/1977,[18] e o inquérito de rito sumário.[19] A nova redação da Lei 6.385/1976, todavia, na norma do artigo 9.º, V e § 2.º, subtrai a disciplina do procedimento ao CMN, atribuindo-o, expressamente à CVM.[20]

---

17. Aut. e op. cit. p. 182.
18. V. Parecer de Orientação 6/1980 e Deliberação 175/1994.
19. V. Regulamento anexo à Resolução 1.657/1989 e Instrução 251/1996.
20. Conf. art. 9.º, § 2.º "O processo, nos casos do inciso V deste artigo, poderá ser precedido de etapa investigativa, em que será assegurado o sigilo necessário

O *princípio do recurso na esfera administrativa* conforma-se ao princípio geral de direito de que toda decisão pode ser revista. Por tal razão, das decisões proferidas pela CVM, cabe recurso para o Conselho de Recursos do Sistema Financeiro, quando tiverem caráter punitivo.

Lembramos que a nova redação reforçou os poderes da Comissão, excluindo possa haver recursos de decisões unânimes.[21] Neste caso a Comissão seria a única e última instância julgadora, o que não quer dizer, contudo, que se exclua a apreciação do Judiciário.

4. Outros órgãos com competência normativa

4.1 Superintendência de Seguros Privados (SUSEP)

O surgimento das entidades de previdência privada abertas no mercado brasileiro em 1999, pelo papel que representam como investidores institucionais ao lado das seguradoras, justificava a inclusão da Superintendência de Seguros Privados entre os órgãos normativos e reguladores. A supressão do art. 192, II, da CF que incluía, expressamente, as seguradoras, os órgãos normativos e fiscalizadores (bem como o resseguro) no Sistema Financeiro Nacional,[22] pela EC n. 40/2003, alterou este modo de ver.

Mas a orientação repudiada não é estranha para a doutrina estrangeira, a qual qualifica o mercado securitário como segmento do mercado financeiro,[23] coerente com o papel que as entidades de previdência aberta, há muito, exercem no mercado alienígena.

à elucidação dos fatos ou exigido pelo interesse público, *e observará o procedimento fixado pela Comissão*." (O § 2.º, vetado na sanção presidencial à Lei 10.303/2001, tinha idêntica redação).

21. Conf. art. 11, § 4.º "As penalidades somente serão impostas com observância do procedimento previsto no § 2.º do art. 9.º desta Lei, cabendo recurso para o Conselho de Recursos do Sistema Financeiro Nacional" (redação dada pela Lei 9.457, de 5.5.1997).
22. Sob o ponto veja-se a crítica de Fábio Konder Comparato, *O seguro e a nova ordem constitucional*, publicação da Sociedade Brasileira do Seguro, sem menção ao ano, notadamente p. 24, nos seguintes termos: "Não é preciso dizer, escusa absolutamente insistir no fato de que o sistema financeiro é uma coisa e o sistema de seguros é outra coisa. Quem confunde crédito com seguro, provavelmente é candidato à falência, mas é possível, não vou absolutamente afirmar, que o conjunto dos constituintes ignora a distinção, claro que não, mas não deixa de ser um tanto esquisito o fato de se terem ligado as duas atividades no mesmo artigo e falando-se numa só lei complementar (...)".
23. Cf. Alberto Banfi, Elementi di Teoria dei Mercati Finanziari, *La Borsa e il Mercato Mobiliari – Organizazione, instrumenti, intermediari*, Utet, Torino, 1994, p. 3, nos

A SUSEP é o órgão responsável pelo controle e fiscalização do mercado de seguros, previdência privada aberta e sociedades de capitalização. Criada em 1966 (Dec.-lei 73/1966) como autarquia vinculada ao Ministério da Fazenda, está submetida à égide do *Conselho Nacional de Seguros Privados (CNSP)*.

O CNSP, conforme redação trazida à *ressuscitada* norma do art. 33 do Dec.-lei 73, de 21 de novembro de 1966, pela Lei 10.190 de 14 de fevereiro de 2001, é composto por 6 membros, a saber: (i) o ministro de Estado da Fazenda ou seu representante; (ii) um representante do Ministério da Justiça; (iii) um Representante do Ministério da Previdência e Assistência Social; (iv) o Superintendente da Superintendência de Seguros Privado (SUSEP); (v) um representante do Banco Central do Brasil (Bacen) e (vi) um representante da Comissão de Valores Mobiliários (CVM). A presidência do Conselho será exercida pelo Ministro do Estado da Fazenda e, na sua ausência, pelo Superintendente da SUSEP.

4.2 *A Secretaria de Previdência Complementar*

Pela mesma razão, tendo em vista o papel exercido pelas entidades de previdência fechada como investidores institucionais, já que obrigadas a aplicar parte das suas reservas técnicas no mercado de valores mobiliários, mal não faz inserir a Secretaria de Previdência Complementar dentre os órgãos normativos e fiscalizadores do Sistema Financeiro Nacional.

Esta secretaria é um órgão executivo do Ministério da Previdência e Assistência Social com a atribuição de fiscalizar o comportamento das entidades fechadas de previdência privada, inclusive provendo-lhes a liquidação nos casos de insolvência.

5. Instituições Auxiliares e Entidades Auto-reguladoras

Vale mencionar as instituições auxiliares que colocam em contato poupadores e investidores, facilitando-lhes o acesso ao mercado. Nesta categoria incluem-se as Bolsas de Valores, de Mercadorias e Futuros e o mercado de balcão organizado (institucionalização do mercado secundário ou mercado de acesso, conforme o caso) de molde a facilitar a abertura de companhias (Para isso opera em Balcão até que haja volume para ir à Bolsa).

---

termos seguintes: "Un primo comparto del mercato finanziario è rappresentato dal mercato creditizio nel quale, a fronte delle somme versate dai depositante, gli intermediari creditizi offrono finanziamenti ai prenditori finali; un secondo comparto è constituito dal mercato assicurativo nel quale, a fronte dell'incasso dei cosidetti premi, gli intermediari assicurativi garantiscono la copertura dei rischi insorgenti da determinati eventi futuri e incerti (...)".

Acrescenta-se, conforme a nova redação, trazida à Lei 6.385/1976 também as entidades de compensação e de liquidação. V. art. 15 da referida Lei.

Com a mesma intenção de aproximação entre partes advêm os intermediários de mercado. Dentre eles as sociedades corretoras e as distribuidoras de títulos e valores mobiliários. Estes intermediários concretizam o elo entre os investidores (poupadores) e os tomadores, provendo à colocação dos papeis junto ao público.

5.1 Regulação

A palavra *regulação*[24] pode ser entendida em diversos sentidos:

– Como um conjunto específico de comandos – no qual a regulação significa a promulgação de um conjunto relacionado de regras a serem aplicadas por um corpo (corporação) a seus membros com propósito determinado. Chamamos a isto *auto-regulação*;

– Como intervenção do Estado, na qual a idéia de regulação tem um sentido mais abrangente e compreende todas as ações governamentais destinadas a influenciar um comportamento social ou o exercício de uma determinada atividade.[25]

– Como toda forma de controle social ou influência – no qual todos os mecanismos que podem exercer influência sobre um determinado comportamento, são objeto de regras. Com este sentido, a regulação é apreendida como atividade que restringe o comportamento e previne a ocorrência de determinadas atividades indesejáveis; mas pode ser apreendida também num sentido positivo, isto é, permitindo ou facilitando o seu exercício.

Qual a finalidade da regulação? Por que regular?

No que concerne ao funcionamento dos mercados, a regulação é importante em razão das possíveis falhas. De um lado procura-se evitar a possibilidade da formação de monopólios, quer porque um único vendedor ocupa todo o mercado, quer porque o produto vendido é único e os consumidores não têm acesso a bem ou produto alternativo, quer porque se colocam entraves, impedindo o acesso de outras empresas no setor ou no mercado. Quando se instala uma situação de monopólio o mercado falha porque as regras de

---

24. Robert Baldwin e Martin Cave, *Understanding Regulation – theory, strategy, and practice*, Oxford University Press, New York, 1999, p. 2.
25. Exemplo, no Direito Brasileiro, eram os chamados serviços públicos, (água, gás, eletricidade, telefones etc.) dos quais uma parte passou para a iniciativa privada sob regime de concessão, determinando a criação das chamadas agências reguladoras cujas competências residem na combinação de certo grau de independência perante o governo, com a adjudicação de poderes normativos, de polícia e de fiscalização (hétero-regulação).

concorrência não operam. Não há competitividade. Daí a possibilidade da imposição de preços acima dos concorrenciais. De outro, a regulação interessa para evitar a possibilidade da imposição de preços em situações de escassez ou de emergência que são transitórias.

Regula-se, ainda, para que o consumidor seja suficientemente informado de molde a poder avaliar aquele produto, perante produtos concorrentes. Outras vezes para garantir o acesso de todos os consumidores a determinados serviços ditos "essenciais", como é o caso, por exemplo, do fornecimento de água, energia elétrica, serviços postais ou telefonia. Também se pode regular para evitar políticas de preços predatórios. Em síntese são várias as razões que levam a regular determinadas atividades.

No caso concreto, com apoio na lição de Nelson Laks Eizirik,[26] quatro são os objetivos básicos da regulação do mercado de valores mobiliários:

1) Prover a eficiência na determinação do valor dos títulos negociados, entendendo-se por eficiência a capacidade de reação das cotações dos títulos às informações novas advindas ao mercado;

2) Tornar os custos de transação o mais reduzidos possíveis;

3) Obstar a concentração de poder econômico;

4) Evitar conflitos de interesses.

Estes objetivos são obtidos mediante a edição de normas jurídicas que buscam garantir:

1) Condições de acesso ao mercado, tanto para as sociedades emissoras; quanto para os intermediários financeiros;

2) Condições de exercício de determinadas atividades no mercado, fixando quais atividades podem ser desempenhadas por instituições financeiras;

3) O comportamento adequado dos intermediários financeiros, administradores e controladores de companhias abertas, a fim de não causarem prejuízos aos investidores;

4) A prestação de informações relevantes, de molde a que os investidores possam optar, adequadamente, em relação aos vários produtos financeiros ofertados.

5.2 Auto-regulação e hétero-regulação

Fala-se em auto-regulação quando um grupo social exerce controle sobre seus próprios membros, seu comportamento. O conceito remonta às "cidades livres" dos séculos XI e XII, em oposição à ordem feudal. Nestas cidades existiam fraternidades, organizações centrais, constituídas pelos membros

---

26. Aut. cit. Regulação e auto-regulação do mercado de valores mobiliário, *RDM* 48/59.

de determinadas corporações profissionais, em cujo interior formulavam-se regras, destinadas à auto-proteção do grupo. Tais regras eram dotadas de uma certa autonomia jurídica, contendo, inclusive, princípios diferentes daqueles vigentes perante a organização feudal.

No caso presente entende-se por auto-regulação a normatização e fiscalização exercida pelo próprio órgão corporativo; as Bolsas, sobre a atividade exercida por seus membros. Sob tal aspecto as Bolsas têm feição tipicamente corporativa. Basta dizer que, nos diversos países (com exceção da Dinamarca, onde a administração incumbe a um conselho nomeado por um decreto ministerial) as Bolsas estabelecem as regras de conduta com relação a seus membros (sociedades corretoras) e sobre as pessoas admitidas em seu recinto para nele negociarem valores mobiliários.

Regra geral as Bolsas são entidades privadas distinguindo-se, nos diversos sistemas, tão-somente quanto ao grau de autonomia perante o Estado. E isto em virtude da existência, ou não, de agências reguladoras (governamentais), com poder de supervisão destinadas a disciplinar o mercado (hétero-regulação mitigada), conquanto tal supervisão não suprima a autonomia das Bolsas.

Note-se que já durante o regime legal anterior, a Lei 4.728/1965, no art. 6.º, atribuía à Bolsa autonomia administrativa, financeira e patrimonial, operando sob a supervisão do Banco Central. Todavia esta supervisão não significava nenhuma limitação na autonomia das Bolsas de Valores. Neste sentido a lição de Pontes de Miranda, destacando que:

"A fiscalização, a vigilância ou a inspeção não pode transformar-se em ingerência na administração, nem no patrimônio da Bolsa, porque está em lei o princípio da autonomia administrativa, financeira e patrimonial" (Tratado..., t. III, § 5.455, p. 227).

A orientação se manteve com a promulgação da Lei 6.385/1976, a qual, no seu art. 17, repetiu a regra, afirmando a autonomia administrativa, financeira e patrimonial das Bolsas, sob a supervisão, agora, da Comissão de Valores Mobiliários, que substituiu o Bacen na tarefa de fiscalização e supervisão.

Se assim é, as Bolsas têm capacidade para organizar-se juridicamente, estabelecendo regras próprias para o seu funcionamento, podendo decidir sobre todas as questões relativas aos seus interesses, administrativos, financeiros e patrimoniais. A supervisão exercida pela CVM não significa a supressão desta autonomia por não implicar subordinação e sim tutela legal em determinadas matérias, na forma legalmente prevista.

Neste terreno, a supervisão diz respeito à atuação das Bolsas quando no exercício dos poderes delegados pela Lei 6.385/1976 e pela Resolução CMN 1.656/1989 de fiscalização e normatização das sociedades corretoras. Por outro lado o fato de a lei qualificar as Bolsas como órgãos auxiliares da CVM também não lhes afeta a autonomia e, tampouco, transmuda-as em órgão estatal. Esta tarefa auxiliar restringe-se ao exercício do poder de polícia da CVM perante suas associadas (V. art. 17, § 1.º, da Lei 6.385/1976).

6. As Bolsas no sistema de distribuição do Mercado de Capitais

O art. 15, IV e VI, da Lei 6.385/1976, com nova redação, define as Bolsas como integrantes do sistema de distribuição. A afirmação há de ser vista com reservas, pois as Bolsas, em princípio, nem emitiriam, nem adquiririam valores mobiliários, não podendo emitir títulos negociáveis no mercado de capitais, mas, tão somente, títulos patrimoniais (títulos de associação à Bolsa e que permitem operar no mercado de capitais por ela organizado).

Vale dizer, aqueles das sociedades corretoras membros da Bolsa, eis que as atividades praticadas no seu recinto são monopólio dos seus associados. Destarte, somente as sociedades corretoras poderiam participar do pregão. Os outros agentes que atuassem neste mercado não.

Assim, por exemplo, as DTVMs (Distribuidoras de Títulos e Valores Mobiliários) somente podem atuar no pregão da Bolsa por intermédio de uma sociedade corretora, a qual, deve ter título patrimonial (quando não ocorreu a desmutualização, como foi o caso da BM&BOVESPA S/A) e, ainda, autorização para funcionar (por enquanto, dada pelo Bacen). Em si mesma, sob este aspecto, as Bolsas nada mais são do que uma categoria de agentes distribuidores. Esta situação, todavia, foi alterada, como ver-se-á posteriormente.

Quanto às funções, a norma do art. 17, § 1.º, define-as como órgãos auxiliares da CVM com poderes para fiscalizar seus membros e as operações realizadas em seu recinto, sob a supervisão da CVM. Note-se que supervisionar é diferente de fiscalizar. A supervisão inclui o poder de ditar ordens e diretrizes para as Bolsas que, por isso, atuam como agentes da CVM. A supervisão, todavia, como observado, não lhes tira a autonomia.

As Bolsas têm poderes próprios, internos, de fiscalização de seus associados, prerrogativa comum a qualquer associação. Nesse âmbito a ingerência da CVM é nula. Mas, elas têm, também, poder administrativo em virtude de competência delegada da CVM; neste caso, poder administrativo de polícia, terreno em que se submete à CVM.

A Bolsa pode ditar o regulamento que norteará a realização das operações no seu recinto, mas as regras só valem perante os associados (v.g. arts. 5.º e 21, incisos I, X/XVII, da Resolução CMN 2.690/2000, alterada pelas Resoluções 2.774/2000 e 2.819/2001). No mais, no exercício do poder administrativo de polícia, submete-se à supervisão da CVM, posto, neste terreno, prestar um serviço público auxiliar em regime de monopólio.

A supervisão se manifesta em dois momentos. Um, quando da autorização para funcionar das sociedades corretoras membros da Bolsa, mas não atinge, em nenhum momento a organização destas sociedades ou da própria Bolsa. Outro, quando supervisiona a Bolsa na fiscalização e normatização das atividades das sociedades corretoras. Todavia, no que não envolva o interesse público, vigora a autonomia administrativa, patrimonial e financeira da Bolsa.

As Bolsas de Valores, conforme a redação trazida pela atual Resolução 2.690 CMN de 28 de janeiro de 2000, e seu Regulamento, podem ser constituídas como associação civil, ou seja, associação sem fins lucrativos, ou sociedade anônima.

Sob este aspecto inova-se em relação ao Direito anterior, passando-se a admitir a possibilidade de que (quando adotem a forma de sociedade anônima) exerçam atividade lucrativa.[27]

Com a nova redação dada pela Resolução acima citada, ao invés dos títulos associativos patrimoniais (quando na forma de Associação Civil, sem fim lucrativo), pode agora (quando sob a forma de Sociedade Anônima) emitir ações ordinárias, com direito de voto pleno (conforme a linguagem da lei).[28]

Exemplos recentes da adoção da forma da sociedade anônima para as Bolsas foram a BOVESPA Holding S/A e a BM&F S.A, que após um processo de desmutualização em 2007, a fim de possibilitar a mudança, passaram de associações civis sem fins lucrativos para Sociedades Anônimas.

A Bovespa Holding S/A foi criada originalmente como uma companhia fechada (31 de janeiro de 2007), com duas subsidiárias integrais: a BOVESPA, que permaneceu responsável pelas operações de Bolsa e de Balcão e a CBLC, na prestação de serviços de liquidação e custodia.

Em em 24 de outubro de 2007 abriu seu capital mediante distribuição secundária de ações, coordenada pelo Banco de Investimentos Credit Suisse (Brasil) S.A – coordenador líder – e Goldman Sachs do Brasil Banco Múltiplo S.A em conjunto com o coordenador líder Joint Brokrunners, encerrando-se o período de subscrição em 30 de novembro de 2007. Já a BM&F S.A abriu o seu capital em 30 de novembro do mesmo ano.

Durante o primeiro semestre de 2008, ocorreu a integração de atividades entre a BM&F S.A e a Bovespa Holding S.A., com a incorporação das ações de

---

27. Assim não, todavia, quando na roupagem de associação civil. Com este teor a norma do art. 1.º, parágrafo único, veda às Bolsas constituídas como associações civis sem fins lucrativos, a possibilidade de distribuir às sociedades membros, parcelas de patrimônio ou de resultados, salvo autorização expressa neste sentido da CVM.
28. Para uma visão mais detalhada da organização, evolução histórica e regulação das Bolsas de Valores, reportamo-nos ao vol. 1 deste *Manual*, p. 94-100.

uma e outra,[29] dando lugar a BM&F BOVESPA S.A. considerada atualmente a 3.ª maior Bolsa do mundo a maior na América do Sul.[30]

---

29. Bolsa de Mercadorias & Futuros – Bm&F S.A. Companhia Aberta CNPJ/MF 08.936.812/0001-55, NIRE 35.300.343.565. Bovespa Holding S.A. Companhia Aberta CNPJ/MF 08.695.953/0001-23, NIRE 35.300.339.576. Os conselhos de administração da Bovespa Holding S/A e da Bolsa de Mercadorias & Futuros – BM&F S/A reuniram-se no dia 17, primeiro separadamente e depois em conjunto, e aprovaram a operação de integração das duas bolsas, em uma sociedade que se denominará BM&F Bovespa S/A – Bolsa de Valores, Mercadorias e Futuros. Além disso, decidiram convocar suas respectivas assembléias de acionistas para examinar e aprovar a integração, tomando as medidas necessárias à sua realização. A integração cumprirá as seguintes etapas, todas a serem realizadas na mesma data em assembléia única: (a) Incorporação BM&F, resultando na emissão, por BM&F Bovespa S/A, em favor dos acionistas de BM&F, de ações ordinárias, na proporção de 1:1, ou seja, com a emissão de 1.010.785.800 ações ordinárias da BM&F Bovespa S/A, e na conseqüente extinção de BM&F; (b) Incorporação de Ações Bovespa Holding, passando Bovespa Holding a ser subsidiária integral de BM&F Bovespa S/A e resultando na emissão de 1.030.012.191 ações ordinárias e 72.288.840 ações preferenciais resgatáveis em favor dos acionistas de Bovespa Holding, em substituição às suas ações de Bovespa Holding, que passarão a ser de propriedade de BM&F Bovespa S/A; (c) resgate das ações preferenciais de BM&F Bovespa S/A emitidas em favor dos acionistas da Bovespa Holding, pelo valor de R$ 17,15340847 por ação; (d) como resultado da Incorporação de Ações Bovespa Holding e do resgate das ações preferenciais, o conjunto de acionistas da Bovespa Holding passará a ser titular do mesmo número de ações ordinárias de BM&F Bovespa S/A de titularidade do conjunto de acionistas de BM&F, assumindo o integral exercício das opções de compra de ações outorgadas no âmbito do Programa de Reconhecimento do atual Plano de Opções de Compra de Ações de Bovespa Holding, e das opções de compra de até 19.226.391 ações da BM&F Bovespa S/A, em função das opções instituídas no âmbito do atual Plano de Opções de Compra de Ações de BM&F; e (e) a partir da realização das assembléias que aprovarem as incorporações e o resgate acima referidos, será iniciado processo de registro de BM&F Bovespa S/A perante a Comissão de Valores Mobiliários ("CVM") e a listagem de suas ações no Novo Mercado da Bolsa de Valores de São Paulo, com o conseqüente cancelamento dos registros da BM&F e da Bovespa Holding. Até a obtenção desses registros, as ações de Bovespa Holding e as ações de BM&F continuarão a ser negociadas no novo mercado sob os atuais códigos BOVH3 e BMEF3, respectivamente. A Incorporação BM&F, seguida da Incorporação de Ações Bovespa Holding, possibilitará à Bovespa Holding e à BM&F atingir uma estrutura integrada mais eficiente, com economia nas despesas combinadas das duas bolsas, além de possibilitar o maior crescimento e rentabilidade dos negócios por elas desenvolvidos. Uma vez implementadas

Vale mencionar ainda a recente criação (22 de outubro de 2002) da Bolsa Brasileira de Mercadorias (BBM), com a finalidade de tornar-se

a Incorporação BM&F e a Incorporação de Ações Bovespa Holding, a BM&F Bovespa S/A adotará como objeto social os objetos sociais combinados de Bovespa Holding e BM&F. As ações de BM&F Bovespa S/A a serem atribuídas aos acionistas de BM&F e Bovespa Holding em substituição às suas ações de BM&F e Bovespa Holding, que serão extintas, terão os mesmos direitos atribuídos na data da Incorporação BM&F às ações de BM&F Bovespa S/A, e participarão integralmente de todos os benefícios, inclusive dividendos e remuneração de capital que vierem a ser declarados pela BM&F Bovespa S/A. Composição do capital social e ações de BM&F Bovespa S/A após a Incorporação BM&F e a Incorporação de Ações Bovespa Holding e outras Alterações ao Estatuto Social de BM&F Bovespa S/A. O capital social de BM&F Bovespa S/A, após a Incorporação BM&F, a Incorporação de Ações Bovespa Holding, e o resgate das ações preferenciais, será de R$2.537.023.263,88, dividido em 2.040.797.995 ações ordinárias, e a totalidade das ações de emissão de Bovespa Holding passará a ser de propriedade de BM&F Bovespa S/A, tornando-se a Bovespa Holding sua subsidiária integral. A partir de 18.04.08, inclusive, as ações de BM&F e de Bovespa Holding passarão a ser negociadas sem direito ao exercício do direito de recesso. Demais informações sobre a operação. *Período de Transição* Durante um período de transição, a BM&F Bovespa S/A será administrada por um Conselho de Administração e uma Diretoria, formados nos termos constantes da minuta de Estatuto Social colocada à disposição dos acionistas das Companhias, além de um comitê de transição, do qual farão parte os respectivos Presidentes dos Conselhos de Administração e Diretores Gerais de BM&F e Bovespa Holding. O Comitê de Transição indicará, para eleição pelo Conselho de Administração da BM&F Bovespa S/A, o novo Presidente do Conselho de Administração e o novo Diretor Presidente da BM&F Bovespa S/A no prazo de até 60 dias, contados da data de aprovação da reorganização societária pelas assembléias gerais de Bovespa Holding e BM&F. Até que ocorra a indicação acima referida, a presidência do Conselho de Administração da BM&F Bovespa S/A será ocupada pelos atuais Presidentes do Conselho de Administração de ambas as companhias, como Co-Presidentes do Conselho, sendo os dois executivos principais das mesmas companhias eleitos para os cargos de Co-Diretores Presidentes da BM&F Bovespa S/A. *Registro de Companhia Aberta e Listagem no Novo Mercado.* Após a Incorporação BM&F e a Incorporação de Ações Bovespa Holding, os administradores de BM&F Bovespa S/A solicitarão o registro de companhia aberta da companhia junto à CVM, bem como apresentarão à Bolsa de Valores de São Paulo o pedido de listagem e adesão às regras do Novo Mercado. *Submissão a Autoridades* A Incorporação BM&F e a Incorporação de Ações Bovespa Holding serão, nos termos da legislação em vigor, submetidas às autoridades de defesa da concorrência no Brasil, ao Banco Central e à CVM. Será apreciado pela CVM

o centro de agronegócios brasileiro, realizando negócios ou operações com produtos agropecuários e outros bens e serviços, ademais de títulos

pleito no sentido de que a BM&F Bovespa S/A possa continuar exercendo, sem solução de continuidade, as atividades operacionais hoje desenvolvidas pela BM&F. Com a integração, a BM&F Bovespa S/A, como sucessora da atividade operacional BM&F, adotará o mesmo modelo de auto-regulação hoje seguido pela Bovespa Holding, qual seja, a concentração dessa atividade auto-reguladora, no tocante às atividades da Bolsa de Valores de São Paulo e da BM&F, na atual BSM – Supervisão de Mercados, que passará a denominar-se Bolsas – Supervisão de Mercado. *Assessores Financeiros* A Bovespa Holding contratou o Banco de Investimentos Credit Suisse (Brasil) S.A. e a BM&F contratou a N. M. Rothschild & Sons (Brasil) Ltda. como assessores para as operações descritas neste texto. Também foram contratados, pela Bovespa Holding, a Goldman Sachs do Brasil Banco Múltiplo S.A. e o Banco Bradesco BBI S.A., e pela BM&F, o Citigroup Global Markets Inc. e o J.P. Morgan Securities Inc. como assessores para prover análises financeiras aos respectivos Conselhos de Administração. Os assessores financeiros entregaram aos conselhos de Administração de Bovespa Holding e BM&F opiniões baseadas e sujeitas aos fatores e premissas nelas descritas, analisando se é justa a relação de troca estabelecida na operação. *Assessores Jurídicos* A Bovespa Holding contratou Barbosa, Müssnich & Aragão Advogados e a BM&F contratou Mattos Filho, Veiga Filho, Marrey Jr. e Quiroga Advogados e Carvalhosa e Eizirik Advogados como assessores jurídicos para as operações descritas neste texto. A íntegra do Fato Relevante foi publicada no dia 18 de abril de 2008 no jornal Valor Econômico (p. C5) e encontra-se disponível na sede das companhias e em seus respectivos *websites* (<http://www.bovespaholding.com.br> e www.bmf.com.br>), bem como nos *websites* da CVM (<http://www.cvm.gov.br>) e da BVSP (<http://www.bovespa.com.br>). Comunicado – Integração Bovespa BM&F>, <http://www.mzweb.com.br/bmf/web/arquivos/BMF_CM_20080417_b_port.pdf>.

30. Conf. o relatório dos auditores independentes. Disponível em: <http://www.bmfbovespa.com.br/InstDownload/ITR_BMFBOVESPA.pdf>, "Conforme o relatório trimestral dos auditores independentes da Price Water House: A Sociedade foi constituída em 14 de dezembro de 2007 com a denominação social de T.U.T.S.P.E. Empreendimentos e Participações S.A. com o objeto social de participar em outras sociedades, como sócia, acionista ou cotista, no país e no exterior ("holding"). Em 8 de abril de 2008, através de Assembléia Geral Extraordinária ("AGE"), os acionistas decidiram, entre outros assuntos, sobre:i. Alteração de sua denominação social para Nova Bolsa S.A. (Nova Bolsa); (...) As AGEs realizadas no dia 8 de maio de 2008, aprovaram a incorporação da Bolsa de Mercadorias & Futuros-BM&F S.A. (BM&F S.A.) e das ações da Bovespa Holding S.A. (Bovespa Holding), resultando na reorganização societária com o objetivo de integrar as atividades da BM&F S.A. e da Bovespa Holding. Em uma

representativos de produtos rurais do que é exemplo a CPR (Cédula de Produto Rural).[31]

As Bolsas estão submetidas à autorização, supervisão e fiscalização da CVM para sua constituição e funcionamento.[32] São órgãos auxiliares da CVM, integrantes do sistema de distribuição no mercado de valores mobiliários, como atesta o disposto na norma do art. 15, VI da Lei 6.385/1976, juntamente com as entidades de compensação e liquidação e entidades do Mercado de Balcão organizado.

7. O Mercado de Balcão e o Mercado de Balcão Organizado

O Mercado de Balcão, não organizado, como mencionado, é, em princípio, mercado negociado e não mercado apregoado. Vale dizer, abrange negociações realizadas fora do "pregão" das Bolsas, com a intermediação de instituições e agentes financeiros diversos.

Conforme o disposto na Instrução CVM 461/2007 e alterações introduzidas pela Instrução 468/2008, art. 4.º: "Considera-se realizada em mercado de balcão não organizado a negociação de valores mobiliários em que intervém, como intermediário, integrante do sistema de distribuição de que tratam os incisos I, II e III do art. 15 da Lei 6.385/1976, sem que o negócio seja realizado ou registrado em mercado organizado que atenda à definição do art. 3.º (...)" Esclarecendo o seu parágrafo único que, "Também será considerada como de balcão não organizado a negociação de valores mobiliários em que intervém,

---

    das AGEs, foi aprovada a incorporação pela Nova Bolsa, da totalidade dos ativos, passivos, direitos e responsabilidades da BM&F S.A., avaliados por seu respectivo valor patrimonial contábil, no montante líquido de R$ 2.615.517. Na mesma data, foi aprovada a incorporação das ações da Bovespa Holding, a valor de mercado, pela Nova Bolsa, no montante de R$ 17.942.090, passando a Bovespa Holding a ser subsidiária integral da Nova Bolsa. A incorporação da BM&F S.A. resultou na extinção da BM&F S.A., que foi sucedida pela Nova Bolsa nos seus bens, direitos e obrigações para todos os fins legais.

31. Conf. <http://www.srb.org.br/modules/smartpartner/partner.php?id=22>, a BBM "é resultado da união das Bolsas de Mercadorias: de Goiás, Mato Grosso do Sul, Minas Gerais, Paraná, Rio Grande do Sul e Uberlândia, mais a Bolsa de Mercadorias e Futuros (BM&F), (...) com o objetivo é instituir uma bolsa norteada em princípios de economia de mercado, notadamente quanto ao acesso igualitário dos participantes, em ambiente de livre formação de preços, assegurando competitividade e transparência em todo o processo de negociação."
32. V. Instrução CVM 461/2007 com alterações introduzidas pela Instrução CVM 468/2008.

como parte, integrante do sistema de distribuição, quando tal negociação resultar do exercício da atividade de subscrição de valores mobiliários por conta própria para revenda em mercado ou de compra de valores mobiliários em circulação para revenda por conta própria (...)".

A este mercado falta o aspecto corporativo e a especialidade típica das Bolsas, não se podendo falar na existência de um mecanismo uniforme de formação de preços tal como ocorre com as Bolsas, diferentemente do o que ocorre com o Mercado de Balcão Organizado.

Este último é, por assim dizer, um mercado virtual, no qual as negociações têm lugar por meio eletrônico. Neste mercado o espaço virtual supre o físico permitindo a existência de um leilão de ofertas e a simultânea formação de preços. Dada sua organização, pode-se afirmar, haver, também aqui, uma estrutura corporativa (auto-regulada), característica que faz esmaecer as diferenças tradicionais entre Bolsa e Mercado de Balcão.[33]

Influenciado pelo modelo da primeira Bolsa eletrônica norte-americana (Sistema Nasdaq), com a migração das negociações dos pregões para o sistema eletrônico,[34] estabeleceu-se sistema paralelo de negociações, num mercado que, embora descentralizado, apresenta características semelhantes àquelas dos mercados de Bolsa.

No Brasil, o funcionamento deste mercado está submetido às regras da Instrução CVM 243 de 1.º de março de 1996 (alterada pelas Instruções 250/1996; 343/2000; 440/2006 e 461/2007 e 468/2008), a qual admitiu a constituição de entidades para desenvolver sistema organizado de negociação de títulos e valores mobiliários de renda variável sob a forma de sociedade civil ou comercial (art. 1.º da Instrução), do que resultou a SOMA (Sociedade Operadora do Mercado de Acesso), destinada a administrar o primeiro mercado de balcão organizado no país.

Os investidores atuam neste mercado mediante uso de terminais a que têm acesso em suas próprias instalações ou dependências. Porém, as companhias que pretendam ter papéis negociados nestes mercados, estão submetidas, da mesma forma que as que listadas em Bolsa, a registrar suas emissões perante a CVM. Neste mercado a uniformização dos preços decorre da atuação dos chamados *Market makers* ou fazedores de mercado; todas as operações são liquidadas pela Câmara de Liquidação e de Custódia, em regra em prazos semelhantes àqueles praticados nas Bolsas de Valores.

---

33. Conf. por todos Nelson Laks Eizirik, *Nova Regulamentação do Mercado de Balcão Organizado*, RDM 109, p. 102-106.
34. Conf. Fabrício Mello R. Silva, publicação da CVM, ago. 1999, *ECNs Redes Eletrônicas de Comunicação no Mercado de Capitais dos EUA (Complemento ao Relatório técnico SMI de março de 1999)*.

8. Os serviços de liquidação e custódia

Estes serviços são prestados por bancos comerciais e de investimento, sociedades corretoras e distribuidoras, a par de outras entidades equiparadas (centrais de liquidação e custódia) desde que devidamente credenciadas pela CVM, uma vez demonstrado preencherem as condições operacionais, técnico e financeiras adequadas.

As centrais de liquidação e custódia são sociedades especialmente criadas para os fins de liquidação e custódia, associadas à BMF&Bovespa, sendo, nas palavras da CVM[35] responsáveis pela compensação, liquidação física e financeira dos papeis custodiados, ademais pelo registro, controle das garantias e das posições relacionadas nos mercados de derivativos e no serviço de empréstimos de ações e duas, atualmente, são as centrais de liquidação e custódia, autorizadas a atuar no segmento de valores mobiliários:

1 – Câmara de Liquidação e Custódia S.A. (CLC), associada à Bolsa de Valores do Rio de Janeiro (BVRJ), responsável, também, pela liquidação das transações das demais sete bolsas regionais.

2 – Companhia Brasileira de Liquidação e de Custódia (CBLC), associada à BMF&Bovespa.[36]

Conforme denuncia Newton Freitas[37] o Bacen por meio do Comunicado 9.419, de 18.04.2002, divulgou a autorização de funcionamento da Companhia Brasileira de Liquidação e Custódia (CBLC), para a liquidação de operações com títulos de renda variável, de renda fixa pública e privada, nos mercados à vista e de liquidação futura e da Central de Custódia e de Liquidação Financeira de Títulos (CETIP), para a realização de negócios e leilões em ambiente eletrônico, bem como para registro e liquidação de operações (Comunicado 10.233, de 10.10.2002), as quais representam as principais entidades no sistema, atuando por meio de seus agentes autorizados.

Vale mencionar, ainda, o Banco BM&F de Serviços de Liquidação e Custódia S/A, controlado pela BM&F Bovespa S.A., o qual não é um Banco comercial, mas se restringe "... a prestação de serviços de liquidação para as operações contratadas nos sistemas de negociações administrados pelas Bolsas (...)."[38] A par disto exerce a função de *custodiante central* para as demais *Clearings* BM&F.

---

35. V. <http://www.cvm.gov.br/port/protinv/caderno2.asp>.
36. Idem, op. e loc. cit.
37. Aut. cit. História do sistema de pagamentos brasileiro, Disponível em: <http://www.newton.freitas.nom.br/artigos.asp?cod=166>.
38. Disponível em: <http://74.125.113.104/search?q=cache:XlDq9F7E00gJ:www.bmf.com.br/portal/pages/institucional1/relatorio_anual/PDF/

Estas centrais de liquidação respondem diretamente perante os acionistas e/ou terceiros interessados, por eventuais irregularidades ou erro nos serviços acordados. Note-se que o investidor não poderá negociar suas ações em bolsas de valores, se estas não estiverem custodiadas em uma das centrais de liquidação e custódia. Isto se justifica tendo em vista a despersonalização destes contratos, a formação uniforme de preços e a compensação levada a feito entre as diversas posições compradas e vendidas.

Na lição da CVM, o serviço basicamente compreende a guarda e o exercício dos direitos decorrentes dos valores mobiliários custodiados (bonificações, dividendos e direitos de subscrição), os quais podem ser recebidos como bens fungíveis ou infungíveis, transferindo-se a propriedade fiduciária (tendo em vista o fim exclusivo de custódia) para a custodiante. Estes direitos, salvo o de subscrição que exige a solicitação expressa do cliente, são exercidos automaticamente nas contas custodiadas. Estas instituições estão obrigadas a fornecer extratos das contas custodiadas, mensal (quando existir movimentação), anualmente (quando inexistente o movimento ou solicitação) ou quando solicitado.[39]

9. O FUNDO DE GARANTIA

As Bolsas de Valores são obrigadas a manter um fundo de garantia para assegurar o ressarcimento dos prejuízos eventualmente sofridos pelo cliente de uma sociedade corretora, por eventuais falhas na execução das ordens recebidas, tanto com relação aos serviços de intermediação nas negociações realizadas em Bolsa, quanto em referência aos serviços de custódia prestados.[40]

2003/relatorio2003/cap-07.pdf+Banco+BM%26F+S.A&hl=pt-BR&ct=clnk&cd=1&gl=br>.
39. Consulte-se à CVM. Publicação destinada ao Público.
40. Conf. Relatório disponível em: <http://www.bmfbovespa.com.br/InstDownload/ITR_BMFBOVESPA.pdf>, p. 8, a BM&FBOVESPA mantém Fundo de Garantia no montante de R$ 92.342 com a finalidade exclusiva de assegurar aos clientes dos detentores de direitos de negociação e liquidação o ressarcimento de prejuízos na ocorrência das hipóteses previstas no regulamento. As controladas Bolsa Brasileira de Mercadorias e Bolsa de Valores do Rio de Janeiro (BVRJ) também mantêm Fundos de Garantia, entidades de propósitos específicos sem personalidade jurídica própria. A responsabilidade máxima desses Fundos de Garantia é limitada ao montante de seus respectivos patrimônios. A BVSP também mantém um Mecanismo de Ressarcimento de Prejuízos cuja finalidade exclusiva é assegurar aos clientes das sociedades corretoras que operam na BVSP, ressarcimento de prejuízos na ocorrência das hipóteses previstas no regulamento. Confira-se a regulação conf. o art. 40 do Regulamento anexo à Resolução 2.690/2000 em sua nova redação, trazida

72 Direito Empresarial

O prazo para o pedido de ressarcimento é de 6 meses a contar da ocorrência ou omissão que tenha causado o prejuízo[41] e é de decadência.

pela Res. 2.774/2000, ao ordenar que "as bolsas de valores devem manter Fundo de Garantia, com finalidade exclusiva de assegurar aos investidores do mercado de valores mobiliários, até o limite do Fundo, ressarcimento de prejuízos decorrentes da atuação de administradores, empregados ou prepostos de sociedade membro ou permissionária, em relação à intermediação de negociações realizadas em bolsa e aos serviços de custódia, especialmente nas seguintes hipóteses: (NR) I – inexecução ou infiel execução de ordens; II – uso inadequado de numerário, de títulos ou de valores mobiliários, inclusive em relação a operações de financiamento ou de empréstimos de ações para a compra ou venda em bolsa (conta margem); III – entrega ao investidor de títulos ou valores mobiliários ilegítimos ou de circulação proibida; (NR) IV – inautenticidade de endosso em título ou em valor mobiliário ou ilegitimidade de procuração ou documento necessário à transferência dos mesmos; V – decretação de liquidação extrajudicial pelo Banco Central do Brasil; e (NR) VI – encerramento das atividades. (NR) Parágrafo único. A negociação com os títulos mencionados no art. 33 deste Regulamento em recinto ou sistema de bolsa de valores não se encontra abarcada pelo disposto neste artigo. "Art. 41. O investidor poderá pleitear o ressarcimento do seu prejuízo por parte do Fundo de Garantia, independentemente de qualquer medida judicial ou extrajudicial contra a sociedade membro ou permissionária, ou a bolsa de valores. (NR) § 1.º O pedido de ressarcimento ao Fundo de Garantia deve ser formulado no prazo de seis meses, a contar da ocorrência da ação ou omissão que tenha causado o prejuízo. § 2.º Quando o investidor não tiver tido comprovadamente possibilidade de acesso a elementos que lhe permitam tomar ciência do prejuízo havido, o prazo estabelecido no parágrafo anterior será contado da data do conhecimento do fato." (NR) "Art. 42. O pedido de ressarcimento será formulado, devidamente fundamentado, ao Fundo de Garantia da bolsa de valores em que se encontrar localizada a sede ou dependência da sociedade membro ou permissionária da bolsa, a quem tiver sido dada a ordem ou entregue numerário ou títulos ou valores mobiliários. § 1.º No caso de repasse da ordem, se inexistente a responsabilidade da sociedade repassadora, esta, em conjunto com o investidor, deverá pleitear ao Fundo de Garantia da bolsa de valores da sociedade membro correspondente o ressarcimento do prejuízo.(NR) § 2.º Na hipótese prevista no parágrafo anterior, a bolsa de valores de que for membro a sociedade repassadora da ordem está obrigada a atender as solicitações que lhe fizer a Comissão Especial do Fundo de Garantia em que estiver sendo processada a reclamação, relativas a informações, fiscalizações e auditoria que se fizerem necessárias aos esclarecimentos dos fatos objeto da mesma." Art. 2.º Fica incluído o art. 48-A no Regulamento anexo à Resolução 2.690, de 2000, com a seguinte redação: "Art. 48-A. A discussão em torno do direito de regresso do Fundo de Garantia contra a sociedade que tenha dado causa aos prejuízos objeto

10. Sociedades corretoras

São instituições financeiras que intermedeiam as operações realizadas nas Bolsas de Valores e de Mercadorias e Futuros. Operam com exclusividade na Bolsa de Valores (art. 5.º, I, da Lei 4.728/1965), comprando, vendendo e distribuindo títulos e valores mobiliários por conta de terceiros.

Estas sociedades estão habilitadas a operar no recinto mantido pelas Bolsas e atuam também com títulos da dívida pública (mercado aberto), com câmbio e na administração de carteiras de ações, fundos e clubes de investimentos. A sua constituição depende da autorização do Bacen e o exercício da atividade aquela da CVM.

Atente-se que as sociedades corretoras não se confundem com as distribuidoras de títulos e valores mobiliários, igualmente instituições financeiras, as quais têm por finalidade colocar títulos e valores mobiliários no mercado de crédito e de capitais. Estas, conforme a definição oficial: "(...) são constituídas sob a forma de sociedade anônima ou por quotas de responsabilidade limitada, devendo constar na sua denominação social a expressão 'Distribuidora de Títulos e Valores Mobiliários'. Algumas de suas atividades: intermedeiam a oferta pública e distribuição de títulos e valores mobiliários no mercado; administram e custodiam as carteiras de títulos e valores mobiliários; instituem, organizam e administram fundos e clubes de investimento; operam no mercado acionário, comprando, vendendo e distribuindo títulos e valores mobiliários, inclusive ouro financeiro, por conta de terceiros; fazem a intermediação com as bolsas de valores e de mercadorias; efetuam lançamentos públicos de ações; operam no mercado aberto e intermedeiam operações de câmbio. São supervisionadas pelo Banco Central do Brasil (Resolução CMN 1.120, de 1986)" e atuam no mercado primário e secundário por meio de uma sociedade corretora, da qual recebe uma participação na taxa de corretagem cobrada do cliente.[42]

---

do ressarcimento devido ao reclamante não pode obstar o pagamento a que se refere o art. 47 deste Regulamento, nos prazos ali previstos. § 1.º No caso de a sociedade referida no *caput* ajuizar demanda judicial com o propósito de elidir a sua responsabilidade, visando ou não obstar o pagamento ao reclamante pelo Fundo de Garantia, a Comissão Especial desse deve comunicar, de imediato, a ocorrência à Comissão de Valores Mobiliários, informando se há medida liminar ou tutela antecipada concedida, bem como fornecendo toda a documentação pertinente. § 2.º Sem prejuízo do disposto no parágrafo anterior, a bolsa de valores deverá utilizar todos os meios e recursos disponíveis para assegurar a efetividade das decisões proferidas no curso do procedimento ora regulado."

41. Idem.
42. Disponível em: <http://www.bcb.gov.br/pre/composicao/sdtvm.asp>.

Isto posto, após esta breve visão do funcionamento do mercado, ingressamos, a seguir, no âmbito da sociedade anônima propriamente dita.

JURISPRUDÊNCIA

- "*Intermediário de negócio. Corretora de valores mobiliários. Compra e venda de ações determinada pelo comitente não realizada por não ter sido prestada caução. Admissibilidade. Mandatária que não está obrigada a financiar as operações na Bolsa. Hipótese, ademais, em que já era credora do mandante em razão de financiamento de anterior negócio. Indenização não devida. Aplicação dos arts. 144 do CCo e 1.309 do CC.* A corretora de valores mobiliários atuando como mandatária do comitente nas Bolsas de Valores pode deixar de exeqüir o mandato sempre que a execução depender de suprimentos de fundos e estes não forem prestados a tempo. Mormente quando evidenciado estar o comitente em débito oriundo de financiamento de negócio anteriormente intermediário justo é o receio da corretora de financiar outras importâncias de elevado valor para a realização de nova operação para a qual exigida caução que não foi prestada" (1.º TACivSP, Ap. 379.468, 8.ª C., j. 27.04.1988, rel. Juiz Roberto Rubens, *RT* 630/118).

- "*Responsabilidade civil. Corretora de câmbio e valores mobiliários. Venda de opções a descoberto. Operações realizadas junto à Bolsa de Valores contrariando as ordens do comitente, com prejuízo para este, sob alegação de falta de garantias. Inadmissibilidade.* Possibilidade de a corretora, antes de iniciar as operações, exigir daquele as garantias necessárias para atuar 'a descoberto' ou à falta dessas, recusar a operação por falta de condições de operabilidade. Hipótese em que, assim não agindo e assumindo o encargo de conduzir e realizar a venda, deveria concluí-la nos moldes estabelecidos pelo comitente, cuidando de conseguir as garantias, para o quê poderia valer-se do que estabelece o 'Manual de Controle de Garantias' da Bolsa. Prejuízos que, portanto, devem por ela ser ressarcidos. Ação de indenização procedente" (TJ/SP, rel. Des. Freitas Camargo, *RT* 648/76).

- "*Ação civil pública. Danos causados aos titulares de valores mobiliários e investidores do mercado. Lei 7.913/1989. Possibilidade de o Ministério Público, de ofício ou por solicitação da Comissão de Valores Mobiliários ajuizar as medidas cautelares ou ressarcitórias necessárias, sem prejuízo da ação de indenização do prejudicado.* A Lei 7.913/1989 que 'dispõe sobre a ação civil pública de responsabilidade por danos causados aos investidores no mercado de valores mobiliários', autoriza o Ministério Público, 'de ofício ou por solicitação da Comissão de Valores Mobiliários', a ajuizar as medidas cautelares ou ressarcitórias necessárias, em caso de 'danos causados aos titulares de valores mobiliários e aos investidores do mercado', sem prejuízo da ação de indenização do prejudicado" (TJ/SP, 8.ª Câm., AI 152.132-1/0, j. 02.10.1991, rel. Des. Franklin Nogueira, *RT* 674/118).

- *"Competência. Comissão de Valores Mobiliários. Inexistência da condição de interessada. Julgamento afeto à Justiça Estadual. Sociedade Anônima. Ações preferenciais. Direito às bonificações. Estatuto que se encontra em plano inferior ao da Lei. Inteligência dos arts. 5.º, 34, § 3.º, 17, §§ 3.º e 4.º da Lei 6.404/1976.* Ementa Oficial: Ação ordinária, com preceito cominatório, cumulada com indenização por perdas e danos. Competência da Justiça Federal: inexistente; a Comissão de Valores Mobiliários não interessada como autora, ré, assistente ou oponente (art. 109, I, CF). Estatuto de Sociedade Anônima: hierarquicamente inferior à Lei das Sociedades Anônimas; nulidade ou ineficácia da regra estatutária, colidente com a regra legal. Ações preferenciais classe "A": direito evidente às bonificações, receitas, participação nos lucros remanescentes, requeridas. Decisão: sentença mantida, *in integrum*; unânime, negando-se provimento ao recurso. Ementa da Redação: O simples fato da Comissão de Valores Mobiliários ser autarquia da União não a condiciona para obter o foro privilegiado (Justiça Federal); necessário se faz que seja interessada (autora, ré, assistente ou oponente). Não ocorrendo essas hipóteses de interesse, confirma-se a competência da Justiça Estadual. Ementa da Redação: Há evidente ilegalidade, no Estatuto quando este não permite a percepção das bonificações, resultantes de capitalização de lucros, outras receitas e participação nos lucros remanescentes, além do recebimento do dividendo mínimo, posto que afronta os arts. 5.º, 34, § 3.º, 17, §§ 3.º e 4.º da Lei das Sociedades Anônimas, Lei 6.404/1976. Ademais, na hierarquia das normas jurídicas, o Estatuto, norma particular, encontra-se em plano inferior ao da Lei, norma pública" (TJ/AL, 2.ª Câm., Ap. 10.774, j. 07.02.1996, rel. Des. Gerson Omena Bezerra, *RT* 730/295).

IV
A Sociedade Anônima: Tipos e Subtipos. Natureza e Regime Jurídico

1. Tipos e subtipos

A lei anterior (Dec.-lei 2.627/1940) estabelecia a regulamentação somente em função da sociedade anônima fechada, embora o reconhecimento da sociedade anônima, constituída por subscrição pública, datasse desde fins do séc. XIX com a promulgação do Dec. 1.362 de 14 de fevereiro de 1891.[1]

Isto se explica tanto pela inexistência de um mercado de capitais quanto pela aberta preferência dos investidores por imóveis urbanos e títulos da dívida pública. Vislumbra-se aqui, quiçá, a influência do modelo Europeu continental (Itália, França e Alemanha), no qual o financiamento da atividade produtiva privilegiava o sistema financeiro sobre o investimento direto. Com esta visão, não se cogitou de uma disciplina diferenciada para anônimas que fizessem apelo à poupança privada.

Nos anos 60 e 70 do século passado tentou-se estimular a captação de recursos fora do sistema financeiro mediante benefícios fiscais (incentivo a certas atividades com renúncia fiscal do Governo Federal ou abatimento de parcela do imposto sobre a renda desde que direcionada a importância a sociedades instaladas em áreas incentivadas ou atividades igualmente incentivadas).

Porém, a inflação endêmica não favorecia investimentos de risco. Entretanto, a necessidade de promover o desenvolvimento econômico, notadamente após os anos 70, determinou a alteração na política governamental que, em 1964 (Lei 4.357 de 16 de julho), introduziu a correção obrigatória do ativo imobilizado das companhias, afastando (ou pelo menos abrandando) a sensação de perda de valor do capital social com reflexos sobre o patrimônio líquido.

---

1. Conf. Trajano de Miranda Valverde, *Sociedades anônimas*, Borsoi & C, Rio de Janeiro, 1937, p. 116.

No ano seguinte, a Lei 4.595/1965 estruturou o sistema financeiro nacional criando o Conselho Monetário Nacional (CMN) e o Banco Central do Brasil (BCB) retirando do Banco do Brasil a função de autoridade monetária.

Ao primeiro foi atribuída competência para disciplinar as atividades das Bolsas de Valores e dos corretores de fundos públicos, ademais de atividades tradicionais relacionadas à compra e venda de ações. Ao segundo foi deferida a tarefa de fiscalizar estas atividades.

Esta lei, para o que interessa, foi completada pela Lei 4.728/1965 que, a par de disciplinar o mercado e capitais, atribuiu, no seu art. 59, ao recém criado CMN, competência para determinar as condições em que a sociedade poderia ser considerada como de capital aberto, disciplinando seu acesso ao mercado de capitais, além de retomar a disciplina das debêntures que ficara adormecida.

Dizia-se sociedade de capital aberto, conforme critério numérico, atribuindo-se um tratamento privilegiado (incentivos fiscais), àquelas sociedades com um grande número de ações dispersas entre o público. Autoridade para declarar quando uma companhia poderá ser considerada aberta ou fechada era o CMN.

A regulamentação societária única, todavia não era satisfatória, tendo em vista:

1) o relevo da autonomia privada na redação dos estatutos sociais que, se compatível com a sociedade anônima fechada, era inadequado para aquela aberta com um grande número de ações disperso junto ao público. Colateralmente qualquer controle governamental sobre a sociedade, se adequado e justificado pelo interesse público na sociedade anônima aberta, deixava de o ser perante a fechada tendo em vista o mesmo respeito à autonomia privada;

2) que a regulamentação eficiente para uma multinacional de grande porte não tem o mesmo efeito em face de uma sociedade familiar, organizada, no mais das vezes, em torno do patriarca. Por outro lado é necessário distinguir as situações nas quais o controle é instável, daquelas nas quais o controle se perpetua na pessoa de um único acionista, em que alterações do quadro social são secundárias, tal como acontece na sociedade familiar. Da mesma forma não se pode considerar como realidades iguais a tutela do acionista minoritário numa pequena companhia fechada e na macro companhia aberta;

3) tampouco era adequado tratar da mesma forma uma sociedade na qual as ações estão distribuídas entre grande número de acionistas e controlada por administradores profissionais, com a tutela necessária àquela sociedade com pequeno número de acionistas e controle familiar;

4) paralelamente, se é correto falar-se em perfil institucional perante uma sociedade com ações dispersas junto ao público e na tutela de interesses

extra-societários,[2] esta visão fica dificultada quando se trata de pequena sociedade anônima, à qual, inclusive, alguns atribuem o caráter de "sociedade de pessoas", afirmando a existência ali da "affectio societatis", característica das sociedades personalistas.[3]

Este modo de tratar as anônimas altera-se diante da necessidade de fomentar o desenvolvimento da economia nacional dada a insuficiência financeira das empresas nacionais à vista dos grandes projetos de investimento, os quais ficavam reservados às multinacionais.

Impunha-se a criação de uma estrutura adequada à macro empresa de molde a incentivar os investimentos nos setores industrial e comercial sem recorrer diretamente ao financiamento via instituições financeiras. Tal não significava, porém, ignorar a realidade econômica local, ordenando a criação de um modelo que fosse igualmente flexível suficiente para facultar a pequena e média empresas sua utilização. Assim, limitou-se a exigência de capital mínimo na constituição de anônimas somente para o exercício de determinadas atividades.[4]

A finalidade visada de estímulo ao crescimento das empresas nacionais com captação de recursos junto ao público foi obtida por intermédio da Lei 6.404/1976.

---

2. Por uma síntese das diversas teorias, Francesco Galgano, *La società per azioni in trattato di diritto commerciale e di dirito pubblico dell'economia*, vol. 7.º, Cedam, Padova, 1984, p. 57-70.
3. Assim, entre outros e principalmente, embora discordando, vale a lúcida lição de Fábio Konder Comparato, Restrições à circulação de ações em companhia fechada: 'Nova et Vetera', *RDM*, n. 36, p. 65-76.
4. É certo que a finalidade de favorecer ao acesso da poupança privada aos investimentos produtivos do país ainda não é uma realidade. Por um lado não são muitas as sociedades nacionais com títulos negociados no mercado e os investidores, a par daqueles institucionais, não são numerosos. A maior parte dos poupadores, talvez por um fator cultural, prefere recorrer a investimentos mais tradicionais como em imóveis ou aplicações financeiras com rendimentos fixos (v.g. cadernetas de poupança, CDBs, RDBs). Não se pode afirmar que no Brasil, pelo menos no estado atual, tenha-se obtido uma real democratização acionária, com a distribuição das ações por um grande número de pequenos poupadores. Em regra os grupos atuantes no mercado são os mesmos e a maior parte das operações encerram negócios de transferência de controle. Por outro lado a alta dos papéis, dada às oscilações políticas e à influências conjunturais externas, não reflete, exatamente, a saúde econômica das emissoras. Tampouco são estas as maiores beneficiárias da circulação dos papéis emitidos, tendo em vista que o maior volume negociado, em regra, ocorre no mercado secundário.

Esta, abandonando o antigo critério numérico de dispersão das ações, optou por aquele da origem dos recursos financeiros. Com este teor, a norma do art. 4.º estabeleceu ser a companhia aberta ou fechada conforme os valores mobiliários de sua emissão fossem, ou não, admitidos à negociação no mercado de Bolsa ou balcão.

Distinguiu-se, destarte, na letra da lei, *ab initio* dois tipos de sociedades anônimas, a aberta e a fechada, conforme os papéis de sua emissão (valores mobiliários)[5] fossem, ou não, distribuídos junto ao público. O fato de ter a

---

5. Perante o direito comparado a maioria das legislações distingue. Na França as normas das subseções 1 (arts L 225-2 a L.225-11) e subseção 2 (arts. L225-12 a L 225-16) do Titulo II, Capítulo V (das sociedades anônimas) do Código de Comércio, estabelecem um tratamento diferenciado, respectivamente para as companhias abertas e fechadas. No modelo francês tem-se, agora, ao que foi denominado de sociedade anônima simplificada (arts. L227-1 a L227-16 do Código de comércio). Cuida-se de modalidade especial de sociedade anônima, que pode ser constituída também na forma unipessoal, tanto por pessoas físicas, quanto jurídicas (de direito público ou privado, nacionais ou estrangeiras). Esta sociedade, um modelo intermediário entre as sociedades anônimas e as de pessoas, mas sempre comercial por sua forma, pode emitir ações inalienáveis advindas da contribuição em "industria". Todavia o regime de inalienabilidade não pode ser superior a 10 anos (art. L.227-13 do Código Comercial). Conf. <http://www.sg.cnrs.fr/daj/partenariat/partenariat/structpersomorale/sas1.htm>, a sociedade não pode fazer apelo à subscrição pública e a responsabilidade dos sócios está limitada ao montante do capital subscrito, o qual no momento tem um teto mínimo de 37.000 euros que, contrariamente, ao que ocorre com as sociedades anônimas, pode ser variável. Nela existe somente tem um órgão obrigatório que é o presidente, o qual representa a sociedade perante terceiros, embora os estatutos possam indicar um ou mais dirigentes. Estes, todavia, não representarão a sociedade. Originalmente era constituída, unicamente, por pessoas jurídicas, sociedades comerciais, qualquer que fosse o tipo, mas de um certo porte econômico (capital acima de 1.500.00 francos franceses cada, como capital mínimo). Todavia, tendo em vista o principio do livre exercício do comércio e da profissão esta limitação foi afastada. Adverte-se, todavia, que no direito francês estão em andamento, diversos projetos de lei para vigorar a partir de 2009, 2010 e 2011. A regulamentação aqui exposta refere-se à lei que passou a vigorar a partir de 1 de janeiro de 2009. No direito italiano a norma do art. 2.333- 2.341, dedica um título específico para a constituição mediante subscrição pública. Para o modelo "chiuso"(fechado) aplicam-se as regras gerais dispostas para as sociedades, tal como estabelecido no art. 2247 e ss. (contrato de sociedade) e demais que lhe forem aplicáveis. (conf. in <http://www.studiamo.it/riforma-diritto-societario/societ%E0-per-azioni.html>). a. O direito alemão, até pouco tempo não distinguia. Uma reforma do direito acionário levada a feito por uma lei datada de 10 de agosto de 1994

sociedade papéis de sua emissão admitidos no mercado em oferta ao público determinou a incidência da regulação particular, consubstanciada na própria

(que entrou em vigor a partir 1.º de janeiro de 1995) introduziu a figura da *"kleine Aktiengessellchaft"*, cujas ações não são cotadas em Bolsa. Distingue-se atualmente no modelo alemão três subtipos de sociedades anônimas: a sociedade anônima fechada (*private Aktiengesellschaft*), cujas ações não são negociadas junto ao público; a sociedade anônima aberta (− *Börsennotiert Aktiengesellschaft* (art. 3 (2) *AktG*) e a sociedade anônima, cujas ações são objeto de registro oficial (*amtlich notiert*). A esta se seguiram alterações diversas em 1998, 2001, 2002, 2004, 2005, 2006 e assim sucessivamente. As principais inovações, dignas de nota, até o momento, são: alterou-se a redação do art. 2.º da lei acionária de molde a admitir a constituição por uma ou mais pessoas, lembrando que na redação original o número admitido era o de 5 pessoas; no artigo 10.º houve a introdução do parágrafo 5.º, permitindo limitar ou excluir a emissão de certificados; foi alterada a redação original do art. 31 de molde a estatuir que as limitações existentes na norma do art. 30 não se aplicarão ao representante dos trabalhadores, membro do Conselho de Administração; o artigo 36 teve sua redação ampliada de molde a estatuir que quando a sociedade for fundada por uma única pessoa, o fundador deverá fornecer uma garantia para a parte subscrita não integralizada; a norma do art. 36-a (introduzida em 25 de março de 1998), ordena a integralização de pelo menos ¼ no ato de subscrição e o restante, dentro do prazo máximo de 5 anos a contar do arquivamento dos atos de constituição no registro de comércio; a norma do art. 42 (alterada em 22 de junho de 1998) ordena, para a hipótese de todas as ações pertencerem a um único sócio ou à sociedade com um único sócio, que todas as informações particulares, referentes ao sócio único sejam levadas ao registro de comércio; aquela do art. 121,4 permite a convocação por carta registrada para os acionistas, conhecidos nominalmente, valendo o dia da expedição como aquele da publicação da convocação; a norma do art. 186, § 3.º, 4.º e 5.º passa a admitir a exclusão do direito de preferência, principalmente quando o aumento do capital social, mediante aporte extraordinário, não ultrapasse a mais do que 10% do capital de fundação e não reflita, significativamente, a cotação do preço da distribuição, obtido na Bolsa. Isto, porém, desde que a decisão para o futuro aumento tenha sido devidamente publicada; a norma do art. 241 estabelece a nulidade da assembléia quando convocada sem atender aos requisitos estabelecidos na norma do art. 121, §§ 2.º, 3.º e 4.º e aquela do art. 256 (com nova redação pela reforma levada a cabo em 15 de dezembro de 2004) amplia as hipóteses de nulidade do balanço do exercício (sobre a reforma, consulte-se Ulrich Seibert, *Die kleine AG*, Verlag Kommunikationsforum GMBH, Köln, 1994 ou Wolfgang Hölters e Bárbara Deilmann, *Die kleine Aktiengesellchaft*, Verlag C.H.Beck, München, 1997); na Espanha o Real Decreto Legislativo 1.564 de 22 de dezembro de 1989, a par de admitir a sociedade anônima unipessoal por constituição derivada, sanciona a existência tanto da companhia aberta quanto da fechada.

Lei 6.404/1976, a par da sua submissão à autoridade da CVM, (Lei 6.386/1976). Essa regulação especial justifica-se porque, embora ambas as espécies sejam sociedades anônimas, tem-se, na verdade, realidades jurídicas diferentes por ser possível vislumbrar, em uma e em outra, diferenças que, do ponto de vista do direito, merecem regulação diversa.

Assim, vale mencionar:

1) a diferente qualidade dos sócios, eis que na companhia aberta distinguem-se dois tipos de sócios, aqueles, por assim dizer, sócios empresários, os quais administram a sociedade, e os *investidores* do mercado de valores mobiliários, no mais das vezes sem fidelidade ao investimento e, destarte, acionistas transitórios. Paralelamente, é somente na companhia aberta que se pode distinguir entre sócios fundadores e subscritores, já que na fechada todos que participam da constituição são fundadores;

2) a natureza do controle exercido, eis que, enquanto nas companhias fechadas este é, em regra, majoritário (cinqüenta por cento mais um das ações com direito a voto), nas abertas é possível exercer o poder de mando sobre a sociedade detendo percentual de ações votantes significativamente inferior. Ainda que na realidade brasileira o controle, mesmo nas companhias abertas, seja do tipo majoritário, concentrado, a disciplina legal prevê a possibilidade de controle minoritário.

Tem-se aqui, via mecanismo da companhia aberta, o fenômeno da dissociação entre a propriedade da riqueza e o poder sobre ela exercido, entre poder e risco.[6]

E isto porque, graças ao fenômeno da pulverização acionária, vale dizer da distribuição das ações por um grande número de acionistas, à existência de ações sem direito de voto, e ao absenteísmo (vale dizer quando o investimento não é de monta suficiente a motivar o investidor a participar das assembléias gerais), é possível àquele acionista, que titule percentual mais significativo de ações, determinar o destino da sociedade ainda quando tal porcentual seja visivelmente inferior à metade das ações com direito de voto (controle minoritário).

Desta forma, embora titular de investimento inferior à metade do total do capital social, pode dispor do total de ativos da sociedade, determinar seu destino, o dos bens e trabalhadores que compõem a empresa.

Paralelamente, mesmo dispondo deste poder de disposição sobre bens alheios[7] que exerce sobre a totalidade dos bens sociais, o risco limita-se ao

---

6. Recomenda-se, para uma visão mais aprofundada, a leitura do *The modern corporation and private property* de Berle e Means, Nova Iorque, 1967.
7. Cf. Fábio Konder Comparato, *O poder de controle na sociedade anônima*, RT, 2. ed., 1977, p. 86-88, 26.

montante das ações subscritas e integralizadas. Vale dizer, se a sociedade for declarada falida, salvo a hipótese de responsabilidade pessoal em virtude de abuso de poder, violação da lei ou do estatuto, a perda está limitada ao montante investido.

Outrossim, é somente por meio da companhia aberta que se pode obter, no sistema capitalista, a socialização da propriedade privada.[8]

3) com rigor, adequadamente, é particular da companhia aberta o perfil institucional, portadora de interesses extra-societários que não se reduzem àquele imediato dos sócios na obtenção de lucros como ocorre naquelas sociedades chamadas de pessoas ou contratuais; interesses que se tem em mente quando a lei reclama o dever de fazer a empresa realizar sua função social, enfatizando a responsabilidade perante a comunidade em que atua (art. 116, parágrafo único da Lei 6.404/1976), o respeito ao interesse nacional e àquele da economia nacional (art. 117, § 1.º, alínea a) Inclusive, é necessário lembrar, há quem defenda a presença da *affectio societatis*, característica das sociedades de pessoas ou contratuais nas sociedades anônimas fechadas.[9] Isto é mais perceptível quando se restringe a circulação das ações o que permite recusar a entrada de novo acionista.

4) por final, é somente por meio da companhia aberta que a anônima pode realizar a sua função econômica de captação e concentração da poupança, canalizando-a para a produção. Daí porque, em oposição à estabilidade do quadro societário, característica das sociedades de pessoas ou contratuais, na sociedade anônima, a regra é a da livre transferência das participações societárias (ressalva nas companhias fechadas onde é possível restringir a circulação das ações dando aos acionistas direito de preferência sobre estas participações).

Justifica-se, assim, a diferente disciplina estabelecida para as companhias abertas no próprio bojo da lei, disciplina esta que por sua submissão à CVM (hétero-regulação) restringe a maleabilidade existente na companhia fechada, dando lugar a um modelo estrutural mais rígido, com regras particulares, em que a interferência do legislador é maior. Assim por exemplo, a imutabilidade do *quorum* deliberativo; a obrigatoriedade da existência do conselho de administração, os deveres específicos dos administradores de companhia aberta perante o mercado de valores mobiliários, ou a disciplina particular da transferência de controle nessas companhias abertas.[10]

---

8. Cf. a síntese elaborada por Francesco Galgano, op. cit., p. 33-35, nota 9.
9. V. nota 1, neste Capítulo.
10. Sob a disciplina particular das companhias abertas confira-se o disposto nas normas dos artigos, 11, § 3.º; 15, § 1.º; 18, parágrafo único; 100, § 2.º; 124,§ 1.º; 126, § 2.º; 155, § 1.º; 157 e §§; 158, § 3.º; 167, § 1.º; 171, § 7.º.

Estes, porém, não são os únicos subtipos que merecem regulação especial. É necessário mencionar, ademais, a *sociedade anônima de economia mista*, aquela cujo controle majoritário está nas mãos do Estado ou de entidades da administração indireta e cuja disciplina especial está estabelecida no Capítulo XX da lei acionária; a *de capital autorizado* (art. 168 da Lei 6.404/1976), assim entendida aquela que já traz, desde sua constituição, autorização estatutária para futuro aumento de capital sem prévia aprovação da Assembléia Geral, sendo privativa destas a emissão de bônus de subscrição (arts. 75-79 da Lei 6.404/1976) e na qual a existência de um aumento de capital potencial leva à exclusão do direito de preferência (art. 172 da Lei 6.404/1976).

Esta sociedade, a de capital autorizado, está submetida a regime particular (art. 168 Lei 6.404/1976) e nela a existência do Conselho de Administração é obrigatória. Seu traço peculiar está na autorização estatutária prévia do futuro aumento, sem reforma estatutária, quer por deliberação da assembléia geral, quer por deliberação do conselho de administração, sendo constituída com um capital subscrito inferior ao montante autorizado.

Necessário mencionar a *subsidiária integral*, descrita na norma do art. 251 da Lei Acionária, exemplo particular de sociedade unipessoal. A par destas há que se falar da *sociedade anônima de propósito específico, ou de objeto exclusivo* ou companhia securitizadora de créditos imobiliários[11] cuja finalidade é receber direitos de créditos ilíquidos lançando-os no mercado sob a forma de valores mobiliários (certificados de recebíveis imobiliários) e da extinta *sociedade de Garantia solidária*[12] (a qual se espera seja ressuscitada), todas

---

11. V. Lei 9.514 de 20 de novembro de 1997, Resolução CMN 2.517 de 29 de junho de 1998 e Instrução CVM 284 de 24 de julho de 1998.
12. V. A modalidade foi instituída pela Lei 9.841 de 5 de outubro de 1999, revogada pela Lei Complementar 123 de 14 de dezembro de 2006, por sua vez alterada pela Lei Complementar 127 de 14 de agosto de 2007, deixando assim de existir. Narra Haroldo Malheiros Duclerc Verçosa em *Curso de direito comercial, 1 (Teoria geral do direito comercial e das atividades empresariais mercantis – Introdução à teoria geral da concorrência e dos bens imateriais)*, Malheiros Editores, 2004 a p. 170-172, que estas sociedades apresentam dois tipos de acionistas: *os participantes*, que são exclusivamente microempresas e empresas de pequeno porte. O número mínimo aqui é de 10 participantes, com uma participação máxima individual de 10% do capital social; *os investidores*, correspondentes a pessoas físicas ou jurídicas, responsáveis pelo aporte de capital na sociedade, cujo investimento, em conjunto, não pode ultrapassar a 49% do capital social. Estas sociedades não podem conceder a um mesmo participante garantia superior a 10% do capital social ou do total garantido pela sociedade (o que for maior). É possível ainda a securitização

modalidades de sociedades anônimas sujeitas a regulação particular. Por final, cumpre mencionar uma modalidade híbrida que participa, simultaneamente na natureza das sociedades de capitais e de sociedades de pessoas, a saber, a sociedade em comandita por ações, igualmente disciplinada na lei acionaria no seu Capítulo XXIII.

2. Características básicas das sociedades anônimas

2.1 Sociedade comercial (empresarial) pela forma

A sociedade anônima, qualquer que seja seu objeto (atividade descrita no estatuto social) é, sempre, uma sociedade comercial, ou melhor dizendo, segundo a terminologia do Código Civil de 2002, uma sociedade empresária. Inexiste a possibilidade da sociedade anônima como sociedade simples, como, por exemplo, pode ocorrer com a sociedade em nome coletivo ou com a limitada.

Independente da atividade exercida a anônima está integralmente submetida àquele tratamento especial que o antigo Código Comercial de 1850 reservava aos comerciantes. Seus atos constitutivos e aqueles que digam respeito ao funcionamento da sociedade devem ser sempre arquivados junto ao Registro de Público de Empresas Mercantis. A publicidade dos atos e dos resultados da administração também está prevista em lei com as exceções das sociedades com até 20 acionistas. A par disto estão submetidas à falência e podem se valer do procedimento de recuperação de empresas.

Note-se, outrossim, que não se confundem o objeto social, que é a atividade descrita no contrato, com o objetivo social que é o fim ou o interesse social. O objetivo, o fim ou interesse social nas sociedades anônimas é sempre (embora não o único, tendo em vista o aspecto institucional) obter lucro o que veda possam existir sociedades anônimas com objetivos de benemerência.

É importante lembrar que o objeto social (a atividade exercida) deve ser descrito da forma mais completa possível no estatuto da companhia, inclusive, quando tenha por escopo participar de outras sociedades como no caso das sociedades de participação ou *holdings*, tal como ordena o § 3.º do artigo 2.º da Lei Acionária; na ausência de previsão estatutária a companhia somente poderá participar de outras sociedades para beneficiar-se de incentivos fiscais ou quando exista permeabilidade de atividades. Equivale a dizer quando a atividade exercida pela participada seja meio para realizar a atividade da participante.

---

das contas e valores, para a futura emissão de valores mobiliários (recebíveis) a serem distribuídos no mercado.

2.2 Capital social dividido em ações

2.2.1 O capital social

A Lei 6.404/1976 adotou o sistema de capital declarado isto é, o capital social é aquele declarado (e não capital realizado) no estatuto social quando da constituição da sociedade e não, necessariamente, a soma do preço de todas as ações subscritas. Cumpre enfatizar que tal montante deve constar, também, do projeto do estatuto e do prospecto (arts. 83 e 84).

A Lei 6.404/1976 alterou, significativamente, o regime do Decreto 2.627/1940 no que diz respeito à relação entre preço das ações e capital social.

Enquanto o antigo decreto estabelecia o princípio da fixidez do capital social com sua divisão em ações de valor igual cuja somatória correspondia ao valor do capital social, a lei acionária de 1976 inovou, admitindo ações sem valor nominal, venda de ações por preço superior ao valor nominal, a que se acresce a previsão de correção monetária do valor do capital no período inflacionário.

Destarte, é possível que a expressão monetária do capital social não corresponda à soma das entradas dos acionistas se as ações emitidas forem sem valor nominal ou se forem negociadas com ágio embora tenham valor nominal.

Quando a sociedade emitir somente ações sem valor nominal o capital social não corresponderá ao valor das entradas (cf. art. 14 da Lei 6.404/1976) e, ocorrendo a hipótese da emissão de ações com valor nominal, vendidas com ágio, somente o valor nominal integrará o capital social, destinando-se aquele correspondente ao ágio à formação de reservas.[13]

Por isso o capital social, cujo montante está previsto estatutariamente, pode não corresponder à soma de todas as entradas e, inclusive, somente vai corresponder ao valor patrimonial no momento da constituição, quando todas as ações emitidas forem com valor nominal e sem ágio.

Mas isto somente no momento da constituição eis que, com a evolução da empresa, não só as ações poderão ter preço distinto (cotação em Bolsa, valor contábil ou de liquidação); como a cifra de valor, declarada como capital, pode se distanciar significativamente do patrimônio social, conforme o sucesso ou insucesso do empreendimento. Distinga-se destarte o conceito jurídico-contábil do capital, como a cifra livremente fixada pelos acionistas, daquele

---

13. Cf. Modesto de Barros Carvalhosa, *Comentários à Lei de Sociedades Anônimas*, vol. 1, arts. 1.º a 74, 1997, p. 107 e ss.

financeiro-patrimonial, correspondente à contribuição de todos os sócios para o fundo social. Enquanto o primeiro é fixo, o segundo é mutável.

O capital social corresponde à parcela do valor subscrito que a companhia destina, em cada exercício, à consecução do objeto social.[14] As contribuições para o capital social podem tanto ser em dinheiro quanto em bens, desde que, é claro, estes tenham efetiva utilidade para a companhia, conforme a atividade colimada no estatuto social. Inexiste, todavia, a possibilidade da integralização de todo capital somente em bens, tendo em vista que, por exigência legal, pelo menos 10% da cifra declarada como capital social deve ser integralizado em dinheiro no momento da constituição da sociedade, se o estatuto não prever porcentagem mais elevada. Tampouco se podem destinar bens à formação de reservas.[15]

O capital social nas sociedades anônimas, ao contrário do que ocorre naquelas sociedades de pessoas, em que os sócios são seus senhores absolutos, está submetido a determinados princípios[16] tendo em vista a proteção de credores sociais.

São eles:

1.º) *o da efetividade ou correspondência do capital social*, segundo a qual este deve corresponder exatamente ao montante em valor das entradas realizadas.

Por esta razão é que a lei, quando a integralização seja realizada por meio de aporte em bens, impõe a sua rigorosa avaliação por peritos especializados (art. 8.º da Lei 6.404/1976), sancionando severamente as tentativas de engodo (art. 8.º, § 6.º), que visem a elevar artificialmente o valor dos bens aportados.

Conseqüência deste princípio é a fixidez da cifra de capital declarada, a qual somente pode ser alterada nas condições que a lei ordena, quer para mais, quer para menos (v. art. 6.º da Lei 6.404/1976).

2.º) *o da determinação*, segundo o qual o montante destinado ao capital social deve sempre estar declarado no estatuto e este montante somente pode ser alterado nas circunstâncias previstas em lei. Salvo a hipótese de sociedade de capital autorizado o aumento exige sempre manifestação assemblear, a reforma do estatuto e a submissão às exigências legais quer para o aumento (v.g. art. 170 da lei acionária), quer para a redução (v.g. arts. 173 e 174, da Lei 6.404/1976).

---

14. Idem, aut. e op. cit., p. 49.
15. Ibidem aut. e op. cit., p. 59.
16. Conf. Waldirio Bulgarelli, *Manual das sociedades por ações*, Atlas, 12. ed., 2001, p. 99.

3.º) *o da intangibilidade*, segundo a qual o capital social não pode ser devolvido aos acionistas durante a vida da sociedade, o que impõe a obrigação de formar reservas para atender a determinadas situações, tais como as de reembolso (v.g. o reembolso feito à conta capital impõe ao recipiente a obrigação de devolver caso a sociedade seja declarada falida),[17] tais aquelas de resgate de ações.

Destes princípios decorrem algumas regras de tutela, agasalhadas na letra da lei. Assim, a par daquela do art. 8.º, ordenando a avaliação rigorosa dos bens destinados ao capital social, ou a que sanciona o reembolso feito à conta capital (art. 45, § 8.º). Vale mencionar, entre outras: a proibição de que a sociedade adquira as próprias ações, salvo com o uso de reservas (art. 30) eis que, de outra forma, a compra poderia esvaziar o capital social; a que veda participações recíprocas de capital, evitando destarte que se substitua capital por papel, isto é, ações cujo valor patrimonial incorporam o valor da sociedade, portanto sem lastro e, é claro, a que ordena a manutenção de reservas (art. 193).

Quanto à origem, o capital social é não exigível porque o investidor aceita e assume o risco da companhia; mas, pode haver ingresso de recursos que não têm essa característica, quando decorrentes da emissão de títulos destinados a captar empréstimos no mercado, tal como ocorre, por exemplo, com a emissão de debêntures. Neste caso, os debenturistas podem resgatar o valor aportado no prazo assinalado na escritura de emissão, por cuidar-se de empréstimos para a companhia (capital exigível).

2.2.2 As ações

As ações são frações negociáveis representativas do capital social da companhia, que enfeixam direitos e obrigações dos sócios. Note-se que, embora a ação represente parcela do capital social, não se reduz a só isso.

A ação é parcela, não só do capital parcial, mas de todo o acervo econômico empresarial da sociedade. Isto significa representar parcela de todas as contas do patrimônio líquido.

São, ainda, medida de participação, quando se tem em vista os direitos de minoria, e título de participação que abrange um complexo unitário (indivisível) de direitos e obrigações, ou poderes e deveres, políticos, administrativos ou patrimoniais, a saber – uma posição jurídica – ou *status socii*, consubstanciando uma posição em determinada estrutura organizativa.[18]

---

17. V. art. 45, § 8.º, Lei 6.404/1976.
18. Cf. Ferri, *Le società*, UTET, Turim, 1971, p. 344, n. 9. "L'azione constituisce l'unità elementare nella organizzazione delle società; unità elementale alla

A ação é um valor mobiliário, representativo de direitos de acionista, bem móvel infungível (exceto na situação descrita na norma do art. 41 da Lei Acionária) que, conforme a lógica da Lei 6.404/1976, pode ser corpóreo, representado por cautela ou certificado, ou incorpóreo (ação escritural). Todavia, não se confunda a ação, enquanto certificado que corporifica a qualidade de acionista, com a ação conjunto de direitos e obrigações, eis que nesta qualidade é sempre um bem imaterial (o fato da descartularização não significa se torne um bem imaterial).

A materialização deste conjunto de direitos, deveres, obrigações e poderes, num título permite sua objetivação e, em conseqüência, a sua classificação como bem móvel, cuja tradição dada a possibilidade de ações sem certificados, mediante lançamento nos livros de transferência de ações, é essencial para a transferência do direito. Sobre o ponto voltaremos oportunamente quando do exame mais atento dos valores mobiliários em espécie.

2.3 Responsabilidade dos acionistas limitada ao montante das ações subscritas

A Lei 6.404/1976, inovando a orientação do direito anterior, não mais limita a responsabilidade do acionista ao valor nominal da ação, a saber, aquele resultante da divisão do valor do capital social pelo número de ações emitidas

A alteração justifica-se tendo em vista ter a lei acatado a possibilidade de ações sem valor nominal e de ações nominais negociadas com ágio. O limite da responsabilidade, a assim ser, é o preço atribuído à ação subscrita e não mais o seu valor nominal.

2.4 Sociedade estatutária

É característico da sociedade anônima a impessoalidade da organização societária. Como pessoa jurídica, não só por atribuição legal, como ocorre com as sociedades de pessoas, mas por sua estrutura corporativa, ela não se reduz ao conjunto dos acionistas, mas é portadora de interesses próprios que podem conflitar com aquele interesse do sócio enquanto sócio, expresso na maximização do lucro por meio da realização do objeto social.

Por tal razão, base da sua constituição, não é o contrato[19] destinado a reger interesses individuais; mas o estatuto, instrumento hábil a regular

---

        quale corrisponde un complesso unitario di diritti e di potere. Come tale l'azione è indivisibile e indivisibile sono altresì le posizione soggettive che alla stessa sono inerente."

19. Raquel Sztajn discorda neste ponto, afirmando existir contrato e reservando o estatuto à disciplina da organização da imputação.

interesses gerais e abstratos, quais sejam aqueles da sociedade, considerada em si mesma, tendo em vista o seu perfil institucional e corporativo.

2.5 Submissão integral ao princípio da publicidade

A sociedade anônima tendo em vista o seu acesso ao mercado de valores mobiliários (ou a possibilidade de) e o distanciamento dos acionistas perante a administração, idealizada que foi para grandes empreendimentos (estrutura macro), e à garantia de credores, está submetida, em todos os seus atos, ao princípio da publicidade. Não basta apenas o arquivamento do ato constitutivo no Registro Publico de Empresas Mercantis e negócios afins. Enquanto não publicada a informação de registro do negócio de constituição a sociedade não estará constituída. Este é requisito de regularidade das anônimas enquanto o registro é condição de existência, pois não as há sem personalidade jurídica que emana do registro.

Da mesma forma é impositiva a publicação das atas das assembléias gerais e das demonstrações financeiras, sendo esta publicidade levada ao extremo máximo, quando na forma de companhia aberta, impondo-se à sociedade expor (*disclose*) para o mercado todos os atos e fatos que, de qualquer forma, possam influir sobre a decisão do investidor de comprar ou vender os papéis da sua emissão.

2.6 Estrutura complexa: órgãos com atribuições específicas

A sociedade anônima é organicamente constituída como um conjunto de órgãos cada um com funções específicas e poderes que não podem ser delegados a outros. O princípio que vigora dentro da sociedade anônima é o da indelegabilidade de poderes. Há uma disciplina da competência de cada um dos órgãos sociais semelhante àquela que se tem na organização do Estado. São órgãos da sociedade anônima as assembléias gerais (ordinária e extraordinária), as especiais (de acionistas preferenciais; de debenturistas e de titulares de partes beneficiárias), com competência deliberativa; o conselho de administração, órgão colegiado de gestão, com competência deliberativa naquilo que não for privativo das assembléias gerais; a diretoria, órgão ao qual incumbe a gestão direta da sociedade e sua representação e, por final, o conselho fiscal, órgão colegiado de fiscalização, cuja atuação tem lugar por meio de pareceres.

2.7 O uso de denominação

A sociedade anônima, tendo em vista a impessoalidade da relação societária, a instabilidade do quadro acionário e a limitação da responsabilidade do acionista, tem denominação e não firma social. Nela não interessa saber quem é membro, pois este não responde subsidiariamente pelos débitos sociais salvo se não tiver integralizado as ações subscritas, e, ao contrário do que ocorre nas sociedades de pessoas, o fato particular do sócio não tem reflexos na vida da sociedade. Por tal razão pode utilizar uma expressão de fantasia que indique o seu objeto social, precedida da expressão "companhia" ou seguida da expressão "sociedade anônima" por extenso ou abreviadamente.

O fato de a denominação poder ser composta com o nome do fundador ou de acionista que concorreu para o êxito do empreendimento, como assinala a exceção estabelecida na norma do art. 3.º, § 1.º, da Lei 6.404/1976, não transmuda a denominação em firma social.

JURISPRUDÊNCIA

- *"Execução. Sociedade anônima. Acionista subscritor inadimplente. Pedido instruído com o aviso aos acionistas do aumento do capital social da empresa e com o boletim de subscrição das ações. Título executivo extrajudicial caracterizado. Inteligência dos arts. 107, I, da Lei 6.404/1976, e 585, VII, do CPC. Sociedade anônima. Inadimplemento de subscritor de ações. Inserção de juros abusivos, não contratados no débito excutido. Inadmissibilidade. Eventual ressarcimento pela busca de recursos às entidades bancárias que somente poderá ser discutido nas vias ordinárias. Inteligência do art. 1.º do Dec. 22.626/1933.* Ementa da Redação: Na execução movida por sociedade anônima contra acionista subscritor inadimplente, caracteriza-se como título executivo extrajudicial o pedido instruído com o aviso aos acionistas do aumento do capital social da empresa e com o boletim de subscrição das ações, nos termos dos arts. 107, I, da Lei 6.404/1976, e 585, VII, do CPC. Ementa da Redação: Ainda que o inadimplemento do subscritor das ações ocasionasse a busca de recursos às entidades bancárias pela sociedade anônima, só nas vias ordinárias seria possível obter eventual ressarcimento, sendo, portanto, inadmissível a inserção de juros abusivos e não contratados no débito excutido, em face do disposto no art. 1.º do Dec. 22.626/1933" (1.º TACivSP, 5.ª Câm., Ap 694.240-9, j. 19.08.1998, rel. Juiz Álvaro Torres Júnior, *RT* 763/222).
- *"Sociedade anônima. Ações ordinárias postas em circulação. Impossibilidade da transferência para o nome do adquirente, em face de vedação legal. Emitente que tem o dever de ressarcir as perdas e danos pelo não cumprimento da obrigação de fazer, sub-rogando-se no direito de propriedade das referidas ações.* Sendo impossível a transferência de ações ordinárias, postas em circulação por sociedade anônima, para o nome do adquirente, em face de vedação legal, deve a emitente ressarcir as perdas e danos pelo não cumprimento da obrigação de fazer, sub-rogando-se no direito de propriedade das referidas ações" (TJ/SP, 6.ª Câm., Ap 174.007.4/2, j. 07.12.2000, rel. Des. Testa Marchi, *RT* 788/256).

V
Os Valores Mobiliários: Visão Atual

1. Antecedentes

Narra Mathias M. Siems[1] que a origem dos valores mobiliários (*securities*) advém da vontade dos Estados de não dependerem exclusivamente dos tributos. Assim já no séc. XI as cidades de Veneza e Gênova começaram a emitir instrumentos de débito (obrigações), a fim de obter recursos. Tal prática estendeu-se para outras cidades italianas e, igualmente, para vários dos países europeus (Alemanha, Suíça e Países Baixos). Alguns destes empréstimos, inclusive, eram impostos (compulsórios), aproximando-se dos tributos. No decorrer dos tempos, isto foi mudando com o surgimento de um mercado secundário, destinado a dar liquidez a estes títulos, fixando-lhes, outrossim, preço uniforme. Na cidade de Gênova, com a fundação da *Casa di San Giorgio* a evolução foi mais longe, com a emissão de *luoghi*, documentos representativos de empréstimos públicos, similares às ações que, ademais de serem negociados livremente, davam direito a um dividendo variável.

A partir do séc. XVI, a evolução das companhias medievais, notadamente após a criação das Companhias das Índias Ocidentais, em 1602, generalizou-se a prática da emissão de títulos, correspondentes à participação no capital social, com o pagamento de dividendos, e com isto, igualmente, a criação de um mercado secundário, no qual eram negociados, não somente ações, mas, igualmente, títulos representativos de débito (debêntures), contratos futuros e opções,[2] com a conseqüente

---

1. *The foundations of securities law*, SSRN_ID1089747_cide367649.pdf. Disponível em: <http://ssrn.com/abstract=1089747>, p. 4.
2. Idem, p. 5, nos termos seguintes: "The secondary market of shares also became more important and sophisticated. As companies adopted a permanent structure, the possibility of leaving the company by selling shares became more vital. Moreover, there were already secondary markets for other types of financial instruments. Companies issued tradable debt securities, such as

criação de um mercado especifico, destinado a prover a liquidez destes papéis, estabelecendo-lhes preço uniforme.[3]

Todavia no Brasil, a par do fato de somente ter-se reconhecida a existência da companhia aberta em 1891, como relatado no capítulo anterior, até 1965 somente existiam as bolsas como mercado adequado à circulação destes títulos. Só com o advento da Lei 4.728/1965, completando a primeira fase da estruturação do perfil institucional do Sistema Financeiro Nacional, é que se estabeleceu a estrutura básica do mercado de capitais, então sob a égide do recém criado CMN (Conselho Monetário Nacional).

Esta Lei 4.728/1965, igualmente, introduziu a expressão *valores mobiliários* no direito brasileiro (art. 2.º), de molde a designar os títulos e documentos emitidos e negociados em massa. A par disto, distinguindo, acatou em outro texto a expressão *efeitos comerciais* (art. 23, § 5.º) com o que, como alerta Waldírio Bulgarelli,[4] confessou a influência francesa, esposada pela lei.

Na mesma linha européia adotou-se a concepção clássica de Vivante para qualificar os valores mobiliários como sub-espécie dos títulos de crédito, com ênfase na idéia de materialização ou objetivação do direito no documento. Com este teor Waldírio Bulgarelli sustenta que os valores mobiliários, inclusive as ações, confeririam aos possuidores legitimados direito de crédito no longo prazo.

Neste ponto, com apoio em Roblot, afirma que, embora a situação do acionista não possa ser assimilada à do obrigacionista, nos dois casos o obje-

---

bonds; traders could also buy futures and options. 13 Still, more important was the market in government securities. In order to finance wars and to alleviate the burdens of taxation, many countries issued debt securities. As these securities were usually standardised, a secondary market in these securities soon emerged."

3. Ibidem, op. e loc. cit. "(...) There is some doubt where and when the first stock exchange was established. It is sometimes said that it was either in Bruges (1409) or Antwerp (1531). Yet, this is based on a mistranslation because these exchanges were just 'bourses' (beurs in Dutch) and not stock exchanges. For instance, at the bourses in Bruges and Antwerp merchants traded bills of exchange, foreign currencies, and debt claims. The first stock exchange, however, was in Amsterdam. The shares of the Dutch East India Company (1602) were heavily traded which led to a growing demand for a specialised trading place, and thus, the first stock exchange in 1611. The advantage of this kind of centralised trading platform is that it provides liquidity and uniform pricing (...)".

4. Aut. cit., *Títulos de crédito*, Atlas, São Paulo. 16. ed., 2000, p. 95.

tivo seria o mesmo: emprestar dinheiro a outrem, realizando uma colocação de capitais.[5]

Já a Lei 6.385/1976, na norma do art. 2.º, sede da matéria, espelhando-se na legislação norte-americana, optou por uma definição estipulativa. Isto é, agasalha elenco casuístico, conforme o qual será valor mobiliário o documento ou instrumento que a lei descreva como tal.

Sobre o ponto, a nova redação desse artigo, conforme alteração introduzida pela Lei n. 10.303/2001, que andou bem ao suprimir o anterior inciso III,[6] ampliou consideravelmente o elenco dos títulos considerados valores mobiliários, notadamente na sua norma do inciso IX em que, novamente revelando a influência do direito norte-americano, introduziu a qualificação dos contratos de investimentos coletivos (*securities*) como valores mobiliários.

Assim fazendo, procedeu conforme a tendência do direito comparado e como convém a um mercado globalizado tendo em vista a unidade do sistema financeiro internacional.

Paralelamente, na norma do § 3.º a lei reforçou os poderes da CVM no setor o que é compatível com o abrandamento daqueles conferidos ao CMN.

2. As definições

De longa data, a doutrina, inconformada com a ausência de definição legal, vem diligenciando no sentido de prover conceito uniforme, suficientemente amplo para abranger toda a categoria e, ao mesmo tempo, restrito, o quanto necessário, para impedir que outros títulos ou documentos adentrem na classificação de valor mobiliário.[7]

Com este teor, os valores mobiliários, assimilados dentro da categoria maior de títulos de crédito pela similitude da sua circulação (ressalva feita à ação nominativa, notadamente a não endossável, na época) foram diferenciados pela qualidade particular de constituírem títulos emitidos em série, negociados em massa e representativos de investimentos,[8] assim não mais instrumentos de mobilização e circulação do crédito, como o são os primeiros.

---

5. Idem, por uma visão crítica das diversas posições e pelas conclusões sobre o ponto, p. 103-108.
6. O qual restringia a criação destes títulos (salvo aqueles de emissão do tesouro) às sociedades anônimas e atribuía ao CMN o poder de ditar quais seriam considerados como valores mobiliários e admitidos à negociação no mercado.
7. Consulte-se sobre todos o trabalho pioneiro de Newton De Lucca, *Aspectos da teoria geral dos títulos de crédito*, São Paulo, Pioneira, 1979, p. 37- 43 e p. 143.
8. Cf. Guido Ferrarini, *Sollecitazione del risparmio e quotazione in borsa*, in *trattato delle società per azioni*, (dirigido por G.E. Colombo e G.B. Portale),

Mas, assimilar títulos que conferem direitos de sócios (sejam eles políticos e/ou patrimoniais), ainda que como sub-categoria, a títulos de crédito não espelha satisfatoriamente a realidade negocial ali consubstanciada.

Convém notar que se a assimilação parece exata quando se tem em vista as debêntures, perde esta característica em face da ação, principalmente porque o *retorno do capital aplicado*, a par de eventual, pode ser nenhum.

Ademais disso a evolução do mercado de valores mobiliários introduzindo títulos, por assim dizer atípicos, demonstrou a fragilidade da assimilação, inclusive tendo em vista as regras de circulação, até então, ditas comuns.

Neste terreno vale mencionar a descartularização de determinados papéis, por sua natureza não corporificáveis em documentos circuláveis como, v.g. as ações escriturais, a par de outros decorrentes da justaposição de contratos distintos (engenharia financeira) ou puramente abstratos (índices), os quais, embora mediatamente ligados a valores mobiliários tradicionais, tornam questionável a visão destes papéis como espécie ou subespécie do direito cartular.

Do ponto de vista jurídico da circulação, estes papéis, cuja identidade foi alardeada por Ferri,[9] esta parece ameaçada quando se pensa em opções nego-

---

vol. 10, UTET, Turim, 1993, a p. 49-50, reportando-se a Castellano, nos termos seguintes "Il significato del concetto tradizionale di valori mobiliare è ben noto. La nostra dottrina in verità, hà generalmente preferito fare ricorso al concetto di titolo di massa e su questo hà construito la fondamentale classificazione dei titoli di credito, che distingue i titoli di massa dai titoli individuali. Come efficcacemente si è scritoo 'per titoli di massa si intendono generalmente quei titoli di credito, emessi in quantità notevole a causa di un unica opserazione colletiva di investimento, i quali presentano caratteristiche omogenee per ciascuna serie, sicchè ciascun titolo è fungibile con altro del medesimo taglio'. A proposito della distinzione tra titoli individuali e titoli di massa si è poi notato che essa rispechia quella, própria della tradizione francese, tra *effets de commerce et valeurs mobilières*, per concludere che *valeurs mobilières e titoli de massa* possono dunque intendersi come sinonimi, i quali contraddistinguono il medesimo fenômeno dei *titoli di investimento* (...): strumenti mediante i quali si manifesta il fenomeno della raccolta del risparmio e della mobilizzazione della ricchezza'...".

9. V. a análise sucinta e exata do pensamento de G. Ferri, tal como levada a efeito por Bulgarelli, op. cit. *Títulos*..., p. 98-100, principalmente p. 100, nos termos seguintes: "Prossegue Ferri, dando a chave da questão do relacionamento entre Valores Mobiliários (ou títulos de massa como prefere) e os títulos de crédito, afirmando que na fase de circulação do título – que é o aspecto que a lei considera – não existe diversidade entre títulos individuais e títulos de massa. E se a emissão do título possa ter, nas duas hipóteses uma

ciadas em bolsas de futuros, nos contratos de investimento coletivos, *swaps* e outras operações financeiras, abrigadas sob a noção de valores mobiliários.

Pesam sobre isto as necessidades decorrentes de um mercado global, clamando por institutos e regras comuns, o que no setor foi exacerbado em virtude das privatizações realizadas em diversos países.[10]

A conseqüência foi a recepção de uma gama enorme de papéis negociáveis que, transpondo naturalmente a tradicional linha divisória entre *common law* e *civil law*, o direito codificado, trouxe para o bojo do direito continental o conceito de *security*, sob a influência do direito norte americano, o qual foi devidamente absorvido na categoria dos valores mobiliários.

Mas, o que são *securities*?

3. O CONCEITO DE *SECURITY* NO DIREITO NORTE-AMERICANO

O termo abrange toda nota, ação, ação em tesouraria, obrigação, debênture, comprovante de dívida, certificado de direito em todo o tipo de contrato de participação em lucro, certificado de depósito em garantia, partes beneficiárias, boletim de subscrição, ação transferível, contrato de investimento, certificado de transferência de direito de voto, certificado de depósito de títulos, co-propriedade de direitos minerais e petrolíferos e, de uma maneira geral, todo o instrumento ou direito normalmente conhecido como *security* ou, ainda, todo certificado de participação ou interesse, permanente ou temporário, recibo, garantia, direito à subscrição ou opção referentes aos títulos ou valores acima mencionados.[11]

O núcleo do conceito reside na idéia de contrato de investimento coletivo para divisão de lucros (*investment contract*), apreendido em sentido amplo como todo e qualquer esquema, contrato ou negócio por meio do qual alguém aplica seu dinheiro em empreendimento comum com o objetivo de obter lucros, gerados exclusivamente por meio da atuação do lançador ou

---

      justificação econômica essencialmente diversa, permanece, contudo, idêntica a justificativa da atribuição ao título de título de caráter de título circulante; idênticas também são as exigências às quais se submete e idêntica a situação que será determinada por efeito da circulação do título. (...) Isto porém, não elimina o fato de que todos estes documentos são títulos de legitimação circulantes, gerando identidades de problemas e de situação quando circulam e pelo fato de que circulam (...)".

10. Cf. Bernard Asher, The Development of a Global Securities Market, *The future for the Global Securities Market (Legal and Regulatory Aspects)*, org. de Fidelis Oditah, Claredon Press, Oxford, 1996, p. 3-17.
11. Cf. Thomas Lee Hazen, *The Law of Securities Regulation*, 3. ed., Hornbook series, West Publishing Co., St. Paul, Minnesota, 1996, p. 29.

de uma terceira pessoa que não o investidor, tal como resulta do pronunciamento exarado pela Suprema Corte norte americana sobre a matéria (SEC v. W. J. Howey Co.).[12]

Conforme a decisão são elementos da definição:

1) qualquer negócio jurídico que implique na transferência, por parte do investidor, de dinheiro ou bem para um investimento comum;

2) os recursos (bens, dinheiro ou trabalho) investidos devem ser obtidos junto ao público;

3) a promessa de benefícios futuros (não necessariamente lucros) como resultado do empreendimento comum;

4) a possibilidade de perder o investimento inicialmente feito (*risk test*). A rentabilidade do investimento está condicionada ao sucesso do lançador. A idéia de *security* implica sempre a colocação de um capital que corre risco;

5) a não participação do investidor na gestão do empreendimento, reduzindo-o a uma posição passiva, como simples prestador de capital, sendo esta passividade o que justifica a proteção legal. Note-se, todavia, que este entendimento foi afastado em decisões posteriores, admitindo-se, pelo menos, uma participação indireta;[13]

---

12. Idem p. 31: "Just three years later, the Court in SEC v. W. J. Howey Co. announced: 'An investment contract for purposes of the Securities Act means a contract, transaction or scheme whereby a person [1] invest his money [2] in a common enterprise and [3] is led to expect profits [4] solely from the efforts of the promoter or a third party'. This case arose from the promotion of a small lots of fruit trees when the offeror also offered a 'management' contract by which an affiliate of the issuer would pick and market the fruit with the profit insuring the investor. In finding the promotional scheme to be a security, the Court pointed out that not only are formal stocks certificates nor required, but a nominal interest in the physical assets of the enterprise, such as actually owning fruit trees, does not preclude the determination that a security in fact exists. The Court did not present any single determinative factor but rather looked to the investment package as a whole including the ways in which the investment was marketed. This aspect of the decision is most significant since a reading of all of the relevant cases leads to the conclusion that what is being offered may not be as important as how is being presented".

13. Cf. Marc I. Steinberg, *Understanding Securities Law*, 2. ed., Matthew & Bender, São Francisco, 1997, p. 25, nos termos seguintes: "*Solely from the Efforts of Other*. The Supreme Court in Howey stated that one of the requirements for an instrument to be an investment contract is that the investor must expect to derive 'profits solely from the efforts of the promoter or a third party'. One issue often present in determining whether limited partnership interest

6) a idéia de um empreendimento em comum, ligando a pluralidade dos investidores ao lançador.[14]

A conseqüência imediata da classificação do negócio como uma *security* é a obrigatoriedade da total transparência do negócio (*full disclosure*), necessidade que se impõe tendo em vista o caráter público do convite para a participação no empreendimento. A par disto advém a obrigatoriedade do registro da transação junto à SEC e, conseqüentemente, a submissão do negócio à fiscalização de agência reguladora governamental.

Dessa noção de investimento coletivo passa-se, mais recentemente, a outra operação, conhecida como securitização, que serve para dispersar riscos e diminuir a intermediação financeira.

4. A SECURITIZAÇÃO OU TITULARIZAÇÃO

Em princípio, e esta é a lição de Fidelis Oditah,[15] a expressão *security* carece de qualquer rigor técnico, podendo significar diferentes produtos financeiros num mesmo mercado. Acatado em sentido amplo, o termo *securitização* ou *titularização*[16] significa a emissão de papéis negociáveis tendo por base ativos financeiros. Destarte, pode tanto designar a transformação de ativos ilíquidos (v. g. um crédito hipotecário ou créditos emergentes de cartões de créditos), quanto a emissão de papéis negociáveis, lastreados em

---

and similar investments are securities under the Howey test is how strictly the term solely from the effort of others should be construed. A number of federal appellate court decisions have discussed the issue. One such case is the Fifth Circuit's decision in SEC v. Koscot Interplanetary, Inc. That case involved a franchise-like marketing system rather than a limited partnership, but is holding has had broad application. The Koscot court adopted a test first enunciated by the Ninth Circuit in SEC v. Glenn W. Turner Enterprises, Inc. In Turner the court announced that the critical inquiry is 'either the efforts made by those other than the investor are the undeniably significant ones, those essential managerial efforts which affect the failure or success of the enterprise'. This Koscot/Turner test rejects a literal interpretation of 'solely' and has been widely followed. The Supreme court, although not expressly adopting this formulation, appears to have acquiesced in it. For example, in *United Housing Foundation, Inc. v. Forman*, the Court paraphrased this aspect of the Howey standard, thereby requiring that 'profits... be derived from the entrepreneurial or managerial efforts of others'".

14. Idem, aut. e op. cit., p. 26-27.
15. Aut. cit., *Selected Issues in Securitisation*, in op. cit. *The future for...* cit., p. 83-94, principalmente p. 84-85.
16. Esta a proposta de Armindo Saraiva Martins, Titularização – Um novo instrumento financeiro, *RDM*, v. 112, p. 48-54.

papéis financeiros já titulados, como v.g. acontece com o nosso atual certificado de crédito bancário.

Na primeira hipótese fala-se em securitização primária, como técnica utilizada para transmudar investimentos existentes, mas ilíquidos, em títulos que podem ser distribuídos ao mercado; no segundo caso, securitização secundária, créditos já titulados são dotados de uma nova "roupagem" e lançados no mercado como meio para obter ingressos financeiros, "zerando" o crédito em aberto.

A securitização, em síntese, nada mais é do que o processo de transformar uma obrigação, titulada, ou não num direito de crédito – recebível[17]), mediante uma nova roupagem, em um papel que tenha circulação no mercado de capitais.[18]

---

17. Conf. a Instrução CVM 356 de 17.12.2001 – Recebíveis são "I – direitos creditórios: os direitos e títulos representativos de crédito, originários de operações realizadas nos segmentos financeiro, comercial, industrial, imobiliário, de hipotecas, de arrendamento mercantil e de prestação de serviços, e os warrants, contratos e títulos referidos no § 8º do art. 40, desta Instrução (...)".

18. Cf. Produtos financeiros, Disponível em: <http://www.administradores.com.br/artigos/produtos_financeiros/11633/>. Acesso em: 11 dez. 2005. "(...) *Securitização*. A Securitização é forma de acesso ao Mercado de Capitais através da emissão de Debêntures lastreadas ou vinculadas em direitos creditórios, também denominados simplesmente recebíveis. Fortuna (2005), explica que recebíveis são títulos que representam um direito de crédito originário de uma venda a prazo de bens, serviços ou operações imobiliárias. Nesta nova modalidade operacional, promove-se a 'transformação' de uma carteira de recebíveis em um Título (Security do inglês) para em seguida transformá-lo em disponibilidade financeira caixa, através da venda deste mesmo Título (Debênture) no Mercado de Capitais. A Securitização propriamente dita é precedida pela venda dos recebíveis para uma empresa especialmente criada para emitir títulos, e designada de empresa Securitizadora, para eliminar o risco de crédito da empresa originadora dos recebíveis. Tal qual as demais operações do Mercado de Capitais, a Securitização pressupõe operações de montantes elevados para diluir os respectivos custos de estruturação. A Securitização identifica as operações em que o valor mobiliário emitido, de alguma forma, está lastreado ou vinculado a um direito de crédito, também denominado de direito creditório ou simplesmente recebível. Uma receita, que é uma expectativa de resultado, torna-se um recebível quando surge uma relação jurídica que lhe dê respaldo, originado de um contrato ou de um título de crédito. Fortuna (2005) descreve os diferentes tipos de itens que podem servir de lastro em uma securitização de recebíveis: Contratos de locação/venda de imóveis; Pedágio de rodovias; Venda a crédito; Contas de luz, água,

A expressão, como bem observado por Uinie Caminha,[19] tem significados diversos, "pode significar a transformação de ativos ilíquidos em títulos negociáveis; pode também identificar operações de cessão de *recebíveis*; quer se siga à tal cessão, ou não uma emissão de títulos; e ainda como o processo de emissão de títulos de dívida (debêntures ou *commercial papers*, por exemplo) (...)" Para o que interessa é que mediante a securitização, substitui-se "(...) formas tradicionais de financiamento bancário pelo financiamento através do mercado de capitais (...)".[20]

No caso concreto, *o originador* (o titular do crédito) cede estes créditos, com as respectivas garantias, a uma sociedade de propósito específico (companhia securitizadora), não pertencente ao SNF,[21] a qual coloca, sob a sua responsabilidade, via Bolsa de Valores, estes títulos no mercado de capitais.

---

telefone, desde que administradas e geradas por empresa privada; Faturas de cartão de crédito; Exportações; Mensalidades escolares; Mensalidades de planos de saúde; e Carteira de crédito de instituição financeira. De outra forma a securitização é um processo pelo qual o fluxo de caixa gerado por recebíveis ou bens, é transferido para uma outra empresa (nesse caso, mais voltado para as operações de giro), criada para esse fim, sustentando uma emissão pública ou privada de títulos (ou valores mobiliários), que representam uma fração ideal do total de ativos. Assim, direito creditório ou recebível é um direito ao recebimento de um determinado valor, juridicamente respaldado, como no caso de compra e venda a prazo".

19. Cf. *A securitização – Função econômica e regime jurídico*, Tese de Doutorado apresentada ao Departamento de Direito Comercial, sob a orientação da Prof. Dra. Rachel Sztajn, em 2004, p. 39 e nota 49.
20. Idem, aut. op. e loc. cit.
21. V. Resolução 2.686/2002 – "A Resolução 2.493/1998 autorizou a realização da cessão de créditos a entidades não pertencentes ao SFN e criou condições para que companhias constituídas com características específicas, ao adquirirem tais direitos de crédito, viabilizassem a securitização de recebíveis. Com o intuito de expandir as possibilidades de securitização, foi editada a Resolução 2.686/2000 que permitiu a cessão de crédito com coobrigação. Tal normativo possibilitou que créditos não recebidos possam retornar, total ou parcialmente, à instituição cedente. Determinou também modificações no critério de exigência de patrimônio das instituições cedentes. O critério adotado é similar ao recomendado internacionalmente, alertando para a necessidade de ser identificada, com clareza, a transferência total ou parcial do risco associado aos créditos cedidos. Desta forma, as instituições deverão manter capital suficiente para cobrir a coobrigação assumida ou qualquer outro risco resultante da operação de cessão de créditos. A expansão das possibilidades de securitização tem vários efeitos positivos no mercado financeiro, principalmente por permitir maior pulverização do risco. O

A técnica que tem origem na depressão dos anos trinta do século passado nos Estados Unidos,[22] disseminou-se, atraindo os mercados emergentes, nos quais o desenvolvimento de um mercado de *securities* tornou-se instrumento para atrair os investimentos internacionais. Mas, paralelamente impôs a estes mercados a adoção de regras de proteção uniformizadas, aptas a traduzir a mesma realidade regulamentar para estes produtos financeiros comuns nos mercados diversos. A necessidade de uniformização levou ao que se convencionou chamar de "mercado global de *securities*", o que veio a influenciar a regulação e, inclusive, o perfil legal dos papéis qualificados como valores mobiliários. E isto ocorreu também em nível nacional.

Aqui, um grande número de bancos comerciais atua, isolada ou em parceria com um banco de investimentos, como estruturadores e distribuidores de títulos, no mercado de renda fixa, renda variável e securitização, com carteiras variadas (Cédulas de Produto Rural, Notas Promissórias Financeiras e Debêntures).

Vale mencionar, ademais, a participação, mediante fundos diversos (FIDC – Fundos de Investimento em direitos Creditórios[23] ou de recebíveis; Fundo de Investimento em Participações[24]), cujas cotas são colocadas no mercado de capitais.

---

resultado esperado é maior eficiência na alocação de crédito das operações e menor custo de empréstimos para empresas e pessoas físicas (...)". Disponível em: <http://www.bcb.gov.br/htms/estabilidade/2002_novembro/ref200201c5p.pdf>.
22. Conf. Fidelis Oditah, op. cit., p. 83-84, em 1934 foi criada a *"Federal Housing Administration"*, com a finalidade de proteger as hipotecas firmadas, dado o alto risco de inadimplência dos devedores, criando, por assim dizer, um seguro hipotecário garantido pelo governo. A esta se seguiu em 1938 a *"Federal National Mortgage Association"*, qualificada como a primeira agência governamental a providenciar um mercado secundário em hipotecas, garantido pelo governo, passo que culminou em 1957 com a criação do *"Federal Home Loan Bank Board"*. Mas este início precoce não implicou na criação de um mercado secundário ativo, o que somente vai ocorrer após os anos 70 com a criação da *"Federal Home Loan Mortgage Corporation"* com poderes para adquirir tanto os empréstimos hipotecários assegurados pelo governo, quanto aqueles decorrentes das negociações entre os particulares. A partir dos anos 80, todavia, a técnica, a par de expandir-se, disseminou-se.
23. Os Fundos de Investimentos em Direitos Creditórios (FIDC), também conhecidos como fundos de recebíveis foram regulamentados em dezembro de 2001 (Instrução Normativa CVM 361). Porém, só se consolidaram como fonte de captação de recursos em 2005.
24. Os Fundos de Investimentos em Participação foram regulamentados em julho

Exemplo desta desintermediação, ainda, está representado pelos CRIs (certificados de recebíveis imobiliários), criados pela Lei 9.587/1997 e comentados a seguir; pelas LCI (letras de crédito imobiliário), disciplinadas nos artigos 12 a 17 da Lei 10.931/2004; Certificados de Cédula de Crédito Bancário (Lei 10.931/2004, arts. 43-45), por debêntures securitizadas, quotas de fundos de investimentos em recebíveis e o que mais a engenharia financeira dos bancos imaginar.

5. Reflexos no modelo brasileiro

5.1 As CRIs

O critério de "reempacotar" ativos financeiros ilíquidos, transmudando-os em lastro para a emissão de papéis no mercado, penetrou no Direito brasileiro, com a Lei 9.514, de 20 de novembro de 1997, que dispõe sobre o sistema de financiamento imobiliário e instituiu a alienação fiduciária de imóveis, a par de outras providências.

Conforme a lição dos estudiosos,[25] com esta técnica incentiva-se, simultaneamente, os mercados primário e secundário. O primeiro mediante a reposição do crédito concedido (até então ilíquido), criando-se a possibilidade da concessão de mais crédito no setor; o segundo, graças à livre circulação dos títulos no mercado, acompanhado de condições vantajosas de remuneração, associado a mecanismos de proteção especialmente criados.

Na base da emissão destes papéis têm-se o financiamento imobiliário, realizado por instituições financeiras do sistema habitacional, e a possibilidade da cessão dos créditos, derivados desta operação, a terceira sociedade autorizada a dispersar o risco. No caso, uma sociedade anônima de propósito exclusivo, sociedade não financeira, cuja finalidade é adquirir tais créditos, securitizando-os, ou seja, sobre eles emitindo títulos circuláveis que serão distribuídos ao mercado: os certificados de recebíveis imobiliários ou *CRIs*.

É de particular interesse o fato da cessão dos créditos financiados independer de notificação aos devedores cedidos, o que constitui novidade absoluta no direito nacional em matéria de cessão de créditos. Nesse caso aplicam-se as normas de circulação predispostas para títulos de crédito à ordem.

Os títulos, cuja emissão é privativa dessas companhias securitizadoras, com lastro imobiliário foram definidos como promessas de pagamento em dinheiro e admitem, a par da certificável, também a forma escritural. A remuneração pode ser estabelecida mediante taxas de juros pré fixadas ou

---

de 2003 (CVM 391).
25. Cf. Eduardo Salomão Neto, Sistema financeiro imobiliário, *RDM* 116, p. 155-166, especialmente p. 155.

flutuantes;[26] há a possibilidade de reajustes e a liquidação tem lugar por meio de sistemas centralizados de custódia e de liquidação financeira.

Há, ainda, a possibilidade da criação de um sistema fiduciário, definindo-se um patrimônio separado que tem por objeto os créditos cedidos. Este patrimônio separado fica ao abrigo de todas e quaisquer ações que, eventualmente, possam ser propostas pelos credores da companhia que originou os títulos securitizados. A par disto a administração do fundo pode ser conferida a um agente fiduciário, ao qual incumbe tutelar os interesses dos beneficiários dos títulos emitidos com relação aos créditos que compõem o patrimônio separado.

Estes papéis, cuja estrutura, como se depreende, espelha nitidamente aquela das *securities* de primeiro grau, foram definidos expressamente pelo CMN como valores mobiliários para os efeitos do art. 2.º, III, da Lei 6.385/1976 (art. 1.º da Resolução CMN 2.517 de 29 de junho de 1998).

5.2 As debêntures securitizadas

Na linha dos exemplos, ainda lastreado na cessão de créditos financeiros e de emissão privativa das sociedades anônimas de propósito exclusivo ou companhias securitizadoras, vale mencionar as debêntures securitizadas, objeto de atenção da Resolução CMN 2.493 de 7 de maio de 1998.

---

26. Conforme a decisão conjunta número 07 do BACEN, datada de 23 de setembro de 1999, art. 6.º, I, estes títulos somente podem ter por remuneração (art. 1.º) "I – Taxas de juros prefixadas; II – taxa Referencial – TR ou Taxa de Juros de Longo Prazo – TJLP, observado o prazo mínimo de um mês para vencimento ou período de repactuação; III – taxa Básica Financeira – TBF, observado o prazo mínimo de dois meses para vencimento ou período de repactuação; IV – taxas flutuantes, na forma admitida pela Resolução 1.143, de 26 de junho de 1986, observado que a taxa utilizada como referencial deve: a) ser regularmente calculada e de conhecimento público; b) basear-se em operações contratadas a taxas de mercado prefixadas, com prazo não inferior ao período de reajuste estipulado contratualmente; V – taxas de juros fixa e cláusula de atualização com base em índice de preços, atendido o prazo mínimo de um ano para vencimento ou período de repactuação, observado que: a) o índice de preços referido neste inciso deve ter série regularmente calculada e ser de conhecimento público; b) a periodicidade de aplicação da cláusula de atualização não pode ser inferior a um ano; c) o pagamento do valor correspondente à atualização somente pode ocorrer por ocasião do vencimento ou da repactuação das debêntures; d) o pagamento de juros e amortização realizados em períodos inferiores a um ano devem ter como base de cálculo o valor nominal das debêntures sem considerar atualização monetária de período inferior a um ano".

Estes títulos facultam a captação de recursos financeiros no país (os títulos devem ter um valor nominal mínimo de R$ 300.000,00) ou no exterior (conforme a legislação vigente no local). O resgate está condicionado ao pagamento dos créditos cedidos, com base nos quais os títulos foram emitidos. No caso concreto, salvo a autorização expressa de pelo menos 50% (cinqüenta por cento)calculados sobre o valor nominal de emissão, de seus titulares, a companhia emissora não poderá, dentre outras vedações, transferir o controle, reduzir o capital social ou participar de operações de fusão, cisão ou incorporação. Tampouco é permitida a cessão dos créditos de base ou de direitos sobre eles ao controlador da companhia emissora ou a pessoa a ele ligada fora das condições normalmente estabelecidas. Muito menos a aquisição de créditos com cláusula de variação cambial com recursos obtidos mediante emissão no exterior,[27] a recompra, pelo cedente, dos créditos cedidos ou a aquisição dos títulos e valores emitidos com base nestes créditos.

5.3 O contrato de boi gordo

A modalidade, introduzida entre nós pela MP 1.637 de 8 de janeiro de 1998, atual Lei 10.198/2001, é exemplo claro de contrato de investimento *coletivo* ou *security* conforme o modelo norte-americano que, até então, estava restrito a operações realizadas no ambiente da BMF e escapava à supervisão da CVM.

Pode-se definir a figura como modalidade de parceria rural (pecuária), como preceitua Haroldo Malheiros Duclerc Verçosa,[28] com a diferença de que o objeto é o abate com vistas à obtenção de determinadas quantidades de peso, conforme contratado. O vencimento do contrato está condicionado à maturidade do seu objeto, a engorda do gado, eis que, a partir daí, a maturidade passa a ser considerada prejuízo. O contrato implica a aquisição de tantos animais quantos comporte o peso contratado e o pagamento do preço ajustado (investimento) é feito em tantas parcelas quantas as correspondentes ao tempo de engorda dentro de um período limite de tempo prefixado e, do preço pago, é deduzida uma determinada percentagem, a título de manutenção.

O contrato extingue-se quando o comprador recebe os valores resultantes da venda dos animais ou da sua entrega física, sendo a comercialização feita conforme o preço do dia (Sindipec). O risco da morte ou descarte do animal e o sistema de engorda estão a cargo do vendedor, mas as despesas com a manutenção dos animais correm por conta do investidor-comprador.

---

27. V. nota anterior – Decisão conjunta 07 – que proíbe a estes títulos sejam emitidos com cláusula de variação cambial.

28. Aut. cit., A CVM e os contratos de investimento coletivo ("Boi Gordo" e outros) *RDM* 108, p. 91-100, notadamente p. 92-93.

O contrato é livremente transferível e o não pagamento do pactuado acarreta multa para o investidor (comprador).

Após a MP o contrato, qualificado como valor mobiliário, passou para a égide da CVM, a qual, imediatamente, por intermédio da Instrução CVM 227/1998 e da Deliberação CVM 238/1998, disciplinou as condições básicas deste tipo de contrato para oferta no mercado. Assim, exigiu-se que as sociedades lançadores adotassem a forma anônima para qualquer emissão de contratos de investimento coletivo; a par disto estendeu-se a estas sociedades a obrigatoriedade do registro e daquele do empreendimento junto à CVM, submetendo-as ao princípio da transparência, com o dever de prestar amplas e detalhadas informações, não só à Comissão como ao mercado.

5.4 Valores mobiliários emitidos por companhias beneficiárias de incentivos fiscais: quotas FINAM, FINOR etc.

Estes são investimentos incentivados, os quais foram definidos como valores imobiliários pelo Dec.-lei 2.289 de 9 de setembro de 1986. A idéia central é o desenvolvimento do mercado acionário e a aplicação da poupança nos Estados menos desenvolvidos da federação. Neste sistema o investidor (pessoa jurídica) pode optar pelo incentivo fiscal, recebendo um certificado de investimento (CI) com o que passa a ser cotista do fundo no valor correspondente à porcentagem do seu imposto de renda, cujo investimento foi autorizado. Na hipótese de cuidar-se de companhia fechada esta deve fazer um registro especial, simplificado, perante a CVM, com o que lhe é permitido o recurso à negociação em bolsa destes títulos.

Outros papéis e contratos mereceriam menção,[29] mas a idéia não é, neste momento, a de analisar todos os valores mobiliários em circulação, mas principalmente *demonstrar* a amplitude dos papéis em circulação no mercado e sua variedade, explicando a dificuldade de enquadrá-los numa classificação unitária como pretendia a doutrina clássica perante os títulos de créditos.

6. A SITUAÇÃO PERANTE O DIREITO CONTINENTAL EUROPEU

As mudanças não passaram desapercebidas perante o direito continental europeu. Em trabalho, já não muito recente (1993), Guido Ferrarini,[30] adequando os comentários ao art. 1/18 bis, introduzido pelo art. 12 da lei italiana

---

29. Consulte-se, por todos, para uma visão atual a Nelson Eizirik, Os valores mobiliários na nova lei das S/A, *RDM* 124, p. 72-79 que com percuciência esgota o tema.
30. Op cit. p. 48 e ss.

n. 77/1983, denunciou a insuficiência da concepção tradicional, demonstrando o abandono de uma série de posturas clássicas neste terreno.

Com este teor, partiu da análise da concepção tradicional que vê o valor mobiliário como um título de massa, espécie de título de crédito (classificados em singulares e de massa), cuja característica básica repousa na emissão, em uma única operação coletiva, de papéis, homogêneos para cada série e, destarte, fungíveis entre si.[31] E, como demonstra, tal critério não satisfaz, eis que a nota conceitual básica apta a distinguir e qualificar os valores mobiliários como títulos de investimento de molde a diferenciá-lo dos seus congêneres – títulos de crédito –, estaria centrada na sua concepção de "instrumento mediante o qual se manifesta o fenômeno do recolhimento da poupança e da mobilização da riqueza (...)".[32]

Este modo de ver é ilusório, eis que dentre os títulos de investimentos existem aqueles individuais (certificados bancários) que podem, igualmente, realizar a tarefa de captação, o que representa uma função anômala perante os títulos individuais vistos como instrumentos da mobilização do crédito. A esta característica, sugere, dever-se-ia agregar o fato de os valores mobiliários representarem empréstimos no longo prazo, o que implica a necessidade de outro conceito, a saber, aquele de mercado secundário e que se traduz na idéia de negociabilidade, ou como querem os ingleses de *transferable security*, critério, aliás, acatado no direito comunitário (pela revogada Diretiva 89/298/CEE).[33]

---

31. Idem p. 49.
32. Ibidem p. 50.
33. Esta Diretiva foi revogada pela Directiva 2003/71/CE do Parlamento Europeu e do Conselho de 4 de Novembro de 2003, relativa ao prospecto em caso de oferta pública de valores mobiliários ou da sua admissão à negociação que alterou igualmente a Diretiva 2001/34/CE. In <http://vlex.pt/vid/36460572> e v. tb. *Banca Centrale Europea Parere Della Banca Centrale Europea del 9 dicembre 2005 su richiesta del Consiglio dell'Unione europea in merito a una proposta di direttiva del Parlamento europeo e del Consiglio che modifica la Direttiva 2004/39/ CE relativa ai mercati degli strumenti finanziari per quanto riguarda talune scadenze (CON/2005/53)* (2005/C 323/10) 1. Il 20 ottobre 2005, la Banca centrale europea (BCE) ha ricevuto dal Consiglio dell'Unione europea una richiesta di parere in merito a una proposta di direttiva del Parlamento europeo e del Consiglio che modifica la Direttiva 2004/39/CE relativa ai mercati degli strumenti finanziari per quanto riguarda talune scadenze (1) (in seguito la "direttiva proposta"). 2. La BCE è competente a formulare un parere in virtù dell'articolo 105, paragrafo 4, primo trattino, del trattato che istituisce la Comunità europea in quanto la direttiva proposta contiene delle disposizioni che hanno incidenza sul funzionamento e l'integrazione dei mercati finanziari

Do ponto de vista jurídico, todavia, a tese apresentada, pensamos nós, embute certa dificuldade tendo em vista que o prazo, longo, médio ou curto, carece de juridicidade. Mas as dificuldades não terminam aqui. Em prosseguimento da tese, demonstra que a ampliação do conceito de valor mobiliário, ao sancionar a *descartularização*, trouxe mais um elemento de ruptura na relação valor mobiliário – título de crédito.

Quando se fala em *descartularização*, como explica, não se tem em vista a *desmaterialização*, o que, inclusive, vem ocorrendo igualmente com os títulos de crédito, mas, o fato, a possibilidade da eleição de uma via alternativa para a circulação do direito documentado ainda quando não presente a cártula.[34] O realce deve ser dado, exatamente, à desmaterialização do ponto de vista da cártula, fazendo notar que a definição de valor mobiliário acatada na norma em exame (1/18), prescinde do documento para a subsistência do tipo descrito, centrando-a na idéia de *"um interesse negociável"*. E esta idéia de *"interesse negociável"* independe da existência de um documento ou de um certificado.

Pensando deste modo, permite-se adentrem na categoria valores mobiliários não só os *títulos* de investimentos (típicos ou atípicos), mas *qualquer forma de investimento* que se realize mediante apelo à poupança pública, eis

---

dell'Unione europea e che potrebbero influire sulla stabilità finanziaria. In conformità del primo periodo dell'articolo 17.5 del regolamento interno della Banca centrale europea, il Consiglio direttivo ha adottato il presente parere. 3. La BCE accoglie con favore la proroga di sei mesi, fino a ottobre 2006, della scadenza entro cui gli Stati membri devono attuare la Direttiva 2004/39/CE (2) nel diritto interno e la concessione di sei mesi supplementari, a decorrere dalla data di attuazione, per l'applicazione effettiva di suddetta direttiva, fasi che si sono dimostrate necessarie sia per gli Stati membri che per le imprese di investimento. Inoltre, la BCE intende che il Consiglio e il Parlamento europeo stanno attualmente prendendo in considerazione un'ulteriore proroga delle scadenze da tre a nove mesi. La BCE non avrebbe alcuna obiezione neppure in merito a tale proroga. Fatto a Francoforte sul Meno, il 9 dicembre 2005. *Il Presidente della BCE* Jean-Claude TRICHET 20.12.2005 IT Gazzetta ufficiale dell'Unione europea C 323/31 (1) [COM(2005) 253 definitivo]. (2) Direttiva 2004/39/CE del Parlamento europeo e del Consiglio del 21 aprile 2004 relativa ai mercati degli strumenti finanziari che modifica le Direttive 85/611/CEE e 93/6/CEE del Consiglio e la Direttiva 2000/12/CE del Parlamento europeo e del Consiglio e che abroga la Direttiva 93/22/CEE del Consiglio (GU L 145 del 30.4.2004, p. 1). Consulte-se ainda Eilis Ferran, *Building an EU Securities Market*, Disponível em: <http://papers.ssrn.com/sol3/papers.cfm?abstract_id=604047#PaperDownload>.

34. Ibidem, p. 51-52.

que a preocupação é a tutela do investidor no investimento coletivo realizado por meio da oferta pública e não a eventual circulação dos instrumentos, por meio do qual é efetivada sua transmissão.

Foi com esta finalidade de tutela do investidor que o legislador italiano abrangeu na tutela legal não somente os títulos de investimento, típicos ou atípicos, mas, igualmente, qualquer forma de investimento não cartularizado, mediante o qual se faça apelo à poupança pública.

A partir daí, uma vez abandonado o núcleo cartular, foi colocado em discussão qual seria o elemento constitutivo do tipo "*interesse negociável*" apto a justificar a intervenção administrativa da polícia do mercado de capitais. E, na concepção sugerida, vislumbra-se uma guinada na direção do conceito de *security*, tal como extraído do direito norte americano e exposto no número 3 retro. Pesa, todavia, na orientação adotada pelo legislador italiano, igual influência do direito financeiro belga, o qual, centrado no conceito de *valeurs mobilières*, inclui na categoria tanto os títulos negociáveis, como os não negociáveis no mercado e esta não é a orientação do direito norte-americano, que regula diferentemente os *negotiable instruments* e as *securities*,[35] aqueles títulos de crédito propriamente ditos e estes investimentos coletivos com distribuição em mercados.

---

35. Sobre a noção de *Negotiable instrument* conf. art. 3, sessão 104, do *Uniform Commercial Code (Official Text with Comments)*, 8. ed., Gould Publications, 1999, nos seguintes termos:"(a) Except as provided in subsections (c) and (d), 'negotiable instrument' means and unconditional promise or order to pay a fixed amount of money with or without interest or other charges described in the promise or order, if it: (1) is payable to bearer or to order at the time it is issued first comes into possession of a holder; (2) is payable on demand or at a definite time; and (3) does not state any other undertaking or instruction by the person promising or ordering payment do any act in addiction to the payment of money, but the promise or order may contain (i) and undertaking of power to give, maintain, or protect collateral to secure payment (ii) an authorization or power to the holder to confess judgments or realize on or dispose of collateral, or (iii) a waiver of the benefit of any law intend for the advantage or protection of an obligor (...)". Já para a definição de security o art. 8.º, sessão 102, estabelece como seus requisitos fundamentais que esta deve: 1.º – ser emitida em "bearer form", significando com isto "a form in which the security is payable to the bearer of the security certificate according to its terms but not by reason of a indorsement.", 2.º deve representar "a property interest in a finantial asset"; 3.º e ter "Registered form" implicando "an obligation of an issuer or a share, participation or other interest in an issuer or in property or an enterprise of an issuer (...)".

De qualquer forma, conforme a sugestão, o elemento nuclear caracterizador é o investimento coletivo em atividade econômica, entendida esta idéia de investimento como a perspectiva de obter um ganho, lucratividade qualquer, a qual tanto poderá consistir em proveitos derivados do próprio bem, objeto do investimento (dividendos ou juros), como na mais valia, decorrente da valorização deste mesmo bem.[36] Isto, independente da possibilidade da documentação (cartularização) do investimento.

Na tese proposta, os critérios para identificar os valores mobiliários são:

1.º) apelo à poupança pública;

2.º) emissão em massa em virtude de uma única operação coletiva de investimento;

3.º) que os instrumentos financeiros emitidos sejam homogêneos em cada série e destarte fungíveis entre si de molde a permitir, ao menos, uma padronização, das condições jurídicas do investimento;

4.º) a possibilidade de ganhos que tanto podem consistir num proveito derivado do bem, objeto do investimento (dividendos, juros), como na mais valia decorrente da disposição do bem, em si mesmo considerado.[37]

Demonstra-se existirem na prática financeira italiana diversas categorias de instrumentos financeiros, agrupadas homogeneamente, com graduações diversas e aptas a facultar, para cada série, a padronização, das condições jurídicas reguladoras dos investimentos de uma mesma categoria, que não são classificadas como valores mobiliários. Neste sentido a prática bancária é generosa.

Com isto, abandona-se a pretensão de chegar a conceito único, suficientemente amplo para abarcar todo o rol de transações, operações, esquemas, negócios, contratos, etc., que encontram guarida sob a noção de valores mobiliários e, paralelamente, permite-se sua diferenciação de outros investimentos coletivos não qualificáveis como valores mobiliários. Na conclusão, opta o autor pela classificação destes instrumentos em diferentes categorias.[38]

---

36. Ibidem, p. 56.
37. Idem, aut. e op. cit., p. 60-63.
38. Idem, p. 63-65, nos termos seguintes: "A voler tentare una classificazione delle fattispecie di valore mobiliare emergenti dalla prassi finanziaria italiana (passata e presente), possono individuarsi alcune categorie di valori mobiliari secondo le linee tracciate dallo estesso art.118-bis. La prima è formata daì documenti o certificati che rappresentano 'diritti in società, assoziazioni, imprese o enti di qualsiasi tipo'. Vi rientrano, ovviamente, le azioni di società, nonchè i 'titoli rappresentativi di quote di capitale di enti pubblici esecenti attività bancaria' (...). Possono rientrarvi, inoltre, i 'certificati rappresentativi dei diritti dell'associato

7. Conclusões no estado da questão

Quais as conclusões, transpondo a temática para o Direito brasileiro?

Verifica-se a impossibilidade de qualificar os valores mobiliários tão-somente sob a noção ampla de interesse negociável, de participação em um contrato de investimento coletivo, pela emissão em massa, pela oferta ao público ou qualquer das características arroladas acima.

Tampouco é suficiente para sua qualificação como *security* de segundo grau, ainda quando presente toda a técnica de "reempacotamento" de ativos financeiros já titulados.

Exemplo disso são os certificados da cédula de crédito bancário, trazido a lume pela MP 2.160, de 28 de julho de 2001 (atual Lei 10.931, de 2 de agosto de 2004, arts. 23 e ss.), ou a cédula de crédito imobiliário, objeto da atenção da MP 2.223, de 4 de setembro de 2001, ambas atualmente englobadas pela Lei 10.931/2004, eis que estes papéis, preenchem os requisitos necessários para serem qualificados como *securities* de segundo grau e, destarte, enquadram-se dentre os contratos de investimentos definidos no art. 2.º, IX, da Lei 6.385/1976, sendo qualificados como valores mobiliários.[39] Isto porém, desde

---

in contratti di associazione in partecipazione (...). Ala medesima categoria apartengono, infine, le quote di società a reponsabilità limitata, ove si ammetta che le stesse possono formare oggeto di sollecitazione del pubblico risparmio' (...) anche i 'certificati rappresentativivi di quote di partecipazione a fondi comuni d'investimento mobiliare'(...) anche i 'servizi di gestione di patrimoni, consetiti dalla legge, mediante operazioni aventi ad oggetto valori mobiliari.' (...) Una terza categoria è formata daí documenti o certificati 'rappresentativ(i) di um credito o di um interesse negoziale e non'. Vi appartengono, anzitutto, le obligazione di azione (...) Vi rientrano, inoltre, le operazioni di 'cessione pro-soluto di crediti derivanti da contratti di locazione finanziaria'(...) Una quarta categoria potrebbe essere constituita dai documenti o certificati 'rappresentariv(i) di diritti relativi a beni matteriali o proprietà immobiliari', ma a prassi di questi anni, una volta finita 'l'era dell'atipico', non sembra conoscere strumenti di questa categoria come oggeto di sollecitazione del publico risparmio. Un'ultima ed importante categoria è formata dai documenti o certificati 'idone(i) a conferire diritti di acquisto di uno dei valori mobiliari sompra indicati'. Vi rientrano, anzitutto, i 'titoli rapresentativi (...) di diritti di sottoscrizione o di acquisto di titoli appartenenti ad uma delle suddette categorie'(...) Protrebbero rientrarvi anche – ma il punto richiederà uno specifico esame – i *futures* e le *options*, quando riguardino valori mobiliari (...).

39. Tem este teor a decisão proferida no Processo CVM n. RJ2007/11.593, conforme o voto do Diretor Marcos Barbosa Pinto, Disponível em: <http://www.ibrademp.org.br/img/UserFiles/File/processo%20CVM%20Nº%20RJ2007.pdf>.

que: a) distribuídas publicamente; e b) seja excluída a responsabilidade da instituição financeira pelo pagamento do crédito representado pelo título.[40]

Paralelamente, também não se pode identificar nitidamente a diferença entre *negotiable instruments* e valores mobiliários, como o faz a experiência norte americana, quando se tem em vista as notas promissórias destinadas à distribuição no mercado.

Estes títulos de crédito, quando emitidos para negociação no mercado de balcão ou na Bolsa, por uma S/A, são definidos como valor mobiliário (Res. CMN 1.723, de 27 de junho de 1990).

Veja-se, outrossim, que do ponto de vista do prazo, escapa à classificação tradicional do mercado de valores mobiliários, como um mercado caracterizado por operações de longo, longuíssimo prazo ou de tempo indeterminado, eis que são títulos de curto prazo (de 30 a 180 dias), que conferem aos titulares direito de crédito contra o emitente. Estes títulos têm valor nominal fixado pelo CMN o que não impede a possibilidade de ágio nas negociações posteriores.

Vale a mesma afirmação para as letras de câmbio financeiras, reconhecidas como títulos para emissão em massa por meio do art. 27 da Lei 4.728/1965 e igualmente reconhecidas como valores mobiliários.

Vê-se, destarte, a dificuldade para englobar em uma categoria única todos os papéis classificados pelo legislador como valores mobiliários, o que, pelo menos neste momento, parece conduzir à necessidade de uma investigação mais aprofundada, escopo não compatível com os objetivos deste manual

De positivo, o que resta, é acatar a acepção de valor mobiliário, pelo menos neste estado de transformação, e por enquanto, em sentido amplo, como um interesse negociável, representativo da participação em um investimento coletivo e definido, como tal, pela lei. Este pelo menos o critério que se espelha na norma do art. 2.º da Lei 6.385/1976.

Resta, agora, verificar quais os principais valores mobiliários em espécie, como meio de aporte financeiros para as sociedades anônimas, como far-se-á em seqüência.

---

40. Cf. Bruno de Almeida Chaves e Juliano Battella Gotli, Disponível em: <http://www.lexuniversal.com/pt/articles/5417>. Idem, Processo CVM RJ-2007/11.593, Registro Col. 5730/2007. Disponível em: <http://www.cvm.gov.br/port/descol/respdecis.asp?File=5730-0.htm>.

VI

Os Valores Mobiliários em Espécie e Outros Papéis: Ações, Debêntures, Partes Beneficiárias, Bônus de Subscrição e Opção de Compra de Ações

1. AS AÇÕES

Já definimos ação como uma fração do capital social representativa de direitos e obrigações dos sócios e medida de sua participação na sociedade, sendo, a par disso, complexo unitário (indivisível) de direitos e obrigações, ou de poderes e deveres de natureza política, administrativa e patrimonial, em princípio, materializados no título, destarte, bem móvel (corpóreo ou incorpóreo) e fungível.[1]

1.1 Classificação das ações

As ações, podem ser emitidas com e sem valor nominal (art. 11 da Lei 6.404/1976); no caso de terem valor nominal ou de face podem ser negociadas com ágio, isto é, com preço superior ao valor nominal.

Recorde-se que a ação, embora represente uma parcela do capital social, não se reduz a isto, é parcela, do patrimônio social ou do patrimônio líquido da sociedade.

Este valor econômico empresarial pode, quando da constituição da companhia, corresponder ao capital. Mas, pode dele diferir quando o preço de emissão for superior ao valor nominal da ação, situação em que o "plus" de caráter financeiro é destinado à formação de reservas.

---

1. Consulte-se por todos a Giuseppe Ferri, *Le Società, Trattato di diritto civile italiano*, sobre a direção de Fillipo Vassalli, vol. 10, T. 3, Turim, UTET, 1971, p. 343-352.

Vale dizer que o valor econômico da ação não necessita corresponder, necessariamente, ao capital declarado no estatuto social (capital inicial ou de fundação), já que correlato ao valor de patrimônio líquido ou àquele do mercado conferido ao empreendimento, dependendo do critério utilizado para avaliação.

Destarte o preço de emissão e o valor nominal são noções distintas.

Valor nominal é aquele resultante da divisão do montante do capital, expresso em moeda corrente nacional, pelo número de ações emitidas e pode não corresponder, exatamente, ao seu valor real, de mercado ou patrimonial.

No que diz respeito à responsabilidade do acionista pela integralização das ações subscritas ou adquiridas, quando a ação não tiver valor nominal, o limite é o preço de emissão multiplicado pelo número de ações tituladas; quando a ação tiver valor nominal e for negociada sem ágio, este será o limite.

Necessário lembrar que, enquanto o antigo decreto acionário (Dec.-lei 2.627/1940) estabelecia o princípio da fixidez do capital social e sua divisão em ações de igual valor cuja somatória correspondia ao valor do capital social, A lei acionária que se seguiu (Lei 6.404/1976) inovou, passando a admitir possibilidade do capital social não corresponder mais ao total das entradas.

Esta alteração deve-se, justamente, à admissibilidade da emissão de ações sem valor nominal ou com valor nominal mais ágio. Destarte o preço de emissão das ações somente será igual para todas as ações quando tiverem valor nominal, caso contrário o preço poderá variar, conforme existam ações com ou sem valor nominal. Contudo, a variação é teórica, de vez que se houver ações com e sem valor nominal, todas representando fração do capital social e o risco é que haja transferência de parcela do patrimônio líquido a uma das espécies de ações, o que equivale a espécie de desapropriação privada.

Havendo ágio na subscrição de ações, ou seja, quando as ações têm valor nominal mas são vendidas por preço superior, (conf. art. 14, parágrafo único, da Lei 6.404/1976), o capital social corresponderá apenas à parte do valor nominal eis que o valor correspondente ao ágio destina-se à constituição de reservas.[2]

---

2. Conf. Modesto de Barros Carvalhosa, *Comentários à Lei das Sociedades Anônimas*, 1.º vol., arts. 1-45, nos termos seguintes: "Portanto o valor do ágio de ações com valor nominal e uma parcela do valor de emissão das ações sem valor nominal poderão ter uma destinação diversa, não integrando o capital social. Daí decorrer que o capital social não mais refletirá, obrigatoriamente, o valor de todas as entradas de capital (...). Várias conseqüências decorrem dessa nova estrutura do capital social. A primeira conseqüência é que não haverá coincidência entre o número de ações em que se dividirá o capital e o valor efetivo das entradas do capital quando ocorrer a colocação de

Sob o ponto, esclarece Verçosa,[3] a lei permite a inclusão do ágio no preço da emissão das ações, o qual tem por destino "a formação de uma reserva de capital", apta a valer tanto para "as ações com valor nominal quanto àquelas que não o tenham (LSA, arts. 13, § 2.º e 182, § 1.º, a)"; prelecionando que uma das funções destas reservas é, justamente – "a incorporação do seu valor ao capital da sociedade, com a distribuição de ações novas aos acionistas, ou pelo aumento do seu valor nominal, se for o caso (LSA, art. 200, IV)". A possibilidade também pode ocorrer quando do aumento do capital, beneficiando os antigos acionistas; quer por receberem novas ações; quer pelo aumento no valor nominal das já possuídas.[4]

Se a sociedade emitir ações sem valor nominal, o capital social poderá corresponder apenas a parte do valor dos ingressos (cf. art. 14 da Lei 6.404/1976). Por tal razão é que se diz que a divisão do montante do capital social pelo número de ações não é o critério exato para aferir o seu valor econômico, mas tão-somente para fixar o seu valor nominal quando se cuidar de ações assim caracterizadas.

É certo que o capital social, cujo montante está previsto estatutariamente, expressa, quando da constituição da sociedade, o valor patrimonial da empresa. Isto, porém, somente é válido quando todas as ações forem emitidas com valor nominal e sem ágio e, somente no momento da constituição. Posteriormente, com a evolução da empresa, as ações terão valor econômico distinto, o qual será o da cotação, do preço ofertado ou do seu valor de liquidação. A variação decorre do sucesso ou insucesso do empreendimento e, conseqüentemente, da sua valorização ou desvalorização no mercado. Com esta visão a ação passa a representar uma fração do patrimônio social, correspondendo àquela parcela que, em cada exercício, se destina à consecução do objeto social.

Qual o critério para fixar o valor econômico da ação sem valor nominal?

---

    ações de valor nominal com ágio ou de ações sem valor nominal. (...) Deixando de corresponder ao valor total das ações subscritas e, portanto, de obrigatoriamente representar a soma de todas as contribuições em dinheiro ou espécie, o capital social não mais expressa toda a massa patrimonial posta em função do negócio que constitui o objeto social. Passa o capital social a representar, apenas, a parcela do valor das ações subscritas que os acionistas vinculam, na constituição e em cada aumento (artigos 13 e 14) ao negócio empresarial que constitui objeto da companhia (...)".
3. Haroldo Malheiros Duclerc Verçosa, *Curso de direito comercial*, v. 3, cit. Malheiros, 2008, p.130-131.
4. Idem, aut. op. e loc. cit.

Reconhecendo-se que o valor nominal das ações nem sempre espelha seu valor patrimonial ou o valor de mercado (cotação), pode-se avançar na aceitação de que a dissociação entre o valor das ações e o capital social fixado no estatuto tem fundamento. Esse o espírito que presidiu a introdução de ações sem valor nominal em 1976 quando se pretendia estimular o desenvolvimento do mercado de valores mobiliários no país.

A emissão de ações sem valor nominal não requer, necessariamente, sejam canceladas e substituídas ações com valor nominal existentes. A única restrição está em que não é possível, na mesma espécie e classe, ter ações que confiram direitos diferentes aos titulares.

Portanto, para manter apenas ações sem valor nominal é necessário eliminar, previamente, o valor nominal das existentes para a emissão daquelas sem valor nominal, dado que a lei não admite, quanto à mesma espécie e classe ações (v.g. ordinárias ou preferenciais) possam ser com ou sem valor nominal.

O que a lei admite, quando as ações ordinárias não têm valor nominal, é que se possa criar uma ou mais classes de preferenciais com valor nominal. Esta a lição de Modesto de Barros Carvalhosa.[5] As ações de uma mesma espécie serão todas com valor nominal ou todas sem valor nominal, e quando esta alteração advém depois de constituída a companhia, o momento ideal é aquele assinalado no art. 12 da lei acionária. Vale dizer quando da alteração da expressão em valor do capital social, do desdobramento ou grupamento de ações ou do cancelamento de ações, conforme autorizado em lei.

Questão que se coloca neste ponto é a de determinar se as ações sem valor nominal devem ter todas igual valor econômico ou se este valor pode ser desigual. Para Felix Ruiz Alonso[6] as ações sem valor nominal podem ter valor desigual desde que isto conste expressamente dos estatutos, eis que a lei não exige que as ações sem valor nominal sejam todas do mesmo valor. Logo, o que não proíbe, permite.

Todavia a lição deve ser refutada, eis que, se as ações representam sempre uma fração do capital social, é claro que, em termos de patrimônio, e considerando-se que todas as ações de uma mesma espécie e classe serão iguais, não há fundamento para sustentar a opinião acima. Nem mesmo se cogitará de ações sem valor nominal terem valor desigual, salvo a hipótese de ter sido aprovada distribuição de lucros antes da emissão de novas ações que, então, expressamente, poderão ser excluídas da partilha. Mas, uma vez

---

5. Aut., op. e vol. cit., p. 32, 55-56.
6. Aut. cit., *Comentários à Lei das Sociedades por Ações*, vol. 2, Ed. Resenha Universitária, São Paulo, 1980, p. 7-9.

pagos os dividendos, as ações terão o mesmo valor patrimonial, até porque não há como determinar, no caso de todas as ações não terem valor nominal, qual fração do patrimônio líquido é representada por quais ações.

Por final, resta saber qual o critério para fixar o preço de emissão das ações sem valor nominal, quando se cuide de aumento de capital. A resposta está na norma do artigo 170, § 1.º da Lei do Anonimato. Conforme o critério, o preço de emissão é fixado tendo em vista a cotação das ações no mercado, o valor de patrimônio líquido e as perspectivas de rentabilidade da companhia, o que vale dizer, em princípio, que o preço de emissão das ações sem valor nominal corresponderia àquele de mercado ou a um valor ajustado próximo do mercado. Dizer mercado, aqui, significa dizer ações admitidas à negociação em bolsa ou balcão.

Como bem observa Waldírio Bulgarelli,[7] o preço de emissão das novas ações sem valor nominal pode ser, inclusive, superior ou inferior ao valor nominal anteriormente estabelecido para as ações com valor nominal, não constituindo limite para a fixação do preço daquelas sem valor nominal.

Nesse sentido já se manifestou a CVM em pareceres antigos (01, de 27 de setembro de 1978, e 05, de 03 de dezembro de 1979), deixando clara a possibilidade.[8]

---

7. Aut. cit. *Manual das Sociedades Anônimas*, São Paulo, [s/d] a p. 89.
8. Conf. do Parecer de n. 1: "Ocorreu, no entanto, que um exame mais aprofundado do texto do citado dispositivo legal, bem como da exposição de motivos da Lei 6.404/1976, na parte alusiva àquele dispositivo, revelam que a intenção do legislador foi a de exigir a observância dos três mencionados parâmetros, *sempre que possível*. Sem dúvida alguma para a CVM tal ilação se extrai da expressão *diluição injustificada* constante do texto do § 1.º do art. 170 bem como da seguinte frase utilizada na Exposição de Motivos: 'A emissão de ações pelo valor nominal, quando a companhia pode colocá-la por preço superior, conduz à diluição necessária e injustificada (...)'. 1 – Assim sendo, deve-se entender que o legislador ao se referir à hipótese de *diluição injustificada* admitia *contrario sensu*, a possibilidade de diluição *justificada* de participação dos antigos acionistas na hipótese, em que, se apresentando como inviável a colocação no mercado de uma emissão a preço fixado com base no comentado § 1.º do art. 170, for adotado preço menor. Entender-se o contrário, importaria em vedar à Companhia se capitalizar via mercado (...)". E o Parecer de n. 5 completa: "No universo das companhias abertas, por exemplo, dentre os três parâmetros enunciados pelo § 1.º do art. 170 da Lei 6.404/1976, tenderá a assumir especial importância o relativo à cotação das ações no mercado. Isto porque, acima de tudo, a viabilização da capitalização de uma companhia, através do mercado de valores mobiliários, estará sempre extremamente vinculada e dependente da situação de seus papéis

1.2 Espécies e classes

As ações podem ser ordinárias, preferenciais e de fruição. As ordinárias são, por oposição às preferenciais, ações comuns, no sentido de que atribuem a seus titulares os direitos usuais de acionistas, patrimoniais e políticos como tal arrolados na norma do art. 109 da Lei acionária.

Ações preferenciais são aquelas que atribuem preferências ou vantagens de caráter patrimonial ou político aos seus titulares, assim aqueles assinalados nas normas dos artigos 17 e 18 da Lei 6.404/1976, os quais são textos básicos na matéria, atribuindo vantagens particulares às ações preferenciais que não se outorgam àquelas ordinárias.

Com relação a tais ações, a nova redação introduzida pelo art. 15, § 2.º, da Lei 10.303, de 01.11.2001, reduziu sua proporção no total de ações representativas do capital social de 2/3 para 50%. A norma, todavia, s.m.j., somente aplicar-se-á às companhias que se constituírem a partir da entrada em vigor da lei, não atingindo aquelas existentes, o que, a par de representar razoável complexidade, na prática se coaduna com o princípio da irretroatividade da lei.

Originalmente, na redação da Lei 6.404/1976, as preferências, ou vantagens, atribuídas às ações preferenciais. reduziam-se à prioridade na distribuição de dividendos, no direito a dividendos fixos ou mínimos, cumulativos ou não, na prioridade no reembolso do capital, com prêmio ou sem, ou na acumulação de todas estas vantagens.

Dividendo fixo, ademais daquele obrigatório, é a parcela do lucro atribuída ao acionista, a cada ano, segundo porcentual, estimado, v.g., sobre o montante do capital representado pelas preferenciais que tenham essa vantagem, e é garantido em cada exercício, quer a companhia produza lucros ou não. Isto equivale dizer que, em virtude da necessidade de serem pagos tais dividendos; os acionistas ordinários podem nada receber se o lucro for insuficiente. Não havendo lucro, esse dividendo será pago à conta de reservas.

---

em tal mercado. Em outras palavras e conforme já mencionado no aludido parecer de orientação CVM n. 1, a emissão de ações a preços superiores ao do mercado, por exemplo, inviabilizaria a capitalização pretendida. A emissão de ações, ao contrário, a preço inferior ao do mercado, ocasionaria, obviamente, além de uma provável queda de nível de cotação das ações da companhia no mercado, um injustificável abalo no patrimônio dos acionistas de tal companhia, as quais veriam a parcela de seu patrimônio, representada por tais ações, desvalorizada por ato da própria companhia. Vê-se, assim, que o parâmetro *cotação das ações no mercado* tenderá a representar, em se tratando de companhia aberta, o principal parâmetro dos três enunciados pelo analisado § 1.º do art. 170 da Lei 6.404/1976 (...)".

Quanto ao dividendo mínimo o critério é semelhante na medida em que este mínimo é, igualmente, fixado tendo por base um percentual calculado sobre o capital correspondente às preferenciais, diferindo do fixo pela vantagem que traz de permitir aos preferencialistas o direito de participar do "plus" do lucro, uma vez pagos aos ordinaristas dividendos a mesma participação no lucro que corresponde a este mínimo. Vale dizer, uma vez distribuído o mesmo percentual para as ações ordinárias (agora tendo como referência o capital representado por tais ações), os preferencialistas participarão, em igualdade de condições com aqueles, da parcela de lucro que venha a ser distribuída e que exceder o mínimo.

A redação foi alterada pela Lei 9.457/97 que introduziu a obrigatoriedade, *salvo* o caso de ações com dividendos fixos ou mínimos, cumulativos ou não, da distribuição de dividendos no mínimo 10% maiores do que aqueles atribuídos às ações ordinárias. A Lei 10.303/2001, retro menciona, introduziu outras modificações, alterando a redação levada a feito pela anterior Lei 9.457/1997, com o que suprimiu esta disposição.

Agora, constituem preferências, das quais pelo menos uma é condição para que tais ações sejam admitidas à negociação no mercado quando não tenham direito de voto, ou seja, este restrito:

1) direito de participar, prioritariamente, do dividendo a ser distribuído (estimado em 25% do lucro líquido), o qual deve corresponder, no mínimo, a 3% (três por cento) do valor de patrimônio líquido da ação e mais o direito de participar dos lucros distribuídos, em igualdade com os acionistas ordinários, uma vez se tenha assegurado a estes um dividendo mínimo prioritário semelhante; *ou*

2) direito ao recebimento de um dividendo (por ação preferencial), pelo menos 10% (dez por cento) maior do que aqueles atribuídos às ações ordinárias; *ou*

3) direito a ser incluído na oferta pública, nas condições descritas na norma do art. 254-A, (o *tag along*) (art. 17, § 1.º, III).[9]

A redação da norma é complicada, eis que a hipótese contemplada na norma do art. 254-A é a de cessão de controle de companhia aberta e a finalidade da Oferta Pública de Aquisição de Ações (OPA) ali regulada, como condição suspensiva ou resolutiva, é a tutela de acionistas minoritários. Ora a rigor somente é permitido falar em minorias em contraposição aos controladores e somente pode-se ter em vista os não controladores quando se tem em vista

---

9. A norma do art. 17 estabelece em seguida nos seus §§ 3.º e 4.º, as limitações que incidem sobre o exercício destes direitos.

o mecanismo do direito de voto o, que, não é, necessariamente, o caso das ações preferenciais.

Mas a nova reforma estendeu a possibilidade desta oferta, nas condições que estabelece também aos preferencialistas e, o que fazer? Lei é lei. Note-se que no caminho (§ 2.º do art. 17) insere-se a exigência de que constem do estatuto outras vantagens, ademais das aqui previstas, a demonstrar que o elenco é, apenas, exemplificativo.

A par disto advém uma vantagem adicional, a qual está consubstanciada no § 6.º deste art. 17, qual seja, quando se cuide de ações preferenciais com prioridade na distribuição de dividendo cumulativo, a de recebê-los à conta de reservas de capitais, quando o lucro do exercício for insuficiente.

Por final, na norma do § 7.º, a lei cuida das chamadas *golden shares*, resultantes da privatização de companhias estatais, com o que, no dizer da doutrina,[10] se atribui ao ente governamental da sociedade privatizada, poderes especiais, inclusive o de veto, e, destarte, se mantém, por tempo indeterminado, o poder da pessoa jurídica de direito público que controlava a sociedade, em que pese a privatização levada a termo.

As *ações de fruição* são objeto da atenção do legislador na norma do art. 44, § 5.º, da Lei 6.404/1976. São aquelas integralmente amortizadas, assim entendidas, conforme dispõe a norma do § 2.º deste mesmo artigo, a "(...) distribuição aos acionistas, a título de antecipação e sem redução do capital social, de quantias que lhes poderiam tocar em caso de liquidação da companhia (...)".

Atente-se que aqui é necessário ter cuidado com a leitura do parágrafo, pois há que se distinguir o conceito jurídico de capital, tal como utilizado no texto da lei, daquele contábil. Para o efeito, quando a lei utiliza a expressão "(...) sem redução do capital social (...)", pretende enfatizar que os recursos utilizados para a amortização advêm de outra conta que não aquela do capital social, mantendo-se intocada a cifra declarada no estatuto.

Mas, quando menciona "(...) a título de antecipação (...)", demonstra que o que se realiza é o adiantamento daquela porção do capital social a que teria direito o acionista quando da partilha do acervo remanescente por ocasião da liquidação da sociedade, isto é, o que sobrar após o pagamento dos credores.

A assim ser, sob este aspecto, é partilha do capital social, a qual, todavia, fica contabilmente diferida para momento posterior. Vale dizer, quando da partilha do acervo societário, momento em que será feita compensação entre o que o acionista deveria receber e o que lhe fora antecipado. Atente-se que

---

10. Verçosa, op. cit., p. 153.

estas ações não podem ser emitidas por sociedades de capital autorizado (art. 45, § 6.º, da Lei 4.728/1965).

1.3 Certificados – títulos múltiplos e cautelas

As ações, quando não escriturais, podem ser representadas ou incorporadas em certificados, uma vez cumpridos os requisitos exigidos pela lei acionária nas normas dos artigos 23 e 24. Note-se, todavia, que a qualidade do acionista independe do certificado eis que, para o exercício dos direitos que lhe são próprios, não necessita exibi-lo (art. 126, I, da Lei 6.404/1976). Inexistentes ações ao portador sua emissão não é mais obrigatória.

Os certificados ou cautelas representativos de ações são documentos emitidos por instituições financeiras autorizadas nas condições que se assinalam no art. 27 da lei acionária. Os requisitos estabelecidos na norma do art. 23 desta lei, são de rigor e o seu não atendimento implica nulidade do documento emitido. Cautelas são documentos provisórios, que substituem os certificados temporariamente.

Títulos múltiplos correspondem ao agrupamento, num só documento, de várias ações da mesma espécie e classe. A finalidade é simplificar a circulação e a custódia das ações. Mas o acionista tem sempre o direito, se quiser, à emissão de certificados individuais.

1.4 Desdobramento de ações

O desdobramento de ações tem lugar mediante a substituição das ações antigas, já emitidas, por um número de ações novas, fixado pela Assembléia Geral que aprovar o desdobramento. Inexiste acréscimo no capital correspondente a esta emissão. Na prática, recolhem-se as ações existentes que são substituídas por novas, com diferente valor unitário ou sem valor nominal, sem que ocorra aumento de capital.

O processo é sempre de *substituição*. É diferente do que ocorria, v. g., quando do aumento da expressão em valor da cifra do capital social por conta da correção monetária que visava a manter o poder aquisitivo da moeda no período inflacionário. Aqui ou procedia-se à simples alteração do valor nominal das antigas ações (quando fosse o caso) ou à emissão de ações ditas bonificadas, emissão esta que era vedada nas companhias abertas.

Mas, como alerta a doutrina,[11] a questão tornou-se irrelevante, a partir da vigência da Lei 8.021, de 1990, com a suspensão das ações ao portador e endossáveis, dada a desnecessidade dos certificados para as ações nominativas.

---

11. Cf. Modesto de Barros Carvalhosa, op. cit., vol. 3, a p. 433.

120 Direito Empresarial

2. AS DEBÊNTURES

2.1 Qualificação jurídica

Debêntures são títulos representativos de empréstimos contraídos pela companhia junto ao mercado. É modalidade de valor mobiliário que se presta ao financiamento, substituindo, com vantagens, para a companhia emissora o financiamento bancário tradicional. Assim é, porque, a par de permitir o empréstimo por prazos muito mais longos, os juros são mais razoáveis do que os cobrados usualmente nos empréstimos bancários, supõe-se.

Já do ponto de vista do debenturista, faculta-lhe participar do investimento sem suportar-lhe os riscos, a par da possibilidade de perceber um rendimento, em qualquer situação (inclusive quando a sociedade não puder distribuir dividendos), em regra superior àquele que teria com aplicações tradicionais do mercado financeiro. Ademais disto, está menos sujeito às oscilações extremas das cotações, como ocorre com as ações.

Note-se que esta qualificação, *empréstimo*, vem desde 1882, quando da sua introdução no Direito brasileiro pelo artigo 32 da Lei 3.150, de 4 de novembro daquele ano, sob a denominação de *obrigações ao portador*.

Na essência a operação de emissão de debêntures repousa, substancialmente, em contrato de mútuo, distinto daquele descrito, anteriormente, na norma do art. 247 do CCo revogado, tão somente pelo fato de dividir-se a quantia mutuada em frações, consubstanciadas em títulos autônomos e pelo "(...) processo especial de amortização, isto é do reembolso gradual do capital da dívida por parcelas mínimas, em regra durante longo prazo (...)". Esta, pelo menos, a clássica lição de Carvalho de Mendonça[12] no que é bem acompanhado pela quase unanimidade da doutrina nacional e estrangeira, desde a mais tradicional até a mais atual.[13]

É certo que a postura foi objeto de censura, como manifestado por Miranda Valverde, ao definir as debêntures como empréstimos de dinheiro,

---

12. Aut. Cit. *Tratado de direito comercial*, vol. 4, Rio de Janeiro, 1959, p. 96-97.
13. Conf. entre outros a Egberto Lacerda Teixeira e José Alexandre Tavares Guerreiro (*Das Sociedades Anônimas no direito brasileiro*, Rio de Janeiro, 1979, a p. 346); Wilson de Souza Campos Batalha (*Comentários à Lei de Sociedades Anônimas*, Rio de Janeiro, 1977); Ripert e Roblot (*Traité Elementaire de Droit Commercial*, vol. 1, Paris, 1968, p. 714); Guyenot (*Derecho comercial*, Buenos Aires, vol. 1, trad. de Manuel Ossorio Florit e Concepción Ossorio de Centrágolo, 1975, a p. 550); Brunetti (*Trattato del diritto delle società*. Milano, 1948, vol. 2, a p. 432); Giuseppe Ferri (*Manuale di Diritto Commercialle*, 5. ed. Turim, 1980, a p. 432); Modesto de Barros Carvalhosa (*Comentários à Lei das Sociedades Anônimas*, vol. 1, São Paulo, 1997, p. 462-464).

criticando os defensores da tese do mútuo.[14] Mas, como bem apreciado já há longa data por Luiz Gastão Paes de Barros Leães,[15] mesmo Valverde acabou por se conformar, aceitando ser o mútuo o contrato que melhor explica a operação de emissão de debêntures.

Observe-se que se trata de mútuo oneroso. Esta já era a opinião da doutrina antes do advento do novo Código Civil, como fazia ver Waldírio Bulgarelli, com apoio em Carvalho de Mendonça e Fran Martins,[16] realidade que não foi alterada pelo atual Código de 2002, em que pese a unificação do Direito Obrigacional.

Aplica-se, portanto, às debêntures, em todo o seu teor, o disposto na norma do artigo 591 do CC/2002, ordenando o pagamento de juros ademais de outras retribuições que possam ser estabelecidas como renda, participação nos lucros ou o prêmio no valor de reembolso.

Tendo em vista que a causa (função econômico social) no mútuo oneroso não é somente a transferência, durante certo tempo, do direito de usar, gozar e dispor de coisa fungível, impondo-se a devolução no término do prazo acordado, no mesmo gênero, qualidade e quantidade (eis que *genus nunquam perit*), acrescida de interesses que justifiquem o prazo concedido. *In casu* a remuneração pelo prazo é da essência da emissão deste valor mobiliário.[17]

---

14. Aut. Cit., *Sociedades por Ações*, t. II, 2. ed., Rio de Janeiro, 491, p. 156.
15. Aut. Cit., *Comentários à Lei das Sociedades Anônimas*, vol. 2, São Paulo, 1980, p. 9.
16. Aut. Cit., *Contratos mercantis*, 6. ed., S. Paulo, 1991, p. 576-578.
17. Neste sentido Paes de Barros Leães, op. cit., a p. 26, nos termos seguintes: "Posto que se tratando de um empréstimo da companhia emissora, quando do lançamento das debêntures, urge assentarem os juros. A sociedade tem liberdade para fixá-los, ficando seu arbítrio contido entre a conveniência e as possibilidades da empresa de um lado, e, de outro, à receptividade do título no mercado. É possível a emissão de debêntures sem a fixação de juros? Valverde responde afirmativamente, esclarecendo que isso pode acontecer na emissão destinada a solver dívida da companhia emissora, cujos títulos deverão ser resgatados em breve termo. Sendo, no entanto, um empréstimo de natureza comercial, não parece admissível a hipótese. (...) Como era discutido se seria possível estabelecer juro variável, a nova lei expressamente dispõe que os juros conferidos às deb6entures podem ser fixos ou variáveis (...). Advirta-se que, mesmos variáveis, deve sempre ser fixada uma taxa de juros a serem abonadas aos mutuantes, já que, como se disse, em se tratando de um empréstimo de natureza comercial, o mútuo é naturalmente oneroso (...)"; Fran Martins, *Comentários à Lei das Sociedades Anônimas*, vol. 1, Rio de Janeiro, 1977, p. 317-318. Confira-se: "O fato é que, em se tratando de uma operação comercial, não poderão ser emitidas debêntures sem que as mesmas

Mas nem sempre o fim visado pela sociedade é um empréstimo em dinheiro, pois ela pode criar o título com outra finalidade, tal seja a de dá-la em pagamento aos seus credores, ou distribuí-la pelos acionistas.[18]

Qualquer que seja a razão, sempre representa um direito de crédito contra a sociedade emissora, garantindo ao titular o recebimento de uma renda com a restituição do capital a final. Todavia, como é empréstimo que deve ser devolvido oportunamente, o amealhado integrará o capital exigível, pois é capital alheio e não próprio. Vale mencionar aqui uma situação particular: as das chamadas *debêntures perpétuas*, cujo vencimento ou resgate, somente poderá ocorrer por ocasião da dissolução da companhia ou perante o inadimplemento de qualquer uma das obrigações pactuadas no Estatuto, o que representa uma garantia para o investidor de que os juros pactuados serão sempre pagos oportunamente.

Por outro lado, o debenturista não é sócio e sim credor. Pode, eventualmente, tornar-se sócio, como ocorre na hipótese de debêntures conversíveis em ações. Mas, até que isto ocorra, é credor com a vantagem, em princípio, de não se filiar diretamente ao risco do investimento.

Dissemos em princípio porque se a sociedade for declarada falida a situação do debenturista é aquela dos demais credores. Na falta de ativo suficiente para solver o passivo, corre o risco de perder o "investimento" feito.

Diferentemente da ação, a debênture não representa uma quota de participação e tem, como substrato, uma relação obrigacional distinta, qualificada conforme as diversas teorias, dentre as quais a mais difundida e por nos acatada é aquela do mútuo que pode, por sua vez, desdobrar-se em diferentes combinações. Por outro lado, como adverte Verçosa, nada impede à Companhia, ao contrário do que ocorre com as próprias ações, de resgatar as debêntures em circulação, desde que o faça com recursos disponíveis e sem ofensa ao capital social.[19]

2.2 Procedimento para a emissão de debêntures

Este valor mobiliário pode ser emitido tanto pelas companhias abertas quanto pelas fechadas, bem assim por sociedades em comandita por ações, instituições financeiras que não recebam depósitos à vista (com autorização

---

ofereçam uma vantagem pecuniária aos mutuantes, já que a debênture é um título oriundo de empréstimo comercial e as operações comerciais sempre têm caráter especulativo (...)".

18. Trajano de Miranda Valverde, *Sociedades Anônimas*, Rio de Janeiro, 1937, p. 405-406.
19. Aut. e op. cit., p. 186.

do BACEN), companhias securitizadoras e de créditos financeiros. A emissão de debêntures não significa que a companhia será considerada companhia aberta salvo se o título for distribuído ao público. A emissão pode ter lugar tanto em território nacional, quanto no estrangeiro, caso em que a aprovação do BACEN é de rigor.

A emissão das debêntures será pública quando forem utilizados listas ou boletins de subscrição ou anúncios endereçados ao público e, cumulativamente, quando os agentes intermediários oferecerem estes títulos ao publico e a negociação for feita em local aberto ao público. Caracterizada a emissão pública é impositivo o registro da companhia e da emissão perante a CVM, ademais de que a colocação dos papéis no mercado deverá ser, obrigatoriamente, realizada com a intermediação de instituição financeira autorizada.

As debêntures, em regra, são emitidas em série, cada série composta por debêntures do mesmo tipo no que diz respeito à modalidade de rendimento, garantias, valor nominal etc. Note-se que todas estão vinculadas a uma mesma escritura de emissão.

Usualmente a competência para deliberar sobre a emissão é privativa da assembléia geral (art. 59 da lei acionária), mas esta pode delegar ao conselho de administração, quando existente, deliberar sobre a época e condições de vencimento, amortização, resgate, pagamento de juros, participação nos lucros, prêmio de reembolso (quando previsto) e quanto ao modo de subscrição ou colocação (pública ou privada), ademais dos tipos de debêntures a serem emitidas e o momento da emissão (art. 59, VI-VIII, da Lei 6.404/1976); conforme a atual redação do § 1.º deste artigo, inclusive quanto à emissão de debêntures simples, não conversíveis em ações e sem garantia real.

Note-se que o montante de emissão das debêntures não está limitado por aquele do capital social, o qual pode ultrapassar tal como dispõe o art. 60 e seus parágrafos da Lei 6.404/1976. Quanto à integralização do valor subscrito pode ser à vista ou parceladamente, admitindo-se tanto a distribuição primária, como ocorre com a criação de títulos novos, quanto a secundária, ocasião em que os recursos obtidos não reverterão para a companhia emissora (V. Instrução CVM 400 de 20 de dezembro de 2003, alterada pelas Instruções 429/2006; 442/2006 e 472/2008). Da mesma forma, o resgate (parcial ou total) pode ocorrer antecipadamente (trata-se de direito potestativo da companhia).

2.3 A escritura de emissão

Esta deve ter o conteúdo assinalado na norma do art. 61 da lei acionária sendo registrada no Registro Público de Empresas Mercantis e Negócios afins, impondo-se, ademais, a inscrição da escritura no mesmo Registro Público (art. 62, I e II). No caso de emissão pública, é necessária autorização da CVM, a qual deve aprovar previamente o teor da escritura (Resolução CMN 755/82, revogada pela Resolução 1.777/1990, por sua vez alterada pela Resolução CMN 1.825/1991[20]). Nota-se ser imprescindível que da escritura conste a nomeação do agente fiduciário que representará a comunhão dos debenturistas perante a companhia.

2.4 O agente fiduciário dos debenturistas

A figura do agente fiduciário somente é obrigatória quando se cuidar de debêntures distribuídas ou admitidas à negociação no mercado. O agente fiduciário representa a comunhão dos debenturistas (a qual no direito brasileiro não tem personalidade jurídica), com as atribuições e os deveres que lhe são assinalados nas normas dos arts. 68 e 69 da Lei Acionária.

No entender da doutrina,[21] a figura foi inspirada naquela do *trustee* do direito anglo-norte-americano, aproximando-se, igualmente da do *Treuhänder* (portador da confiança alheia) do direito alemão.

---

20. Resolução 1.825 – Estabelece condições para a Emissão das cédulas pignoratícias de debêntures de que trata o art. 72 da Lei 6.404 de 15.12.76. O Banco Central do Brasil, na forma do at. 9.º da Lei 4. 595, de 31.12.1964, torna público que o Conselho Monetário Nacional, em sessão realizada em 28.05.91, tendo em vista o disposto no art. 4.º, inciso VI da mencionada lei, Resolveu: Art. 2.º Estabelecer as seguintes condições a serem observadas na emissão das cédulas pignoratícias de debêntures de que trata o art. 72 da Lei 6.404, de 15.12.1976, adicionalmente, aquelas estabelecidas no referido dispositivo e nos arts. 293, parágrafo único, do mesmo diploma legal, 19 da Lei 8.088, de 31.10.1990, e 3.º da Resolução 1.777, de 19.12.1990: I – Prazo de vencimento compreendido entre o mínimo de 60 (sessenta) dias contados da data da emissão respectiva, e o máximo equivalente ao das debêntures empenhadas; II – Valor igual ou inferior a 90% (noventa por cento) do valor de face das debêntures empenhadas no correspondente sistema administrado pela Central de Custódia e Liquidação Financeira de Títulos (CETIP), ou sua custodia em Instituição autorizada à prestação desse serviço pela Comissão de Valores Mobiliários, vedada tal prática por parte da própria instituição emissora. Parágrafo único. É vedada a emissão de cédulas garantidas pelo penhor de debêntures de companhia ligada à instituição emissora, em razão do que dispõe o art. 34 da Lei 4.595, de 31.12.1964. Art. 2.º O Banco Central do Brasil, na forma do disposto no art. 72, da Lei 6.404, de 15.12.1976, indicará as instituições que poderão emitir as cédulas de que se trata, ficando autorizado a adotar as medidas e baixar as normas que julgar necessárias à execução do disposto nesta Resolução. Art. 3.º Esta Resolução entra em vigor na data de sua publicação. Brasília (DF), 28 de maio de 1991. Francisco Roberto André Gros. Presidente.
21. Assim Waldírio Bulgarelli, *Manual das Sociedades Anônimas*... cit., p. 144.

Todavia, a assimilação é imperfeita, posto inexistir a transferência fiduciária da coisa para o agente fiduciário, como ocorre no *trust*. No direito brasileiro inexiste qualquer negócio fiduciário entre os debenturistas e o agente fiduciário. A acatar-se a lição de Egberto Lacerda Teixeira e José Alexandre Tavares Guerreiro[22] a expressão fiduciário foi utilizada na lei apenas para dar ênfase à confiança existente entre o agente fiduciário e os debenturistas. A rigor a figura pode ser reduzida àquela de administrador de bens alheios.

Podem ser indicados para o cargo tanto pessoas físicas quanto jurídicas, desde que se adéqüem às exigências traçadas na norma do art. 66 da Lei 6.404/1976. A função não é exercida a título gratuito, devendo a escritura de emissão, a par das condições de substituição deste agente, fixar, igualmente, aquelas da sua remuneração.

2.5 Espécies de debêntures

Em princípio, considerando que somente se podem admitir debêntures na forma nominativa,[23] podemos classificar as debêntures em simples e conversíveis; certificáveis ou escriturais; com garantias, quirografárias e subordinadas (art. 58, § 4.º, da Lei 6.404/1976) o que deve ficar estabelecido na escritura de emissão. Dizem-se quirografárias as despidas de quaisquer garantias; destarte, na hipótese de falência, figurarão como crédito concorrente cuja satisfação somente terá lugar após o pagamento de todos os credores privilegiados ou com garantias reais. Já as subordinadas submetem-se, na ordem de resgate, a que, em primeiro lugar, sejam resgatadas as anteriores, preferindo apenas aos acionistas na liquidação da sociedade (v. Lei 11.101/2005, art. 83, VIII, *a*).

Assim, simples (quirografárias ou subordinadas) são as debêntures que não conferem outro direito que rendimentos e juros fixados (e correção monetária, se houver), resgatando-se o valor mutuado na época avençada.

Quando conversíveis, isto é, quando possam ser convertidas em ações, exige-se que a cláusula de conversibilidade, estabelecida na escritura de emissão, disponha, necessariamente, quanto às bases da conversão. Vale dizer, a espécie e classe de ações em que podem ser convertidas, o prazo ou época do exercício do direito de conversão. O direito de conversão é exclusivo do titular da debênture, direito formativo gerador, mediante o qual o mutuante se torna acionista.

Convém lembrar que a emissão de debêntures conversíveis requer ou a existência de ações em tesouraria ou que seja companhia de capital autorizado,

---

22. Auts. e op. cit., p. 368.
23. A Lei 8.021/1990 extinguiu os títulos ao portador, orientação, que, ao que parece, se espelha na redação da norma do art. 63 da Lei 6.404/1976.

vez que se o debenturista exercer seu direito, na época e forma previstas, as ações devem estar disponíveis.

A introdução das debêntures conversíveis no Brasil deu-se com a Lei 4.728/1965 (art. 44), a qual reformulou leis anteriores dispondo sobre o tema. Todavia as novidades introduzidas por esta lei não foram suficientes para transmudar a debênture em instrumento apropriado à obtenção de recursos, como originariamente pretendido, o que levou o legislador de 1976 a reformular totalmente a disciplina.

Teoricamente podemos considerar a modalidade – debênture conversível – forma intermediária entre as debêntures (obrigações, propriamente ditas) e as ações o que leva à exigência de uma dupla deliberação assemblear. Por um lado, aquela autorizando o aumento do capital social, sem o que não poderá ocorrer, futuramente, a conversão em ações,[24] e a da aprovação para a emissão das debêntures. É claro que a exigência não se coloca quando cuidar-se de sociedade de capital autorizado. De qualquer forma pode-se afastar o direito de preferência do antigo acionista, quando for esta a situação, desde que preenchidos os requisitos exarados no art. 171 e seus incisos da lei acionária.

A modalidade apresenta a vantagem de facultar ao investidor a possibilidade de apreciar a evolução da companhia sem, *ab initio*, assumir os riscos da atividade, eis que, tal como ocorre com as debêntures simples, não é sócio. De outro lado faculta-lhe, perante o sucesso do empreendimento, filiar-se a ele o que não lhe seria possível caso se cuidasse de debênture simples. Com isto há a possibilidade de atingir a uma outra camada de investidores que não se satisfazem com um simples investimento de capital, mas que, ao mesmo tempo, não querem correr o risco do investimento desde logo. Destarte têm tempo para decidir quanto à conversão conforme o desenvolvimento da empresa e a situação do mercado, pois têm a alternativa posterior de substituir as debêntures por ações conforme a relação de troca estabelecida na escritura de emissão. Para a companhia há vantagem adicional de poder transformar capital exigível em não exigível, incorporando como próprio o que, até então, era crédito de terceiro.

Na visão de Sabato[25] tem-se aqui uma obrigação alternativa a favor do credor, na qual a declaração de conversão é exercício do direito de escolha, estando a companhia obrigada a atendê-la. Note-se que, em se cuidando de debêntures conversíveis, enquanto este direito puder ser exercido, as deliberações da assembléia geral que decidirem quanto à alteração do objeto social,

---

24. Conf. Modesto de Barros Carvalhosa, *Comentários à Lei das Sociedades Anônimas*, vol. 1, Saraiva, 1997, p. 57.
25. Aut. cit., *Manuale delle società*, Torino, 1984, p. 350.

a criação de ações preferenciais ou modificação de suas vantagens (desde que em prejuízo das ações em que são conversíveis as debêntures), dependerão da prévia aprovação da assembléia especial dos debenturistas. É condição de eficácia dessas deliberações referida aprovação.

Tanto as debêntures simples quanto as conversíveis podem ser, da mesma forma que as ações, certificáveis ou escriturais, conforme estejam corporificadas em certificados ou em contas de depósito abertas em instituições financeiras autorizadas. Neste caso, são, da mesma forma que as ações, qualificadas como bens imateriais, incorpóreos, que circulam mediante lançamentos em conta corrente.

2.6 Garantias

Como credor o debenturista pode receber garantias, e a lei prevê possam ser reais ou flutuantes, nada impedindo tenham, igualmente, garantias fidejussórias. As primeiras, as reais, como hipoteca ou penhor apresentam a desvantagem de imobilizar o bem oferecido em garantia no patrimônio da companhia emissora. A segunda, a flutuante, onera o ativo da sociedade no seu complexo, o que representa uma vantagem desta modalidade sobre aquela.

E assim é porque, enquanto a garantia real somente pode ter por objeto aquele determinado bem, existente no momento da sua constituição, a garantia flutuante recai sobre qualquer bem existente no patrimônio da sociedade e, inclusive, sobre aqueles adquiridos posteriormente, desde que não constituam, de per si, objeto de qualquer outra garantia,[26] no momento de sua execução. A idéia de flutuante – *float charge* – facilita a continuidade das atividades sociais com as correspondentes mudanças na composição dos ativos e passivos.

É vantajosa para a companhia dada a possibilidade que tem de prosseguir em suas operações, mesmo quando impliquem na venda de bens do ativo ou na criação de outros encargos, pois no direito inglês, até o momento em que a garantia se "cristalize", para utilizar a terminologia inglesa, a companhia tem a livre disposição de seus bens. A partir de então, porém, o credor debenturista tem o direito de escolher, tendo em vista a satisfação do seu crédito, qualquer, ou quaisquer bens do acervo da sociedade. E o direito de escolha é sempre

---

26. A vantagem é bem assinalada pelos autores ingleses, como fazem ver Smith and Keenan, *Company Law*, 4. ed. Pitmann 1981, p. 246, nos termos seguintes: "The advantage of such a charge to the company is that the free disposition of its assets until the charge crystallizes. From the debenture holder's point of view, a floating charge is advantageous because on crystallization they have a variety of assets available to satisfy the debenture debt, including recently acquired assets, if any (...)".

seu. O que vale dizer que, a partir desse momento, a companhia não é mais livre para negociar esses bens a seu *bel prazer*.

Em que momento, pode a cristalização ocorrer?

Como regra geral, quando a sociedade falta com suas obrigações para com os titulares das debêntures, quando o ativo da sociedade torna-se, perigosamente, reduzido e, por final, quando a sociedade entra em liquidação.[27]

A garantia torna-se exigível (cristaliza-se) quando o debenturista se depara com sinais indicativos da possibilidade da companhia não vir a cumprir com suas obrigações. Note-se que a certeza não necessita ser absoluta, basta suspeita fundada.

O princípio é idêntico àquele que permite ao credor, no direito privado, pedir reforço de seu crédito quando existe indício de que o devedor não irá cumprir a obrigação ou que irá sofrer diminuição patrimonial, apta a tornar a satisfação da prestação duvidosa. A partir do momento da cristalização da garantia flutuante suspende-se o poder de disposição da sociedade sobre os bens. Observa-se que o fato da garantia "flutuar" sobre o ativo da companhia sem prender-se a qualquer bem não significa que esses bens estejam completamente desvinculados.

O que ocorre é uma suspensão da eficácia da garantia outorgada até a ocorrência de certos eventos que denunciem a possibilidade de esvaziá-la mediante a diluição patrimonial da devedora.[28] Assim que surgem indicativos da desagregação patrimonial, desaparece o caráter ambulatório da garantia a qual adere ao patrimônio paralisando quaisquer negociações incidentes. A

---

27. Conf. Smith and Keenan, op. cit, p. 245-246, três são as hipóteses: "A floating charge crystallizes: a. in the circumstances specified in the trust deed or in the debentures, e.g. failure of the company to pay interest or to redeem the debentures as agreed; b. if a receiver or manager is appointed for the debenture holders, either by the court, or by the debenture holders or their trustees under a power given by the terms of issue of the debentures, such appointment being out of the court; or c., if the company commences to wind up (...)".
28. A questão foi suficientemente analisada no julgado *NW Robbie & C. Ltd. v. Witney Wakehouse Ko Ltda.* conforme pode-se apreciar: *"The fact that this charge is floating charge cannot, it seems to me, operate to exclude assets from the agreement to charge (or agreement do charge) only means that its full operation is, so to speak in suspense until certain events occurs, and when such an event occurs the charge (or agreement do charge) loses that suspend quality. That in no way justify the conclusion that the field or the charge is in any way restricted: it only means that after this particular quality disappears equity will fasten the charge directly, upon all assets thereafter coming into existence as soon they do so (...)."* (Conf. L.S. Sealy, *Cases and materials in Company Law*, 2. ed., Butterworths, 1978, p. 358-359).

garantia flutua enquanto a sociedade realiza suas negociações ordinárias ou rotineiras. A partir do momento em que tais negócios, envolvendo oneração ou mobilização de bens do ativo, representem ameaça à integridade patrimonial cessa o caráter ambulatório e o debenturista tem o direito de exigir o cumprimento da garantia.

Outra situação é aquela em que há diminuição da solvabilidade da sociedade. Aí há a possibilidade de reforçar a garantia recebida. No direito brasileiro, todavia, a debênture com garantia flutuante é tratada como um privilégio geral e, como tal, posto significar "prioridade no recebimento", somente adquire conotação com a abertura do concurso, como tivemos ocasião de observar alhures.[29] E a assertiva tem fundamento, posto que somente se pode falar em prioridades (ou preferências) quando em concorrência com outros débitos.

Observa-se que a possibilidade de que a companhia prossiga com suas atividades, independente da garantia que paira sob o seu ativo não significa a prática de quaisquer atos fora do objeto social ou danosos. A permissibilidade é, tão somente, para a prática daqueles aptos à consecução do objeto social, de atos normais de gestão ou de administração ordinária,[30] tais como aqueles

---

29. V. nosso *Falência e recuperação...* cit. p. 45,46 , nos termos seguintes: Sobre o ponto, Pontes de Miranda adverte a erronia de utilizar a palavra "preferência" indistintamente com relação aos direitos reais e aos privilégios, posto que o "Direito real existe gravado no bem independente da insuficiência dos bens do devedor, dono ou titular de outro direito real sobre o bem. A tutela jurídica não tem de examinar o direito para preferir este ou aquele..." O gravame sobre o bem já existe antes que surja qualquer situação oriunda da insolvabilidade dos devedores. Já isto não é o que ocorre com o privilégio. O tratamento especial que lhe é atribuído, somente surge por ocasião da constatação da insolvabilidade do devedor. No privilégio, o que se tem em vista aqui é a causa, a origem de determinados direitos de crédito, legitimando-se sejam merecedores de tutela especial, quando do concurso, ao invés de concorrer com todos os demais credores. Com este teor, somente a lei pode criar privilégios, vedado à convenção privada criar outros que não os previstos na lei. O que não significa que a vontade das partes não possa erigir, dentre os privilégios estabelecidos pela lei, um destinado à satisfação de determinado crédito. Fala-se aqui em privilegio convencional. Mas a causa, a origem, é sempre legal. Os privilégios têm sempre função de prioridade na solução da obrigação, uma espécie de garantia e, sob este aspecto, apresentam-se como acessórios do direito de crédito. A par disto, são sempre de interpretação estrita, posto decorrerem de norma exceptiva (que contraria o principio da *par condictio*) e que, a assim ser, não comporta interpretação extensiva."
30. Com este teor, entre outros, Fran Martins, op. e vol. cit., p. 353.

autorizados pela norma do art. 1.015 do atual CC/2002, não os irregulares ou extraordinários.

2.7 O regime jurídico da emissão de debêntures

Merecem menção os textos legais a seguir, no que diz respeito às debêntures e sua regulação. Os textos legais básicos para o procedimento da emissão de debêntures estão consubstanciados abaixo:

a) *Circular BACEN:* 545/1980;

b) *Decreto-lei:* 2.072/1983;

c) *Instruções CVM:* 28/1983, com alterações introduzidas pela instrução CVM 123/1990, 182/1992, 194/92, 202/1993 (com alterações introduzidas pelas Instruções CVM. 238/1995, 245/96, 274/98, 309/99), 358/02 e alterações introduzidas pela Inst. CVM 269/2002 e 361/2002 (alterada pela instrução 436/2006);

d) *Leis:* 6.385/1976 (arts. 19-21) e 6.404/1976 (arts. 52-74);

e) *Resoluções CMN:* 1.517/1988, 1.777/1990, 3.339/2006.

3. PARTES BENEFICIÁRIAS

3.1 Definição

A lei define as partes beneficiárias na norma do seu artigo 46 como títulos negociáveis, sem valor nominal, e estranhos ao capital social.

Como se depreende o titular, da mesma forma que o debenturista, é terceiro perante a sociedade e, no caso, terceiro credor, com a diferença que detém, ao contrário das debêntures, cuja certeza da remuneração é essencial, um direito de crédito *eventual* contra a sociedade (direito de participar dos lucros anuais). Sua posição não repousa, obrigatoriamente, em empréstimo, embora as partes beneficiárias possam ser utilizadas como fonte de financiamento (art. 47, primeira parte, da Lei 6.404/1976).

Paralelamente, tal como ocorre com as debêntures, as partes beneficiárias podem ser emitidas na forma conversível em ações. Ensina Modesto de Barros Carvalhosa[31] que são dotadas da mesma estrutura obrigacional unilateral por configurarem a obrigação de uma só parte, a companhia, representada pelo pagamento de determinado percentual dos lucros líquidos apurados em balanço.

A emissão das partes beneficiárias, pode, na mesma forma como ocorre com as debêntures, admitir a presença do agente fiduciário, ao qual se aplica (no que couber) a mesma disciplina estabelecida nas normas dos artigos 66-71 da lei acionária. Ainda quando onerosas (e não remuneratórias), os ingressos

---

31. Aut. e op. cit, vol. 1, p. 381.

financeiros obtidos são estranhos ao capital social devendo ser contabilizados como reserva estatutária especial (art. 194 da Lei 6.404/1976).

Como terceiro, o titular não tem nenhum direito como o que o acionista detém contra a sociedade, salvo aquele de fiscalizar, na forma da lei, os atos de administração (art. 46, § 3.º, da Lei 6.404/1976). Todavia, quaisquer deliberações da assembléia geral que possam atingir os seus direitos estarão submetidas à aprovação da assembléia especial dos titulares de partes beneficiárias, tal como previsto na norma do art. 51, §§ 1.º e 2.º, da Lei 6.404/1976.

3.2 Antecedentes

Estes papéis têm antecedente na construção do canal de Suez, utilizados que foram como forma de remuneração dos fundadores da sociedade sob a denominação de *parts de fondateur*.[32] Economizava-se com isso o dispêndio do capital obtido, mediante a colheita dos ingressos financeiros.

Sob este ângulo, é forma de remuneração quando não parece conveniente o desembolso de quantias elevadas, embora possam ser emitidas graciosamente, ou, como dito acima, sejam meio para a obtenção de financiamento. Até hoje a idéia de remuneração por serviços prestados à companhia perdura, podendo as partes beneficiárias ser utilizadas, como forma de pagamento por bens materiais destinados à companhia, tais como, por exemplo, patentes de invenção, aquisição de tecnologia e outros.

3.3 Emissão

A emissão é privativa das companhias fechadas (art. 47, parágrafo único da Lei 6.404/1976), sendo proibida a criação de mais de uma classe ou série de partes beneficiárias. A autorização para a emissão depende de cláusula estatutária. Inexistindo a autorização, a alteração do estatuto é de rigor (art. 136, VIII, da Lei 6.404), para o que se requer *quorum* qualificado (50%, no mínimo, das ações com direito de voto).

O prazo de duração, cuja menção é obrigatória (art. 48 da Lei 6.404/1976) deverá ser estabelecido no estatuto. O mesmo diga-se quando for estipulada a conversão. Neste caso, ao contrário do que ocorre com as debêntures conversíveis, inexiste exigência de deliberação para o aumento do capital, eis que a capitalização somente pode ocorrer mediante a conversão daquelas reservas em capital, situação em que a conversão se resolve em operação contábil, na qual desaparece a reserva adrede preparada.

Ocorrendo a hipótese, o preço das novas ações a serem emitidas submete-se ao disposto na norma do art. 170, § 1.º, da lei acionária de molde a

---

32. Cf. Waldírio Bulgarelli, op. cit., p. 139.

tutelar os antigos acionistas. Com a conversão, da mesma forma com ocorre com o resgate, as partes beneficiárias são extintas, cancelando-se os respectivos certificados.

3.4 Problema – A qualificação como valor mobiliário

No direito anterior à Lei 10.303/2001, que deu nova redação ao parágrafo primeiro do artigo 47 da Lei 6.404/1976, as companhias abertas podiam emitir partes beneficiárias para alienação onerosa ou atribuição gratuita a sociedades ou fundações beneméritas dos empregados da companhia. Cuidando-se de emissão onerosa, os requisitos para a colocação no mercado eram os mesmos exigidos dos demais valores mobiliários. Vale dizer, o registro da companhia e o registro da emissão para a sua oferta pública.

Com a proibição, veda-se possa o papel ser distribuído como meio de coleta da poupança popular via mercado de valores mobiliários e, com isto, tendo em vista a impossibilidade do seu acesso ao mercado, coloca-se em questão a permanência da sua qualificação como valor mobiliário.

Lembramos que a nova redação trazida ao art. 2.º da Lei 6.385/1976, pela mesma lei reformadora de 2001, não mais menciona esses papéis dentre aqueles que arrola em seus incisos. Resta, portanto, a qualificação destes documentos como títulos de crédito causais cuja remuneração, eventual, está subordinada à existência de lucros líquidos para a sociedade emissora.[33] Esta afirmação, todavia é refutada por Verçosa,[34] sob o fundamento de que tais papéis não obedecem, na sua circulação, às regras dos títulos de créditos, posto que a sua transferência somente tem lugar perante a sociedade a partir dos registros nos livros próprios da companhia e, por outro lado não portariam as características da cartularidade, literalidade e autonomia. Afasta, inclusive, a possibilidade possam ser classificados como títulos ou comprovantes de legitimação. Todavia é de se aventar que a descartularização é uma realidade hodierna que não afeta, sejam os documentos eletrônicos, assim a duplicata, desqualificados como títulos de crédito. Por um lado a necessidade de registro no livro do emissor é uma característica dos títulos nominativos.[35] Por outro,

---

33. Por uma síntese das diversas teorias, consulte-se por todos Modesto de Barros Carvalhosa, op. e vol. cit., p. 374-378.
34. Aut. e op. cit., p. 176.
35. Neste sentido Gladston Mamede, Títulos de crédito, Atlas, São Paulo, 2003, p. 123, nos termos seguintes: Ao contrário do que é comum ouvir no mercado, o título nominativo não é aquele que traz nomeado o seu beneficiário. Hipótese, como visto, que caracteriza os títulos a ordem) mas aquele que é emitido em favor de pessoa cujo nome consta no registro do emitente, conforme expressa disposição do art. 921 do Código Civil (...)".

a se discutir a literalidade, seria necessária afastar pudessem os títulos setoriais (cédulas de crédito à indústria, à exportação, ao comércio, à agricultura etc.) serem qualificados como títulos de crédito. A assim ser, permanecemos afetos à posição exarada.

4. OS BÔNUS DE SUBSCRIÇÃO

O bônus de subscrição é um título nominativo (art. 78 da Lei 6.404/1976) que incorpora o direito de subscrição de ações do capital social nas condições assinaladas no certificado (certo número de ações, por determinado preço, durante certo período) e somente pode ser emitido por sociedades anônimas de capital autorizado.

Ao contrário das debêntures e das partes beneficiárias, não incorpora um direito de crédito contra a companhia, e sim direito de subscrever ações resultantes de um futuro aumento de capital.

Em decorrência do direito incorporado no título, há o compromisso da sociedade de elevar o capital social dentro do limite autorizado no estatuto. Como é faculdade a favor do titular este não está obrigado a subscrever as ações resultantes do novo aumento de capital. Para a companhia a situação é diferente. Se, porventura a companhia se recusa a isto, a inexecução resolve-se em perdas e danos.

Pode tanto ser utilizado como forma de financiamento para a companhia, como ser distribuído, graciosamente, como benefício a acionista, a debenturista ou como prêmio a administradores, empregados ou outras pessoas que prestem serviços à sociedade emissora. A utilização da expressão benefício não significa gratuidade, pois os titulares dos bônus deverão desembolsar o preço das ações resultantes do futuro aumento.

Todavia, atente-se para a redação do disposto na norma do art. 182, § 1.º, alínea *b*, da Lei 6.404/1976, uma vez que, quando alienado, da mesma forma como ocorre com as partes beneficiárias, o valor recebido é destinado a compor a reserva de capital a ser utilizada quando do futuro aumento.

A regra geral é a da preferência dos antigos acionistas para subscrever tais títulos.

Mas quando o aumento de capital ocorre, afasta-se o direito de preferência, o qual somente pode ser exercido se os titulares dos bônus não adquirem as ações emitidas.

Nas companhias abertas o direito de subscrição dos acionistas pode ser afastado, como bem atesta a norma do art. 172 da lei acionária. A autorização para o aumento de capital deve estar consubstanciada no Estatuto, mas a competência para autorizar a emissão dos bônus é da assembléia geral extraordinária, salvo quando o estatuto tenha delegado esta atribuição ao conselho de administração.

A principal vantagem do bônus, conforme a doutrina, está no fato de prefixar o preço das ações que, futuramente, serão subscritas e isto independente do valor que as ações possam ter no mercado, no momento da sua subscrição. Paralelamente permite que o titular do bônus, se acionista reforce sua futura posição no capital da companhia, evitando diluição da sua posição. Contudo, quando assim não ocorre, se o direito de preferência à subscrição das novas ações é afastado quando da realização do aumento previsto, corre-se o risco, caso não tenha subscrito os bônus emitidos, de ver esta posição enfraquecida.

5. A OPÇÃO DE COMPRA DE AÇÕES

É um negócio jurídico que dá direito a subscrever ações e, da mesma forma que as debêntures, é particular das companhias de capital autorizado. Cuida-se de opção de compra que implica o direito do beneficiário em adquirir as novas ações emitidas.

Note-se que não é, como ocorre com o bônus, o direito de *subscrever*, mas sim o de *adquirir* as ações resultantes do futuro aumento.

Este título, introduzido no direito brasileiro pela Lei 4.728/1965 (art. 48),[36] não mereceu um capítulo a parte, como ocorreu com os demais títulos, sendo tratado de permeio a outros assuntos (art. 157, § 1.º, alínea *b*; 166, III e 168, § 3.º, todos da lei acionária).

A confiar na redação da norma do art. 168, § 3.º, retro citado, estes contratos não podem ser utilizados como fonte de financiamento, mas são "outorgados" aos administradores e empregados da companhia ou a pessoas naturais que prestem serviços à sociedade ou à sociedade sob seu controle.

Destarte, ao contrário do bônus de subscrição, tem sempre caráter remuneratório.

Ademais disto tem caráter personalista e não negociável, o que veda a possibilidade de ser ofertado ao mercado, prejudicando a sua definição como valor mobiliário, eis que a norma do art. 2.º da 6.385/1976, também não faz referência a este título.

Na lição da doutrina[37] a opção tem natureza obrigacional, constituindo contrato preliminar, cujo descumprimento poderia ensejar a execução específica nos termos do art. 639 do CPC.

Ousamos discordar, visto cuidar-se de obrigação de fazer (elevar o capital social e oferecer as ações novas resultantes ou oferecer a venda ações já existentes), razão, pela qual, s.m.j., a questão, também aqui, resolve-se em perdas e danos.

---

36. Com o que Fran Martins discorda. Conf. *Comentários à Lei das Sociedades Anônimas*, Rio de Janeiro, 1978, vol. 3, p. 472.
37. Assim Modesto de Barros Carvalhosa, op. cit., vol. 3, p. 424.

VII

Os Valores Mobiliários em Espécie: Derivativos e Outros

1. INTRODUÇÃO

A norma do artigo 2.º da Lei 6.385/1976,[1] ademais dos valores mobiliários já descritos (ações, debêntures e bônus de subscrição), nos incisos que se seguem, menciona outros, cujo exame merece maior atenção. Assim, por ordem passamos ao seu exame. Note-se que na lição de Nelson Eizirick[2] "dado o caráter flexível do conceito de 'títulos e contratos de investimento coletivo' (...) a relação dos valores mobiliários previstos no art. 2.º da Lei 6.385/1976, em sua nova redação, passa a ser *exaustiva* e não mais exemplificativa (...)". Todavia, justamente em virtude desta mesma flexibilidade, entenda-se exemplificativa.

2. CUPONS, DIREITOS, RECIBOS DE SUBSCRIÇÃO E CERTIFICADOS DE DESDOBRAMENTO RELATIVOS ÀS AÇÕES, DEBÊNTURES E BÔNUS DE SUBSCRIÇÃO

Neste inciso II e nos dois que se lhe seguem (incisos III e IV) adentramos na categoria de valores mobiliários que representam posições que têm como substrato outros valores mobiliários, tanto emitidos por companhias abertas, como por instituições financeiras.[3] São eles:

2.1 *Os cupons de ações, debêntures e bônus de subscrição*

Os *cupons* (cupões, na linguagem da Lei 6.404/1976) são documentos acessórios ligados aos títulos, e referem-se a determinados benefícios atribuídos aos titulares do documento ou título principal, tais como, dividendos, direito à subscrição de novas ações e bonificações que podem ser deles destacados.

---

1. V. Instrução CVM 450, de 30 de março de 2007 e 456, de 22 de junho de 2007.
2. Aut. cit. Os valores mobiliários na nova Lei das S/A, *RDM* 124, p. 72-79, p. 75.
3. Idem. Aut. e op. cit., p. 75.

Do ponto de vista da doutrina seriam títulos impróprios, eis que acessórios, mas aptos a circular de forma independente.[4]

Todavia, com relação às ações, nos termos do art. 26 da Lei 6.404/1976, somente poderiam ser anexados às ações ao portador. Considerando a supressão destas, pelo advento da Lei 8.021/1990, (que determinou a extinção de títulos ao portador e endossáveis), pelo menos no que diz respeito às ações não se pode falar em *cupons* no direito atual. Resta, todavia, a possibilidade para as debêntures, para os bônus de subscrição ou outros títulos de renda fixa, circunstâncias em que estes títulos, uma vez destacados, podem ser negociados independentemente.

2.2 Recibos de subscrição

Estes documentos, admitidos à negociação nas Bolsas de Valores pela Resolução CMN 39, de 20 de outubro de 1966 (v. art. 25 desta Resolução) e regulamentado pela Deliberação CVM 9/1980[5] consubstanciam o direito que o

---

4. Modesto de Barros Carvalhosa, op. cit., vol. 1, p. 192.
5. Deliberação CVM 9 de 24 de outubro de 1980. O Colegiado da Comissão de Valores Mobiliários torna público que, em reunião realizada nesta data, tendo em vista o disposto no art. 4.º, III e especialmente 18, II, *a*, da Lei 6.385, de 07 de dezembro de 1976 e considerando: – que se faz necessário regulamentar a negociação, em bolsa de valores, de recibos de subscrição de valores mobiliários emitidos por companhias abertas nelas registradas, durante o período anterior à emissão do respectivo certificado; – que tal regulamentação atende a uma demanda de entidades integrantes do sistema de intermediação de valores mobiliários; – que a Lei 6.385/1976 outorga à Comissão de Valores Mobiliários competência para disciplinar as espécies de operações admitidas no mercado de bolsa; – que a negociação de recibos de subscrição é uma espécie de um gênero de operações de cessão de direitos a terminados valores mobiliários, no qual se inclui a negociação de direitos de subscrição, já admitida em bolsa de valores na própria Resolução CMN 39, de 20 de outubro de 1966; – que a negociação dos referidos recibos de subscrição através das bolsas de valores propiciará, em favor de um mercado eficiente, confiável e regular, maior visibilidade às negociações; – que a intervenção das sociedades corretoras torna-as, ademais, nos termos do art. 25 da Resolução CMN 39, de 20 de outubro de 1966, responsáveis pela legitimidade dos títulos e valores negociados, aumentando a proteção do investidor; Deliberou: I – Admitir a negociação, em bolsa de valores, de recibos de subscrição de valores mobiliários devidamente integralizados; II – Limitar a negociação referida no item anterior ao prazo que mediar entre: a) o término do período para o exercício do direito de preferência, ou a data da assembléia geral ou da reunião do Conselho de Administração que houver deliberado a respeito da emissão, se inexistente tal direito de preferência; e b) o início da negociação em bolsa de valores das ações resultantes da emissão. III – Esclarecer

titular tem de subscrever novas ações que vierem a ser emitidas; são livremente transferíveis quer gratuita quer onerosamente. Juridicamente representam uma cessão de direito à subscrição de novas ações, com a particularidade de exigir a intervenção de uma sociedade corretora, a qual se torna responsável pela legitimidade dos títulos e dos valores negociados, o que aumenta a proteção do investidor.[6]

As ações, subjacentes ao recibo devem estar totalmente integralizados e a cessão somente será admitida durante o período que mediar entre o inicio e o término do período para o exercício do direito de preferência ou, quando inexistir este direito da data da assembléia geral ou da reunião do Conselho de Administração que deliberou quanto à emissão documentos até o início da negociação em Bolsa de Valores das ações, às quais estes recibos se referem.

A transferência é realizada mediante certificado ou termo de cessão, conforme os modelos estabelecidos pelas Bolsas de Valores, com prévia anuência da CVM.

2.3 Certificados de desdobramento (ações, debêntures e bônus de subscrição)

Diz-se que há desdobramento quando valores mobiliários já existentes são, por assim dizer, repartilhados em unidades de menor valor nominal com a finalidade de dar-lhes maior liquidez no mercado. Os direitos sobre os desdobramentos de valores mobiliários podem, igualmente, ser corporificados em certificados e, como tais, objeto de circulação como valores mobiliários.

3. OS CERTIFICADOS DE DEPÓSITO DE VALORES MOBILIÁRIOS

São três as espécies de certificados de depósito de valores mobiliários emitidos pelas companhias: certificado de depósito de ações (art. 43 da Lei 6.404/1976); certificado de depósito de debêntures (art. 63, § 1.º) e certifi-

---

que a sociedade corretora é responsável pela legitimidade dos recibos de subscrição entregues; IV – Determinar que a transferência dos referidos recibos de subscrição se faça mediante certificados ou termos de cessão, de acordo com os modelos estabelecidos pelas bolsas de valores, com prévia aprovação da Comissão de Valores Mobiliários; V – Determinar às sociedades corretoras que alertem os interessados para o fato de que, na hipótese de a sociedade emissora dos valores mobiliários subscritos decidir, por qualquer razão, revogar a deliberação de que houver decorrido a subscrição, cabe ao cessionário do respectivo recibo tão somente reaver da mesma companhia o valor pago pelo subscritor original, sem nenhuma responsabilidade do intermediário ou do cedente de boa-fé. Jorge Hilário Gouvêa Vieira Presidente.

6. V. Deliberação CVM 09 de 24 de outubro de 1980, do preâmbulo.

cado de depósito de partes beneficiárias (art. 50, 2.º), excluindo-se possam os últimos ser qualificados como valores imobiliários, tendo em vista que esta qualificação não mais alcança as partes beneficiárias, conforme a nova redação dada à Lei 6.385/1976.

Mas, qualquer que seja a hipótese, a criação destes títulos exige a intervenção de um agente emissor de certificados que poderá ser a Bolsa de Valores ou instituição financeira autorizada pela CVM.

Para emitir os certificados, é necessário, primeiro, que a emissora já esteja prestando o serviço de agente emissor de certificados, tal como descreve a norma do art. 27 da lei acionária e que, a par disto, disponha de serviço de custódia coletiva ou individual de valores mobiliários. Se tais pressupostos estiverem presentes, dispensa-se nova autorização da CVM. Quaisquer emissões levadas a efeito por instituições não autorizadas serão consideradas irregulares.

A partir daí, cumpre-lhe, à instituição autorizada, proceder ao registro dos valores mobiliários, aos quais os certificados se referem (ações, debêntures ou bônus de subscrição), emitindo os respectivos certificados, ademais de receber em depósito estes títulos, emitindo os respectivos certificados de depósito. A emissão destes certificados pressupõe o serviço de custódia da entidade emissora, o qual pode ter lugar tanto na forma individual, quanto coletiva.

Como se trata de depósito de coisa fungível (para este efeito), a instituição depositária pode negociar os valores mobiliários recebidos em custódia. Estes certificados, da mesma forma que aqueles de depósito de mercadoria, dão ao seu titular o direito de receber o valor mobiliário subjacente que lhe deu origem (ação, debênture, bônus de subscrição) e a cessão do certificado equivale à transferência destes valores.

A responsabilidade do agente emissor é sempre contratual (estabelecida no contrato de custódia), respondendo perante a companhia que contratou seus serviços, a qual, por sua vez, responderá perante os titulares dos respectivos valores mobiliários custodiados. Tudo, é claro, conforme as normas expedidas pela CVM.

Outrossim, da mesma forma como ocorre com os certificados de depósito de mercadorias, os valores mobiliários, sobre os quais os certificados são emitidos não podem ser objeto de arresto, seqüestro, penhora, busca e apreensão ou outros procedimentos similares. Estas medidas serão exercidas sobre os certificados que os materializam.

O titular do certificado, a par da cessão, pode, a qualquer tempo, levantar os valores mobiliários depositados. Mas, até que isto ocorra, todos os benefícios (dividendos, renda, juros etc.), advindos dos valores mobiliários aos quais se referem serão destinados à instituição depositária que deles prestará contas ao titular.

Note-se que a instituição emissora do certificado não pode ser acionista da sociedade emitente dos valores mobiliários custodiados e, tampouco, exercer quaisquer dos direitos assegurados por estes títulos perante as companhias (salvo se tiver procuração com poderes específicos), como é vedado na função de custódia.

4. AS CÉDULAS DE DEBÊNTURES

Este é um título emitido por instituição financeira com lastro em debênture, para garantir, mediante penhor, uma operação de mútuo. Para a doutrina, seria um título de crédito.[7] Nada impede, porém, sua configuração como valor mobiliário para eventual negociação no mercado secundário de balcão, circunstância, em que o mecanismo do *hedge* pode ser de total valia para a Instituição financeira, adotando a posição comprada em relação à debênture, lastro da cédula; e a posição vendida tendo em vista a cédula propriamente dita.

Também aqui, o negócio subjacente é o mútuo. O direito de crédito conferido ao titular é contra o emitente, a instituição financeira autorizada que faz a emissão. O penhor (impróprio, considerando que o título permanece em mãos do devedor), *in casu*, é a garantia do débito.

5. AS COTAS DE FUNDOS DE INVESTIMENTO EM VALORES MOBILIÁRIOS OU DE CLUBES DE INVESTIMENTOS EM QUAISQUER ATIVOS

A acatar-se a visão dos fundos e clubes de investimentos como condomínios, as cotas nada mais são do que partes ideais de um fundo comum, possuído em regime de co-propriedade, e cuja valorização decorre daquela do conjunto de valores que o compõem. Não se confunda a espécie com as cotas (quinhões societários), partes ideais do capital social.

Neste caso cuida-se de patrimônio separado, que pertence àquela carteira administrada e não ao conjunto dos sócios, o que não ocorre com os condomínios e fundos de investimento. Aqui, é o próprio fundo comum que é partilhado, idealmente e na proporção das frações adquiridas, entre os condôminos e a sua inclusão dentre os valores mobiliários decorre do fato de terem como ativo subjacente o conjunto de valores mobiliários, cuja valoração se reflete naquela atribuída às cotas.

Na lição de Nelson Eizirik,[8] as "(...) cotas de clubes de investimento serão sempre tidas como valores mobiliários, ainda que a carteira do clube seja composta por papéis de renda fixa, como títulos da dívida pública (...)".

---

7. Cf. Waldirio Bulgarelli, op. cit., p. 146.
8. Op. cit., p. 75. Todavia, quando aos Fundos de Investimentos, observa, textualmente: "Diversa é a situação dos fundos de investimento, cujas cotas

S.M.J., quiçá, possamos incluir aqui os valores mobiliários emitidos por companhias beneficiárias de incentivos fiscais, tais as quotas FINAM, FINOR etc., títulos incentivados, definidos como valores mobiliários pelo Decreto-Lei 2.289, de 9 de setembro de 1986. A idéia de base era promover o desenvolvimento do mercado acionário, encaminhando para os Estados menos aquinhoados parte da poupança daqueles mais desenvolvidos.

Conforme o sistema, a pessoa jurídica pode optar pelo incentivo recebendo um certificado pelo investimento, com o que passa a ser cotista do fundo em valor equivalente ao percentual do seu Imposto de Renda destinado ao investimento, e cujas cotas, posteriormente, poderão ser trocadas pelas ações que compõem o fundo.

6. AS NOTAS COMERCIAIS

As notas comerciais ou *commercial papers* (notas promissórias comerciais) são títulos de crédito, emitidos para negociação em massa e negociação na Bolsa ou Balcão, que são definidos como valores mobiliários (Res. CMN 1.723, de 27 de junho de 1990 e Instrução CVM 134, de 1.º de novembro de 1990, alterada pela Instrução 292, de 15 de outubro de 1998).

Estas notas podem circular mediante endosso em preto, do qual constará, obrigatoriamente, a cláusula "sem garantia". A companhia emissora deve ter patrimônio mínimo fixado regulamentarmente (anteriormente equivalente a 10 milhões de Bônus do Tesouro Nacional para fins fiscais) e portar um valor nominal, igualmente estabelecido em lei.

Estes títulos podem ser emitidos tanto por companhias abertas quanto fechadas, com prazo mínimo de 30 dias a contar da emissão e máximo de 180 dias (para as companhias fechadas) ou 360 para aquelas abertas (Instrução

---

podem ser ou não consideradas valores mobiliários, sem que se logre perceber qual a razão do tratamento diferenciado daquele estabelecido para os clubes de investimentos, de vez que ambos constituem carteiras administradas de ativos financeiros. Tratando-se de um fundo de investimento cujos ativos sejam títulos incluídos no elenco de valores mobiliários (ações, por exemplo) as cotas de sua emissão constituirão valores mobiliários para os efeitos da Lei 6.385/1976. Já no caso de fundo de investimento cuja carteira seja composta por títulos da dívida pública, que estão excluídos do elenco dos valores mobiliários, suas cotas não serão consideradas valores mobiliários, cabendo a fiscalização ao Banco Central e não à CVM. Porém, no caso de fundo de Investimento financeiro (FIF) com carteira composta por valores mobiliários e títulos da dívida pública, suas cotas, não estão nem incluídas nem excluídas do elenco de valores mobiliários do art. 2.º, permanecendo numa espécie de "limbo jurídico" o que poderá ocasionar conflitos de competência entre a CVM e o Banco Central.

CVM 134/1990, art. 7.º, em sua nova redação). São instrumentos adequados para obter recursos para capital de giro, sem recorrer ao sistema bancário, assemelhando-se a debêntures de curto prazo.

A competência para deliberar quanto a emissão será da assembléia geral ou do Conselho de Administração, conforme dispuser o estatuto da companhia. Estes títulos admitem resgate antecipado e resgate parcial (mediante sorteio ou leilão), considerando-se emitidos quando da sua efetiva integralização (em moeda corrente e à vista quando da subscrição). O resgate extingue o título, vedada a sua manutenção em tesouraria.

De qualquer forma o registro da companhia e da emissão é de rigor, facultado às companhias já registradas, nos termos do art. 21 da Lei 6.385/1976, devidamente atualizado, apenas o registro da distribuição para colocação junto ao público (Instrução CVM 134/1990, arts. 11, 12, 20-25), prestando periodicamente, perante a CVM, as informações que esta Instrução discrimina na norma do seu art. 13,[9] ademais daquelas que devem igualmente ser prestadas ao mercado, conforme estabelecido na norma do art. 14.[10] A dis-

---

9. "Art. 13. A companhia deverá prestar à CVM, periodicamente, as seguintes informações, nos prazos especificados: I – demonstrações financeiras e, se for o caso, demonstrações consolidadas, elaboradas nos termos da Lei 6.404, de 15 de dezembro de 1976, e complementadas em moeda de capacidade aquisitiva constante, acompanhadas do Relatório da Administração, Notas Explicativas e Parecer do Auditor Independente registrado na CVM: a) até um mês antes da data marcada para a realização da AGO; ou, b) no mesmo dia de sua publicação pela imprensa ou de sua colocação à disposição dos acionistas, se essa ocorrer em data anterior à referida na letra "a". II – edital de convocação da Assembléia Geral Ordinária, no mesmo dia de sua publicação pela imprensa; III – estatuto social atualizado até 30 (trinta) dias após a realização da Assembléia Geral Ordinária. IV – ata da Assembléia Geral Ordinária, até 30 (trinta) dias após sua realização. Parágrafo único – Caso a companhia tenha sido declarada falida, ou em liquidação extrajudicial, o síndico, ou o liquidante deverá prestar informações trimestrais sobre prazos fixados, etapas atingidas, bens alienados, valores arrecadados, importâncias reembolsadas e outras informações consideradas relevantes para os titulares das notas promissórias, até 60 (sessenta) dias após o término de cada trimestre do exercício social."

10. Conf.: "Art. 14. A companhia deverá prestar à CVM e ao mercado as seguintes informações: I – comunicação sobre ato ou fato relevante, nos termos do § 4.º do artigo 157 da Lei 6.404, de 15 de dezembro de 1976, e da Instrução CVM 31, de 08 de fevereiro de 1984 [revogada pela Instrução Normativa CVM 358/2002], no mesmo dia de sua divulgação pela imprensa: II – informação sobre pedido de concordata, seus fundamentos, demonstrações financeiras especialmente levadas para obtenção do benefício legal e, se for o caso, situação dos titulares das notas promissórias quanto ao recebimento

tribuição pública que somente pode ter início após a concessão do registro, publicação do anúncio de distribuição e colocação do prospecto à disposição dos interessados; deve estar encerrada dentro do prazo de 90 dias (companhias fechadas) ou 180 dias (companhias abertas) a contar da concessão do registro (arts. 26-17 da Instrução 134/90).

Neste sistema é, também, possível recorrer à figura do agente fiduciário com a função de tutelar os direitos dos portadores destes valores mobiliários. O agente fiduciário deverá ser, obrigatoriamente, instituição financeira autorizada pelo BACEN para exercer a administração ou custódia de bens de terceiros.[11]

7. OS CONTRATOS FUTUROS, DE OPÇÕES E OUTROS DERIVATIVOS

7.1 Definição

Define-se como derivativo[12] o ativo financeiro, cuja existência e valor dependem de um outro ativo financeiro subjacente. Derivativos, em regra, não são negociados em Bolsa, salvo as de mercadorias e futuros, mas no mercado de balcão, ou, conforme a lição de John Hull, podem ser "(...) incorporados à emissão de ações ou títulos para torná-los mais atrativos aos investidores (...)."[13]

Dentre estes, prossegue, alguns "(...) são semelhantes aos contratos futuros e de opções negociados em bolsa; outros são bem mais complexos (...)".[14]

---

das quantias investidas, no mesmo dia da entrada do pedido em juízo; III – sentença concessiva de concordata, no mesmo dia de sua ciência pela companhia; IV – informação sobre pedido ou confissão de falência, no mesmo dia de sua ciência pela companhia, ou do ingresso do pedido em juízo, conforme o caso; V – sentença declaratória de falência, com indicação do síndico da massa falida, no mesmo dia de sua ciência pela companhia; VI – outras informações solicitadas pela CVM, no prazo que esta assinalar." A Instrução CVM 143 de 18.04.1991 dispõe sobre a corretagem de debêntures e nota promissória de que trata a Instrução CVM 134/90, negociadas em Bolsa de Valores. (Publicada no dou 23.04.1991, p. 7.474). Ver Instruções CVM 155/1991, 183/92 e 195/1992); Decreto 57663/1966; Leis 6.385/1976 e 6.404/1976; e Resoluções do CMN 1.656/1989 e 1.723/1990.

11. Conf. Akira Chinen, *Comercial paper*, 2. ed., São Paulo, 1996, p. 57 e ss.
12. Por uma visão ampla dos derivativos desde sua origem v. Ernst Juerg Weber, A Short History of Derivative Security Markets, Disponível em: <http://ssrn.com/abstract=1141689>.
13. Conf. John Hull, *Introdução aos mercados futuros e de opções*, 2. ed., São Paulo, 1996, p.13.
14. Idem, aut. e not. e loc. cit.

Esta, *mutatis mutandis*, a visão de Rachel Sztajn que, do ponto de vista jurídico conceitua o derivativo como o contrato, cujo valor[15] "deriva, decorre, do valor de seu substrato que pode ser outro contrato ou ativo (posição financeira) sujeito a risco de flutuação de preço", embora, em outro ponto[16] inclua na definição também as declarações unilaterais, cujo valor dependa de "valores de outros bens ou variáveis, experimentados por força de outros bens ou variáveis por força de posição em outros negócios jurídicos ditos subjacentes".

Sob este ângulo, todo o elenco antecedente, consubstanciado nos incisos II a V do art. 2.º da Lei 6.385/1976, são derivativos.

Para o que nos interessa, imediatamente, no elenco dos negócios bilaterais, arrola os contratos a termo,[17] os contratos futuros, as opções, e as permutas ou *swaps*.

---

15. Aut. cit., *Futuros e swaps*, São Paulo, 1999, p. 15 e 16.
16. Aut. e op. cit., p. 149.
17. Conf. <http://www.igf.com.br>. O "contrato a termo é um dos derivativos mais simples. Ele, basicamente, representa um acordo para a compra ou venda de certa quantidade de um ativo em um momento determinado no futuro a um preço fixado quando do fechamento do acordo. O contrato a termo pode ser negociado mediante um contrato particular, não necessitando de uma Bolsa de futuros. Outra característica tradicional do contrato a termo é que as diferenças de preço são ajustadas no vencimento e não diariamente, como no caso dos contratos futuros. Porém, várias destas características foram alteradas, como no mercado a termo da Bovespa, por exemplo, de forma que a descrição abaixo se refere aos contratos em seu formato original, sem possíveis alterações realizadas em mercados específicos. *Posição comprada e posição vendida* A parte que se propõe a comprar o ativo no futuro a um preço determinado assume uma posição comprada, enquanto a outra parte passa, por outro lado, a assumir uma posição vendida. O preço determinado, por sua vez, é chamado preço de entrega, ou *delivery price*, em inglês. No momento do fechamento do contrato, o preço a termo equivale ao preço de entrega, de forma que o valor do contrato é zero. No entanto, este valor varia ao longo do tempo, já que, embora o preço de entrega seja fixo, o preço a termo varia de acordo com as condições de mercado, abrindo um diferencial de preços (...)". (...). "*Características básicas* Quatro características são básicas de um contrato a termo. Em primeiro lugar, como mencionado anteriormente, ele pode ser negociado mediante um contrato particular, não necessitando de Bolsa para transação. Além disso, o contrato não precisa ser padronizado. Além disso, a data de entrega é fixada no contrato, enquanto por fim, as diferenças de preço são ajustas na data de vencimento. Porém, nem todos os mercados a termo funcionam com estas características, misturando, muitas vezes, algumas características que se referem aos mercados futuros."

A redação da norma do inciso VII do artigo em questão (art. 2.º da 6.385/1976) não menciona o contrato a termo razão pela qual este fica para um momento posterior, mantendo-se, por coerência, o critério legal adotado na redação deste capítulo.

7.2 Os contratos futuros

Marcos Paulo de Almeida Salles[18] visualiza o contrato futuro como originado do contrato de escambo para entrega futura, dotado, todavia de características peculiares ao modo da execução diferida. Em seu cerne, situa a transferência ou limitação do risco decorrente da variação no preço atribuindo-lhes como praça de negociação e execução as Bolsas, com preferência para aquelas de futuros embora admita possam ser desenvolvidos e utilizados naquelas de valores.

Todavia na sua gênese mais imediata, invoca o contrato de compra e venda a termo.[19] Na realidade o contrato futuro nada mais é do que uma compra e venda para execução em data futura, previamente determinada, diferindo dois negócios a termo porque, celebrados em bolsa de futuros, contempla-se mecanismo de saída antecipada seja da posição comprada quanto da vendida.

Esta afirmação tão singela, todavia, esconde uma realidade complexa representada pelas práticas de negociação, ajustes diários, margens, a existência das câmaras de compensação, a despersonalização e a regulação específica destes contratos.

Estes são contratos atípicos,[20] regulamentados,[21] padronizados (uniformes),[22] integrados (no sentido que comportam a inserção automática de

---

18. Aut. e op. cit., p. 54-55.
19. Idem, p. 57.
20. Cf. Rachel Sztajn, op. cit., p. 166, define estes contratos, como operações socialmente tipificadas, o que não equivale a dizer que a lei lhes tenha definido o tipo legal, como fez com os contratos tradicionais.
21. V. entre outras, para acompanhar a evolução, Instrução Normativa CVM 14/1980; 18/1981; 21/82; 23/1982; 24/1982; 25/1982; 36/1983; 44/1985; 77/1988; 120/1990; 139/1991; 154/1991; 180/1992; 183/1992; 214/1994; 221/1994; 262/1997; 271/1998 e 283/1998 (a qual revogou as anteriores).
22. V. Marcos Paulo de Almeida Sales, op. cit., p. 72, reportando-se à Felix Schouchana (*Mercado futuros e de opções agropecuárias*, nos termos seguintes: "O contrato futuro deve ser bem desenhado, porque nesse mercado, todos devem estar cientes das cláusulas do contrato que se deseja negociar no pregão. O contrato padroniza todo o restante, ou seja, a mercadoria ou ativo, a cotação, a unidade de negociação, os meses de vencimento, o ponto de

cláusulas, decorrentes da regulação existente), de adesão (no sentido de que as partes se submetem às condições gerais predispostas pela Bolsa de que decorrem a padronização), nos quais se obrigam a entregar ou receber um determinado ativo (coisa fungível do ponto de vista jurídico), numa data futura por um preço prefixado, São contratos celebrados com a intenção de minimizar, ou pelo menos salvaguardar as partes dos riscos decorrentes da flutuação de preços do bem subjacente. O objeto do contrato é, portanto, a transferência de risco de variação de preço de qualquer ativo.

Na modalidade as partes não estão relacionadas entre si, diretamente, mas sim a uma câmara de compensação (*clearing house*), à qual incumbe a liquidação dos negócios pactuados mediante um sistema de compensação, o que vale dizer que a circulação das posições contratuais é escritural.

Estas negociações são possíveis em razão do sistema de garantias que as Bolsas de futuros impõem de forma a minimizar as hipóteses de inadimplemento. A par da garantia o sistema prevê que cada variação do preço seja ajustada mediante o pagamento/recebimento da margem (diferença entre o preço pactuado e o praticado no dia) com o que diariamente, se ajustam a garantia inicial para as posições compradas ou vendidas. Os ajustes diários de ganhos ou perdas são creditados ou debitados aos titulares de posições contratuais.

7.3 O contrato de opções

A opção pode ser definida, em princípio como um negócio jurídico bilateral (e, portanto, contrato) que dá direito à aquisição de um determinado produto financeiro (valor mobiliário ou *commodity* conforme a opção seja negociada na Bolsa de Valores ou naquela de Futuros), por um preço pré-estabelecido, dentro de um certo prazo ou de uma data pré-fixada. Note-se, todavia, não ser esta a opinião da totalidade da doutrina, como demonstra originalmente a posição de Rachel Sztajn, a ser analisada em seqüência.

O objeto da opção pode ser uma eventual e futura compra ou venda ou uma permuta (*swaption*).

É negócio diferido (para conclusão futura) que consubstancia uma promessa irrevogável do beneficiário ou tomador (comprador ou vendedor), encerrando uma declaração unilateral de vontade que implica no dever de adquirir ou vender nos termos propostos. Por tal razão é vinculativa e irrevogável para quem se comprometeu a vender ou a adquirir.

---

formação de preço e entrega, as condições de liquidação física e financeira, os ativos aceitos como a margem de garantias e os custos operacionais da Bolsa (...)".

Consideram-se duas as espécies de opções:

a) *De compra* – (*call option*) quando o titular do direito pode, se quiser, adquirir o bem ou o instrumento financeiro subjacente, durante o prazo acordado (opção americana) ou na data acordada opção européia, pelo preço pré-fixado (preço do exercício), sem que o lançador possa se furtar da manifestação do titular da opção. O exercício da opção implica no pagamento de um preço (*call price*).

O exercício da opção dependerá da cotação do ativo financeiro subjacente no mercado. Se for superior ao *call price* o adquirente pagará ao vendedor a soma estabelecida e por meio da venda do bem subjacente no mercado poderá realizar um ganho.

Neste caso, como a diferença entre a cotação do ativo financeiro subjacente e o preço do exercício da opção mais o prêmio pago anteriormente é positivo diz-se que a opção de compra (*call option*) está *in the money* (é vantajosa). Quando, todavia, a cotação deste ativo é inferior ao preço do exercício diz-se *out of the money* porque não interessa exercer a opção e suportar a perda. Sob este aspecto a opção européia apresenta desvantagens sobre aquela norte-americana já que, independente da antevisão das oscilações do mercado, somente poderá ser exercida na data aprazada.

b) *De venda* (*put option*) – quando o titular do direito pode de vender o bem ou o instrumento financeiro subjacente, durante o prazo ou na data aprazada pelo preço prefixado.

Neste caso o exercício da faculdade somente será conveniente quando a cotação do ativo subjacente for inferior ao preço do exercício menos o prêmio pago. As opções podem, ainda, ser qualificadas conforme o instrumento financeiro subjacente (ações, debêntures etc.). Problema que se coloca neste ponto é o da qualificação jurídica deste instrumento financeiro.

Rachel Sztajn, em alentado e fundamentado estudo,[23] esgota o tema, atribuindo às opções, como já mencionado, a natureza de declaração unilateral de vontade que confere a uma das partes o direito postestativo de interferir na esfera jurídica do outro sujeito, mediante simples declaração, "sujeita a parte que oferece a opção aos riscos econômicos do negócio, sem qualquer contrapartida obrigacional, econômica ou de sujeição do outro interessado".

A sugestão é rica, fascinante e corajosa posto contrariar a maioria das concepções que, até o momento, as qualificam como contrato.

---

23. Aut. cit. Sobre a natureza Jurídica das opções negociadas em Bolsas, *RDM* 105, p. 53-69, principalmente p. 68-69.

Assim, por exemplo, Banfi[24] que, sumariamente, indica não só a opção, como qualquer outro instrumento financeiro derivado, como "o contrato a termo que tem por objeto a compra e venda de um ativo financeiro subjacente (...)".

Com este teor, esclarece, o valor do instrumento derivado tem um grau de autonomia limitado, eis que ligado à evolução do preço do ativo financeiro subjacente e a sua possibilidade de ser negociado imediatamente no mercado secundário.

Em virtude das suas características e da estreita ligação com o ativo subjacente, prossegue, o emprego destes instrumentos tem como objetivo primário uma estratégia de cobertura das oscilações dos preços dos ativos subjacentes, permitindo aos operadores protegerem-se (total ou parcialmente) dos riscos típicos de natureza financeira.

Destarte, com esta visão, configura a opção um contrato específico, cuja causa, mais do que a transferência da propriedade como ocorre na compra é venda, reside na prevenção ou minimização do risco. Com esta configuração, até que se pode vislumbrar na modalidade um contrato com um objeto próprio, que não se confunde com aquele resultante do exercício da opção.

7.4 Outros derivativos[25]

7.4.1 Índices representativos de ações

O artigo em análise não menciona índices. Mal, porém, não faz lançar mão da permissão consubstanciada na expressão "outros derivativos" e incluir também aqui os índices representativos de carteiras de ações, taxas de juros e câmbio.

Este valor mobiliário foi criado pelo Dec.-lei 2.286, de 23 de julho de 1986. A modalidade representa o valor atual, em moeda corrente nacional, de uma carteira teórica de ações, e a variação que venha a experimentar. A configuração desta carteira toma por base a evolução das negociações à vista de ações com maior liquidez negociadas no pregão da Bolsa de Valores.

---

24. Aut. e op. cit., p. 195.
25. Nelson Eizirik, op. cit. por último, a p.76 esclarece não ser jurídica a noção de derivativo, cuidando-se de termo traduzido literalmente do Inglês (derivative) e de uso corrente na prática negocial. Como descreve, "Os derivativos são, genericamente, instrumentos financeiros cujo valor é derivado, resultante de outros instrumentos ou ativos financeiros, como a taxa de juros, índice de um mercado, contrato de opções etc.".

7.4.2 A operação de SWAP[26]

A palavra SWAP significa troca, permuta (do verbo *to swap*), indicando uma operação de troca de posições compradas ou vendidas, com o fito de eliminar ou limitar os riscos decorrentes das flutuações dos fatores de remuneração das operações negociadas. Podem ter por objeto ativos financeiros diversos e, inclusive, *commodities*. O núcleo da operação reside na troca de posições em decorrência do que as partes assumem a obrigação recíproca de realizar, numa data futura, a troca de ativos financeiros de natureza diversa, protegendo-se, destarte, das eventuais flutuações que podem afetar as obrigações vencidas. Isto do ponto de vista financeiro.

Mas, do ponto de vista jurídico, no *SWAP* o que se faz é uma permuta dos efeitos de uma dada posição jurídica entre duas partes. Por exemplo, alguém tem receita cuja remuneração é variável e dívidas cuja remuneração é taxa fixa e outra pessoa está na posição inversa.

Estes sujeitos trocam, entre si, os resultados das respectivas posições de sorte que quem recebe variável paga variável e vice-versa, compensando-se os valores desta forma.

Na maioria dos casos não há a entrega efetiva dos passivos/ativos negociados, liquidando-se o contrato pela diferença que resulta após a compensação de valores. Estes contratos estão incluídos entre os derivativos ou *derivative security*, como bem esclarece Rachel Sztajn, a qual o define como um contrato atípico, diferencial, que tem "como substrato um outro contrato, ativo ou posição financeira sujeita a risco de flutuação de preço, que precisa ser enfrentado, para que se possa acrescentar algum benefício aos contraentes (...)".

A enumeração dos diversos derivativos existentes e aptos a serem incluídos no rol do art. 2.º, VIII, seria infindável, escapando ao objetivo do presente cuja finalidade é prover breve visão do mercado de valores mobiliários em função da sociedade anônima, esta sim núcleo do trabalho. Razão pela qual, alertando que os derivativos não se resumem aos aqui analisados, prosseguimos com a nossa sociedade anônima.

---

26. Aut. e op. cit., p. 149, 153 e 215.

VIII

A Constituição da Companhia. Companhia Aberta e Contrato de Underwriting

1. REQUISITOS PRELIMINARES

1.1 Subscrição do capital social

A Lei 6.404/1976, alterando orientação anterior, reduziu o número mínimo de pessoas exigido para a constituição de uma sociedade anônima de 7 (sete) para 2 (dois), o que parece adequado à tendência generalizada da admissibilidade das sociedades unipessoais; situação, aliás, que teve lugar, também no direito alienígena, no qual a redução no número de sócios necessários à constituição de uma S/A foi comum. É digno de nota que o direito alemão, que se recusava a admitir a constituição de uma sociedade anônima com menos do que 05 acionistas, a partir de 02.08.1994, com a aprovação da *kleine Aktiengesellschaft* passou a admitir a possibilidade de constituição de uma S/A com uma ou mais pessoas.[1] Note-se que isto é verdadeiro também para o direito italiano (art. 2.328 do Código Civil) e francês (na forma de sociedade anônima simplificada, conf. o art. L.227-1 do Código de Comércio).

Tanto pessoas naturais como jurídicas (de direito público ou privado) podem subscrever as ações da sociedade a ser constituída. E, em se tratando de pessoas jurídicas, a possibilidade estende-se tanto àquelas sociedades classificadas como de pessoas, como àquelas ditas de capital. A restrição existente

---

1. Até então somente se admitia a constituição da sociedade anônima unipessoal na forma derivada. Vale dizer, se a sociedade fosse reduzida a um sócio. Atualmente, após a reforma levada a termo, é admissível a *Einmanngründung*, vale dizer, a fundação por uma única pessoa. Note-se que a grande reforma, posterior, levada a cabo em 1998, manteve a orientação. Confira-se o teor da norma do § 2.º da atual *Aktiengesetz*: *"An der Feststellung der Gesellschaftsvertrag (Der Satzung) müssen sich eine oder mehere Personen beteiligten, welche die Aktien gegen Einlagen übernehmen.."* (conf. Uwe Hüffer, *Aktiengesetz*, 4. ed. 1999, Beck'sche Kurz Kommentare).

diz respeito, somente, ao exercício de cargos administrativos, posto possa vedar-se que a administração seja exercida por uma pessoa jurídica.

Destarte, nada obsta possa a companhia fechada ser constituída, unicamente, por pessoas jurídicas, eis que, em virtude da estrutura corporativa, e como não está obrigada a ter conselho de administração, o administrador pode ser terceiro não acionista, no que se conhece como hétero-organização da administração. Já com relação às companhias abertas a possibilidade sequer em tese tem lugar dada a obrigatoriedade da existência do Conselho de Administração, integrado, obrigatoriamente, por no mínimo três acionistas pessoas naturais.

O importante é que todas as ações em que se divide o capital social, fixado no estatuto, sejam subscritas (art. 80, I, da Lei 6.404/1976) e que no mínimo 10% (dez por cento) sejam integralizados, o que vale tanto para as companhias fechadas quanto para as abertas.

No que respeita à integralização, a qual pode tanto ser em dinheiro quanto em bens (art. 7.º da Lei 6.404/1976), esta, salvo o percentual correspondente aos 10% do capital declarado no estatuto, pode ser realizada em momento posterior. A integralização (a realização do aporte financeiro) destes 10%, a par de ser feita no ato de subscrição, deve ser sempre em dinheiro (art. 80 da Lei 6.404/1976).

O aporte inicial efetivado deve ser depositado no prazo e na forma assinalados no art. 81 da Lei 6.404/1976, em banco autorizado ao seu recebimento. Caso a sociedade não se constitua dentro do prazo de 6 (seis) meses a contar deste depósito, estas quantias serão devolvidas diretamente aos subscritores (parágrafo único).

1.2 O ato de subscrição

Discute-se, doutrinariamente, qual a natureza jurídica do ato de subscrição.

Para Mauro Delphin de Moraes,[2] o ato de subscrição (o boletim ou a lista) não torna o signatário subscritor acionista. Destarte, ter-se-ia aí consubstanciado um acordo de vontades, irretratável e irrevogável, submetido a condição suspensiva, a saber, a futura constituição da sociedade.

Todavia não concordamos integralmente com a tese, eis que o que se visa é a constituição da sociedade e não a efetivação da integralização nas condições estabelecidas na lista ou no boletim de subscrição. Tanto assim é que o acionista remisso tem tratamento na lei (art. 107 da Lei 6.404/1976), a qual autoriza sua execução para cobrar a prestação prometida.

---

2. Aut. cit. Boletim de subscrição, *RDM* 45, RT, mar. 1982, p. 89-93 a p. 93.

A CONSTITUIÇÃO DA COMPANHIA 151

No nosso modo de ver a subscrição é acordo bilateral que consubstancia duas promessas unilaterais irrevogáveis, mas sujeitas à condição de que a constituição venha a ocorrer. Para o subscritor, a de integralizar as ações na forma prometida; para os promotores a de constituir a companhia conforme anunciado.

Tanto assim é que se a companhia não se constitui, dentro do prazo de 6 meses a contar da data do depósito do percentual inicial (art. 81, parágrafo único, da Lei 6.404/1976), os idealizadores da sociedade devem devolver as entradas recebidas, às quais, ocorrendo dolo podem ser acrescidas de perdas e danos em ação contra os idealizadores do empreendimento. Se constituída, o subscritor pode ser acionado pelo saldo ou incidir na pena de remissão, transmudando-se o boletim em título executivo extrajudicial (art. 107, I, da Lei 6.404/1976).

Na doutrina italiana[3] discute-se a natureza consensual ou real deste "acordo de vontades" (conforme a tese de Mauro Delphin de Moraes) como ato isolado do contrato de sociedade.

Para uma parte, em posição dominante, cuida-se de um contrato consensual que estabelece, a cargo do subscritor, a obrigação de efetuar a integralização prometida, contra a efetiva constituição da sociedade. Mas, para outros, a obrigatoriedade de perfazer, no ato de subscrição, a integralização de um determinado percentual em dinheiro (no direito brasileiro – 10%), e isto sob pena de nulidade da constituição, atribui a este contrato caráter real. O argumento aqui é o de que este aporte é um elemento da estrutura do contrato de subscrição.

A afirmação é refutada pelos mentores da tese consensualista, sob o argumento de que esta exigência somente teria por finalidade garantir o interesse dos credores sociais e dos terceiros, à efetividade do capital social e à seriedade e irrevogabilidade da subscrição. Por outro lado, como sustentam, a obrigação imposta pelo legislador diz respeito apenas uma fração da coisa devida, não se considerando real um contrato que se satisfaz com apenas uma parcela da prestação acordada. Ademais disto, prosseguem, quando da fase constitutiva, a possibilidade de nulidade da constituição pela ausência de integralização, poderia ser sanada com a execução.

Já uma terceira posição afirma serem insustentáveis ambas as teses. A crítica feita àqueles que afirmam a natureza real do contrato esteia-se em que somente poder-se-ia admitir a natureza real quando a integralização fosse feita mediante aporte em bens *in natura*, não quando isto ocorresse mediante cessão

---

3. Consulte-se, por todos, a Luigi Farenga, "Sulla natura giuridica della sottoscrizione del capitale sociale", *Rivista delle Società*, Milano, ano 43, 1998, mar.-jun. fascículo 2-3, p. 462-472.

de créditos ou em dinheiro. Quando muito, conforme este entendimento, admitir-se-ia que o contrato de subscrição variasse conforme a natureza do aporte (em dinheiro ou em bens).

É inegável a improcedência da crítica. Embora refute a natureza real do contrato de subscrição, posto parece ter esquecido que coisas fungíveis também são qualificadas como bens.

Por outro lado, ainda na linha da crítica, prosseguem os detratores das teses consensualistas que: para se falar em contrato consensual, e, desta forma da execução da prestação prometida, deveria existir uma contraparte que tivesse o direito de exigir tal prestação, conforme a característica dicotômica – direito v. obrigação –, própria destes contratos.

Mas, *in casu*, inexistiria qualquer contraparte a quem tal direito pudesse ser imputado.

Não o seria à sociedade, visto que esta é ainda inexistente; tampouco os sócios fundadores, posto não terem direitos perante os outros. Embora no caso de subscrição pública, possam os promotores agir contra os acionistas morosos, tal ação não criaria um direito subjetivo para os promotores, mas, tão somente, teria em vista obter o bom êxito da operação.

Com este modo de ver, sob o perfil negocial, a subscrição nada mais representaria do que o ato de adesão ao contrato social, não podendo ser separado, nas sociedades de capitais, da manifestação de vontade, dirigida à constituição da sociedade. Destarte, a subscrição não constituiria um contrato autônomo, mas sim um dos elementos do contrato de sociedade. E é esta última tese, a que nos sensibiliza.

O ato de subscrição, tendo em vista a relação sócio frente à sociedade, nada mais é do que ato de aperfeiçoamento do contrato a acatar-se, como núcleo do tipo societário, a conjugação de bens e esforços para a realização de uma finalidade comum. Já a integralização é ato de execução, de cumprimento da promessa feita.

1.3 Constituição simultânea ou instantânea e constituição sucessiva

Estes requisitos e mais aqueles que a lei menciona em seqüência nas normas dos arts. 94-99 da Lei Acionária, comentados a seguir, são comuns às companhias abertas e fechadas. A partir, daqui, todavia, impõe-se distinguir dois procedimentos de constituição das companhias, a saber, mediante subscrição particular e mediante assembléia. É que, enquanto a companhia fechada pode tanto ser constituída mediante deliberação dos subscritores, reunidos em assembléia, ou por escritura pública, perfazendo-se tudo, praticamente, em um momento (constituição simultânea ou instantânea), a constituição da companhia aberta procede por etapas e a assembléia geral de constituição é de rigor.

Por questão metodológica, tendo em vista a maior amplitude da constituição da companhia aberta, suficiente para abarcar aquela da fechada, quando à escolha e pela forma assemblear, vale a pena iniciar o seu estudo por esta.

2. A CRIAÇÃO DA COMPANHIA ABERTA

2.1 O registro da companhia e da emissão

A companhia aberta tanto pode surgir por constituição original (a sociedade já nasce como companhia aberta, mediante a busca de seus recursos financeiros no mercado), como derivada (a sociedade, originalmente companhia fechada, "abre" seu capital posteriormente recorrendo ao mercado). Em ambos os casos o registro da companhia[4] e aquele da emissão dos títulos[5] que serão negociados em mercado é impositivo. Com este teor a norma do § 1.º, do artigo 4.º Lei 6.404/1976 é clara ao estatuir que: "Somente os valores mobiliários de emissão de companhia registrada na Comissão de Valores Mobiliários podem ser negociados no mercado de valores mobiliários"[6] e a concessão deste registro pode estar sujeita a determinadas exigências da CVM, tal como aquela de um capital mínimo, de um valor mínimo de emissão ou que se divulguem maiores informações que esta autarquia considerar por bem, como necessárias para proteger o interesse do investidor (arts. 19, § 6.º e 21, § 1.º, ambos da Lei 6.385/1976).

---

4. V. Instrução CVM 202 de 6 de dezembro de 1993, alterada pelas Instruções 238/1995; 245/1996; 274/1998; 309/1999; 344/2000; 351/2001; 358/2002; 373/2002; 461/2007.
5. V. Instrução CVM 400/2003, alterada, pela Instrução 429/2006; 442/2006 e 472/2008, art. 2.º: "Toda oferta pública de distribuição de valores mobiliários nos mercados primário e secundário, no território brasileiro, dirigida a pessoas naturais, jurídicas, fundo ou universalidade de direitos, residentes, domiciliados ou constituídos no Brasil, deverá ser submetida previamente a registro na Comissão de Valores Mobiliários – CVM, nos termos desta Instrução. § 1.º Somente poderão ser negociados em bolsa de valores ou mercado de balcão: I – valores mobiliários distribuídos publicamente através de oferta primária ou secundária registrada na CVM; ou II – valores mobiliários que não tenham sido subscritos publicamente, desde que valores mobiliários do mesmo tipo, classe, espécie e série já estejam admitidos à negociação em bolsa de valores ou mercado de balcão. § 2.º Podem, ainda, ser negociados em bolsa de valores ou mercado de balcão valores mobiliários que não se enquadrem nas hipóteses do § 1.º, desde que sejam previamente submetidos a registro de negociação ou a sua dispensa, nos termos do art. 21, I e II, da Lei 6.385/1976, mediante apresentação de prospecto nos termos desta Instrução."
6. Idem, Instrução CVM 2002/1993 e conseqüentes alterações.

Mas não só a companhia deve ser registrada. Igual exigência impõe-se para os valores por ela emitidos, como completa o disposto no § 2.º da mesma norma legal, exigindo-se diferentes registros conforme os títulos sejam negociados em Bolsa ou no mercado de balcão, organizado ou não (arts. 19 e 21 da Lei 6.385/1976), esclarecendo esta lei que o registro para a negociação em Bolsa autoriza a negociação no mercado de balcão embora o inverso não seja verdadeiro (art. 21, §§ 2.º e 3.º da Lei 6.385/1976).

A par disto, a norma do § 5.º, deste mesmo art. 21, faculta às Bolsas, em respeito ao perfil corporativo que lhes é peculiar (auto-regulação) estabelecer regras para que os valores mobiliários sejam admitidos à negociação em seu recinto. A finalidade do registro é garantir informações mais amplas sobre a companhia cujos valores sejam admitidos à negociação pública, divulgando-se as que julgar necessárias para a proteção dos investidores. Note-se que a oferta destes títulos ao mercado exige sempre a intervenção de uma instituição financeira a tanto autorizada (art. 16 e 19 *caput* da Lei 6.385/1976).

2.2 Emissão e distribuição

A doutrina, assim Nelson Eizirik,[7] critica a imprecisão legal consubstanciada na norma do art. 19 da Lei 6.385/1976, demonstrando que uma coisa é a emissão e outra a colocação dos títulos no mercado, ressaltando que ambos devem ser levados em consideração para poder qualificar a emissão como pública. Quando a oferta é feita a pessoa determinada, por exemplo, descaracterizar-se-ia o aspecto público, ainda quando a oferta tenha sido realizada com a utilização de listas ou boletins ou mediante os serviços de uma instituição do mercado. No caso a emissão é privada. Do mesmo modo, do seu ponto de vista, as emissões colocadas junto a um número limitado de investidores institucionais, instituições financeiras ou sociedades de capital de risco, devem ser consideradas como privadas.

A crítica tem razão de ser eis que o disposto nas normas dos § 1.º e 3.º do art. 19 da Lei 6.385/1976 não é suficiente para distinguir um e outro ato. A emissão (criação dos valores mobiliários) é uma coisa; outra sua distribuição[8] no mercado. A rigor, a emissão em si mesma, não é pública, pois o que

---

7. Aut. cit. Caracterização jurídica da emissão pública de valores mobiliários, *RDM*, 83, p. 83 e ss.
8. Cf. os critérios estabelecidos no art. 3.º da Instrução CVM 400/2003, versão consolidada: "Art. 3.º São atos de distribuição pública a venda, promessa de venda, oferta à venda ou subscrição, assim como a aceitação de pedido de venda ou subscrição de valores mobiliários, de que conste qualquer um dos seguintes elementos: I – a utilização de listas ou boletins de venda ou subscrição, folhetos, prospectos ou anúncios, destinados ao público, por qualquer meio ou forma; II – a procura, no todo ou em parte,

permitirá qualificá-la como tal será a sua distribuição perante o mercado, enquanto qualificada com oferta feita a pessoa indeterminada. Trata-se de discussão similar à que envolve a emissão (criação) de títulos de crédito, e sua posterior circulação. São dois momentos distintos.

Quanto à distribuição, esta, segundo o mesmo critério utilizado para classificar os mercados, pode ser *primária* ou *secundária*.

A *primária* pressupõe a criação de novos títulos sendo os recursos obtidos destinados às companhias emissoras, o que vale, também, para a constituição derivada, quando os novos valores, v. g. resultam da abertura do capital da companhia. Vale dizer, quando a companhia fechada aumenta o seu capital, oferecendo-o à subscrição pública.

Já a *secundária* somente tem lugar na constituição derivada. Neste caso os valores já foram emitidos, mas ainda não estão em circulação no mercado. Cuida-se de ações que permaneceram em mãos de intermediários, controladores, ou acionistas fundadores.

A *distribuição secundária apresenta duas características básicas*:

1.ª) Não há a destinação dos recursos para a companhia emissora, como forma de integralizar o capital;

---

de subscritores ou adquirentes indeterminados para os valores mobiliários, mesmo que realizada através de comunicações padronizadas endereçadas a destinatários individualmente identificados, por meio de empregados, representantes, agentes ou quaisquer pessoas naturais ou jurídicas, integrantes ou não do sistema de distribuição de valores mobiliários, ou, ainda, se em desconformidade com o previsto nesta Instrução, a consulta sobre a viabilidade da oferta ou a coleta de intenções de investimento junto a subscritores ou adquirentes indeterminados; III – a negociação feita em loja, escritório ou estabelecimento aberto ao público destinada, no todo ou em parte, a subscritores ou adquirentes indeterminados; ou IV – a utilização de publicidade, oral ou escrita, cartas, anúncios, avisos, especialmente através de meios de comunicação de massa ou eletrônicos (páginas ou documentos na rede mundial ou outras redes abertas de computadores e correio eletrônico), entendendo-se como tal qualquer forma de comunicação dirigida ao público em geral com o fim de promover, diretamente ou através de terceiros que atuem por conta do ofertante ou da emissora, a subscrição ou alienação de valores mobiliários. § 1.º Para efeito desta Instrução, considera-se como público em geral uma classe, categoria ou grupo de pessoas, ainda que individualizadas nesta qualidade, ressalvados aqueles que tenham prévia relação comercial, creditícia, societária ou trabalhista, estreita e habitual, com a emissora. § 2.º A distribuição pública de valores mobiliários só poderá ser efetuada com intermediação das instituições integrantes do sistema de distribuição de valores mobiliários ("Instituições Intermediárias"), ressalvada a hipótese de dispensa específica deste requisito, concedida nos termos do art. 4.º".

2.ª) Os valores mobiliários existentes (emitidos) não estão em negociação no mercado. Isto é, cuida-se de um bloco que permaneceu, até então, em mãos de intermediários, acionistas ou investidores.

O fato de os papéis já terem sido emitidos, todavia, não afasta a necessidade do registro (art. 19, § 2.º da Lei 6.385/1976 c.c. art. 2.º da Instrução CVM 400/2003, salvo a exceção disposta no § 1.º, inciso II desta norma), nem a necessária intervenção de instituição financeira em que pese se estabeleça procedimento diferenciado, simplificando o registro. A necessidade do registro tem sua justificativa no fato de que a colocação de quantidade significativa de valores mobiliários no mercado afeta as condições normais de formação do preço tendo em vista o volume ofertado, o que pode alterar as condições do mercado (v. antiga Nota Explicativa 88/1988). Tendo em vista esta realidade, depreende-se que a operação, para ser autorizada, deve envolver quantidades expressivas de valores mobiliários, assegurando o acesso do público investidor com a finalidade de obter maior dispersão acionária. Estas condições são cumulativas.

In casu, alguns documentos, necessariamente, acompanham o pedido de registro, como veremos a seguir. Assim, o prospecto somente será obrigatório na hipótese de distribuição de debêntures, concomitantemente ao registro da companhia; no leilão de direitos de preferência à subscrição e nas distribuições realizadas no mercado de Balcão. Todavia, mesmo nestes casos, a apresentação deste instrumento pode ser dispensada, mediante exposição justificada do líder da distribuição.

Os prazos para a análise e concessão do registro, anteriormente menores do que aqueles determinados para a distribuição primária (15 dias, conf. art. 17 da revogada Instrução 88/1988), agora são idênticos (20 dias, conf. art. 8.º da Instrução CVM 400/2003) exigindo-se a atualização do registro da companhia. Todavia, quando o registro da companhia estiver atualizado, é possível a análise simplificada do pedido, desde que preenchidas as condições estabelecidas na norma do art. 6.º desta instrução.[9]

---

9. V. Instrução CVM 400/2003, art. 6.º: "A CVM poderá, ainda, deferir o registro de oferta pública de distribuição secundária de ações admitidas à negociação em bolsa de valores, caso o registro de companhia aberta da emissora das ações esteja atualizado, mediante análise simplificada dos documentos e das informações submetidas, desde que, cumulativamente, o pedido de registro de distribuição: I – contenha requerimento específico para a utilização do procedimento de análise simplificada; II – esteja instruído com: a) os documentos e informações previstos no Anexo II, exceto os constantes dos itens 4, 5, 7, 9 a 11; b) edital, nos termos do Anexo VIII; e c) declaração firmada pela bolsa de valores de aprovação dos termos do edital e de autorização para

De qualquer forma, o ofertante é responsável pelas informações prestadas aos intermediários da distribuição, o qual se torna co-responsável pela sua veracidade.

2.3 Procedimento da emissão

2.3.1 O registro da companhia

Já mencionamos que o registro da companhia é de rigor quer se cuide de constituição original, quer derivada. O mesmo diga-se com relação ao registro da emissão. Com relação ao Registro da Companhia o procedimento há de pautar-se pelo que dispõe a Instrução CVM 202/1993, quer a emissão se destine à Bolsa, quer ao mercado de balcão (organizado, ou não). O pedido de registro pode vir acompanhado do pedido de distribuição pública dos valores a serem emitidos, como expressamente facultado pela norma do art. 4.º desta instrução.

Esta última Instrução criou nova figura, a do diretor de relação com os investidores (art. 5.º), responsabilizando-o pelas informações prestadas. Esta era questão que se colocava antes do advento da Instrução, a saber, a responsabilidade dos administradores por informações inexatas. A atual redação da norma do art. 6.º da referida Instrução facilita a avaliação do comportamento dos administradores, por cuidar-se de responsabilidade *ex lege*. Nada, todavia, parece indicar tratar-se de responsabilidade objetiva. Se assim é, deverá ser demonstrada a culpa do administrador quando prestar informações defeituosas, imprecisas ou errôneas.

Permanece, porém, a indagação quando a informação disseminada advier de outro administrador. Cuidar-se-ia, então, de negligência ou de culpa *in vigilando*? A norma do art. 158, § 1.º da Lei 6.404/1976 parece sugerir, quando inclui a negligência dentre os indicativos da responsabilidade "(...) se negligenciar em descobri-los (...)" que é disso que se trata.

Indaga-se, outrossim, se esta responsabilidade poderia ser estendida ao intermediário financeiro, encarregado da distribuição (*underwriter*). A norma do art. 56, § 1.º, da Instrução CVM 400/2003, ordena ao líder da

---

a realização da oferta. § 1.º Admite-se a utilização do procedimento previsto no presente artigo para a distribuição primária de ações, quando se tratar de colocação de sobras, em volume superior a 5% da emissão e inferior a 1/3 das ações em circulação no mercado, considerando as novas ações ofertadas para o cálculo das ações em circulação, desde que os valores mobiliários já estejam admitidos à negociação em bolsa de valores; § 2.º Os prazos de análise simplificada, de cumprimento de exigências e de verificação do cumprimento destas relativos ao registro, são aqueles estabelecidos no art. 13, § 3.º, incisos I, II e III da presente Instrução".

distribuição desenvolver esforços para aferir a suficiência e a qualidade das informações obtidas. Estabelece, destarte, uma obrigação de meio. A assim ser, somente poderá ser responsabilizado uma vez demonstrada a sua culpa nesta apreciação.

2.3.2 Documentos que devem acompanhar o pedido de registro da companhia e procedimento

A norma do art. 7.º da Instrução CVM 202/1993 descreve quais documentos devem acompanhar o pedido de registro, que se restringirão àqueles arrolados no seu inciso III, quando se cuidar de companhias que já tenham registro para negociação no mercado de balcão e pretendam ter valores mobiliários de sua emissão admitidos à negociação na Bolsa de Valores ou no mercado de balcão organizado.

O exame prévio da CVM não se limita a uma análise formal. Ela pode condicionar o registro a modificações no estatuto ou no projeto de estatuto, (art. 82, § 2.º, da Lei 6.404/1976) e, inclusive, condicionar o registro a um capital mínimo e ou a um valor mínimo da emissão (art. 19, § 6.º, da Lei 6.385/1976). Note-se que a não apresentação dos documentos, descritos no art. 7.º da instrução leva à desconsideração do pedido de registro, frustrando todo o procedimento.

O pedido considerar-se-á automaticamente concedido se não for denegado dentro do prazo de 20 (vinte) dias a contar da sua apresentação, prazo este que poderá ser interrompido por uma única vez se a CVM solicitar à companhia informações ou documentos adicionais, o que deve ser atendido dentro do prazo de 40 (quarenta) dias a contar do recebimento da correspondência que os solicita (v. art. 9.º, § 1.º), o qual poderá ser prorrogado por mais vinte dias, mediante pedido fundamentado dos interessados. Apresentados todos os documentos, passa a correr novo prazo de 10 (dez) dias contados do atendimento das exigências formuladas, o qual será automaticamente concedido se a CVM não se manifestar neste prazo. Colateralmente, a CVM, mediante requerimento fundamentado, assinado pelo líder da distribuição e pelo ofertante, poderá suspender a análise do pedido por prazo de 60 (sessenta) dias, após o que os prazos voltarão a correr integralmente, como se um novo pedido de registro fosse apresentado (art. 10).

2.3.3 O registro da emissão

Mas não só a companhia deve se fazer registrar. A necessidade de registro atinge a própria emissão. Cuidando-se de emissão primária, em que os valores mobiliários se destinam a ser colocados no mercado, quer decorra de abertura posterior (constituição derivada da companhia aberta), quer da sua criação, os requisitos para a obtenção do registro são aqueles exarados na

Instrução CVM 400/2003. Quando se trata de distribuição de papéis já emitidos, valem os comentários formulados acima sobre emissões secundárias. O procedimento do registro da emissão é, *mutatis mutandis*, aquele descrito na instrução 202/93 a que fizemos menção.

Note-se, todavia, o disposto no art. 16, I, da Instrução CVM 400/2003, a qual exclui, quando a emissão resulte de aumento de capital, a possibilidade de recusar o registro por inviabilidade, temeridade do empreendimento ou inidoneidade dos fundadores (art. 82, § 2.º, da Lei 6.404/1976), eis que circunscreve a possibilidade à constituição da companhia. A norma, por sinal, repete o disposto naquela do artigo 170, § 6.º, da mesma lei.

2.3.4 Atos e contratos ligados à subscrição

Considerando-se a exigência legal, consubstanciada na norma do art. 19, § 4.º, da Lei 6.385/1976, e, destarte, a presença obrigatória do intermediário financeiro, o primeiro passo é a contratação deste intermediário (contrato de intermediação ou *underwriting*), quando se cuida de companhia aberta.

Este (*underwriter*) é sempre um intermediário financeiro autorizado que subscreve os valores mobiliários de uma companhia emissora para revendê-los ao público, circunstância em que atua como *dealer*, ou participa do processo de distribuição destes valores, prestando serviços à companhia, quando então atua como *broker* (art. 15, I da Lei 6.385/1976). A colocação dos papéis no mercado, portanto, é sempre realizada por meio de instituição autorizada, corretora de valores,[10] banco de investimento, ou banco comercial autorizado,

---

10. Sociedades corretoras são instituições financeiras que intermedeiam as operações realizadas nas Bolsas de Valores e naquelas de Mercadorias e Futuros. Com relação às Bolsas de Valores a sua atuação é exclusiva (art. 5.º, I da Lei 4.728/1965), comprando, vendendo e distribuindo títulos e valores mobiliários por conta de terceiros. Somente elas estão autorizadas a operar no recinto mantido pelas Bolsas de Valores. Além da intermediação nas operações com valores mobiliários, atuam também com títulos da dívida pública (mercado aberto), câmbio, administração de carteiras e de fundos de investimentos. Dela devem-se distinguir as DTVMs, isto é, as Distribuidoras de Títulos e Valores que são instituições financeiras com a finalidade de colocar títulos e valores mobiliários no mercado primário é secundário, isto, porém, quando se cuide trate de títulos negociados em Bolsa, sempre por intermédio de uma corretora. Estas sociedades operam, ainda, no mercado aberto e na administração de carteiras, fundos e clubes de investimentos. Não podem, todavia, operar com o câmbio. Tanto as corretoras de valores, como as DTVMs, necessitam da autorização prévia do BACEN para funcionar (V. arts. 3, 11 e 12 da Lei 4.728/1965). Não se confundam estas pessoas com os agentes autônomos de investimento que são pessoas (naturais ou

quer como agentes da companhia emissora, quer por conta própria (art. 15, I, da Lei 6.385/1976). De qualquer forma, a competência para dizer quais são as instituições financeiras e quais atividades podem realizar no mercado de valores mobiliários é, conforme a nova redação trazida ao § 1.º do art. 15 da Lei 6.385/1976, pelo Dec. 3.995/2001 da CVM (anteriormente, do CMN).

Embora na primeira situação o contrato apresente-se como o de uma cessão de ações, sempre envolve uma prestação de serviços, eis que a função do *underwriter* não se limita a servir de mediador entre a companhia emissora e o público, mas envolve a obrigação de assessorá-la em todas as etapas do procedimento de colocação dos papéis e, principalmente, na tarefa de obter o registro junto à CVM.

Por tal razão este contrato é, basicamente, um contrato de prestação de serviços que pode, conforme a modalidade, envolver tanto uma obrigação de meio (dever de prudência ou de diligência), quanto uma obrigação de resultado (obrigação de dar),[11] o qual pode ser qualificado bilateral, não solene, comutativo, de trato sucessivo, irrevogável e irretratável, salvo na hipótese de negativa do registro pela CVM ou em virtude de caso fortuito ou força maior.

Com este teor o *underwriter* deve, ademais de elaborar o estudo da viabilidade econômica de determinada emissão, assessorar no desenvolvimento da sua futura colocação no mercado em todas as suas etapas, incumbindo-lhe:

a) a elaboração do prospecto de venda e de outros elementos publicitários;

b) a assessoria, quando se cuidar de constituição original, na redação do projeto de estatuto;

c) a obtenção do registro junto à CVM;

d) a convocação e realização da assembléia geral ou do conselho de administração (conforme determinado no estatuto) para aprovar a emissão, quando se cuidar de emissão secundária; ou prover à realização da assembléia geral

---

jurídicas) credenciadas por Bancos de Investimento, Sociedades de Crédito, Financiamento e Investimento, Sociedades de Crédito Imobiliário, Corretoras e Distribuidoras para, *por ordem e conta* das credenciadoras colocar ou vender títulos e valores mobiliários registrados na CVM ou de emissão ou co-obrigação de Instituição Financeira; colocação de quotas de Fundos de Investimento e outras atividades expressamente autorizadas pelo BACEN e pela CVM (V. Res. CMN 2.838, datada de 30 de maio de 2001 e Instrução Normativa CVM 355/2001. O exercício desta atividade deve sempre ser autorizado pela CVM).

11. Conf. Nelson Eizirik, Aspectos jurídicos do "underwriting", *RDM* 66, p. 19-28, p. 23-24.

destinada a deliberar quanto à constituição da companhia, uma vez subscrito todo o capital social ademais daquela de constituição que se lhe segue.

Já quanto à colocação destes valores mobiliários, o *underwriter* pode:

a) comprar os valores mobiliários da Cia. emissora para revendê-los ao público, assumindo os riscos da operação (contrato de *underwriting firme ou com garantia de subscrição total*, ou *straight*);

b) participar do processo de distribuição, prestando serviços à Cia., isto é, atua como agente da companhia emissora (contrato de *underwriting de melhores esforços, de colocação ou sem garantia de subscrição* ou *best efforts*);

c) intermediar o processo de distribuição, comprometendo-se a subscrever as sobras (*com garantia de sobras* ou *stand by*).

2.3.5 Cláusulas mínimas obrigatórias no contrato de underwriting

Na lição de Eizirik,[12] em atenção ao disposto, anteriormente, na Instrução CVM 13/1980, Anexo IV (e agora, no Anexo VI da Instrução CVM 400/2003) determinadas cláusulas são de inclusão obrigatória:

Destarte, cuidando-se de constituição original de companhia aberta o contrato será celebrado com os fundadores ou promotores. Já na constituição derivada o contrato deve mencionar a assembléia geral extraordinária ou a reunião do conselho de administração que autorizou a emissão dos valores mobiliários a serem publicamente ofertados e indicar o diretor de relações com os investidores que será o responsável pelas informações prestadas à CVM e ao público.[13]

Quanto aos valores mobiliários, deve ser especificado o montante total a ser colocado no mercado, com descrição detalhada da forma, valor nominal, preço de lançamento, condições de integralização, vantagens e restrições das ações (direito de voto etc.);

Deve-se, ainda, mencionar qual a modalidade: melhores esforços, garantia firme ou residual. No caso de garantia firme deve-se determinar qual

---

12. Eizirik, Aspectos jurídicos... cit., p. 24-25.
13. Cf. Instrução Normativa CVM 2002/1993: "Art. 5.º Para a companhia ser registrada na CVM, o estatuto social ou o Conselho de Administração deve atribuir a um diretor a função de relações com investidores, que poderá ou não ser exercida cumulativamente a outras atribuições executivas. Art. 6.º O diretor de relações com investidores é responsável pela prestação de informações ao público investidor, à CVM e, caso a companhia tenha registro em bolsa de valores ou mercado de balcão organizado, a essas entidades, bem como manter atualizado o registro de companhia (arts. 13, 16 e 17)".

o montante assumido, total ou parcial, e o *quantum* coberto pela cláusula de melhores esforços.

Ademais disto, deverá estar, igualmente, fixado o preço de revenda. Naquele de melhores esforços, deverá discriminar-se qual o prazo admitido para a distribuição, após o que o valor residual estabelecido deverá ser absorvido pelo *underwriter*.

Impõe-se, outrossim, esteja expresso, por escrito, que nenhuma outra remuneração além daquela acordada poderá ser contratada ou paga sem a prévia concordância da CVM.

Deve, igualmente, esclarecer se será, ou não, criado fundo de manutenção de liquidez, juntado, em caso afirmativo, o contrato correspondente. O fundo de liquidez, atualmente pouco utilizado no entender desse estudioso[14] é estabelecido pelos contratantes, visando "consolidar" a imagem dos valores mobiliários emitidos no mercado secundário.

Por final, o contrato deve estabelecer qual o sistema de distribuição a ser acatado. A saber, *com garantia de acesso* a todos os investidores, quando se assegura a participação de todos, desde que efetuada a reserva necessária (se porventura as reservas excedem o montante dos títulos ofertados, procede-se ao rateio proporcional entre os interessados), ou *de procedimento diferenciado*, circunstâncias em que inexiste qualquer garantia de subscrição para os eventuais interessados.

2.3.6 A intermediação específica

Qualquer que seja a hipótese a instituição financeira deve estar legalmente autorizada para o exercício da atividade. Porém, não é qualquer instituição financeira que pode atuar como *underwriter*. A atividade é privativa daquelas integrantes do sistema de distribuição de valores mobiliários (arts. 15 e 19, § 4.º da Lei 6.385/1976), tais como bancos de investimentos, sociedades corretoras e sociedades distribuidoras. Cada uma delas pode distribuir a emissão por conta própria ou como agente da companhia (Res. CMN 1.120/1986 e regulamento anexo, art. 2.º). Podem, ademais, conforme o volume da emissão, organizar-se em consórcio, liderado por uma delas, principalmente, quando a colocação representar montante expressivo de valores mobiliários. Ocorrendo a hipótese, o consórcio regular-se-á pelo que está estabelecido nas normas dos artigos 278 e 279 da Lei 6.404/1976 (grupos de coordenação).

Neste caso o objetivo comum deverá estar previamente definido e, em regra, a duração está condicionada à sua realização. Note-se que o consórcio não tem personalidade jurídica e que inexiste solidariedade entre as

---

14. Idem, aut. op. e loc. cit.

A CONSTITUIÇÃO DA COMPANHIA   163

instituições consorciadas. Pode-se constituir, ademais, um *sub-underwriting*, circunstância em que, a critério da consorciada líder, ou das várias coordenadoras, outras instituições financeiras podem aderir aos termos do contrato estabelecido com a companhia emissora, obrigando-se pelos termos lá estipulados. A necessidade de celeridade justifica a informalidade do procedimento.

2.3.7 Documentos que devem acompanhar o pedido de registro

Quanto aos documentos que devem acompanhar o pedido, estes estão arrolados nas normas do anexo II da Instrução CVM 400/2003 que repete, ampliando-o, o disposto nas normas dos arts. 82 a 85 da lei acionária. O *prospecto*, cujos requisitos estão descritos na norma do art. 84 e seus incisos da Lei 6.404/1976, contém as bases negociais do contrato de subscrição entre fundadores, promotores e acionistas (conf. o teor da norma do art. 85, parágrafo único, da Lei 6.404/1976). É proposta de negócio que se perfaz com o *boletim ou lista de subscrição*, cuja natureza já discutimos atrás. Atente-se neste ponto para a redação da norma do art. 85 da Lei 6.404/1976 a ordenar o pagamento da entrada (correspondente no mínimo a 10% do montante subscrito), *em dinheiro*, no ato da adesão à subscrição.

O *projeto de estatuto* consubstancia o conjunto de normas que irão nortear a vida da futura companhia e a aprovação unânime desse documento é de rigor. Quando da assembléia de constituição, as cláusulas serão votadas, uma por uma, e basta uma manifestação contrária para que a cláusula seja derrubada (v. art. 87, § 2.º, da Lei 6.404/1976).

A feitura deste projeto deve obedecer a todos aqueles requisitos exigidos normalmente para a constituição de sociedades, mais os específicos estabelecidos na lei acionária. Note-se, contudo, que a liberdade na sua redação não é ampla, como ocorre naquelas sociedades chamadas contratuais, posto cuidar-se agora da regulação de interesses abstratos e não daqueles particulares dos acionistas. Impõe-se aqui maior atenção ao estabelecido na lei específica, mediante normas de natureza cogente, cuja incidência não pode ser afastada pelo poder dispositivo das partes. Esta menor flexibilidade torna-se mais visível em se tratando de companhias abertas, dado o interesse público, subjacente que lhe é peculiar.

O *estudo da viabilidade econômica e financeira do empreendimento*, elaborado pela companhia, o qual deverá ser apresentado quando presentes as condições descritas na norma do art. 32 da Instrução CVM 400/2003, Anexo III, n. 3.7, 2, deverá conter: "3.7.2.1 análise da demanda para as principais linhas de produto e/ou serviço da emissora, que represente uma percentagem substancial de seu volume global de receitas; 3.7.2.2 suprimento de matérias primas; e 3.7.2.3 retorno do investimento, expondo clara e objetivamente cada uma das premissas adotadas para a sua elaboração."

2.3.8 Obrigações (fundamentais) do underwriter

Além da colocação dos papéis emitidos ou de garantia de subscrição (conforme o caso), e do dever de assessorar a companhia nas diversas etapas do processo de distribuição, deve assegurar a plena e correta informação quanto à companhia em constituição ou quanto aos fatos relevantes ocorridos na vida da companhia já constituída, cujo acesso ao mercado se pretende. Entende-se por fato relevante todo aquele que possa influir na avaliação da decisão de comprar ou vender os papéis resultantes da emissão, ou na sua posterior negociação. A inobservância destes deveres dá lugar à responsabilidade civil do underwriter nos exatos termos do art. 186 do CC/2002.

3. A CONSTITUIÇÃO PROPRIAMENTE DITA

Uma vez subscrito todo o capital social (no caso de constituição) os fundadores convocam uma assembléia geral para deliberar sobre a constituição da futura companhia, tal como ordena o art. 86 e seu parágrafo único da lei acionária. O fundador (ou fundadores) é o idealizador do empreendimento. É quem resolveu criar a companhia convidando o público a aderir ao empreendimento.

Na companhia aberta é feita a distinção entre sócios fundadores e subscritores, o que inexiste na companhia fechada, eis que a lei considera todos os acionistas presentes à assembléia geral de constituição como fundadores (art. 88 da Lei 6.404/1976). E assim é porque na companhia fechada não há a oferta à subscrição pública. Todos os acionistas estão no mesmo pé de igualdade, o que não ocorre na companhia aberta. Aqui é necessário distinguir os promotores do investimento, de molde a que possam responder, perante os subscritores, por eventuais falhas na constituição (v. art. 92 da Lei 6.404/1976).

O fundador (ou fundadores) convocam uma primeira assembléia geral que tem duas ordens do dia:

1.ª) promover a avaliação dos bens ofertados (que se submete aos ditames dos arts. 8.º ao 10 da Lei 6.404/1976) para integralização das ações subscritas, eis que, ressalva feita àquele percentual de 10% (necessariamente em dinheiro) a integralização pode ser feita em bens que tenham efetiva utilidade para a companhia. Note-se que para o aporte em bens imóveis, não basta o registro da conferência do bem no Registro Público de Empresas mercantis e negócios afins. Embora seja desnecessária escritura pública a duplicação do registro perante aquele de imóveis e o de Empresas é impositiva;

2.ª) deliberar quanto à constituição da companhia.

Uma vez cumpridas estas etapas e deliberada a constituição, convoca-se uma segunda assembléia; a assembléia de constituição propriamente dita. Juridicamente são duas assembléias distintas, mas na prática nada impede sejam seqüenciais (uma após a outra) convocando-se ambas para o mesmo dia, para serem realizadas em seguida. Distinguem-se aqui dois *quoruns* o de convocação e o deliberativo. Por cuidar-se da constituição exige-se um *quorum* especial para a instalação em primeira convocação (50% no mínimo do capital social, não se distinguindo se as ações têm ou não direito de voto), em que pese a possibilidade de que possa instalar-se com qualquer número em segunda convocação.

Nesta assembléia é votado o projeto de estatuto, o qual, como mencionado, deve ser aprovado por unanimidade (*quorum* deliberativo). É este um dos raros momentos na vida da S/A em que se exige a unanimidade (o outro diz respeito à transformação, na situação descrita no art. 220, *caput* da lei acionária), lembrando que o projeto deve ser votado cláusula por cláusula.

Uma vez aprovado o projeto de estatuto, vota-se a constituição da companhia. Inexistindo oposição de mais da metade do capital social, a companhia é declarada constituída, procedendo-se então à eleição dos primeiros administradores, tanto diretores quanto membros do conselho de administração (cuja existência é obrigatória nas companhias abertas) e dos membros do conselho fiscal (órgão cujo funcionamento permanente é também obrigatório na companhia aberta).

A partir daí seguem-se as formalidades complementares à constituição que dizem respeito ao registro dos atos no Registro Público de Comércio e atividades afins e sua publicidade, ao que voltaremos em seguida, eis que comuns às companhias abertas e fechadas.

4. A CONSTITUIÇÃO DA COMPANHIA FECHADA

A constituição da companhia fechada, por subscrição particular, ou constituição simultânea, pode ser realizada tanto por assembléia quanto por escritura publica (art. 88 da Lei 6.404/1976). Quando por assembléia o procedimento é o exarado acima, tal como descrito nas normas dos artigos 86 e 87 da Lei Acionária, ressalva feita ao registro da companhia e da emissão que somente é exigido no caso da colocação dos papéis emitidos junto ao público. Tampouco é necessária a intermediação da instituição financeira, dispensando-se, *in casu*, com exceção do projeto de estatuto e listas ou boletins de subscrição, os documentos que a lei arrola na norma do art. 82. Aqui, não se faz mais a distinção entre fundadores e subscritores, pois a lei considera fundadores a todos os subscritores.

Quando o procedimento é por escritura pública, a qual deverá conter os requisitos enunciados no art. 88, § 2.º, bastará a assinatura de todos os subscritores pessoalmente ou mediante procurador com poderes expressos para tanto. Qualquer que seja a hipótese, porém, enquanto a companhia estiver em fase de constituição, todos os atos e publicações, a ela pertinentes, serão feitos sob a denominação da companhia, seguida da expressão "em organização".

5. Responsabilidade dos fundadores, das instituições financeiras intermediárias e dos primeiros administradores

Fundadores, como aventado acima, são os idealizadores do empreendimento e a responsabilidade decorrente de qualquer insucesso é extracontratual, eis que, como bem adverte Waldírio Bulgarelli,[15] inexiste qualquer vínculo contratual entre estes e os subscritores.

Mas, enquanto encarregados da prática dos atos necessários à constituição da sociedade, sobre eles recai o risco do insucesso, eis que a lei, expressamente, lhes atribui esta responsabilidade. Note-se que não estão sozinhos nesta posição, eis que se estende esta responsabilidade também à instituição financeira. Todavia a responsabilização é restrita ao âmbito de atuação de cada um e, enquanto existir desobediência aos preceitos legais no que diz respeito à constituição. Cuida-se aqui de responsabilidade objetiva, não se indagando do ânimo. Neste caso inexiste solidariedade entre os fundadores e a instituição financeira, eis que cada um estará atuando no âmbito das próprias atribuições. Violado o preceito legal, impõe-se a reparação.

Já, com relação aos atos anteriores à constituição, a situação é diferente e a demonstração do ânimo subjetivo (dolo ou culpa) é de rigor e os fundadores serão responsabilizados de modo solidário.

Ensina Fran Martins[16] que a solidariedade decorre do fato dos fundadores estarem investidos de poderes para a constituição da sociedade, ademais daqueles necessários à realização de atos e operações a seu favor, devendo praticar tais atos de comum acordo.

Assim sendo, o consenso é comum, levando à responsabilidade solidária de todos ainda quando a culpa ou o dolo seja exclusivo de um deles. Com a constituição da sociedade desaparece a figura do fundador e a responsabilidade, a partir daí, passa para os primeiros administradores, adrede eleitos na assembléia que declarou constituída a companhia. Uma vez entregues todos

---

15. Aut. e op. cit., p. 83.
16. Aut. cit., *Comentários à Lei das S/A,* vol. I, arts. 1.º a 105, São Paulo, 1977, p. 530.

os livros e documentos, tal como ordena a norma do art. 93 da Lei Acionária, cessa a função do fundador. Perceba-se que, em que pese não ter a companhia ainda adquirido personalidade jurídica, eis que esta somente advirá com o arquivamento e a publicação dos seus atos constitutivos, já incumbe a estes administradores representar a sociedade atuando em seu nome em tudo que se fizer necessário para ultimar a constituição.

Os primeiros administradores, portanto, não atuarão em nome próprio, mas naquele da sociedade, cuja constituição se pretende ultimar, podendo, inclusive, propor ações em seu nome contra os fundadores, pelos prejuízos causados ou, eventualmente, inclusive, para deles haver os livros e documentos referentes à companhia na hipótese em que neguem obediência ao estabelecido na norma do art. 93, retro mencionado.

Estas pessoas também têm atribuições próprias, incumbindo-lhes perfazer as formalidades complementares à constituição (art. 99 da Lei 6.404/1976) que são as indicadas nos arts. 94-98 da lei acionária. Se falham neste proceder respondem solidariamente pelos prejuízos causados, ainda que a falha seja atribuída a um deles. A lei não indaga se o comportamento foi danoso ou culposo, apenas mencionando a demora no cumprimento das formalidades complementares da constituição. Isto, porém, não equivale a dizer que não caibam aqui as normais excludentes da responsabilidade tais o estado de necessidade, o caso fortuito ou a força maior.

Ademais disto, embora, em princípio a companhia não responda pelos atos ou operações praticadas pelos primeiros administradores, a assembléia geral pode decidir o contrário, uma vez que lhe sejam proveitosos, ratificando-os. Assim ocorrendo será desta a responsabilidade perante terceiros, eventualmente prejudicados (art. 99, parágrafo único).

Ressalvam-se aqui, como adverte Fran Martins,[17] os atos praticados pelos administradores com culpa ou dolo, violação da lei ou do estatuto. Neste caso a responsabilidade é pessoal do administrador faltoso (art. 158 da Lei 6.404/1976), viciando o ato praticado, o que impede a sua convalidação pela assembléia geral.

6. Atos complementares à constituição

Estão eles descritos nos artigos 94-98 da Lei e a sua realização, como mencionado, é da responsabilidade dos primeiros administradores. A redação da norma do art. 94 é suficientemente clara ao estatuir a impossibilidade para a companhia de funcionar sem o arquivamento dos seus atos constitutivos

---

17. Aut. e op. cit., p. 554.

no Registro Público de Empresas Mercantis e Atividades afins e para tanto detalha, separadamente, o procedimento a ser adotado tanto para a companhia constituída por assembléia, quanto aquela por escritura pública (arts. 95 e 96).

Discutia-se, no direito anterior ao Código Civil de 2002, se o registro seria atributivo ou constitutivo da personalidade jurídica. A redação consubstanciada na norma do art. 985 do atual Código Civil, todavia, afasta quaisquer discussões. O Registro é, sem dúvida, agora, atributivo da personalidade jurídica.

Atente-se, ademais, que o exame levado a efeito pelos vogais da junta comercial, em princípio, deve se resumir a verificar a obediência aos preceitos legais e o respeito à ordem pública ou aos bons costumes, não lhes sendo facultado adentrar no mérito do empreendimento, privilégio que se reserva à CVM, como se depreende do disposto na norma do art. 82 da Lei 6.404/1976 à CVM.

Com relação ao Registro Público de Empresas Mercantis, o arquivamento dos atos referentes à constituição somente pode ser negado perante o descumprimento dos preceitos legais ou quando presente alguma irregularidade na constituição da companhia, situação em que deverá ser convocada a assembléia geral para sanar a falha e, inclusive, caso a falta refira-se ao estatuto, prover à sua reforma, o que é privativo da assembléia geral extraordinária. Uma vez sanada a falha, procede-se ao arquivamento dos atos constitutivos na forma preconizada no art. 97, § 2.º.

JURISPRUDÊNCIA

- *"Sociedade comercial. Anônima. Assembléia geral. Nulidade. Vícios nas deliberações. Constituição de nova forma pelos administradores dias antes da realização da reunião, com transferência de suas cotas, de modo a continuarem majoritários e fazerem da nova sociedade maior acionista entre os minoritários. Manobra que lhes possibilitou a aprovação das próprias contas e eleição de todos os membros do conselho fiscal. Inadmissibilidade. Simulação caracterizada com intenção de fraudar a lei e prejudicar terceiros. Anulação mantida. Aplicação dos arts. 134 § 1.º, e 161, § 4.º, a, da Lei 6.404/1976. Declaração de voto. O acionista minoritário de sociedade anônima conta com legítimo interesse de ordem jurídica na regularização dos atos societários, especialmente no campo do controle das atividades dos administradores da companhia. Daí sua legitimidade ad causam para pleitear a anulação de assembléia geral por vícios nas deliberações. A legitimidade passiva para referida ação é da própria sociedade, e não dos acionistas que dela participaram ou das pessoas que se beneficiaram com as decisões, pois a ela cabe a obrigação de promover a regularidade das deliberações assembleares. A constituição* de nova firma pelos administradores de sociedade anônima realizada às vésperas da instalação da assembléia geral, com transferência de suas cotas de modo a continuarem majoritários e fazerem da nova sociedade maior acionista entre os minoritários, representa verdadeira fraude à lei, na medida em que lhes possibilita a aprovação das próprias contas e eleição de todos os membros do conselho fiscal, em prejuízo do direito dos acionistas minoritários" (TJ/SP, 5.ª C., Ap. 85.120-1, rel. Des. Ralpho Waldo, j. 07.05.1987, *RT* 624/76).

IX
Estrutura das Sociedades Anônimas

1. AS ASSEMBLÉIAS GERAIS

1.1 A estrutura

A sociedade anônima, do ponto de vista da sua organização interna, está estruturada em órgãos diversos, cada um com competência própria específica.

Repete-se, destarte, no âmbito privado, a mesma estrutura orgânica que se encontra no Estado de Direito, distribuindo-se poderes ou competências originários e indelegáveis entre os diferentes órgãos da sociedade, a saber: assembléia geral, órgão deliberativo, administração que pode ser bipartida entre Conselho de Administração e Diretoria ou apenas diretoria, este órgão executivo, e o Conselho Fiscal, órgão fiscalizador e opinativo cujo funcionamento permanente não é obrigatório nas companhias fechadas.

1.2 As assembléias gerais

As assembléias gerais, definidas na linguagem da lei como a reunião dos acionistas, convocada e instalada na forma da lei e dos estatutos para deliberar sobre matéria de interesse social, são colegiados deliberantes e, em princípio, pelo menos na visão dos oitocentos, os órgãos supremos da sociedade anônima. Seriam os órgãos aos quais compete decidir, com exclusividade, quanto à condução dos negócios sociais.

A introdução do Conselho de Administração, todavia, e de certa forma, altera esta visão tendo em vista a transferência de razoável somatória de poderes para este órgão. Mas ao assunto voltaremos em tempo oportuno.

Em regra, portanto, as deliberações quanto ao destino da companhia são tomadas pela assembléia geral, a qual, democraticamente, se submete ao princípio majoritário. Somente, de forma excepcional é que se requer a unanimidade, como ocorre quando da aprovação dos estatutos no momento da constituição, na mudança de nacionalidade e na transformação da sociedade, salvo expressa previsão no estatuto de que isto poderá ser feito mediante deliberação da maioria.

O princípio majoritário tem por referência a maioria do capital e não a maioria dos sócios. Qual a razão da adoção do princípio majoritário? Evitar a imobilidade da sociedade. Isto, porém, não significa estar a minoria desprotegida, eis que, como contrapeso, lhe foi deferido o direito de recesso quando discordar da aprovação de certas e determinadas matérias previstas na Lei. Com isto demonstra-se que a maioria não pode tudo.

1.3 Assembléias gerais: ordinária e extraordinária

Duas são as espécies de assembléias gerais, a ordinária e a extraordinária, cada uma com competência específica, até porque o princípio da indelegabilidade de competências vigora, também, no funcionamento deste órgão (art. 139 da Lei 6.404/1976).

Destarte a lei acionária, após estabelecer o que é da competência das assembléias gerais na norma do seu art. 122, fixa, em artigos apartados (arts. 132 e 136) o que é da competência de cada uma das espécies de assembléia.

Como regra geral, reserva-se a assembléia geral ordinária para a deliberação de assuntos que dizem respeito ao funcionamento normal (ordinário) da sociedade, entre os quais a nomeação dos administradores, a aprovação das suas contas e o balanço do exercício. É da competência da extraordinária a aprovação daqueles atos que extravasam as decisões ordinárias, as do dia-a-dia da companhia. Note-se, todavia, que o elenco consubstanciado nos arts. 132 e 136 da Lei Acionária não é taxativo. A lei expressamente prevê outras situações, não abrangidas nestas normas[1] e, de qualquer forma, a competência da assembléia Geral extraordinária estende-se a todos os atos extravagantes que digam respeito à vida da companhia (conf. art. 131 da Lei 6.404/1976), assim como é competente para as matérias deferidas à assembléia ordinária quando esta não for convocada e instalada no prazo legal.

1.4 Convocação e instalação

As assembléias devem ser convocadas e instaladas na forma da lei. As normas do art. 123 e parágrafo único estabelecem, por ordem, a quem incumbe a convocação e aquela do art. 124 o modo pelo qual esta convocação deverá ser realizada. Já as dos artigos 125 e 135 estabelecem o *quorum* de instalação, que não se confunde com o de deliberação, respectivamente, das assembléias ordinárias e extraordinárias.

Estas formalidades são impositivas. O desrespeito às exigências legais leva à nulidade das assembléias irregularmente convocadas e instaladas, conforme o disposto na norma do art. 286 da Lei 6.404/1976. Note-se que

---

1. V. arts. 166, I e II (confrontar com o disposto no art. 170, § 2.º), 196, 197, 202 § 3.º, 206, I, *c*, 213, 215 e § 1.º, 221 e 225.

a norma abrange no mesmo elenco, sob a pena de anulabilidade, tanto as violações objetivas da lei, como é o caso do desatendimento às formalidades impostas para a convocação e instalação (art. 104, III, do CC/2002), como as hipóteses de vícios do consentimento. Cuidando-se, todavia, de violação objetiva de norma legal, a sanção deveria ser a nulidade, a qual, como se sabe não convalesce nunca.

Todavia, o vício na convocação pode ser sanado se comparecerem todos os acionistas (art. 124, § 4.º, da Lei 6.404/1976), dispensando-se tais formalidades, conforme o art. 294 desta Lei, quando se cuidar de companhia fechada com menos de 20 (vinte) acionistas e patrimônio líquido inferior a R$ 1.000.000,00 (um milhão de reais).

A orientação se justifica. Por um lado porque, se a finalidade do edital de convocação é dar notícia a todos os acionistas da realização da assembléia em data futura, constituiria formalismo irracional acoimar de inválida a assembléia, à qual comparecessem todos os acionistas, só pelo desrespeito à exigência legal que se tornaria meramente formal. Por outro lado, considerando o custo dos editais de convocação, a par da sua desnecessidade quando o número dos acionistas é inferior ao mínimo legal, a exigência pode ser afastada na companhia fechada de pequeno porte e com poucos acionistas.

1.5 Quorum *de instalação* e quorum *deliberativo*

Não se confundam os *quora* previstos nas normas dos artigos 125 e 135 com aqueles estabelecidos nas normas dos artigos 129 e 136, todos da lei acionária. Os primeiros estabelecem o capital mínimo que deve estar presente para que a assembléia possa ser validamente instalada; os segundos fixam o número de votos necessários para que a deliberação seja aprovada.

No caso da maioria prevista no artigo 129, fala-se em maioria simples; naquela do art. 136 em maioria qualificada; a diferença reside em que, na maioria simples, computa-se a maioria do capital presente na assembléia; naquela qualificada, o referencial é a parcela do capital social, exigida para a validade da deliberação (cinqüenta por cento do capital com direito a voto). Nesse caso específico, dependendo da maioria exigida (e recorde-se que objeto dessa assembléia são aquelas matérias extraordinárias, não as do dia-a-dia), a exigência de *quorum* mais elevado é uma forma de completamento do contrato porque dá à minoria a possibilidade de opor-se às propostas da maioria. O acordo a que cheguem, conforme adesão da minoria à pretensão da maioria, acordo esse possivelmente alterado, representa a repactação do contrato social.

O *quorum* pode ser alterado (para mais) nas companhias fechadas, criando-se a chamada "minoria de bloqueio", instrumento de defesa da minoria que pode, inclusive, redundar na unanimidade para a aprovação de determinadas matérias, como demonstram o § 1.º do art. 129 e o *caput* do art. 136 da Lei 6.404/1976.

O acionista pode votar pessoalmente, ou mediante procurador especialmente constituído, o qual, inclusive, pode ser pessoa jurídica (art. 126, § 1.º, da Lei 6.404/1976), desde que o mandato tenha sido conferido em prazo inferior a um ano. A vedação tem sua razão de ser dada a possibilidade da cessão simulada das ações, circunstâncias em que o procurador "eterno" seria, na realidade, o real acionista, atuando encoberto por outrem. Qual o dano? A possibilidade de evasão fiscal.

Note-se, outrossim, que os acionistas sem direito de voto não estão impedidos de comparecer e discutir as matérias submetidas à deliberação (art. 125 da Lei 6.404/1976), embora não tenham direito de voz.

1.6 O procedimento

Os administradores devem colocar à disposição dos acionistas os documentos pertinentes à gestão, avisando-os disto com um mês de antecedência, mediante anúncios publicados em jornais de grande circulação, na forma ordenada pelo artigo 124 da Lei Acionária (art. 133 da Lei 6.404/1976), aplicando-se aqui a mesma regra para suprir a ausência do edital de convocação. Vale dizer, a presença de todos os acionistas pode sanar a falta de publicação dos anúncios ou o desrespeito ao prazo estabelecido na lei, mas não a publicação dos documentos antes da realização da assembléia, os quais, se publicados um mês antes da data para a qual seja convocada, suprem a não publicação dos anúncios. Lógica cristalina, pois os documentos já estão à disposição de todos pela imprensa. A publicação do balanço patrimonial e demais demonstrações contábeis nesse prazo de 30 dias que antecede a realização da assembléia dispensa, como é óbvio, a publicação do aviso do art. 124.

Uma vez instalada a assembléia e lida a ordem do dia, no caso de assembléia ordinária, impõe-se a leitura dos documentos pertinentes à gestão e do parecer do conselho fiscal, se instalado, no que diz respeito à regularidade das contas da administração, antes que a matéria seja submetida à votação.

Contudo, como, em se tratando de sociedade anônima, o meio pelo qual o acionista exerce a fiscalização da administração, a par do Conselho fiscal, é via assembléia geral, impõe-se aos administradores que prestem todos os esclarecimentos solicitados pelos acionistas em assembléia.

Note-se que a aprovação, sem ressalvas, das demonstrações financeiras, no caso da assembléia geral ordinária, exonera os administradores, salvo as hipóteses de erro, dolo, fraude ou simulação, de responsabilidade pelos atos de gestão, não sendo demasia lembrar que, quando acionistas, os administradores estão impedidos de votar as próprias contas. Impede-se, com a proibição do exercício de voto, argüição de anulabilidade, dada a possibilidade de conflito de interesses (v. art. 115 da Lei 6.404/1976). A regra somente não se aplica quando os diretores forem os únicos acionistas da companhia.

Uma vez aprovadas as matérias constantes da ordem do dia, elabora-se ata da assembléia relatando os fatos, que, submetida aos presentes e por eles aprovada e assinada, (tanto da ordinária quanto da extraordinária) deve ser registrada no Registro Público de Empresas Mercantis e negócios afins e publicada em atenção ao princípio da publicidade que comanda toda a vida da companhia. A falta de registro ou da publicação, que pode ser feita de forma resumida, não invalida as deliberações mas pode dar causa a responsabilização de administradores.

2. As assembléias especiais

2.1 Justificativa

Três são as assembléias especiais: a dos *acionistas preferenciais*; a dos *debenturistas* e a dos titulares de *partes beneficiárias*. A existência da primeira justifica-se tendo em vista a diferente natureza dos direitos que lhes são atribuídos, diversos daqueles próprios das ações ordinárias; quanto às outras, debenturistas e titulares de parte beneficiárias, como credores da sociedade que são, representam um centro de interesses próprio que não se confunde com aquele dos acionistas. Razoável, portanto, que os direitos individuais de titulares de cada uma dessas espécies de valores mobiliários somente possa ser limitado ou suprimido mediante o consentimento dos próprios interessados, razão pela qual estão fora do alcance dos acionistas ordinários sem expressa manifestação dos atingidos por mudanças.

Examine-se, passo a passo, cada uma dessas assembléias.

2.2 A assembléia dos acionistas preferenciais

Ensina Ariberto Mignoli[2] que as ações preferenciais foram criadas pela prática, por exigências de ordem econômica várias, forçando o seu reconhecimento posterior pelo ordenamento jurídico.

Mas os direitos particulares conferidos aos acionistas preferenciais, como direitos individuais, particulares, não poderiam estar submetidos ao império da maioria nas assembléias gerais dos acionistas ordinários, impondo-se a manifestação, direta ou indireta, dos próprios interessados.

Por tal razão, as deliberações tomadas pela assembléia geral que implicassem alteração dos direitos conferidos aos preferencialistas não poderiam ser aprovadas sem a adesão unânime dos seus titulares.

---

2. Aut. cit. *Le assemblee speciali*, Giuffrè, Milano, 1960, p. 3-4.

Tal exigência condenava a sociedade a uma imobilidade prejudicial, o que levou o legislador a intervir, optando dentre duas opções extremas: uma, a de reafirmar o direito individual privilegiado do acionista impondo a necessidade do consentimento unânime de toda a categoria, eventualmente prejudicada pela deliberação; outra, a de submeter a matéria ao império da assembléia geral, o que equivaleria a suprimir os privilégios garantidos, gerando a desconfiança do investidor. A solução intermediária, apta a assegurar a tutela dos acionistas preferenciais sem tolher a liberdade da sociedade foi a criação das assembléias especiais de preferencialistas.

Esta solução, advinda de Goldschmidt, acatando sugestão de Becker, encontrou abrigo na Emenda, datada de 18 de julho de 1884 (§§ 180 e 215) da lei societária alemã e, em seqüência, no *Handelsgesetzbuch* de 1997 (§ 185), submetendo à aprovação dos acionistas preferenciais, mediante manifestação separada, toda deliberação advinda da assembléia geral que pudesse prejudicar a categoria, e daí para o *Aktiengesetz* de 30 de janeiro de 1937.

A solução também encontrou guarida no direito brasileiro e isto desde o Decreto 21.365 de 1932 (art. 8.º),[3] consolidando-se, na lei atual, em dois momentos: no art. 18, parágrafo único, e no § 1.º ao artigo 136, ambos da Lei Acionária de 1976.

Destarte, qualquer deliberação que vise restringir os direitos atribuídos aos acionistas preferenciais deverá ser aprovada pela categoria, que será especialmente convocada, em assembléia especial. É necessário mencionar que esta assembléia não tem funcionamento permanente, devendo ser especialmente convocada para a finalidade, nos mesmos moldes exigidos para as assembléias gerais.

2.3 A assembléia dos debenturistas

A lição é a de que a organização dos debenturistas surgiu na primeira metade do ano de 1.300 com a criação da *Casa di San Giorgio*, tornando-se conhecida também na França, em 1522, de molde a organizar os credores do *Hotel de Ville*.[4] A intenção era a de reforçar os direitos destes credores, dotados de interesse comum.

O conjunto dos debenturistas dá lugar a uma comunhão de interesses tendo em vista a "unicidade do débito debenturístico", cujo órgão principal e soberano, como preleciona Modesto de Barros Carvalhosa,[5] é a assembléia

---

3. V. Modesto de Barros Carvalhosa, op. cit., vol. 2, p. 724.
4. Ariberto Mignoli, op. cit., p. 4, nota 10.
5. Aut. e op. cit., vol.1., p. 692 e ss.

dos debenturistas com poderes para deliberar sobre qualquer matéria que diga respeito quer ao mútuo em que teve origem o crédito, quer sobre qualquer decisão que tenha por objetivo os direitos destes titulares.

É órgão soberano, com poderes próprios originais que não podem ser exercidos por qualquer outro (nem pelo agente fiduciário), criado por lei, com funções deliberativas e "(...) de verificação da legalidade e conformidade da conduta do agente fiduciário (...)".[6]

As deliberações são tomadas conforme o princípio majoritário, valendo cada debênture um voto e, como manifestação da vontade conjunta, representam a vontade comum que se sobrepõe àquela de cada debenturista individualmente considerado. Por tal razão nela não se tutelam interesses singulares, mas tão somente aquele coletivo expresso na comunhão.

A assembléia pode ser convocada, já que seu funcionamento não é permanente, tanto pelo agente fiduciário, pela companhia emissora, pela Comissão de Valores Mobiliários, como por qualquer debenturista que represente, pelo menos, 10% dos títulos colocados em circulação (art. 71, § 1.º da 6.404/1976); observado o *quorum* estabelecido na norma do art. 71, § 3.º, cumpre ao agente fiduciário prestar todos os esclarecimentos que se fizerem necessários (art. 71, § 4.º), aprovando-se as deliberações conforme o *quorum* estabelecido na escritura de emissão, nunca, todavia, inferior à metade dos títulos em circulação (art. 71, § 5.º). No mais, quanto à convocação e às formalidades complementares, aplicam-se a esta assembléia, no que couberem, as mesmas exigências exaradas para as assembléias gerais.

2.4 *A assembléia dos titulares de partes beneficiárias*

Repete-se aqui a mesma comunhão de interesses identificada perante os debenturistas e, também neste caso, a assembléia é o órgão soberano, com poderes para deliberar quanto à eficácia das decisões da assembléia geral que, por qualquer modo, atinjam os direitos dos titulares de partes beneficiárias.

Também aqui o funcionamento da assembléia não é permanente, porém sua convocação é privativa da companhia (art. 51, § 1.º), tal como preconizado nas normas dos artigos 123 e 124 da Lei Acionária. O *quorum* necessário é de, pelo menos, metade das partes beneficiárias em circulação, cabendo a cada uma um voto. No mais, aplica-se a esta assembléia a mesma disciplina estabelecida para a assembléia dos debenturistas, tal como preconizado nos arts. 66-71 da Lei, admitida, inclusive, a figura do agente fiduciário.

---

6. Idem, aut. e op. cit., p. 694.

3. A ADMINISTRAÇÃO

3.1 Teoria orgânica e representação

Na representação existe uma relação jurídica estabelecida entre duas pessoas, pela qual uma (o representante) tem o poder de realizar ato jurídico no interesse e no nome do outro (o representado), de tal forma que o representante obriga o representado. Isto, porém, desde que atue conforme as instruções recebidas do representado.

Note-se, todavia, que o representante, quando se manifesta, manifesta a própria vontade e não a vontade do representado. Tal não fosse e teríamos a figura do *núncio*, vale dizer, do mensageiro, do portador da vontade alheio.

Essência da representação é, destarte, a vontade de alguém de atuar por conta e em nome de outrem, o *dominus negocii,* que é quem se obriga.

Não é o que ocorre no órgão. Inexiste aqui a relação obrigacional entre duas pessoas. O agente que manifesta a vontade é parte integrante do *dominus negocii*, isto é de quem se obriga. No caso, a pessoa jurídica. O órgão, assim, é o meio pelo qual a sociedade realiza sua atividade jurídica. É elemento interno da sua sociedade, pertence à sua estrutura.

Por tal razão, quando o membro do órgão atua, é a própria pessoa jurídica quem o faz. Inexiste, como ocorre na representação, uma relação entre o órgão e a pessoa jurídica ou entre esta e seu membro. A representação decorre de um ato jurídico ou advém de determinação legal. O órgão resulta da própria constituição da sociedade, eis que elemento da sua estrutura. Assim sendo, no caso de sociedade anônima, é a própria pessoa jurídica que se manifesta por seu órgão e a administração, destarte, nada mais é do que um meio para a imputação da vontade da pessoa jurídica.

3.2 Os órgãos de administração

Na atual lei acionária, ao contrário do que ocorria na anterior, a administração está subdividida em dois órgãos: conselho de administração e diretoria, cada qual com atribuições específicas,

A diretoria é órgão executivo a quem incumbe (sempre) a representação da companhia. Age e obriga a companhia, embora, na lição de Carvalhosa, tenham os diretores, igualmente, poderes deliberativos.

Já o conselho de administração é órgão colegiado (vale dizer, as deliberações são tomadas por maioria de votos), como convém a todo o conselho, com poderes deliberativos, eis que exerce uma série de prerrogativas, anteriormente exclusivas das assembléias gerais. A sua existência é obrigatória tanto nas companhias abertas quanto nas sociedades anônimas de economia mista e nas companhias de capital autorizado, abertas ou fechadas.

Na primeira, segundo a lição de Modesto de Barros Carvalhosa, sua presença esteia-se na necessidade de conciliar os interesses dos acionistas controladores com aquele dos minoritários e o dos investidores. Na sociedade anônima de economia mista, permite a autonomia da administração afastando a confusão entre as funções de poder público e de empresário, assegurando, ademais, a participação dos minoritários, por seu representante, na gestão.[7]

Não parece ser esta, todavia, a razão que levou a sua criação no seu modelo original, tal como acatada na lei acionária alemã de 1937. Justifica-se a afirmação a seguir.

3.3 O Aufsichrat no modelo acionário alemão de 1937

A acatarem-se as fontes, o modelo dualista alemão, distinguindo a gestão da sociedade pela diretoria (*Vorstand*) e a sua supervisão pelo Conselho de Administração ou de fiscalização (*Aufsichtrat*), surgiu, por primeiro, na lei acionária de 1897 que teria sido influenciada pela lei acionária francesa de 24 de julho de 1867.[8] Se bem que o código comercial alemão de 1861 já facultasse sua criação ao permitir que os interessados escolhessem o modo de supervisão. Com esta orientação era possível exigir a criação de um conselho de administração ao lado da diretoria, embora sua presença fosse meramente facultativa.[9]

O modelo, todavia, sofre radical alteração na lei acionária alemã que se segue, após a primeira guerra mundial.

A lei acionária alemã, até a reforma de 1937, refletia o espírito liberal do modelo *oitocentista*. A assembléia geral era o órgão principal da sociedade, com competência para decidir todas as questões, exceto aquelas restritas, legalmente, à competência dos administradores. A conclusão dos negócios sociais e a nomeação dos administradores eram tarefas básicas da assembléia geral. A par disto, a liberdade de criação das normas estatutárias possibilitava influência decisiva por parte do conselho de administração. Essa influência manifestava-se não só quando da constituição, pois a competência para nomear os membros da administração poderia ser atribuída àqueles do conselho, como, ainda, no decorrer da vida societária, eis que a diretoria, em regra, estava subordinada ao conselho de administração e, dessa forma, rebaixada a mero órgão de execução.

---

7. Aut. e op. cit., vol. 3, p. 5.
8. Paul lê Cannu, *La société anonyme a directoire*, Paris, Librairie Generale de Droit et de Jurisprudence, 2. ed., 1979, p. 71.
9. Lucien Cellerier, *Étude sur les Sociétés Anonymes en France et dans les pays voisins*, Librairie Syrey, 1905, p. 321-322.

Os acionistas, porém, em que pesasse a maleabilidade do direito acionário, via estatuto, permaneciam, em consonância com o espírito liberal, os senhores do destino dos lucros gerados pela empresa e do poder de deliberar quanto à gestão da sociedade, eis que prestadores do capital utilizado.[10]

Esta estrutura, contudo, não se adequava devidamente à necessidade de concentração de poder que vai caracterizar o clima antecedente à segunda guerra mundial, o que leva à introdução, no direito acionário, de mudança radical.

A necessidade de grandes empreendimentos, aliada à complexidade dos novos métodos de produção, conduziram à exigência de maiores recursos financeiros. A solução foi a disseminação das participações societárias por um grande número de acionistas. Isto, porém, com a diminuição da influência do corpo acionário na condução dos negócios sociais. Ressalta-se, ainda, a dificuldade de instalar assembléias gerais quando a dispersão da base acionária é grande. E, algumas decisões, embora fora da rotina, devem ser tomadas com certa agilidade. O desmembramento dos colegiados – AG e CA – garante essa agilidade ao mesmo tempo em que permite o acompanhamento mais freqüente das ações dos diretores.

Com este novo modo de ver a organização de poder na companhia, a administração tornou-se, progressivamente, independente da assembléia geral e o poder de definir as estratégias administrativas deslocou-se deste órgão para aquele da administração.

Paralelamente, a queda da monarquia, convenientemente, desembocou na ênfase dos postulados sociais e Geiler, de modo coerente, introduziu no mundo jurídico a tese da *Unternehmen an sich*, limitando o interesse dos acionistas à maior ou menor lucratividade do capital.

Os interesses particulares, conforme a tese, foram relegados para um segundo plano, dando lugar enfaticamente ao interesse público.

Os acionistas foram, progressivamente, substituídos por debenturistas e com isso a empresa tornou-se, em si mesma, um modo de organização ou organismo social com a direção em outras mãos que não aquelas dos acionistas, de quem investira recursos no negócio.

A valorização do *corpus* como entidade em si mesma impôs a remodelação da estrutura administrativa da sociedade e, principalmente, uma nova concepção dos institutos nos quais se fundava. Com isto consolidou-se a natureza orgânica da estrutura administrativa da sociedade anônima afastando-se

---

10. Pela evolução do direito acionário neste período que antecede a segunda grande guerra consulte-se a Gotz Hueck, *Gesellschaftsrecht*, 18. ed., C.H. Beck, München, 1983, p. 167-170.

aquelas concepções presas à noção do mandato e da delegação, até então base dos poderes de decisão e de representação dos administradores.

O resultado foi a diluição do poder dos acionistas perante a autonomia, quase absoluta, da administração eis que, como dito, centro de imputação da vontade da pessoa jurídica.

A inserção do interesse público, daquele dos trabalhadores e outros coletivos, como fins a serem alcançados por meio da sociedade anônima, completaram a manobra concentracionista que redundou na lei acionária de 1937. Esmaecida desta forma a figura do acionista, incrementou-se aquela da direção independente da empresa pelos administradores aos quais incumbia a realização destes interesses de caráter coletivo, a par da inefável realização do bem comum.

A nomeação dos diretores, como convinha, era tarefa do Conselho de Administração cuja existência era obrigatória no modelo. Para a assembléia geral restou a função de deliberar somente nos casos estabelecidos na lei ou nos estatutos ou, ainda, quando consultada pela administração.

O princípio da autonomia privada foi abrandado e, em decorrência, a construção do estatuto, tornou-se menos livre e objeto de maior regulação legal.

Esta situação perdurou até a derrota do *Reich* na segunda guerra mundial. Em seqüência, o retorno aos princípios democráticos impôs a reforma do direito acionário, a qual se tornou efetiva na lei alemã de 6 de setembro de 1965.

Na base desta reforma está a necessidade de reerguer a economia e, destarte, a busca de novas fontes de capitais, o que impôs a revalorização da sociedade anônima como fonte alternativa, atraente, de investimentos e, para isto, a revalorização da propriedade privada. O clima, porém, era bem outro que aquele liberal, antecedente à primeira guerra mundial.

Os movimentos populares do início do século estão na base da social democracia, impondo o desenvolvimento social a par daquele econômico.

Com isto, embora o relevo à garantia da propriedade privada e a revalorização dos acionistas, como proprietários econômicos da empresa, o interesse coletivo e aquele da classe dos trabalhadores foram acatados com uma nova feição na lei promulgada.

O resultado foi, por um lado, tendo em vista a urgência de grande volume de capitais a "re-socialização" da sociedade com a diluição das ações por um grande público. Por outro, permitiu-se a participação dos trabalhadores na gestão da atividade, inserindo-se o interesse social, em sentido amplo, dentre os objetivos da companhia, como um interesse em si mesmo.

A forma para atingir a poupança privada em todos os níveis foi obtida pela emissão de um grande número de ações com valor mínimo. Mas esta mesma busca de recursos financeiros traduziu-se numa maior tutela dos credores sociais e dos acionistas minoritários. Para os primeiros impôs-se a obrigação de formar reservas; para os segundos foram ampliadas, por exemplo, entre outras medidas: 1.º) restaurou-se o poder de deliberar da assembléia geral, rejeitando-se quaisquer ingerências estranhas nas deliberações tomadas; 2.º) assegurou-se o direito de informação dos acionistas, via assembléia geral ou conselho fiscal; 3.º) tornou-se mais abrangente a publicidade dos atos societários.

3.4 O modelo dualista de administração no direito brasileiro

A Lei 6.404/1976, inovando a orientação anterior, como mencionado, terminou por acatar o modelo europeu. Todavia, contrariamente ao que ocorre com o modelo alemão, dele, Conselho de Administração, somente podem participar acionistas. Este inconveniente que dificultava a participação dos trabalhadores no conselho, visto obrigar a atribuição de ações ao empregado escolhido, foi afastado pela Lei 10.303/2001, a qual, acrescentando o parágrafo único ao art. 140, facultou a possibilidade do estatuto prever a participação de um representante dos empregados, escolhido por seus pares. No mais a lei facultou a possibilidade de se exigir *quorum* qualificado para a aprovação de determinadas matérias, com o que se torna possível tutelar a minoria no interior do conselho.

Note-se, outrossim, que todos os administradores devem ser pessoas naturais, afastando-se, destarte, a possibilidade de que uma sociedade anônima constituída somente por pessoas jurídicas possa ter conselho de administração. Já os diretores, conforme o perfil das sociedades de capitais, podem ser acionistas, ou não. Para a composição do conselho exige-se um mínimo de três conselheiros. Para a diretoria este mínimo foi reduzido a dois.

Todavia, enquanto a presença do conselho de administração é facultativa nas companhias fechadas, a diretoria é sempre obrigatória, qualquer que seja a subespécie acionária.

A competência para a eleição dos membros do conselho pertence à assembléia geral ordinária. Já, quanto à diretoria, a nomeação de seus membros incumbirá à assembléia geral ou ao conselho de administração, conforme dispuser o Estatuto.

A mesma idéia de indelegabilidade de poderes vigora no interior dos órgãos de administração (v. art. 138 da lei acionária), reservando-se a representação para a diretoria.

Tanto conselheiros quanto diretores estão submetidos a um elenco comum de deveres (arts. 153-157 da Lei 6.404/1976), impedimentos (arts. 145, 156, da Lei 6.404/1976) e critérios para o exercício das funções (arts. 148-152 da Lei 6.404/1976). O que se aplica a um, aplica-se a outro.

Adverte-se, todavia, que a responsabilidade dos conselheiros é solidária, como convém a um órgão de deliberação colegiado, (art. 158, I e II), salvo quando manifesta sua rejeição ao ato na forma descrita no disposto no § 1.º deste mesmo artigo. Se assim não faz tem lugar a solidariedade ali prevista na norma do seu § 2.º.

Quanto aos diretores, a responsabilidade é pessoal, salvo conluio ou negligência, circunstâncias em que estará submetido, igualmente, ao disposto na norma do art. 158, § 2.º da Lei 6.404/1976, eis que tal comportamento, ou o omitir-se em obstar a prática abusiva, dá lugar à infração do próprio dever de vigilância e lealdade que cada administrador tem perante a companhia individualmente. Atente-se que o dever de lealdade insculpido na norma do art. 155 da Lei Acionária é perante a companhia (*Treupflicht*), o que assinala uma grande diferença perante as sociedades de pessoas, contratuais ou com autonomia patrimonial relativa, nas quais, a relação entre administradores e sócios funda-se no mandato, impondo-se este dever em relação aos demais sócios, como decorre da *affectio societatis*.

Vale aqui o alerta de Carvalhosa[11] quando esclarece que a norma somente se aplica aos administradores estatutários, assim entendidos aqueles eleitos pela Assembléia Geral ou pelo Conselho de Administração, não se estendendo aos executivos contratados ou aos procuradores da companhia. Isto é, ressalva feita à hipótese de conluio dentre estas pessoas e os administradores.

Note-se que os limites estabelecidos aos poderes de administração constituem os fundamentos da lavratura da ata em que são nomeados. Mas estas limitações, já que *interna corporis,* não podem ser opostas aos terceiros que negociam com a companhia. Perante estes responderá a companhia, facultado, posteriormente, ação regressiva contra o administrador faltoso. E para tanto, a lei deferiu à companhia uma ação específica na norma do seu artigo 159 – a de responsabilidade contra administrador.

3.5 A ação de responsabilidade contra administradores

A ação é privativa da companhia (*ut universitas*), devendo ser exercida em seu nome. Como o interesse tutelado é aquele da companhia, a propositura da ação exige a manifestação da assembléia geral.

Mas, tem-se aqui um problema, eis que a competência para convocar a assembléia geral, *ex vi* do disposto na norma do art. 123, pertence, em primeiro lugar, aos administradores. Destarte, ressalva feita a que os administradores faltosos pertençam a uma gestão anterior, dificilmente esta convocação terá lugar. Daí ser relevante o fato da lei autorizar que a matéria possa ser aprovada em assembléia geral ordinária, independente do fato de não ter sido prevista na ordem do dia.

---

11. Aut. e op. cit., vol. 3, p. 304.

Todavia, considerando que, em regra, a assembléia geral ordinária é anual (ressalva feita com relação às instituições financeiras, quando devem ser semestrais), permite a lei seja a deliberação objeto de assembléia geral extraordinária, desde que expressamente previsto na ordem do dia.

Por tal razão, é de utilidade o disposto na alínea c, facultando aos acionistas titulares de 5% das ações com direito a voto a convocação da assembléia destinada a aprovar tal deliberação. Isto desde que o pedido se apresente devidamente fundamentado e com indicação das matérias a serem tratadas.

Uma vez instalada a assembléia geral extraordinária, tem-se duas posições. Na primeira, caso a assembléia decida ingressar com a ação, os administradores faltosos são declarados impedidos e no mesmo ato nomeiam-se os novos administradores. Ocorrendo a hipótese, em princípio, os novos administradores (diretores), que têm poderes de representação, estão autorizados a ingressar com a ação em nome da sociedade. Caso assim não ocorra, dentro de três meses a contar da deliberação, qualquer acionista pode ingressar com a ação *em nome da sociedade* e na qualidade de *substituto processual*.

Outra será a situação se a assembléia deliberar não ingressar com a ação de responsabilidade. Neste caso a solução está prevista na norma do § 4.º deste artigo 159, facultando aos titulares de mais de 5% das ações com direito de voto a propositura da ação, na mesma qualidade de substituto processual.

É necessário não esquecer que os resultados da ação deferem-se à companhia, pois é seu o interesse em jogo. O acionista ou os acionistas, porventura autores do procedimento, têm o direito de serem indenizados na forma aduzida no § 5.º do referido artigo 159.

3.6 Deveres e impedimentos – A prática do insider trading

3.6.1 A expressão e seu significado

De modo simples a expressão significa o uso de informação interna, ainda não divulgada, para obter vantagens. Ou melhor: a utilização em proveito próprio ou alheio de informações relevantes[12] sobre uma companhia, por parte de uma pessoa ou de pessoas que, em virtude do exercício profissional estão "inteiradas" ("por dentro") dos seus negócios, com o fito de transacionar com suas ações antes que tais informações cheguem ao mercado.[13]

---

12. Ver, sobre a definição de "fato relevante" o disposto na norma do art. 2.º da Instrução CVM no 358 de 3 de janeiro de 2002.
13. Confira-se a definição proposta por Nelson Eizirik, *Insider Trading* e Responsabilidade de administrador de companhia aberta, *RDM* 50, p. 42-56, Nova Série, ano XXII, São Paulo, 1983.

A idéia central *in casu* é o aproveitamento de informações reservadas relevantes, assim entendidas aquelas que podem influir sobre o comportamento do mercado com relação aos valores mobiliários emitidos por uma determinada companhia.

No pano de fundo, fundamentos da proibição são a tutela da eficiência valorativa do mercado; o respeito ao princípio da transparência (*full disclosure*), e aquele da moralidade que veda a formação de canais privilegiados.

E assim é porque o mercado somente é eficiente quando o preço do valor mobiliário reflete, imediatamente, todas as informações sobre a sociedade emitente cujos títulos são nele negociados. A cotação da ação, por exemplo, deve refletir com clareza a situação financeira e as perspectivas de rentabilidade da sociedade emitente.

Por outro lado, não se pode falar em confiabilidade do mercado, sem o que não se tem desenvolvimento do mercado acionário, se não se garante aos investidores igualdade de condições no que diz respeito ao acesso a tais informações.

Se os lucros derivados da compra e venda de determinados papeis decorrem de informações particulares, somente veiculadas a este ou àquele, ninguém mais investe. Se o sistema comporta informações privilegiadas, sua estruturação é falha.

A prática envolve a violação de duplo dever:

1.º) o de comunicar ampla e imediatamente ao mercado quaisquer fatos que possam influir no andamento dos negócios da companhia e na decisão de comprar ou vender valores mobiliários de sua emissão.[14] Atende-se aqui o princípio básico informador de todo o sistema de regulação do mercado, a saber, aquele da ampla publicidade (transparência), conforme o qual: (i) as informações devem ser claras e não omitir nenhum fato relevante; (ii) as informações devem ser amplamente divulgadas e não omitir nenhum fato significativo da vida social, de molde a evitar a formação de canais privilegiados, ferindo a igualdade dos investidores, princípio basilar que deve nortear o mercado, assegurado expressamente na norma do art. 4.º e seus incisos da Lei 6.385/1976.

2.º) o de guardar sigilo sobre qualquer informação importante até que esta seja comunicada ao mercado.

A modalidade não se confunde com outras práticas delituosas tais como as de criação de condições artificiais, manipulação de preços ou criação de condições não eqüitativas.

---

14. V. a definição de fato relevante na Instrução CVM 358/2000 e alterações introduzidas pelas instruções 369/2002, 449/2007.

O comportamento vedado esteia-se em não divulgar, oportunamente, fato que deveria ser divulgado e na utilização da informação omitida em proveito próprio ou alheio.

4. A ORIENTAÇÃO LEGAL E AS FORMAS DE REPRESSÃO

Perante a lei acionária, o cerne da repressão ao *insider trading* encontra-se na leitura conjunta de dois textos: aqueles das normas dos arts. 155, § 1.º e 157, § 4.º, ambos da Lei 6.404/1976.

A vedação estende-se aos membros de quaisquer órgãos criados pelos estatutos da companhia, nos termos do art. 160 da Lei 6.404/1976; aos seus subordinados (art. 155, § 2.º, da Lei 6.404/1976) e a qualquer pessoa que tenha tido acesso às informações privilegiadas (art. 155, § 4.º, da Lei 6.404/1976).

Tem este teor, de forma sucinta, a redação do disposto na norma do art. 3.º, § 1.º, da Instrução 358/2002 (alterações advindas das Instruções 369/2002 e 449/2007), impondo aos controladores, membros do conselho de administração, do conselho fiscal e de quaisquer órgãos com funções técnicas e consultivas, o dever de comunicar, imediatamente, ao diretor de relações com os investidores, todo e qualquer fato significativo para a vida da companhia.[15] Já

---

15. Cf. Art. 3.º Cumpre ao Diretor de Relações com Investidores divulgar e comunicar à CVM e, se for o caso, à bolsa de valores e entidade do mercado de balcão organizado em que os valores mobiliários de emissão da companhia sejam admitidos à negociação, qualquer ato ou fato relevante ocorrido ou relacionado aos seus negócios, bem como zelar por sua ampla e imediata disseminação, simultaneamente em todos os mercados em que tais valores mobiliários sejam admitidos à negociação. § 1.º Os acionistas controladores, diretores, membros do conselho de administração, do conselho fiscal e de quaisquer órgãos com funções técnicas ou consultivas, criados por disposição estatutária, deverão comunicar qualquer ato ou fato relevante de que tenham conhecimento ao Diretor de Relações com Investidores, que promoverá sua divulgação. § 2.º Caso as pessoas referidas no parágrafo anterior tenham conhecimento pessoal de ato ou fato relevante e constatem a omissão do Diretor de Relações com Investidores no cumprimento de seu dever de comunicação e divulgação, inclusive na hipótese do parágrafo único do art. 6.º desta Instrução, somente se eximirão de responsabilidade caso comuniquem imediatamente o ato ou fato relevante à CVM. § 3.º O Diretor de Relações com Investidores deverá divulgar simultaneamente ao mercado ato ou fato relevante a ser veiculado por qualquer meio de comunicação, inclusive informação à imprensa, ou em reuniões de entidades de classe, investidores, analistas ou com público selecionado, no país ou no exterior. § 4.º A divulgação deverá se dar através de publicação nos jornais de grande circulação utilizados habitualmente pela companhia, podendo ser feita de forma resumida com indicação dos endereços na rede mundial de computadores – Internet, onde a

quanto ao dever de abster-se de divulgar, estende-se a qualquer um que tenha tido acesso à informação, ciente de cuidar-se de informação privilegiada.

No primeiro caso não se indaga quanto à culpa. O comportamento omissivo dos sujeitos arrolados na norma mencionada é suficiente. Já quanto aos terceiros (*tippee*), impõe-se a demonstração de que tinham conhecimento cuidar-se de informação privilegiada ainda não divulgada ao mercado. *In casu* o "vazamento" das informações somente poderá atingir os sujeitos submetidos ao dever de comunicar, provando-se não terem agido com a necessária diligência para obstar a divulgação não autorizada.

Desta forma pune-se não somente a "*Insider information*", mas igualmente aquele que sem participar da organização societária tem, por qualquer meio, acesso à informação privilegiada (*market information*).[16]

A instrução CVM, igualmente, disciplina de forma minuciosa o modo pelo qual se dará a divulgação (v. art. 3.º, §§ 3.º, 4.º e 5.º e art. 5.º). A única exceção admitida é quando a divulgação da informação colocar em risco interesse legítimo da companhia, o que será determinada pela CVM (art. 7.º).

A violação implica medidas repressivas de natureza administrativa e civil. Do ponto de vista administrativo, constitui infração grave para os efeitos do disposto no art. 11, § 3.º da Lei 6.385/1976. Mas não só, a par da responsabilidade civil, a prática é também crime, expressamente tipificado na norma do art. 27-D da Lei 6.385/1976, apenada com pena de 1 a 5 anos de reclusão e multa de até três vezes o montante da vantagem indevida.

A competência para a instauração do inquérito administrativo é da CVM (art. 9.º, V da Lei 6.385/1976), bem como a de aplicar as sanções correspondentes, cuja descrição encontra-se na norma do art. 11 da Lei 6.385/1976.

Quanto à responsabilidade civil a competência é do ministério público (*class action*), no que diz respeito à tutela dos investidores no mercado, o que não afasta aquela individual de cada prejudicado.

---

informação completa deverá estar disponível a todos os investidores, em teor no mínimo idêntico àquele remetido à CVM e, se for o caso, à bolsa de valores e entidade do mercado de balcão organizado em que os valores mobiliários de emissão da companhia sejam admitidos à negociação. § 5.º A divulgação e a comunicação de ato ou fato relevante, inclusive da informação resumida referida no parágrafo anterior, devem ser feitas de modo claro e preciso, em linguagem acessível ao público investidor. § 6.º A CVM poderá determinar a divulgação, correção, aditamento ou republicação de informação sobre ato ou fato relevante.

16. Cf. o § 4.º do art. 155 da Lei 6.404/1976.

4.1 Origem da disciplina e estado atual da questão no direito comparado

Desde o *Securities Act* de 1933, no direito estadunidense, existe legislação protetora dos investidores, voltada para aqueles que ignoram as condições do mercado, com a finalidade de coibir abusos eventuais por parte dos dirigentes e/ou controladores de sociedades emissoras de ações.

Mas, as normas básicas para a repressão ao *Insider Trading*, somente advêm com o *Securities Exchange Act*, de 1934, dando-se ênfase aqui ao disposto nas suas normas 16 (a) e 16 (b).[17]

A primeira impôs aos administradores, diretores ou quaisquer terceiros que detivessem mais de 10% das ações de uma companhia com títulos admitidos à negociação no mercado, a obrigação de informar, mensalmente, à SEC (*Securities Exchange Commission*), quaisquer modificações no montante destes papéis.

Completando a norma, a alínea (b) que lhe segue, impõe a estas pessoas a obrigação de devolver à companhia qualquer lucro obtido com as negociações tendo por objeto as ações da companhia, dentro de um período menor do que seis meses. As negociações realizadas fora deste termo não são atingidas pela norma.

No caso, qualquer acionista pode, no interesse da companhia, propor a devida ação (*derivate suit*), sem que tenha que provar a culpa de qualquer um destes sujeitos.

Na lição de Eizirik[18] cuida-se de responsabilidade objetiva, existindo presunção *jure et de jure* de que teria ocorrido a utilização de informações privilegiadas nas negociações realizadas nos períodos inferiores a 6 meses.

Todavia a solução repressiva tinha alcance limitado posto não evitar a prática por período superior a estes seis meses. Por outro lado, a SEC não detinha poderes para aplicar penalidades, limitando-se o comportamento sancionatório à interposição da ação visando à responsabilidade civil do infrator, pelo acionista.

A norma consubstanciada na *Rule 10b-5*, promulgada em 1942, produziu uma alteração neste quadro. Esta norma decorre do anteriormente estatuído na seção 17(a) do *Securities Act*, de 1933, que sancionava as negociações ou ofertas de vendas fraudulentas.[19] A *Rule* 10b-5 ampliou este universo punindo

---

17. Conf. Eizirik, Insider trading e responsabilidade de administrador de companhia aberta, *RDM* 50, p. 45.
18. Op. e loc. cit.
19. Thomas Lee Hazen, *The law of securities regulation*, WestGroup, 3. ed., St. Paul, MN, 1996, p.763.

toda a informação errônea ou omissão ocorridas em conexão com a venda e compra de qualquer *security*. A norma proíbe: 1) esquemas e artifícios fraudulentos; 2) declarações falsas ou errôneas e omissões sobre fato material, importante, (*material fact*) e 3) atos e práticas realizadas com a intenção de fraudar ou enganar.[20]

A norma, originariamente criada visando facultar sanções administrativas por parte da SEC, não autorizava sanções de natureza civil.

Este entendimento foi ampliado em 1946 pela jurisprudência ao firmar orientação sobre o dever de indenizar os investidores prejudicados pela ausência de informação ou por aquelas enganosas por parte do *insider*. Este entendimento perdurou por mais de 20 anos. Todavia, mais recentemente a Suprema Corte norte-americana vem limitando a aplicação da regra, exigindo que o autor do pedido de indenização tenha vendido ou comprado a *security* relacionada com as informações sonegadas ou erroneamente veiculadas. A par disto impõe a demonstração da intenção dolosa do *insider* e que a conduta seja enganosa.[21]

Quanto à materialidade (*material fact*), a jurisprudência firmou entendimento que, por "fato relevante", deve-se entender todo aquele que o investidor médio poderia considerar significante para formular sua decisão em investir.[22] Em que pese esta orientação, contudo, a norma permanece eficaz na sua atuação em combate a fraude.

Na lição de Eizirik,[23] a interpretação da norma pela jurisprudência estadunidense, depara com duas questões fundamentais. A primeira, a de determinar quem poderá ser considerado *insider*, conforme o teor da norma.

Dentre os *cases*, a doutrina[24] assinala dois de maior repercussão. No primeiro (*Chiarella v. United States*), a corte decidiu que, para ter lugar o dever de indenizar, conforme disposto na seção 10 (b) e na *Rule* 10 (b) 5, pelo comércio de informações reservadas, não abertas ao público, seria necessário que isto estivesse precedido do dever de informar. No segundo (*Dirks v. SEC*), a decisão foi a de que o dever dos *tippers-tippees* (quem dá a "dica", quem a divulga) de informar ou abster-se de negociar, dependeria do fato do *insider* (*tipper*) ter percebido algum benefício (ganho financeiro ou algum incentivo pessoal que pudesse transformar-se em lucros futuros) direta ou indiretamente com a indiscrição.

---

20. Idem.
21. Ibidem, p. 765.
22. Ibidem, p. 772.
23. Artigo cit., *RDM* 50, p. 46.
24. Marc I Steiberg, *Understanding Securities Law*, Mattew & Bender, N. York, 2. ed., 1997, p. 267 e ss.

Inexistindo qualquer ganho pessoal não teria lugar a violação do dever de informar, isentando-se desta forma quer o *tipper,* como o *tippee.* A interpretação dificultou a possibilidade de que as ações propostas pelos prejudicados pudesse ser vitoriosas.

Paralelamente, inexistia consenso em determinar se a vedação atingiria somente a *insider information* ou também a *market information* (dever de lealdade não poderia ser estendido a estes) e, inclusive, quanto ao conteúdo destas duas expressões.[25]

Neste terreno, a decisão básica foi a proferida no *case,* "*Chiarella v. United States*", no qual Chiarella, empregado de determinada gráfica, obteve acesso a determinadas informações no decorrer do seu ofício, delas valendo-se para negociar, com razoável lucro, determinadas ações.

A decisão de primeira instância decidiu pela condenação, vislumbrando aqui a "*market information*", o que foi mantido em segunda instância. A Suprema Corte, todavia, reformou a decisão, tendo em vista que os "*market insiders*" não teriam os mesmos deveres que aqueles pertencentes à companhia no trato da informação interna (*inside information*).

A resposta foi a promulgação, em 1982, da *Rule* 14 (e) 3, a qual, com algumas exceções, abrigou a aplicação extensiva do princípio: *diclose or abstain from trading* (informe ou abstenha-se de negociar).[26]

Conforme a regra, toda pessoa na posse de informações relevantes com relação a uma *tender offer* (oferta pública para a aquisição de controle), que sabe, ou tem razões para saber, que a informação não foi aberta ao publico e que a tenha obtido, direta ou indiretamente, do ofertante, ou de qualquer pessoa ligada à companhia, tem o dever de informar ou abster-se de negociar enquanto tais informações não forem oferecidas ao mercado.

O desrespeito à regra autoriza a SEC a impor multas pecuniárias, correspondentes a três vezes o lucro obtido com a negociação vedada. Após 1988, conforme as condições, as sociedades corretoras (*brokers* ou *dealers*), assessores financeiros e outras pessoas envolvidas estão submetidas à mesma penalidade.

Na linha da evolução particular atenção pode ser dada à decisão proferida em "*Carpenter v. United States*". Aqui, a Suprema Corte, invocando a "*misappropriation theory*", sumariamente estabeleceu que se estenderia a responsabilidade a toda pessoa possuidora de informação relevante não veiculada ao público, que utilizasse esta informação violando um dever perante

---
25. Eizirik, op. cit., p. 47.
26. Idem, aut. e op. cit., p. 269.

terceiros, além dos acionistas da corporação, cujas ações foram negociadas.[27] Com esta decisão ampliou a compreensão da Rule 10 (b) 5, cuja violação teria lugar quando uma pessoa: 1) sonegando informação relevante; 2) mediante a quebra de dever decorrente de relação de confiança; 3) utilizasse a informação em negociação com *securities*; 4) sem levar em consideração que teria algum dever para com os acionistas titulares das ações negociadas.[28]

Embora esta orientação tenha sido rejeitada em diversas situações,[29] facultou o reconhecimento de que o dever de comunicar ao mercado ou de abster-se de negociar estende-se, igualmente, àquele que, apesar de não ter qualquer vínculo interno com a companhia, tenha acesso a informação relevante, até então confidencial.

Completando o quadro, o *"Insider Trading and Securities Fraud Enforcement Act"*, de 1988, promulgou a seção 20 (A) do *"Exchange Act"*, de molde a atribuir direito de ação em benefício de todos os investidores que estivessem negociando a mesma espécie de *securities* durante o tempo em que teve lugar a negociação ilegal, limitando-se a indenização aos lucros obtidos com esta. Neste caso a ação pode ser proposta tanto contra os *insiders,* como contra os seus *tippers.*

Porém, alguns doutrinadores, entre os quais *Ian Ayres*, professor de Yale, consideram que há outras possibilidades de uso de informação privilegiada que não seja a simples negociação de valores mobiliários emitidos pela sociedade da qual é administrador, conselheiro ou assessor. Explica Ayres que o fato de ter informações setoriais, sobre a concorrência, participantes da cadeia produtiva, pode ensejar a compra e venda de ações de outras sociedades e obter resultados equivalentes aos descritos em relação a *insiders.*

Embora se trate de questão em aberto, não é de afastar-se a possibilidade de que haja mecanismos substitutivos do *insider trading* que devem merecer a atenção dos reguladores.

5. ADMINISTRAÇÃO DAS COMPANHIAS E A QUESTÃO DA *CORPORATE GOVERNANCE*

Nos últimos anos a expressão *corporate governance*, ou governança corporativa, ganha realce entre investidores, analistas financeiros e se consolida no país. A noção de que, nas companhias abertas há interesses outros que vão

---

27. Steinberg, op. cit., p. 272.
28. Idem.
29. Ibidem, p. 273.

além daquele dos acionistas, interesses dos denominados *stakeholders*, fora contemplada no art. 116 da Lei Acionária.

A expressão *corporate governance* designa as relações entre administradores e acionistas, regidas por normas jurídicas, ou convencionais, dentre as quais se destaca o dever de lealdade. Naquelas companhias em que o controle é bem definido, majoritário ou minoritário, não importa, em face da definição de acionista controlador (art. 116 da Lei 6.404/1976), o fato de o controlador eleger a maioria dos administradores e determinar as diretrizes da administração, dá origem a dois problemas: de um lado é preciso que acionistas externos não sejam adversamente atingidos pelas decisões dos administradores; de outro é preciso evitar que o controlador aufira benefícios do controle.

Não por outro motivo o legislador brasileiro, no art. 117 da Lei do Anonimato, dispõe quanto a deveres do controlador o que significa caracterizar o poder de controle como poder funcional, poder-dever, a ser exercido em benefício dos demais acionistas, trabalhadores e da comunidade em que a sociedade se insere. Não há negar que condições de salubridade no trabalho, preservação do meio-ambiente, do eco-sistema, controle da emissão de poluentes, são deveres que recaem sobre o controlador e devem ser observados pelos administradores. É o que se denomina *responsabilidade social das companhias*, estreitamente ligado a questões de governança.

A administração, nas companhias, é dividida entre a assembléia geral e a diretoria e/ou o conselho de administração. A competência da assembléia geral é, nesse conjunto, residual, cabendo-lhe aprovar, ou não, a ação administrativa quando da tomada de contas da administração (art. 132). À diretoria compete a execução das políticas definidas e aprovadas pela assembléia geral (e pelo conselho de administração, se existente). Nos casos de alteração do estatuto social a assembléia geral é o foro decisório (arts. 135 e 136), hipótese em que é possível considerar uma repactuação das relações internas com o completamento do contrato social.

Mark J. Roe, em *The Institutions of Corporate Governance*[30] entende que a discussão de *corporate governance* pode ser apreciada no plano vertical – em que se concentram as relações entre acionistas, conselho de administração e diretoria – ou no plano horizontal, quando o foco são as relações entre controlador e os outros acionistas. No primeiro caso supõe que a dispersão da base acionária seja grande, sem que se possa determinar um controlador. Sociedades abertas em que é clara a separação entre propriedade e controle, explica, não têm controlador; são sociedades do tipo analisado por Berle e

---

30. Discusssion Paper n. 488. Disponível em: <http://www.Law.Harvard.edu/programs/olin centre>. Acesso em: 01.11.2004.

Means, ausentes da realidade brasileira e em que as relações entre administradores e acionistas, tratadas na teoria de *agency*, dominam o quadro de governança das companhias. A maximização do valor da sociedade é meta que deveria guiar as decisões dos administradores.

O quadro não se reproduz quando há controle definido seja ele exercido individualmente por um acionista ou resulte de acordo de votos, quando a tendência é atribuir às ações de controle valor superior às demais, ainda que ações ordinárias com direito de voto.

É o caso do Brasil e da maioria dos países europeus. Há controle majoritário que permite que alguns acionistas aufiram benefícios privados do controle. *Self dealing* ou negociação com sociedades sob controle do mesmo grupo, aparecem como um dos meios mais freqüentes de transferência de riqueza, de aproveitamento de oportunidades da companhia por seus controladores.

Inobservância do poder-dever previsto no art. 116, parágrafo único, da Lei Acionária e governo da sociedade estão, pois, no centro da questão. Claro que a companhia deve perseguir lucros: sociedades anônimas e sociedades empresárias são organizadas para essa finalidade; de outro lado a internalização de externalidades negativas se relaciona à função social da empresa, portanto há expresso reconhecimento de que interesses outros, afora os de controlador e acionistas devem ser atendidos. Cabe, pois, aos administradores, no exercício de suas funções, administrar a sociedade de forma a cumprir os dois e, aparentemente, divergentes objetivos: obter lucros sem que sejam impostos à comunidade custos ou efeitos perversos no exercício da atividade.

Se há quem afirme dever a sociedade visar ao lucro sem levar em contra outros interesses, pode-se dizer que essa é visão incorreta ou até tacanha. Não se trata de pensar a sociedade anônima sob perspectiva publicista ou institucionalista, mesmo a mitigada. Trata-se, ao revés, de pensar a companhia como um dos agentes sociais que criam riqueza, utilidades, bem-estar e, por isso, o respeito da comunidade em que atua pode determinar o sucesso ou fracasso do empreendimento. É o que alguns denominam "empresa cidadã".

A comunidade exige que a companhia organize suas atividades de forma a atender demandas externas. A associação entre mercados e empresas é notória. *Roe* entende que há, no mínimo, três mercados que interessam à companhia: clientes e fornecedores, trabalhadores e investidores. As regras de governança devem atender às demandas de cada um desses mercados.

Quanto aos investidores, sendo a sociedade contrato de cooperação em que as partes são fungíveis, é preciso gerar confiança no investidor para que direcione recursos para aquela companhia, criar mecanismos de liquidez das ações, sem o que dificilmente haverá interesse em investir naquela sociedade.

No que diz respeito aos trabalhadores – administradores, ou não, – assegurar condições e salários dignos, estimular a formação de equipes o que torna a produção mais eficiente. Por derradeiro os clientes ou consumidores: se os produtos oferecidos não forem vendidos a tempo e por preço que remunere os fatores da produção, a sociedade desaparece, quebra. Para isso a reputação criada pelo respeito à comunidade pode ser o diferencial no que concerne à fidelidade e, portanto, continuidade da atividade.

A personificação das anônimas (ou são sujeitos de direito ou não são anônimas) associada à fungibilidade de acionistas, facilita a continuidade da sociedade por tempo que ultrapassa o de duração da vida dos seres humanos; essa constatação levou Francesco Galgano, ao tratar da questão, de maneira, jocosa, a dizer que o homem superou o Criador porque conseguiu criar uma pessoa imortal.

Transportando a idéia de continuidade para o plano do governo/administração das companhias, intuitivamente se percebe a importância que o tema adquire em relação às companhias abertas, notadamente aquelas que têm entre os acionistas investidores institucionais, entre os quais fundos de previdência complementar e sociedades seguradoras.

Quando a base acionária é dispersa e não se identifica controle, nem mesmo minoritário, ou quando o controle minoritário é tênue, observa-se que os administradores tendem a confundir a sociedade com propriedade sua. Na linha do que Ascarelli denominava antropomorfismo, assimilar a sociedade ao ser humano facilita tal confusão porque os administradores ocupam posições em órgãos sociais e depende deles o conjunto de decisões que, no dia-a-dia, garantem as operações ordinárias da companhia.

Em razão da dispersão da base acionária, nenhum acionista, isoladamente, tem incentivos para fiscalizar as ações dos administradores. De seu lado os investidores institucionais, porque devem prever desembolsos, ainda que no futuro, relativos à complementação de aposentadorias ou componham danos resultantes de eventos segurados, não podem deixar de acompanhar a ação administrativa nas sociedades investidas. Explica-se, pois, a demanda por regras de comportamento que, na condução dos negócios sociais, gerem valor para os acionistas.

Explica-se, também, por que a lei do anonimato dispõe, no que diz respeito a administradores e controladores de companhias abertas, de forma não só mais precisa, detalhada, como impõe mais deveres e responsabilidades. Por isso a importância que a sinalização que tais investidores enviam ao mercado de valores mobiliários tende a torná-los, em boa medida, importantes fiscais da administração das companhias.

Decisões administrativas devem levar em conta interesses da sociedade e de seus *stakeholders*, pessoas que, de alguma forma, possam ser afetadas por seus resultados econômico-financeiros; agilidade na tomada de medidas corretivas estimulando-se reação rápida e eficaz que sejam traduzidas em melhoria das condições de continuidade da atividade da sociedade a par de desejáveis, são forma de boa governança.

Outro importante instrumento que denota boa governança é a produção de informações, que devem ser claras e acessíveis, compreensíveis, por todas as pessoas. Vejam-se, a propósito, as conclusões do *Cadbury Commitee*, na Inglaterra, nessa linha. Informação é importante para que as decisões de investir ou desinvestir, não sejam meramente emocionais. A qualidade da informação é um elemento incorporado nos manuais que desenham regras de boas práticas de governança corporativa.

Explica-se o fato de a questão ter aparecido mais cedo nos países de direito anglo-norte-americano pelo fato de, na Europa central, boa parte do monitoramento da ação administrativa ser feito por instituições financeiras que tanto participam do capital social das companhias quanto são delas credoras por empréstimos. Porém, o desenvolvimento de mercados de valores mobiliários que se seguiu às privatizações, levou à recepção de muitas regras desenhadas nos mercados norte-americanos. O fato se repete no Brasil com a criação do Novo Mercado pela Bovespa em que, cada um dos níveis, implica a aceitação de novas regras de governança.

Por derradeiro, cumpre observar que se *corporate governance* costuma ser ligada à administração de companhias abertas, não há nenhuma ressalva a que, seja no estatuto social, seja em regimento interno, as companhias fechadas a recepcionem.

6. O CONSELHO FISCAL

Resta por último órgão o Conselho Fiscal, órgão de *existência* obrigatória[31] tanto nas companhias abertas quanto nas fechadas, ressalva feita a que, enquanto na companhia aberta seu funcionamento deve ser permanente; nas fechadas, faculta-se possa ser instaurado quando a necessidade assim ordenar (conf. art. 161, § 2.º). E a solução justifica-se, considerando o disposto na norma do art. 162, § 3º quando fixa a remuneração dos administradores. Tem-

---

31. Sobre o ponto inexiste um acordo entre as co- autoras. Para Vera Helena a norma do art. 161 é impositiva, quando declara que "a companhia *terá* um Conselho Fiscal e o estatuto disporá sobre seu funcionamento (...)"; já para Rachel Sztajn, a palavra "terá" deve ser entendida como poderá ter, desde que previsto ou quando pedida a instalação. Caso contrário, o terá é futuro do pretérito (condicional). Assim sendo, a previsão legal não é norma cogente.

se em vista que o critério ai fixado (mínimo de 10% da remuneração que, em média, for atribuída a cada diretor, pode representar um ônus significativo para a companhia, mormente considerando que a atividade desses conselheiros poderá ter lugar esporadicamente.

Os requisitos para sua nomeação advêm na norma do art. 147 da Lei 6.404/1976, proibido cumular as funções de conselheiro com a de cargos em órgãos da administração.

O Conselho Fiscal, como o Conselho de Administração, é igualmente órgão colegiado. Vale dizer suas deliberações serão tomadas por maioria de votos.

Todavia, não se pode dizer tenha uma atuação muito contundente, tendo em vista que exerce função no mais das vezes opinativa, emitindo pareceres sobre os atos da administração (v. art. 163, II, III, e VII da Lei 6.404/1976). Esta *performance*, todavia, adquire peso quando se lhe atribui denunciar à assembléia geral, os desmandos e mazelas dos administradores e quando a lei lhes atribui a possibilidade de, quando a companhia não tenha auditores independentes, escolher contador ou firma de auditoria para realizar as respectivas funções, ou quando faculta possa valer-se de peritos para apurar fatos, cujo esclarecimento seja significativo para a função fiscalizante (art. 163, IV, e VIII, § 5.º e 8.º, respectivamente, todos da Lei 6.404/1976).

Vale mencionar ainda, que se faculta aos preferencialistas e aos minoritários, nas condições indicadas na norma do art. 161, § 4º, a possibilidade de elegerem, mediante votação em separado, um dos membros do Conselho Fiscal, com o que se lhes é facultada uma visão mais próxima dos eventuais desmazelos da administração.

Jurisprudência

- *"Citação. Edital. Validade. Endereço do citando declinado após sua publicação. Irrelevância. Réu, ademais, residente em país sobre o qual não há prova de que cumpra rogatória no Brasil. Prova. Perícia. Produção indeferida. Desnecessidade para o deslinde da causa. Suficiência dos elementos probatórios de ordem documental. Cerceamento de defesa inexistente. Sociedade comercial. Anônima. Capital aberto. Transferência do controle acionário. Ocorrência não comunicada oportunamente à Bolsa de Valores e à imprensa. Inadmissibilidade. Omissão de dever legal. Prejuízo aos acionistas minoritários, que efetuaram venda de ações por valor inferior ao da oferta pública. Indenização devida. Responsabilidade solidária dos administradores. Aplicação e inteligência do § 4.º do art. 157 da Lei 6.404/1976. Indenização. Ato ilícito. Violação de dever legal. Correção monetária e juros da mora. Incidência da primeira a partir da data do evento danoso e dos segundos somente após a citação, por se tratar de dívida ilíquida a ser apurada em execução. Aplicação das Súmulas 163 e 562 do STF. Válida é a citação* editalícia se o endereço do réu só veio a ser declinado após a publicação do edital, ainda mais quando não há prova de que o país onde reside o citando cumpra rogatória no Brasil. Inocorre cerceamento de defesa pelo indeferimento de produção de prova pericial quando influência alguma esta teria no desfecho da causa, sendo suficientes os elementos probatórios de ordem documental. A inobservância do dever legal pelos administradores de sociedade anônima de capital aberto de divulgarem oportunamente a transferência do controle acionário da empresa gera responsabilidade solidária pelos danos causados a acionistas minoritários que negociaram suas ações por valor inferior ao da oferta pública. A correção monetária da indenização por violação de dever legal, na configuração de ato ilícito por culpa aquiliana, deve incidir a partir do evento danoso porque o credor não pode ser desfalcado em seu patrimônio com a perda do valor aquisitivo da moeda. Já os juros da mora terão seu cômputo a partir da data da citação, na esteira da orientação jurisprudencial compendiada na Súmula 163 do STF, por se tratar de dívida ilíquida, cujo quantum será apurado em execução" (TJ/SP, 5.ª C., Ap. 65.531-1, j. 25.06.1987, rel. Des. Márcio Bonilha, *RT* 625/47).

- "*Sociedade anônima. Assembléia. Ordem do dia. Contratação de firma de representação. Impedimento, em face de ser esta firma composta de parentes de acionistas majoritários – Proteção ao acionista minoritário. Assembléia anulada. Inteligência do art. 115, § 1.º, da Lei das Sociedades Anônimas.* O que se pretendeu é que ao art. 115 da Lei das Sociedades Anônimas se acrescente um apêndice, ou mesmo um parágrafo único, o que só pode ser tarefa do legislador, no sentido de que tal disposição legal não seja aplicada às sociedades anônimas menores, tipo familiar Mas esta tarefa, a toda evidência, não é a do Judiciário sob pena de negar-se vigência à própria lei regente da matéria" (TJ/SP, 2.ª C., Ap. 144.160-1/4, j. 10.03.1992, rel. Des. Munhoz Soares, *RT* 683/61).

- "*Sociedade anônima. Anulação de assembléia geral que determinou o aumento do capital social - Inadmissibilidade se não demonstrado que a deliberação visou tão-somente prejudicar acionista minoritária. Inadmissibilidade, pois trata-se de questão política, situada no âmbito da discricionariedade da empresa.* Ficando indemonstrado que o aumento do capital social visou tão-somente prejudicar acionista minoritária, não pode prevalecer a decisão que anulou a assembléia geral. Ementa da Redação: O preço das ações emitidas na elevação do capital social de sociedade anônima é questão política da própria companhia, situada no âmbito da discricionariedade da empresa. Assim, a sanção para o descumprimento da norma do art. 170 da Lei 6.404/1976 não pode ser a anulação da assembléia geral que aprovou o aumento do capital e o preço da ação" (TJ/RJ, 7.º Grupo de Câmaras Cíveis, EI 68/98 na Ap. 6.809/97,

rel. Des. Mauro Fonseca Pinto Nogueira, j. 05.08.1998 *DORJ* 24.09.1998, *RT* 763/338).
- *"Sociedade comercial. Anônima. Responsabilidade por atos lesivos a terceiros. Extensão aos sócios administradores acionista que participava ativa e conscientemente das atividades legais. Legitimidade passiva* ad causam *destes reconhecida. Relação jurídica de depósito e mandado caracterizada. Empresa constituída para exploração de serviços de economia que, porém, sem autorização oficial, angariava dinheiro de investidores e aplicava no mercado de ações. Aplicação do art. 158 e § 5.º da Lei 6.404/1976.* Se a sociedade anônima foi constituída para encobrir ou dar aparência de legalidade as reais atividades – captação de dinheiro de investidores para aplicação no mercado de ações sem autorização oficial – caracterizada está a relação jurídica mista de depósito e mandado. Assim, devem os responsáveis responder pelos prejuízos que causaram, estendida tal responsabilidade não só aos administradores mas, também, ao acionista que ativa e conscientemente participou das atividades legais" (1.º TACivSP, 4.ª C., Ap. 376.022 0, j. 30.09.1987, rel. Juiz Reis Kuntz, *RT* 624/125).
- *"Sociedade anônima. Assembléia geral. Realização sem o quórum mínimo. Nulidade decretada. Espólio. Administração provisória. Poderes limitados aos atos de mera gestão do acervo hereditário. Exclusão da prática de atividades negociais que tragam despesas à massa de bens. Impossibilidade de o administrador, como representante do espólio de acionista majoritário de sociedade anônima, homologar aumento de capital, subscrever ações, efetuar integralização e responder por pagamentos. Viabilidade somente com a prévia ouvida dos demais interessados na herança e autorização judicial. Inteligência dos arts. 985, 986, 991, I, 992, I, II, III, IV, do CPC e 1.581, § 2.º do CC* [art. 1.805, § 1.º, CC/2002]. Sem quórum não há assembléia. A que sem ele se constitua será mero agrupamento de acionistas, sem nenhuma expressão jurídica e cujas deliberações nenhuma significação terão em relação à sociedade. Na administração provisória do espólio, os poderes são limitados aos atos de mera gestão do acervo hereditário o que gera exclusão da prática de atividades negociais que tragam despesas à massa de bens. Assim, o administrador provisório, como representante do espólio de acionista majoritário de sociedade anônima, não pode homologar aumento de capital, subscrever ações, efetuar integralização e responder por pagamentos. Tais atividades somente podem ser exercidas com a prévia ouvida dos demais interessados na herança e autorização judicial (TJ/SP, 1.ª C., Ap. 139.583-1/2, j. 20.08.1991, rel. Des. Euclides de Oliveira, *RT* 675/91).
- *"Sociedade anônima. Acesso a informações e documentos pertinentes aos negócios sociais. Ação proposta por sócio em nome de conselheiro fiscal por ele indicado. Ilegitimidade* ad causam. *Titularidade do direito*

atribuída ao Conselho Fiscal e seus membros, responsáveis pelo controle e fiscalização dos órgãos da administração. Irrelevância de ter sido o conselheiro eleito por grupo identificado de acionistas. Fato que não o confunde com a figura de mandatário ou de representante orgânico. Carência de ação mantida. O Conselho Fiscal de sociedade anônima é órgão de controle, fiscalização e também de informação cuja atividade não se esgota na mera revisão de contas, vindo a atingir a própria fiscalização da gestão administrativa. A legislação confere ao membro do conselho o poder de pedir ao órgão – e este,.certamente, não poderá recusar, conforme opinião generalizada da doutrina nacional – que solicite à administração esclarecimentos ou, informações assim como a elaboração de demonstrações financeiras e contábeis. Não pode o sócio exercer esta função em nome do conselheiro, como também não pode em nome deste pleitear em juízo o direito de acesso a informações e documentos, ainda que tenha sido quem o indicou para o cargo, pois o fato de o conselheiro fiscal ter sido eleito por grupo identificado de acionistas não o confunde com a figura do mandatário ou de representante orgânico" (TJ/SP, 1.ª C., Ap. 131.697-1, j. 06. 12.1990, rel. Des. Roque Komatsu, RT 670/77).

- "Sociedade anônima. Assembléia geral. Convocação por acionista ante a omissão do Conselho de Administração ou dos diretores (art. 123, parágrafo único, b, da Lei 6.404/1976). Despesas a serem suportadas pela sociedade, pois a ela competia a realização da providência. A convocação para Assembléia Geral de sociedade anônima compete ao Conselho de Administração, se houver, ou aos diretores. Pode, entretanto, ser feita por qualquer acionista, quando os administradores retardarem por mais de sessenta dias a convocação, nos casos previstos em lei ou no estatuto. Neste caso, as despesas serão suportadas pela própria sociedade, pois a ela competia a realização da providência" (TJ/SP, 2.ª C., Ap. 157.645-1/8, j. 20.12.1991, rel. Des. Urbano Ruiz, RT 676/102).

- "Sociedade anônima. Responsabilidade civil. Ação proposta por acionista contra administradores. Necessidade de prévia deliberação em assembléia. Inteligência do art. 159 e §§ 3.º e 4.º da Lei 6.404/1976. Pressuposto para a propositura da ação de responsabilidade civil contra os administradores de sociedade anônima, quer pela própria sociedade, quer por acionista, é a deliberação prévia em assembléia, nos termos do previsto no art. 159 e §§ 3.º e 4.º da Lei das Sociedades por Ações" (TJ/SP, 6.ª Câm., Ap 82.764-4/0, j. 12.08.1999, rel. Des. Ernani de Paiva, RT 770/235).

- "Sociedade comercial. Ação de reparação de danos em face do administrador, fundada na responsabilidade solidária, por atos culposos ou dolosos derivados de violação da lei ou dos estatutos, causadores de prejuízos. Prescrição. Prazo prescricional único, valendo tanto para a sociedade como para terceiros. Inteligência do art. 287, II, b, n. 2, da Lei 6.404/1976. A Lei das Sociedades por Ação (6.404/1976) estabelece que prescreve no prazo de três anos ação de responsabilidade civil em face de administrador de sociedade para a reparação de danos por atos culposos ou dolosos ou derivados de violação da lei ou dos estatutos, causadores de prejuízos (art. 287, II, b, n. 2). Trata-se de prazo único, valendo para a sociedade e para terceiros, não tendo estes, em relação ao administrador, ação mais prolongada do que a sociedade. Operou-se, assim, a prescrição da ação em relação aos administradores fundada na responsabilidade solidária, que implica, nesse ponto, a extinção do processo" (TJ/SP, 9.ª Câm., AgIn 115.167-4/0, j. 21.09.1999, rel. Des. Ruiter Oliva, *RT* 772/222).

X
Tutela dos Minoritários e dos Terceiros Credores

1. CONTROLADORES E NÃO CONTROLADORES (MINORITÁRIOS)

As noções maioria e minoria somente podem ser corretamente apreendidas, do ponto de vista da organização interna da sociedade, enquanto ligadas àquela de controle e, desta forma, ao exercício do direito de voto.[1] Em assembléias da companhia.

Destarte, em princípio, a expressão minoritário deve ser reservada àqueles que, embora possam exercer o direito de voto, não detém ações em número suficiente para fazer predominar sua vontade nas assembléias gerais.

Sob este ângulo, considerando a definição de acionista controlador consubstanciada na norma do artigo 116 e 243, § 2.º da Lei Acionária, fala-se em não controladores.

Note-se, porém, que a posição de controlador não decorre somente da titularidade de ações em número suficiente para aprovar as deliberações nas assembléias gerais. É necessário, ademais, eleja a maioria dos administradores. Com este teor a norma do mencionado artigo, 116, alíneas *a* e *b* é suficientemente clara.

E isto se justifica considerando a somatória de poderes deliberativos exercido pelo conselho de administração, quando presente, e a existência do voto múltiplo, o qual permite possa a minoria (e inclusive os acionistas preferenciais) ocuparem cargos no conselho. Tem-se em vista, aqui, a faculdade assegurada na norma do art. 141 da Lei Acionária, aos minoritários e preferencialistas, titulares, respectivamente de 15% e 10% das ações de, nas condições ali descritas, requererem a adoção do voto múltiplo de modo a, multiplicando os votos possuídos, pelos cargos do conselho, terem a possibilidade de não só eleger um ou mais de seus membros, como também de destituí-los (art. 141 e § 4.º, I e II). Esclarecem os técnicos que, o "acionista controlador, individual

---

1. Para uma visão completa do controle em todas as suas manifestações, consulte-se por todos a Fábio Konder Comparato, *O poder de controle na sociedade anônima*, 2. ed., RT, 1977.

ou em grupo, terá o direito de eleger representantes em igual número ao dos eleitos pelos acionistas minoritários e preferencialistas, mais um. Para tanto, terá que possuir mais do que 50% (cinqüenta por cento) das ações com direito de voto. A norma é valida independentemente do número de conselheiros previsto pelo Estatuto da empresa para o Conselho de Administração."[2]

Assim, há a possibilidade de o acionista majoritário, detentor de menos de 50% das ações, não preencher a maioria dos cargos e ver suas propostas ou projetos não serem aprovados nas deliberações da competência deste órgão, já que as deliberações são tomadas por maioria de votos. Tal pode deixar de ocorrer, todavia, quando o controle for majoritário, eis que, neste caso, a norma do § 7.º do art. 141 garante-lhe, nas condições que indica (utilização do voto múltiplo, e eleição em separado pelos acionistas preferenciais), o direito de eleger o mesmo número de conselheiros mais um.

Outrossim, nem sempre a noção de maioria está ligada àquela da titularidade de cinqüenta por cento mais um das ações com direito a voto (controle majoritário). Se isto parece ser verdadeiro para as companhias fechadas, naquelas abertas, em virtude da dispersão acionária e do absenteísmo, a que fizemos menção nos capítulos iniciais, é possível exercer este poder de mando com um percentual inferior à metade do capital social. Por isso que, além da maioria das ações com direito de voto se exige seu efetivo exercício.

É necessário não esquecer, ademais, que nas companhias fechadas, o *quorum* deliberativo pode, inclusive, ser superior a isto (minoria de bloqueio). Circunstância em que aquele montante não será suficiente para formar a deliberação conforme interesse do majoritário. O controle pode ser totalitário, como ocorre no âmbito da subsidiária integral, quando todas as ações estão concentradas nas mãos da única acionista, sociedade anônima brasileira.

Por outro lado, considerando que o controle pode tanto ser exercido por um só acionista (pessoa física ou jurídica), como por um grupo de pessoas, unidas informalmente ou mediante acordo de acionista, o fato de deter um percentual insignificante do montante acionário não significa seja este acionista minoritário. Não o será se participar do grupo de controle, eis que a tutela deferida à minoria não se destina àquele que participa do grupo de comando. Como se afere esta situação?

Quando existente o acordo de acionistas, a convenção de votos deverá estar arquivada na sede da companhia para conhecimento de todos os demais acionistas. Quando informal, identifica-se o grupo que sempre votou em conjunto nas três últimas reuniões assembleares para definir o controlador.

---

2. Cf. Manual de governança corporativa da FUNCEF. Disponível em: <http://www.funcef.com.br/files/Manual_de_Governanca_Corporativa_da_FUNCEF.pdf>, p. 11. V. Também, Instrução CVM 282/1998.

Ademais, o controle pode, também, ser exercido indiretamente (majoritário ou não, individual ou grupal) quando no terreno dos grupos de sociedades. Tal a situação descrita na norma do art. 243, § 2.º da lei das anônimas. Mas sobre o assunto voltaremos em momento oportuno, quando cuidarmos dos grupos de sociedades.

2. O PODER DE CONTROLE

Mas no que consiste o controle?

A doutrina considera a relação de dominação ínsita na expressão "controle" uma manifestação de poder[3] que, no terreno do direito societário, incide tanto sobre a empresa e bens que constituem o instrumento desta atividade, como sobre as pessoas que aí se integram.[4] Fala-se então em poder de controle que, como relação de dominação, manifestada mediante o poder de decisão no interior da S/A, incide sobre bens e pessoas, enquanto elementos de um agrupamento organizado. É uma, dentre as diversas formas de manifestação parcial de poder social, com substrato econômico (tendo em vista sua gênese) e assim poder utilitário.

Como poder social, qualquer que seja a conceituação acatada, a saber: como manifestação da vontade coletiva, centralizada em uma pessoa jurídica ou, ainda, o poder de decisão sobre bens alheios, é relação interpessoal, fundada na submissão voluntária ou coativa do grupo, cuja existência é, simultaneamente, antecedente e conseqüente à própria manifestação deste poder, enquanto legítimo. Isto é, enquanto condição para a realização dos fins eleitos por aquele agrupamento como metas a serem atingidas e que são, os valores em função dos quais o agrupamento foi constituído. *In casu*, a atividade descrita no objeto social e a tutela dos interesses não só dos acionistas, mas daqueles declarados na lei em virtude do perfil institucional da sociedade anônima.

O poder de controle, perante o direito acionário é, em síntese, um *iure debere*, um poder de direção (*Machtbefürgnisse*) ou direito de gestão (*Verwaltungsrecht*), ou ainda um poder de disposição sobre bens alheios[5] que deve ser exercido em função do interesse social do agrupamento, dos acionistas que o compõem e daqueles demais que a lei assinala na norma do art. 116, parágrafo único da Lei Acionária, dentre os quais se inserem o dos trabalhadores que integram a empresa; da comunidade onde esta se situa, o que equivale dizer também daqueles interesses ditos difusos, assim o dos consumidores e o meio ambiente.

---

3. Cf. Fábio Konder Comparato, op. cit., *O poder de controle...*, p. 11, 12, 14, 16.
4. Idem, aut. e op. cit., p. 85, 86, 89, 90, 99, 101.
5. Idem, p. 98-100.

3. A TUTELA DOS MINORITÁRIOS

Podemos classificar os direitos dos acionistas em: *individuais*, assim entendidos aqueles que não podem ser derrogados, sem o consentimento do titular por uma disposição estatutária ou pela assembléia geral; *de minoria* (ou próprios, a acatar-se a tese de Valverde da existência de direitos pertencentes a uma categoria de acionistas[6]), com este teor aqueles decorrentes da detenção de um determinado percentual de ações; *sociais*, como tais os que podem ser afastados por deliberação da assembléia geral ou regulados no estatuto e *instrumentais*, a saber, aqueles que servem para a tutela dos demais direitos.

Os *individuais* correspondem à condição de participante do quadro societário, tendo por inspiração os princípios constitucionais que regem os direitos e as garantias individuais.

Com base no artigo 646 do Código Federal Suíço das Obrigações, são direitos fundamentais, impostergáveis, sagrados, inalienáveis e essenciais, consubstanciados em normas de caráter cogente e assim inderrogáveis.

Texto básico, mas não único, é o artigo 109 da Lei 6.404/1976. Outras normas, todavia, abrigam estes direitos, do que são exemplos aquelas dos artigos 22, parágrafo único; 45 e 137.

Os de *minoria ou próprios*, nascidos no art. 35 do BGB, são aqueles reservados pela lei ou pelos estatutos a certos acionistas ou a uma categoria deles. Na lógica da lei brasileira estão ligados a detenção de um certo percentual de ações e não podem ser atingidos por uma resolução da assembléia geral.

A idéia de base é a igualdade dos direitos conferidos aos titulares das ações de uma mesma classe (assim os previstos na norma do art. 16 da lei acionária), ou que se encontram numa determinada situação ou posição jurídica. O fundamento: a desigualdade real perante a igualdade formal.

Sociais, são os que admitem modificação por previsão estatutária ou deliberação da assembléia (alterando os estatutos). Neste terreno situam-se, v.g., o direito de voto e alguns dos direitos atribuídos às ações preferenciais.

Instrumentais, são aqueles estabelecidos para garantir a efetividade dos outros direitos, mediante normas paralelas de tutela, como veremos posteriormente.

Assim é, porque a lei não se limita a garantir determinados direitos aos acionistas. Ela proporciona ainda o remédio adequado para a tutela destes

---

6. Trajano de Miranda Valverde, *Sociedades anônimas*, Mundo Médico Borsoi & C., 1937, p. 300-302, 339. Embora assinale que os chamados "*Sonderrechts*", para uma parte da doutrina alemã sejam aqueles que chamamos de individuais, termina por aceitar sejam próprios de uma determinada categoria de acionistas, os quais não podem ser afastados por nenhuma deliberação assemblear.

direitos, garantindo-lhes a faculdade de exigir o cumprimento das normas legais e estatutárias que determinaram o funcionamento da sociedade. Note-se que, para tanto, o acionista não necessita demonstrar prejuízo ou um interesse específico. A lei presume a existência deste interesse.

O fato, porém, da lei presumir o interesse do acionista, nem sempre significa que o interesse em jogo é seu quando se cuida da exigência do cumprimento das normas legais e estatutárias. Por vezes a tutela dos interesses dos minoritários somente é obtida por via indireta, mediante, v.g. a tutela do interesse da sociedade.

Por final, quanto ao conteúdo, podemos classificar estes direitos em *patrimoniais e políticos*, conforme repercutam no patrimônio do acionista ou permitam a participação na vida da companhia.

4. OS DIREITOS EM ESPÉCIE

4.1 Individuais

4.1.1 Participar dos lucros sociais

Este é um direito comum às demais sociedades. Enfatiza-se, todavia, que o direito a participar dos lucros não significa, exatamente, direito à distribuição de dividendos.

Já em 1954, Berle, em seu *The 20th Century Capitalist Revolution*, enfatizava a necessidade da retenção de lucros, destinados ao autofinanciamento da empresa, com o que, por meio da concentração do poder econômico, tornou-se possível o progresso industrial em alta escala e o desenvolvimento da tecnologia.

A conseqüência da difusão deste pensamento foi a mudança radical na política de distribuição de dividendos, a qual reflete a tese institucional de *Rathenau* no continente americano.

A análise do pensamento de Berle e de seus seguidores deu lugar à brilhante tese de concurso de Luiz Gastão Paes de Barros Leães, na qual, com percuciência adequou o pensamento alienígena à realidade econômica e social brasileira.

E isto foi demonstrado, já durante a égide da lei anterior (2.627/1940), quando logrou este estudioso definir o direito do acionista ao dividendo como um direito expectativo ou uma expectativa de direito.[7]

---

7. Aut. cit., *O direito do acionista ao dividendo*, São Paulo, 1969, a p. 312, nos termos seguintes: "O direito do acionista ao dividendo é direito expectativo (*spes debitum rei*): em havendo lucro, fixado pelo balanço do exercício e determinado na assembléia geral o 'quantum' e a maneira da sua distribuição

Este modo de ver permaneceu válido, mesmo após o advento da atual Lei 6.404/1976, a qual criou mais razões para sublinhar a eventualidade deste direito, enfatizando sua submissão ao interesse maior da companhia. Pelo menos é o que decorre da exposição justificativa do projeto de lei em que teve origem a nossa atual lei acionária.[8]

Este, também, foi o entendimento mais recente de Lamy Filho e Bulhões Pedreira, quando estatuem que "O lucro social só se torna exigível pelo acionista a partir da aprovação do balanço pela assembléia geral e *da deliberação de destinar os lucros, ou parte deles, ao pagamento de dividendos:* até que isto ocorra inexiste a exigibilidade dos créditos, por isso que a assembléia pode – mesmo havendo lucros – destiná-los parcialmente à constituição de reservas, ou, mesmo, não pagar nem o dividendo obrigatório (...)".[9]

Por tal razão é que, enquanto o direito a participar dos lucros sociais é certo e inarredável, aquele à percepção dos dividendos está condicionado, não somente à existência de lucros, como à deliberação da assembléia, aprovando ou determinando sua distribuição. Com este teor, compreende-se o disposto na norma do art. 202, §§ 3.º e 4.º, da Lei 6.404/1976.

Em *paralelo* não é demasia mencionar a existência de normas de tutela ao dividendo como aquelas previstas nas normas dos artigos 152, § 1.º e 205 § 3.º.

4.1.2 Direito de participar do acervo da companhia em caso de liquidação

O fundamento aqui é a participação do acionista nos riscos do empreendimento e não qualquer direito real de propriedade. Cessada a atividade, não mais se justifica a manutenção do patrimônio societário, mais ainda quando solvido todo o passivo. Razoável, portanto, que inexistindo mais o empreendimento, seja o saldo devolvido ao acionista.

Note-se que em alguns sistemas, assim no direito alemão e suíço, há a possibilidade de excluir este direito, o que não é a situação brasileira, como bem demonstra o caput do art. 109 da Lei 6.404/1976.

(caso os estatutos já o não tenham feito), deixa de haver direito expectativo para nascer o direito expectado ao dividendo (...)".
8. Conf. textualmente: "O art. 202 reproduz preceito da legislação atual, destinado a proteger a integridade do capital social. (...) Daí o projeto fugir a posições radicais, procurando medidas justas para o dividendo obrigatório, protegendo o acionista até o limite em que, no seu próprio interesse, e de toda a comunidade, seja compatível com a necessidade de preservar a sobrevivência da empresa (...)".
9. Aut. cit., *A Lei das S/A,* Rio de Janeiro, 1992, p. 264.

4.1.3 Direito de fiscalizar na forma prevista na lei a gestão dos negócios sociais

Este é um direito comum às demais sociedades como fazia ver a norma do art. 290 do Código Comercial revogado. A particularidade é que, nas anônimas, esta fiscalização é feita de forma indireta. Vale dizer, por meio do conselho fiscal, tal como estatui a norma do art. 163 e seus incisos, ou mediante o exame dos documentos colocados à disposição (arts. 133 e seus incisos e 135, § 3.º da Lei 6.404/1976) ou o pedido de informações por ocasião das assembléias gerais (v. arts. 132, I e 157, §§ 1.º e 2.º da Lei 6.404/1976), ou ainda mediante auditoria que é obrigatória para as companhias abertas. Perfaz-se, ademais, mediante o dever de informar imposto aos administradores de companhia aberta, tal como estatui o art. 157 da lei acionária, ressalva feita ao disposto na norma do seu § 5.º, eis que aqui a tutela do interesse da companhia deve sobrepujar aquele imediato do acionista ou investidor.

4.1.4 Direito de preferência

Este direito, assegurado na norma do art. 171 da Lei 6.404/1976, é o que têm os acionistas de subscreverem prioritariamente os aumentos de capital, na proporção das ações possuídas. A finalidade aqui é evitar a diluição da participação acionária, o que é importante, principalmente não só quando se tem em vista os direitos de minoria como a posição de controle, eis que a redução indevida do percentual pode levar à perda do direito reservado, mas também por conta de eventual perda patrimonial quando houver retenção de lucros não capitalizados. É necessário não esquecer que o direito de subscrever novas ações é essencial para preservar a posição jurídica do acionista, tendo em vista que esta (o *status socii*) é determinada não apenas pela espécie, mas também conforme o montante de ações possuídas.

Sobre o ponto, lembra a doutrina[10] que a emissão de novas ações, qualquer que seja a origem do aumento, pode acarretar pressão para menos nas ações negociadas, tendo em vista o acréscimo da oferta perante a demanda. Destarte, a aquisição das novas ações poderia representar uma forma de compensação para o acionista pela perda "ainda que momentânea, de valor do seu investimento acionário primitivo (...)."

Contudo, não é bem verdadeira, neste ponto, a alegação de que este seja um direito individual imutável, perante o teor do disposto na norma do art. 172 e seus parágrafos da mesma lei, considerando que pode ser afastado por disposição estatutária nas condições ali descritas.

---

10. Assim Fabio Konder Comparato, Fideicomisso Acionário, *RDM* 40, p. 63-78, p. 66.

4.1.5 Direito de retirar-se da sociedade nos casos previstos em lei

Fala-se aqui em direito de recesso que é prerrogativa individual do minoritário dissidente de deliberação da assembléia geral. O fundamento, a tutela da minoria, introduzindo um meio termo entre o critério unanimidade (o que reduziria a sociedade à imobilidade) e o poder absoluto da maioria.

É meio eficaz de defesa do minoritário que, descontente, com deliberação assemblear com a qual não concorda pode retirar-se da sociedade mediante o reembolso do valor de suas ações.

Todavia, este direito somente pode ter lugar quando a deliberação dissentida incida sobre as matérias mencionadas na lei (v. art. 137, 221, 236, parágrafo único, 296, § 4.º e 252, § 2.º da Lei Acionária) e nas circunstâncias ali assinaladas (v. parágrafos do art. 137).

Para que o acionista dele se possa valer não é necessário tenha votado contrariamente à decisão impugnada ou sequer comparecido à assembléia. Basta que manifeste a sua intenção dentro de 30 dias a contar da publicação da ata respectiva, prazo este de decadência.

A lei, todavia, com a idéia de salvaguardar o patrimônio social, dá aos administradores a possibilidade de convocar uma segunda assembléia para retificar (ou ratificar) a decisão repugnada (art. 137, § 3.º da Lei 6.404/1976). Mantida a deliberação, tem o acionista o direito de e pleitear a devolução de seus haveres na forma descrita no art. 45 e seus parágrafos da mesma Lei. Portanto o direito formativo desconstitutivo, nesses casos, está sujeito a condição.

Atenção especial, aqui, deve ser feita perante o que estabelece a norma do § 8.º deste último artigo, lembrando que se o valor de reembolso foi retirado da conta capital, e a sociedade for declarada falida, o acionista retirante será compelido a devolvê-lo, mediante a competente ação revocatória.

4.2 Os direitos de minoria

a) Com 0,5% (meio por cento) do capital social o acionista tem o direito:
– de solicitar relação de endereços de acionistas na forma assinalada no art. 126, § 3.º da Lei 6.404/1976.

b) Com 5% (cinco por cento) do capital social o acionista tem o direito:
– ao exame dos livros sociais (art. 105);
– convocar a assembléia geral (art. 123, parágrafo único, alínea *c*);
– ser convocado por carta ou telegrama (art. 124, § 3.º);
– convocar a assembléia geral para deliberar quanto à ação de responsabilidade contra administradores (art. 159, § 4.º);
– pedir informações em assembléia sobre matérias determinadas (art. 157, § 1.º), as quais, todavia, podem ser negadas se colocarem em risco a companhia (art. 157, § 5.º);

– pedir informações ao conselho fiscal (art. 163, § 6.º), bem como a sua instalação (art. 161, § 2.º);
– pedir a dissolução da sociedade, quando provado que não pode atingir o seu fim (art. 206, II, alínea b);
– propor a ação de reparação de danos contra a sociedade controladora (sem prestar caução (art. 246, § 1.º, alínea b);
– pedir o funcionamento do Conselho Fiscal da companhia filiada ao grupo (art. 277).

c) Com 10 % (dez por cento) do capital social o acionista tem o direito:
– requer a adoção do voto múltiplo para a eleição de membro do Conselho de administração (art. 141);
– (das ações preferenciais) eleger e destituir mediante votação em separado um membro e respectivo suplente do conselho de administração (art. 141, § 4.º, II).

d) Com 15% (quinze por cento) do capital social o acionista tem o direito:
– eleger e destituir mediante votação em separado, um membro e respectivo suplente do Conselho de administração (art. 141, § 4.º, I).

4.3 Sociais

4.3.1 O direito de voto

O princípio é o da liberdade. O acionista não é obrigado a votar. Se o faz, porém, está submetido a dois limites: um *interno*, segundo o qual o titular de uma pluralidade de ações deve utilizar todas suas ações para firmar uma mesma deliberação; outro *externo*, o qual veda possa o acionista utilizar o seu voto contrariamente ao interesse social. Se o faz, a sanção está no art. 115 da lei acionária.

A deliberação será considerada abusiva e, destarte, anulável (art. 116, § 4.º), mediante ação própria, cujo prazo prescricional é aquele estabelecido no artigo 286, desta mesma lei. Quanto às perdas e danos, a ação é a ordinária, usual do direito comum.

Todavia a norma do art. 115, invocado, exige para sua aplicação e isto como condição inarredável, a demonstração do elemento subjetivo, isto é, do ânimo *danoso* "(...) com o fim de (...)", impondo-se demonstrar ter sido formulado "(...) com o fim de causar dano (...)" ou "(...) de obter vantagem a que não faz jus (...)" e a prova deste ânimo, nem sempre é factível o que enfraquece a norma no seu cerne. Por outro lado, este direito pode ser suspenso, caso o acionista deixe de cumprir suas obrigações para com a companhia (art. 120 da Lei 6.404/1976).

Note-se que os acordos de voto (sindicato de votos) são permitidos na lei brasileira, com este teor o acordo de acionista.

4.3.2 Os direitos dos acionistas preferenciais

Estes dependem de disposição estatutária[11] e podem ser alterados, por vontade da AGE, desde que a assembléia especial dos acionistas preferenciais ratifique a deliberação.[12]

Mas enquadram-se igualmente dentre os mencionados direitos "próprios" (Sonderrechts) a que fez menção Valverde. Atente-se, todavia, ao disposto na norma do art. 17, § 5.º da lei acionária. Se as ações não comportarem dividendo fixo o direito de participar dos aumentos da capitalização ou reservas de lucros é inarredável.

4.4 Instrumentais (destinados a dar eficácia a outros direitos)

4.4.1 A actio ad exhibendum

A actio ad exhibendum prevista na norma do artigo 105 da Lei 6.404/1976, veicula o direito que o acionista tem à informação.

Este, todavia, não é o remédio comum a todos os acionistas. Somente os titulares de ações correspondente a 5% do capital social podem utilizá-lo e isto desde que demonstrem a existência de atos violadores da lei ou do estatuto ou a suspeita de graves irregularidades por parte de qualquer órgão da companhia.

O limite de 5% tem sua justificativa, lembrando a velha regra de que "o segredo é a alma do negócio". Além disso, se acionistas detentores de participações mínimas pretendessem, a qualquer tempo, examinar livros, seria necessário, talvez, manter pessoas que se dedicassem apenas a isso, onerando a administração.

É necessário não esquecer que existem duas espécies de sócio nas sociedades anônimas: o acionista empresário e o investidor. O primeiro preocupa-se com o destino da sociedade, enquanto ao segundo interessa apenas obter um bom, isto é, compatível com o mercado, e rápido retorno do investimento.

Vale dizer que a situação do acionista pode ser transitória e, ainda, a faculdade de que alguém não propriamente interessado no destino da companhia se valha da participação societária para ter acesso aos livros não deve ser facilitada. Por tal razão a lei limita, estabelecendo uma legitimidade específica para o direito a exibição, mediante o percentual de 5%.

---

11. V. art. 19 da Lei 6.404/1976.
12. V. arts. 136, I e II e §§ 3.º e 4.º.

Mas, não só. Exige igualmente uma causa justa para a exibição.

Restaria indagar neste ponto se esta norma estabelece um tratamento diferente do mesmo pedido de exibição, disciplinado nas normas dos artigos 381, 382 e 844, II e III, do CPC.

Neste ponto é mister distinguir:

– Nas normas dos artigos 381 e 382, o Código de Processo tem em vista medida proposta perante lide já em curso e é somente na hipótese de exibição total (art. 381 do CPC) que permanece a exigência do limite de 5%, previsto na lei acionária. No segundo caso (art. 382) exibição parcial, como a lei adjetiva não fez qualquer remessa legal, a exigência não tem lugar.

– A situação é outra na norma do art. 844, III, do CPC. Aqui o pedido de exibição advém, em princípio, como medida preparatória da ação principal, mas não necessariamente, podendo apresentar-se igualmente como ação própria autônoma. Todavia se cuidar-se de exibição total, permanece a exigência daquele percentual.

4.4.2 A ação de responsabilidade contra administradores (ut universitas)

Nem sempre, como mencionado, os remédios jurídicos abrigados na lei acionária têm por finalidade a tutela de um interesse ou direito dos minoritários. Por vezes, esta tutela é indireta, como ocorre com a ação de responsabilidade contra administrador, abrigada na norma do art. 159 desta lei e que já foi objeto de exame.

Basta lembrar que neste caso a titular do interesse lesado é a própria sociedade e a tutela do minoritário somente tem lugar mediatamente, na medida em que se protege o interesse social.

São duas as hipóteses previstas na norma deste artigo:

No *caput* a titular do interesse legítimo é a sociedade (*ut universitas*); já no § 7.º, cuida-se de ação *pro socii* e o titular do interesse é, não só o minoritário, como qualquer acionista.

E são duas as hipóteses porque são interesses distintos.

Quando se cuida do interesse da companhia a competência é sua, pois é seu o interesse em jogo. Tanto assim é que o órgão competente para deliberar quanto à propositura da ação é a assembléia geral.

Somente quando, após deliberação afirmativa a ação não é proposta, é que se admite que qualquer acionista o faça. O fato, porém, do acionista ingressar em juízo não significa passe a ser o titular do interesse em jogo. A titularidade permanece com a companhia, admitindo o exercício "*ut singulus*" pelo sócio, como substituto processual.

O acionista aqui, embora o faça individualmente, atua no interesse da companhia, substituindo-a no exercício de ação específica. E para tanto ingressa em nome próprio; mas, no interesse da companhia, cujo patrimônio quer defender, mediante a responsabilização do administrador faltoso.

Tem-se aqui uma situação de legitimação extraordinária. Por tal razão, a circunstância de que o interesse em jogo é da companhia deve vir expressa, mencionando-se, ademais e claramente, que os resultados da ação promovida se deferem à sociedade, cujo interesse se defende.[13]

A mesma situação ocorre perante os parágrafos 3.º e 4.º deste artigo. Mas neste ponto surge um problema.

É que a redação do § 2.º pode levar à crença de que o impedimento dos administradores somente tem lugar quando a assembléia delibera favoravelmente à propositura da ação, não se aplicando a medida quando a ação é proposta pelos acionistas que representam o percentual indicado (5%), tal como indicado no § 4.º.

Mas este não é o entendimento correto, eis que a ação social é uma, quer quando exercida pela companhia, quer quando pelo acionista. O problema na prática é conseguir o afastamento do administrador faltoso, quando a assembléia decidiu não propor a ação, eis que aqui a única via que resta é a judicial.

A questão já não tem lugar quando a competência é deferida a qualquer acionista (§ 3.º).

Só que, neste caso, como é impositivo a deliberação da assembléia, decidindo pela propositura da ação, afastam-se quaisquer duvidas quanto ao impedimento.

Resta indagar se a ação de responsabilidade contra administrador implica no pedido de nulidade dos atos que causaram dano à companhia e a resposta é pela afirmativa. No mesmo pedido, há que se pleitear pela responsabilização do administrador faltoso e pela nulidade da deliberação conflitante.

5. Normas paralelas de tutela

5.1 *As ações anulatórias e a de declaração de nulidade*

Estas estão abrigadas, para o que nos interessa, nas normas dos artigos 285, 286 e 288 da Lei 6.404/1976.

A primeira prevê a anulabilidade do ato de constituição. Contudo é necessário distinguir quando o vício decorre da falta de registro ou da publicidade, tal como exigido nas normas dos artigos 97 e 98 desta lei, de quando deflui da inobservância das demais exigências.

---

13. Cf. José Alexandre Tavares Guerreiro, Impedimento de administrador em ação social *ut singuli*, *RDM* 46, 1982, p. 23-28, p. 25.

E é necessário distinguir porque, neste caso a hipótese não é mais de anulabilidade ou nulidade, mas sim de ineficácia, conforme o teor da norma do art. 94 da citada lei. Se a questão versa sobre a eficácia não se pode falar mais em prescrição. Sanado o vício a companhia poderá iniciar as suas atividades a qualquer tempo.

Não é o que ocorre quando o ato de constituição advém viciado por causa intrínseca. Neste caso a sanção é a dissolução da companhia, como prescreve a norma do art. 206, II, alínea *a* da Lei 6.404/1976.

Observações semelhantes podem ser feitas com relação ao teor da norma do art. 286 que se segue.

Aqui duas são as circunstâncias.

No primeiro caso cuida-se da anulabilidade da assembléia irregularmente convocada ou instalada, violadora da lei ou do estatuto. No segundo, a de deliberação contrária à Lei, ao estatuto ou viciada por erro, dolo, simulação ou fraude.

Aqui dever-se-ia fazer distinção porque quando se cuida de violação objetiva de norma legal a sanção deveria ser a nulidade e não a anulabilidade, lembrando que a nulidade não convalesce nunca e seria, destarte, imprescritível. Mas a lei não estabeleceu tal distinção, impondo-se que se conforme com a orientação acatada, justificada, quiçá, pelo fato de se tratar de contrato de execução continuada e exercício de atividade, circunstâncias em que a nulidade poderia ferir interesses de terceiros estranhos ao quadro social. Isto, talvez, explique a opção de política legislativa

Mas, para o que interessa, é que, em ambos os casos, o interesse do minoritário está tutelado e delas se pode valer para restaurar o equilíbrio violado.

5.2 A delimitação das atribuições dos administradores na hipótese de uso indevido dos poderes de administração (art. 154 e ss.)

A lei impõe ao administrador uma série de deveres e, dentre eles, assinalam-se o de servir com lealdade à companhia (art. 155 da Lei 6.404/1976); o de diligência (art. 153 da Lei 6.404/1976) e o de utilizar o poder que lhe foi outorgado para atingir os fins e os interesses da companhia (art. 154 da Lei 6.404/1976), sob pena de incorrer em desvio de poder.

O dever de lealdade, uniformemente aceito, decorre, como ensina Halperin, "(...) do vínculo de confiança que inspira a designação da tarefa de administração de bens alheios. Disto decorre o seu dever de atuar com lealdade, porque todos os poderes outorgados, o são para serem utilizados de boa fé e com fins legítimos. A falta de lealdade resulta do simples conhecimento do caráter abusivo ou fraudulento do fato que se julga, na época em que este tem lugar, sem que se tenha adotado medidas necessárias para o impedir".[14]

Vale dizer que o administrador deve se comportar com a máxima boa fé, como se impõe a todos aqueles que detêm à sua disposição bens alheios.

Este dever de diligência, como ensinava Oscar Barreto Filho, vai além do *vir diligens ac probus* do Direito Romano,[15] particularmente pelos deveres específicos que a lei impõe nas normas assinaladas.

E, tal dever, é o fundamento básico da conduta do administrador para com a sociedade, constituindo o ponto de atração para o qual convergem todos os outros demais deveres.

Contudo, o rol de comportamentos enunciados na lei que dão lugar à violação de tais deveres, não é taxativo, pois nem podia o legislador prever todos os comportamentos que dão lugar a uma atuação abusiva.

Vale, portanto aqui, a conceituação em abstrato, conforme o senso comum, melhor expressa na lei acionária alemã de 1965, em seu art. 93, I, como *eines ordentlichen und gewissenhaften Geschäftsleiters*. Isto é, a diligência de um gerente organizado e cuidadoso o que equivale a bom senso e prudência na condução dos negócios sociais e tem nortes determinados.

O primeiro confunde-se com o objetivo (ou interesse social), cuja consecução deve ser o fim a que se propõe o administrador. O segundo, o objeto social, isto é, a atividade econômica descrita, a qual é, simultaneamente, meio de que se deve valer para realizar aquele interesse e limite.

Assim, o primeiro dever do administrador é o de tutelar o interesse da sociedade, e destarte aquele do minoritário enquanto acionista.[16]

Mas os poderes dos administradores são poderes funções, direitos de organização que devem ser exercidos no interesse alheio.[17]

Por esta razão quando viola aquele dever que a lei acionária impõe de atuar para "(...) lograr os fins e no interesse da companhia, satisfeitas as exi-

---

14. Aut. cit., *Sociedades anónimas – Examen crítico del Decreto Ley 19.550*, Buenos Aires, 1978, p. 449-450. Trad. nossa.
15. Aut. cit. Medidas Judiciais da Companhia contra administradores, *Revista de Direito Mercantil*, Nova série, 40, p. 9-18, p. 9.
16. Conf. Götz Hueck, *Gesellschaftsrecht*, München, 1983, 18. ed., p. 197, nos termos seguintes: "Os membros da diretoria deve defender por todos os modos o interesse da sociedade, abstendo-se de tudo que a prejudique (...)". Trad. nossa.
17. Conf. Haluk Tandogan, *Notions preliminaires a la "Theorie Generale des Obligations"*, Geneve, 1972, p. 36-37; Von Thur, *Tratado de las obligaciones*, Madrid, 1964, t. I, p. 155-162, notadamente, p. 160-161.

gências do bem público e da função social da empresa(...)" (art. 154, citado), incorre em desvio de poder.

Pelo mesmo motivo, tampouco se pode valer do cargo para realizar operações, nas quais tenha interesse conflitante com o da companhia. Com este teor a norma do art. 156 da lei acionária é suficientemente clara.

Por outro lado, os administradores somente estão autorizados a prática de atos regulares de gestão, como tal entendidos aqueles destinados à realização do objeto social, vale dizer, a atividade descrita no ato de fundação da sociedade.

Destarte a regularidade negocial do ato praticado pelo administrador decorre da sua destinação à finalidade visada por meio da atividade. Se com ela não se coaduna, o ato é de administração extraordinária, impondo-se a anuência da assembléia geral para a sua validação, eis que os poderes extraordinários são de interpretação estrita e não comportam extensão analógica.

Mas, ainda quando autorizados pela assembléia, se o ato for abusivo, contrário à lei ou ao estatuto, a ele deve se opor o administrador, sob pena de ser igualmente responsabilizado, com expressamente estabelece o art. 117, § 2.º, da Lei das S/A.

De qualquer forma se a atuação é abusiva, há a responsabilidade pessoal do administrador (art. 158 da Lei 6.404/1976), a qual é, em princípio, individual, podendo tornar-se solidária nas situações que a lei assinala no art. 158, §§ 1.º e 2.º.

Anote-se que a prova da infração ao dever de lealdade independe da indagação do ânimo. Não se indaga quanto ao dolo ou à culpa grave, bastando, para tanto, a leve, pois a diligência do bom administrador consciencioso situa-se acima daquele do bom pai de família, advinda do *vir diligens ac probus* do Direito Romano.

5.3 A responsabilidade do acionista controlador pelos atos praticados com abuso de poder: arts. 116 e 117 da Lei 6.404/1976

A lei estabeleceu como dever particular do controlador aquele de conduzir a companhia para a realização do seu objeto social, isto, porém, tendo sempre em vista a tutela do interesse social e aquela devida aos minoritários, como mencionado acima.

Cuida-se de dever particular do controlador porque a lei brasileira reservou uma disciplina especial para aquele que detém o poder de determinar o destino da companhia.

Esta, consentaneamente ao princípio de que ao maior poder corresponde maior responsabilidade, distinguiu a figura do acionista maior, atribuindo-lhe deveres específicos.

É com esta intenção que a norma do artigo 117 da Lei 6.404/1976 utilizou a expressão *abuso ou desvio de poder* para qualificar os atos do controlador atentatórios aos interesses que ali se procura preservar. Vale mais a expressão quando se tem em vista que o poder do controlador, como poder de disposição sobre bens alheios,[18] é também poder função e, como tal, destinado à satisfação de interesses alheios.[19]

Veja-se que o elenco dos atos abusivos é exemplificativo.

Mas o que nos interessa é que, dentre os interesses tutelados diretamente, estão aqueles dos minoritários, como demonstram as alíneas *a, b* e *c, e*, indiretamente, nas demais alíneas.

Todavia em que pese não ter cogitado do elemento subjetivo na primeira alínea, bastando o favorecimento prejudicial para dar lugar ao abuso, a situação não é a mesma nestas segundas e naquela da alínea *d*, eis que aqui a demonstração do elemento subjetivo é de rigor e com isto enfraquece-se o alcance das medidas.

De qualquer forma esta delimitação do poder do controlador autoriza sancionar-lhe (ao menos teoricamente) os abusos, eis que sua responsabilidade é pessoal e, desta forma, ilimitada.

5.4 O acordo de acionistas (art. 118 da Lei 6.404/1976)

Embora o acordo de acionista seja um dos meios, por excelência, para a organização do controle é também o instrumento utilizado pelos minoritários para a defesa e reforço da sua posição acionária, a par de prevenir litígios futuros, findando aqueles existentes.[20]

Cuida-se de instrumento associativo (convenção), com caráter acessório e parassocial, eis que dependente da existência da pessoa jurídica.

Dentre as matérias, próprias de acordos desta natureza, tais como a convenção de voto para o preenchimento de cargos administrativos, os pactos de preferência, de bloqueio ou de promessa de cessão de ações, é possível versar-se sobre outras matérias, visto não se estar adstrito ao elenco descrito no *caput* do art. 118 da Lei 6.404/1976.

Embora negócio jurídico típico, como declara a doutrina, em princípio são livres "(...) desde que não para fins ilícitos ou com negociações de votos (...)".[21]

---

18. Fabio Konder Comparato, op. cit., *O poder de controle...*, p. 86.
19. Idem, op. e aut. cit.., p. 100.
20. Idem, *Novos ensaios e pareceres de direito empresarial*, São Paulo, 1981, p. 54-55.
21. Waldírio Bulgarelli, *Questões de direito societário*, São Paulo, 1983, p. 35.

Isto, como é linear, desde que não contrariem a lei ou o estatuto.

Observe-se, porém, que como pacto parassocial não antecede a constituição da companhia, confundindo-se com os chamados "protocolos de intenção". O acordo de acionista, enquanto pacto desta natureza depende da existência da sociedade.[22]

Ademais disto, quando arquivados na sede da companhia, podem ser opostos não somente contra estas, mas inclusive, quando averbados nos livros de registros e nos certificados de ações (quando emitidos), *erga omnes*.

Cumpridas estas condições faculta-se aos convenentes a execução específica das obrigações pactuadas (art. 118, 3.º, da Lei 6.404/1976). Se as formalidades legais não forem respeitados a execução específica ao convencionado tem lugar. Tampouco podem ser opostos à companhia ou a terceiros. A validade do acordo restringir-se á aos participantes, submetida ao disposto no direito obrigacional comum.

Em regra são temporários de molde a evitar tenha lugar a renúncia ao direito de voto.

Quando celebrados por prazo indeterminado submetem-se à regra geral própria destes contratos. Vale dizer, admite a denúncia unilateral a qualquer tempo livremente ou nas condições previstas no acordo (quando assim tenha sido pactuado).

6. A SITUAÇÃO DE ABUSO DE MINORIA

A doutrina assinala, nos contratos plurilaterais, conforme a tese *Ascarelliana*, a existência, sempre de dois tipos de interesses: o comum das partes e os individuais dos sócios que perfazem o ato de constituição da sociedade. Porém, estes segundos somente são tutelados enquanto interesses dos sócios nesta qualidade e, desde que não entrem em conflito com o interesse social.[23]

Se o interesse do sócio enquanto sócio não se destina ao interesse comum ou conflita com aquele da companhia, inclusive quando extra-societários, transmuda-se em abusivo.

E esta situação de abuso está presente tanto quando o controlador utiliza seu poder em proveito próprio, como quando o minoritário vale-se dos remédios legais para a tutela de seus direitos em detrimento do interesse social.

Distingue-se, destarte, as situações de abuso de maioria (ou abuso do poder de controle) e aquelas de abuso de minorias, notadamente quando esta

---

22. Modesto de Barros Carvalhosa, *Comentários à Lei de Sociedades Anônimas*, 2. ed., São Paulo, Saraiva, 1997, p. 473-474.
23. Fabio Konder Comparato, Restrição à circulação de ações em companhia fechada: '*nova et vetera*', RDM, n. 36, Nova série, p. 65-76, p. 72.

prejudica o andamento dos negócios sociais com vista a interesses individuais, opostos àquele expresso no interesse da companhia. Inclusive já houve quem afirmasse que não se pode fazer pender a balança para o lado da minoria de molde a romper o equilíbrio societário. Uma minoria temerária e irresponsável é tal prejudicial quanto uma maioria arbitrária.[24]

Se o intuito da minoria é valer-se dos remédios legais com espírito emulativo, visando desestabilizar o controle da sociedade em proveito próprio tem-se a situação de abuso de direito.

Assim, presente a má fé, o exercício do interesse individual pelo acionista é abusivo e como tal deve ser sancionado, obstando-se o exercício do direito invocado.

7. A TUTELA DOS TERCEIROS CREDORES

A tutela dos credores perfaz-se, ademais dos princípios que disciplinam o capital social (e conseqüentemente mediante normas que tornam eficazes estes princípios) pela obrigação de formar reservas e por uma disciplina estrita das demonstrações financeiras, submetida, inexoravelmente, ao princípio da publicidade.

Três, segundo a doutrina,[25] são os princípios básicos que norteiam o capital social: o da *determinação* (o capital deve ser sempre fixado no estatuto social); o da *efetividade* ou da *realidade* e o da *intangibilidade*.

O *primeiro*, ordena que o montante, o valor do capital declarado nos estatutos não possa ser alterado (para mais ou para menos) sem a observância das normas legais.

O da *efetividade* exige que o capital declarado no Estatuto corresponda à realidade.

O *último* proíbe que o capital seja devolvido ao acionista durante a vida da sociedade, salvo as hipóteses de recesso ou de capital exuberante ou excessivo.

Por tal razão é que quando integralizado em bens, a par de exigir-se sejam realmente úteis para a companhia (art. 117, § 1.º, alínea *h*, da Lei 6.404/1976), a lei impõe sejam avaliados na forma descrita no art. 8.º da Lei 6.404/1976. Perceba-se que o proprietário dos bens ofertados para integralizar

---

24. Y. Eduardo L. Gregorini Cleusellas, *La protección de las minorias em las sociedades anônimas*, Buenos Aires, 1959, p. 17, apud Waldírio Bulgarelli, *Regime Jurídica da Proteção às Minorias nas S/A (de acordo com a reforma da Lei 6.404/1976)*, Renovar, 1998, p. 43, nota de rodapé, 22.
25. Waldírio Bulgarelli, *Manual das sociedades anônimas*, 12. ed., Atlas, 2001, p. 99.

o capital não pode votar na assembléia destinada a deliberar sobre o laudo de avaliação, conforme expressamente estatui a norma do art. 115, § 1.º da Lei 6.404/1976, salvo a que se encontrem na situação assinalada na norma do § 2.º, deste mesmo artigo. Estas exigências devem ser obedecidas também quando do aumento.

Pela mesma razão, com vistas a manter a higidez deste capital proíbe-se possa a companhia negociar com as próprias ações, a não ser quando presentes as exceções que a lei acolhe (art. 30 e seus parágrafos da Lei 6.404/1976). Não por menos é a regra que proíbe a participação recíproca de capitais (art. 244 da Lei 6.404/1976), eis que por esta via, facultar-se-ia à companhia participar do próprio capital, elidindo o princípio que ordena a sua realidade. É fácil ver que, em ambos os casos, se têm um esvaziamento do capital social, substituindo-se numerário por papéis sem valor nenhum.

A proibição abrange também as participações indiretas, por interpostas sociedades, quer com estrutura piramidal; quer circulares, tendo em vista que o resultado é o mesmo.

Na mesma linha de tutela a norma do artigo 193 desta lei impõe a criação de reservas obrigatórias, cujo destino é, exatamente, assegurar a integridade do capital social somente podendo ser utilizada para compensar prejuízos ou para futuros aumentos de capital.

Outra não é a lógica da lei quando regula o aumento e a redução (arts. 6.º e 166-174), as quais somente podem ter lugar na forma autorizada pela lei. Inclusive, quando se cuidar de redução voluntária os credores a tanto podem se opor. Com finalidade de tutela mencionam-se, ademais, a proibição consubstanciada na norma do art. 13, proibindo a emissão de ações por preço inferior ao seu valor nominal e, ainda, as exigências, exaradas na norma do art. 80, ambas da Lei 6.404/1976.

No mais, a disciplina atenta que o legislador dedicou às demonstrações financeiras nas normas dos artigos 176 e ss., demonstram sua preocupação na tutela do bolso alheio.

JURISPRUDÊNCIA

- *"Sociedade comercial. Anônima. Ordinária de cobrança de dividendos. Propositura por ex-acionista. Desconto ilegal criado pela Assembléia Geral. Contrato de venda das ações que assegura ao autor o direito de receber dividendos do exercício atingido pela deliberação. Preliminar de ilegitimidade ativa* ad causam *repelida. Reserva para contingência. Criação pela Assembléia Geral para atender a indenizações trabalhistas e pagamentos de benefícios* post mortem. *Despesas que não têm caráter de eventualidade e não são excepcionais. Inclusão desta verba no cálculo de dividendos decretada. Recurso provido. Inteligência dos arts. 194 e 195 da Lei das*

Sociedades Anônimas. Cobrança. Diferença de dividendos de sociedade anônima. Existência de quitação dada pelo autor relativa aos dividendos do exercício em questão. Documento referente apenas às quantias recebidas, e não às que tem direito de receber. Carência afastada. Ação de anulação. Deliberações de Assembléia Geral de sociedade anônima. Interpelação judicial tempestiva. Prazo prescricional não transcorrido. Acórdão omisso. Embargos conhecidos. Carência afastada. Tem legitimação para propor ação de cobrança de diferença de dividendos de sociedade anônima o ex-acionista que tem assegurado o direito de receber os dividendos do exercício atingido por deliberação ilegal da Assembléia Geral. (Red.) A reserva para contingência, nos termos do art. 195 da Lei das Sociedades Anônimas, visa a atender às perdas que, embora possam ser previstas, são episódicas, contingentes ou meramente eventuais. As indenizações trabalhistas bem como o pagamento de benefícios post mortem, não tem o caráter de eventualidade e não são excepcionais. Trata-se, sim, de despesas certas, para as quais, sendo mensuráveis, pelo menos em média, é recomendável a constituição de um "fundo", e não a de uma reserva, que traria detrimento para as distribuições de dividendos aos acionistas. A quitação dada apenas em relação às quantias recebidas pelo credor não abrange aquelas que têm direito de receber e não foram pagas. Ocorrendo a interpelação judicial anterior ao transcurso do prazo prescricional, não há que se falar em prescrição da ação anulatória, vez que verificada a interrupção. Reserva para contingência, em sociedade anônima, que não respeita os preceitos legais" (TJ/RJ, 6.ª C., Ap. 33.512 (EDecl), j. 28.12.1984 e 16.04.1985, rel. Des. Ebert Chamoun, *RT* 610/178).

- "*Sociedade anônima. Dividendos e resgate de ações. Colocação do numerário à disposição do acionista que deve ser inequívoca. Simples publicação em jornal especializado que não supre a exigência e sujeita a companhia ao pagamento de juros e correção monetária. Inteligência e aplicação do art. 205, §§ 1.º e 3.º da Lei 6.404/1976.* Correção monetária sobre o valor de dividendos e resgate de ações. Os dividendos devem ser pagos de maneira mais conveniente ao investidor, devendo a empresa desobrigar-se do pagamento desde logo, no prazo legal. A colocação do numerário à disposição do acionista deve ser inequívoca" (TJ/RJ, 4.ª C., Ap. 2.95/90, j. 21.08.1990, rel. Des. Fernando Whitaker, *RT* 670/142).
- "*Sociedade anônima. Capital fechado. Direito das minorias. Tutela mais intensa por parte da lei e do Judiciário. Assembléia geral. Aumento te capital. Aproveitamento de créditos de acionistas. Subscrição imediata de ações resultantes do aumento pela maioria presente à assembléia. Impossibilidade.* A Lei das Sociedades Anônimas corrigindo distorções da anterior legislação, buscou resguardar ao máximo o direito das minorias. Em se tratando de sociedade anônima de capital fechado, sem grande repercussão pública dos atos praticados pela administração, o direito dos preteridos

está a merecer tutela mais intensa da lei e do Poder Judiciário. Não pode prevalecer deliberação de aumento de capital, em Assembléia Geral de sociedade anônima, bem como de admissão de imediata subscrição de ações correspondentes pelos acionistas presentes ao ato, com utilização de seus créditos, também, reconhecidos no próprio ato" (TJ/SP, 5.ª C., Ap. 138.534-1, j. 19.09.1991, rel. Des. Jorge Tannus, *RT* 677/100).

- "*Sociedade anônima. Companhia fechada. Eleição de diretoria.* Derrogação das normas contidas em acordo de acionistas para preenchimento de cargos de administração. Inadmissibilidade. Pacto elaborado na forma da lei, quando da constituição da sociedade. Ratificação quando da modificação da Lei das S/A sendo respeitado pelos acionistas. Sendo a empresa, companhia fechada, é perfeitamente válido acordo de acionistas que indique a forma como serão preenchidos os cargos de administração, desde que tenha sido elaborado quando de sua constituição e arquivado na sede da empresa, com a publicidade do ato. Assim sendo, o acordo de acionistas pactuado pelas partes, na forma prevista em lei, quando da formação da sociedade, ratificado quando da modificação da lei das sociedades anônimas, não há direito líquido e certo a ser amparado consistente em derrogar normas contidas no acordo para eleição da diretoria da empresa" (TJ/SP, 6.ª C., Ap. 219.618-1/6, j. 03.02.1994, rel. Des. Melo Colombi, *RT* 706/84).

- "*Sociedade anônima. Dividendos e resgate de ações.* Colocação do numerário à disposição do acionista que deve ser inequívoca. Simples publicação em jornal especializado que não supre a exigência e sujeita a companhia ao pagamento de juros e correção monetária – Inteligência e aplicação do art. 205, §§ 1.º e 3.º da Lei 6.404/1976. Correção monetária sobre o valor de dividendos e resgate de ações. Os dividendos devem ser pagos de maneira mais conveniente ao investidor, devendo a empresa desobrigar-se do pagamento desde logo, no prazo legal. A colocação do numerário à disposição do acionista deve ser inequívoca" (TJ/RJ, 4.ª C., Ap. 2.95/90, j. 21.08.1990, rel. Des. Fernando Whitaker, *RT* 670/142).

- "*Sociedade anônima. Assembléia geral extraordinária de debêntures. Emissão. Conversão em ações preferenciais com e sem direito de voto.* Direito de recesso dos acionistas minoritários. Fundamentação na alteração da estrutura acionária da sociedade. Descabimento. Garantia de acesso aos minoritários, dotados de direito de preferência. Prejuízo inexistente. Recurso improvido. Inteligência dos arts. 52 e 57, § 1.º, da Lei 6.404/1976. A pura e simples emissão de debêntures conversíveis em ações preferenciais acessíveis aos minoritários dotados de direito de preferência, não configura prejuízo" (TJ/SP, 1.ª C., Ap. 150.494-1/7, rel. Des. Renan Lotufo, j. 09.06.1992, *RT* 689/140).

- "*Sociedade anônima. Criação de nova classe de ações preferenciais. Direito de recesso do sócio.* Exercício condicionado à demonstração de prejuízo em seu desfavor. O direito de retirada do sócio da sociedade anônima inconformado com a deliberação de criação de nova classe de ações preferenciais não é ilimitado, dependendo, assim, da demonstração de prejuízo em seu desfavor, sob pena de se transformar o recesso em mera venda de ações, o que escapa à finalidade do instituto. Descabe autorizar a retirada do sócio pela simples alteração na estrutura da sociedade. Mister que tenha interesse em pleiteá-la em razão de prejuízo sofrido" (STJ, 4.ª T., REsp 31.515-SP, rel. Min. Sálvio de Figueiredo Teixeira, *RT* 730/181).

- "*Sociedade anônima. Acionista. Pretendido exercício do direito de recesso. Negativa pela empresa, por ausência de enquadramento nas hipóteses previstas na Lei 6.404/1976. Interposição de ação ordinária para anular deliberação da assembléia. Legitimidade ad causam, pois, em tal hipótese, o sócio continua na condição de participante do quadro societário.* É parte legítima para propor ação ordinária, em que se pretende anular deliberação de assembléia de sociedade anônima, o sócio que, tendo requerido o exercício de seu direito de recesso, obteve negativa da empresa, por não haver enquadramento de sua situação em qualquer das previsões contidas na Lei 6.404/1976, pois, em tal hipótese, continua na condição de participante do quadro societário" (TJ/RS, 5.ª Câm., Ap. 598.198.836, rel. Des. Carlos Alberto Bencke, j. 14.10.1999, *RT* 777/392).

XI
Negócios Incidentes Sobre o Controle Acionário e Suas Ações

1. Penhor – Alienação fiduciária em garantia – Usufruto – Fideicomisso

1.1 Negócios de garantia

A ação como bem móvel pode ser objeto dos mais diversos negócios, tanto de alienação, quanto de garantia.

Tanto quanto ao penhor como com relação à alienação fiduciária, sede da matéria é a norma do art. 113 da Lei 6.404/1976. Em ambos os casos o acionista, embora preserve a titularidade das ações sofre algumas limitações no pleno exercício da propriedade em função do tipo de negócio ou do acordo com o credor. No caso do penhor é possível se veja impedido de votar determinadas deliberações. Já, quando alienadas fiduciariamente, não poderá fazer uso do direito de voto fora dos termos ajustados no contrato em que a garantia foi instituída.

A orientação justifica-se tendo em vista que a titularidade das ações continua com o acionista que dela não se vê privado pelo fato de tê-las cedido em garantia.

É certo que na alienação em garantia a propriedade fiduciária dos bens passa para o credor, mas, trata-se de propriedade resolúvel. O credor fiduciário não tem o domínio pleno das ações, que, por ter sido desmembrado na realidade opera mais como garantia do que transmissão. Pago o débito, o domínio volta a consolidar-se em mãos do acionista.

Problema que se coloca, neste ponto, é que se, do contrato em que se instituiu a garantia, nada constar, o acionista, como ocorre no usufruto acionário, ficará impedido de votar.

Modesto Carvalhosa[1] alerta mais, demonstrando a impossibilidade do exercício do direito de voto pelo credor, em ambos os casos. Por um lado

---

1. Aut. e op. cit., *Comentários...*, vol. 2, p. 376 e ss.

pelo conflito de interesses que vislumbra entre credor e devedor; por outro pela possibilidade de que, a admitir-se a possibilidade, o credor se valha do exercício do direito de voto para assumir o controle da companhia. Por óbvio que neste caso seria necessária a alienação fiduciária do bloco representativo do controle, ou até mesmo de controle minoritário, ou de o credor ser já, ele mesmo, titular de ações cujos votos, somados aos que exercer por força do negócio fiduciário, alcançar a maioria.

Note-se que em ambos os casos a averbação do gravame nos livros próprios, como ordenam os artigos 39 e 40 da Lei das S/A é de rigor.

1.2 Usufruto

O usufruto, servidão pessoal, direito real sobre coisa alheia, constituído *inter vivos* ou *mortis causa*, também pode ter por objeto ações. Em princípio, a par da finalidade assistencial e da temporalidade, somente era admitido sobre coisas (móveis ou imóveis) infungíveis. Mais modernamente, assim já na época de Cícero, passou a se admitir pudesse recair sobre coisas incorpóreas e, finalmente, sobre coisas fungíveis, à semelhança do depósito bancário (depósito irregular), constituindo-se, então, o quase-usufruto.

Neste, admitia-se a substituição da coisa dada em usufruto, podendo o usufrutuário restituir ao nu-proprietário coisa da mesma espécie e qualidade, seu equivalente em dinheiro, ou conforme a forma pactuada, quando da constituição do usufruto.

No direito brasileiro, conforme a lição da doutrina,[2] também foi admitido o quase-usufruto, que, para alguns, assim Miranda Valverde,[3] seria o recurso para as ações ao portador. A questão, todavia, não mais se coloca tendo em vista não só a eliminação das ações ao portador da nossa lei acionária, como o fato das ações serem bens infungíveis (v. Cap. IV, a p. 62), perfeitamente individuadas pelo nome de seu titular (são nominativas)[4] e seu número de ordem. As ações, como valores mobiliários, não se confundem com títulos de créditos. Não são emitidas para desaparecer ou para serem substituídas por outras da mesma qualidade e na mesma quantidade. Tanto assim é que a norma do art. 41 da lei acionária menciona expressamente que podem ser recebidas "(...) em depósito como valores fungíveis (...)", isto é, fungibilidade econômica, e a lei não teria necessidade

---

2. Silvio Rodrigues, *Direito Civil – Direito das coisas*, vol. 5, 27. ed., Saraiva, 2002, p. 301, 304-306.
3. Aut. e op. cit., a p. 268.
4. Cf. José Tavares Guerreiro, O usufruto das ações ao portador e a posição da companhia emissora, *RDM* 39, p. 84-95, qualifica as ações ao portador como bens fungíveis.

de mencionar esta diferença de qualidade caso as ações fossem consideradas juridicamente infungíveis.[5]

Núcleo central, para o que nos interessa, é a obrigação do usufrutuário de preservar a substância da coisa, dever que, segundo alguns[6] teria sido descurado pelo legislador na redação do Código Civil de 2002, desatendendo a sua definição, tal como acolhida no Digesto (*usufructus ist alienis rebus utendi, fruendi salva rerum substantia*).

Tal, porém não parece ser a intenção quando se atenta para o disposto na norma do art. 1.400 do CC/2002 ao ordenar a obrigação de velar pela conservação da coisa dada em usufruto.

Este dever de conservação é fundamental no caso do usufruto acionário, como bem observou *Fabio Konder Comparato*, impondo ao usufrutuário o dever de votar (quando o direito de voto lhe incumbir), de modo a preservar a substância das ações recebidas em usufruto.[7] Vale a medida, principalmente,

---

5. Sobre o ponto, v. Modesto Carvalhosa, op. cit., Comentários, v. 1, p. 286, nos termos seguintes: "A hipótese de contratar custódia de ações como depósito de valores fungíveis era inadmissível no quadro da lei civil, sendo mesmo vedada em face da natureza infungível das ações da companhia. Considerar, portanto, fungível a ação representativa de capital da sociedade anônima, para o efeito de seu depósito, necessitava regra legal especial que criasse essa figura, não revogando a geral sobre a espécie (...) nem o caráter da infungibilidade da ação para os demais efeitos e relações jurídicas. É o que faz a Lei 6.404, de 1976, ao admitir que as ações, por sua natureza infungíveis (art. 24), sejam consideradas coisas fungíveis única e exclusivamente para o efeito de custódia geral ou coletiva...". Contudo em outro ponto (p. 88) adverte que: "Sendo valores patrimoniais incorpóreos, as ações escriturais não podem ser consideradas bens fungíveis ou infungíveis, pois estes atributos jurídicos resultam da própria qualidade material e corpórea da coisa. Não havendo corpo material (certificado) a ser depositado em instituição financeira, as ações escapam, outrossim, dos requisitos declaratórios previstos no art. 24, ora revogado pelo desuso (Lei 8.021/1990)."
6. Silvio Rodrigues, op. cit., p. 295-296.
7. Aut. cit., *Ensaios e pareceres de direito empresarial*, São Paulo, 1981, Forense, p. 82-96, a p. 84-85, nos termos seguintes "Altera a substância da coisa, e, portanto, age abusivamente o usufrutuário que vota, sem prévio acordo com o nu proprietário, a favor da dissolução da companhia, da sua incorporação em outra, da sua fusão com outra, da mudança do objeto social, da venda do seu acervo, da redução do seu capital. O abuso aí é patente, tanto à luz do interesse do usufrutuário que se deve limitar aos atos de simples administração para o uso e fruição da coisa – quanto à luz do interesse do proprietário acionista, que não deve sofrer que o objeto da sua propriedade venha a ser alterado unilateralmente, pela ação de quem só está legitimado a usar e fruir

quando se tem em conta que o usufrutuário não tem o direito de dispor da coisa recebida uma vez que só pode usar e gozar da coisa. Fora disto, quando o voto não for regulado no ato de constituição do usufruto o voto somente poderá ser exercido, quer pelo usufrutuário, quer pelo nu-proprietário, mediante prévio acordo (art. 114 da Lei 6.404/1976).

Também aqui, impõe-se que o instrumento seja averbado nos livros da companhia (art. 40 da Lei 6.404/1976).

1.3 Fideicomisso

O fideicomisso, instituto do direito das sucessões, tem, da mesma forma que o usufruto, finalidade assistencial. Neste, *ex vi* o disposto na norma do art. 1.951 do CC/2002, o testador estabelece que por sua morte, a herança ou o legado se transmita a um terceiro designado (fiduciário), resolvendo-se o direito deste, por sua morte, a certo tempo, ou sobre certa condição, em favor de outrem, denominado fideicomissário.

Mas dele difere na medida em que:

– o fideicomisso é situação de propriedade resolúvel ou fiduciária;

– no fideicomisso há propriedade sucessiva, enquanto que, no usufruto, ocorre o desdobramento do domínio, facultando a existência de dois titulares sobre a mesma coisa; embora um tenha a propriedade e o outro o uso e gozo.

– no fideicomisso – o fideicomissário pode ser pessoa incerta, como a prole eventual de alguém. No usufruto isto não é possível;

– o fiduciário, como proprietário pode, em princípio, alienar ou gravar os bens recebidos e tais atos serão eficazes nos limites do art. 1.359 do CC.

Todavia, como administra estes bem (próprios) com destinação certa, a saber, sua transferência posterior para o fideicomissário, tem, igualmente a obrigação de preservar-lhe a substancia patrimonial com vistas ao cumprimento deste encargo. Daí porque somente se admite a alienação ou oneração dos bens dados em fideicomisso quando "(...) necessárias e úteis à preservação da substância (...)".[8]

Assim sendo, aplicam-se-lhe as mesmas restrições exaradas quanto ao usufruto, não podendo o fiduciário ceder suas ações ou votar determinadas matérias que impliquem na sua consumação. Igualmente, impõe-se-lhe, pela

---

do bem. Pelas mesmas razões, entende-se que o usufrutuário não está legitimado, sem prévio acordo com o nu proprietário, a aprovar em assembléia as matérias que ensejem, pela declaração de dissidência a retirada da companhia (...) Como o exercício do recesso equivale a autentica disposição de ações, só o proprietário-acionista está legitimado a exercê-lo, não podendo o usufrutuário trancar o recurso a esse poder pelo seu voto favorável...".

8. Fabio Konder Comparato, op. cit., "Fideicomisso", p. 73.

obrigação de preservar a substância, subscreva os eventuais aumentos de capital levados a feito de molde a evitar a diluição da posição acionária.

2. Negócios incidentes sobre o controle – As ofertas públicas

2.1 O controle como bem a ser valorado em si mesmo

O controle não é apenas o montante de ações apto a garantir a maioria nas deliberações da assembléia e a eleição da maioria dos administradores, mas, também, em si mesmo, forma particular de poder.

A diferença não é somente quantitativa, mas, igualmente qualitativa quando se o identifica como forma de relação de dominação ou poder de disposição sobre bens alheios.

O que se valoriza é a possibilidade real de influir, mediante o exercício do voto, na modelagem das estratégias e decisões que se refletem no resultado social. Mais ainda, o fato de deter esse poder permite que o controlador extraia, da sociedade, vantagens pessoais, denominadas *private benefits of control*. Vale dizer a obtenção de benefícios extraordinários em decorrência do exercício deste poder, ainda quando o bloco de ações representativos do controle seja inferior a 50% das ações com direito a voto, o que nem sempre pode ser do melhor interesse para a companhia.[9]

E assim ocorre tendo em vista o mecanismo de dissociação entre *poder v. risco* e *propriedade da riqueza v. seu controle*, característico nas sociedades anônimas e que pode atingir níveis elevados nas companhias abertas com um grande volume de ações dispersas pelo mercado. Cria-se assim situação em que o controlador, embora com um investimento significativamente menor, pode, porque exerce o poder, influir sobre a ordenação do destino da companhia. Por outro lado, quando esta dispersão é muito elevado, há a possibilidade

---

9. Conf. Lucian Bebchuk and Oliver Hart, Takeover Bids vs. Proxy Fights in Contests for Corporate Control, Disponível em: <http://ssrn.com/abstract=304386>, nos seguintes termos: "Because control provides private benefits, the fact that a rival is interested in replacing the incumbent does not imply that the rival would manage the company better. Consequently, if shareholders do not observe the quality of rivals, but know that the average quality of potential rivals is worse than the incumbent's, the rational strategy of shareholders will be to vote for the incumbent. Indeed, we show that, even if the quality of a certain rival is known by the most informed shareholders, voting shareholders may well be unable to infer this quality from the market price and thus may vote generally for the incumbent (...)". Na lição de Detlev F. Vagts (*Basic corporation law – Materials – Cases-Text*), 3. ed. The Foundation Press, Inc., Westbury, New York, 1989, p. 705, comentando a "onda" de *Tender Offers* ocorridas nos anos 70: "The motivation now seems to have been the profit that raiders perceived that they could make because of discrepancies between de market value of securities and the underlying value of the assets they represented (...)".

de um terceiro concentrar em suas mãos, mediante oferta pública, as ações dispersas, assumindo o controle da companhia. É o que se denomina tomada de controle que pode, em certas circunstâncias, ser hostil, isto é, contrair a vontade de acionistas até então controladores.

Todavia, como dissemos alhures,[10] impõe-se lembrar que este poder tem sua contrapartida, posto a posição de acionista controlador não ser semelhante àquela dos demais acionistas. Por cuidar-se de um *poder-função* que deve ser exercido no interesse alheio, a lei atribui ao controlador responsabilidade pessoal pelos atos que não se destinarem à satisfação destes interesses, prática qualificada então como de abuso de poder.

Por tal razão justifica-se seja avaliado de *per si* como um valor em si mesmo que ultrapassa aquele correspondente ao atribuído ao montante acionário que lhe dá base.

Por outro lado, a alteração do titular do controle afeta o destino da companhia e desta forma, igualmente, a vida dos minoritários, impondo-se normas de tutela na sua alienação. É que como o controlador tem poder para indicar a maioria dos administradores e fixar as políticas de condução dos negócios sociais, ainda que não haja alteração do objeto social, a administração pode agir, na perseguição do objeto social, de forma diferente.

Estas, todavia, somente existem para a transferência do controle na companhia aberta. Na companhia fechada a lei silencia, resolvendo-se a questão mediante aplicação das normas do direito obrigacional comum. Vale dizer, é possível, estabelecer restrições à circulação das ações e regras de preferência para os acionistas.

No âmbito das companhias abertas a transferência é tratada, caso a proposta de negociação parta do titular ou do futuro adquirente, respectivamente, nas seções VI (Alienação de Controle) e VII (Aquisição de controle mediante oferta pública) do Capítulo XX da Lei 6.404/1976.

2.2 O mercado de controle e o direito norte-americano

(a) Origem da disciplina:[11]

A constatação da existência de um mercado para este poder (aquisição de parte substancial das ações) data dos anos 60 nos Estados Unidos e Inglaterra, embora a ciência da sua existência tenha origem nos anos 30 graças a Berle e Means quando identificaram a dissociação entre controle e propriedade da riqueza e entre poder de controle e risco.[12]

---

10. Cf. meu Considerações sobre a OPA – Estado atual da questão, *RDM* 244, p. 16-57.
11. Idem, Considerações sobre a OPA... cit., p.16 e ss.
12. Richard A. Epstein, Controlling company takeovers: By regulation or by contract, edition: New Zealand Business Roundtable, 1999. Disponível: <http://.

Atribui-se a Henry Manne a criação da expressão *Market for corporate control*, denunciando a perspectiva de substituir uma administração ineficiente em companhias abertas com o intuito de obter lucros. Admitia-se, inclusive, a possibilidade de uma tomada hostil (contra a vontade dos atuais controladores), como um meio, pelo qual os acionistas dispersos que não tinham como influenciar decisões, ao venderem as ações a um terceiro interessado, demonstravam seu descontentamento. A presunção, então, era a de que isto levaria a uma gestão mais adequada da companhia alvo, dada à possibilidade de substituir os administradores menos competentes e empregando de forma mais eficiente o seu capital, uma espécie de ameaça ou incentivo para que os administradores agissem de forma a preservar os interesses da minoria.

Com esta visão a tomada de controle surgia como uma forma de sanear o mercado, liberando-o das companhias ineficientes e facultando-lhes uma melhor performance.[13]

(b) Destino do prêmio – Correntes:

Paralelamente, as opiniões dos especialistas sobre a disciplina deste mercado eram divergentes, especialmente, quanto ao destino do prêmio pago a mais ao controlador (quando fosse o caso), por ocasião da alienação do controle.

Para alguns, fundados no princípio da liberdade de mercado e na presunção de que a intenção do autor da oferta seria a de aprimorar a gestão, o que indiretamente elevaria o valor das ações beneficiando acionistas e companhia (Manne, Posner; Fischel e Easterbrook),[14] o valor pago a mais pertenceria integralmente do controlador.

A tese foi rejeitada, sob o argumento de que nem sempre a intenção do proponente seria aprimorar a gestão com benefícios para os minoritários. Sugeriu-se, então, de forma intermediária, que o prêmio fosse apropriado pelo controlador, desde que a oferta fosse precedida de ampla divulgação e

---

nzbr.org.nz/documents/publicaions/publications-199/controlling_company_takeovers.pdf>, p. 5.

13. Idem. aut. e op. cit a p. 6: "As described above, one takeover motive is to improve target firm performance by altering the strategies of the incumbent managers and possibly replacing them. Such disciplinary takeovers occur when the firms' internal governance mechanisms fail to prevent managers from pursuing their own goals.5 This problem is particularly pertinent for cash-rich firms that enable managers to undertake unprofitable but power-enhancing investments (Jensen, 1986).6 Consequently, firms undertaking poor investments and, more generally, poorly performing firms are more likely to be the target of a (hostile) takeover bid".

14. Conf. Rodrigo Marcilio, *Oferta pública de aquisição de ações por alienação de controle acionário*, dissertação de mestrado, apresentada e aprovada perante FDUSP em 18 de maio de 2003, sob a orientação da Professora Vera Helena de Mello Franco, a p. 13.

comprovada a boa fé do controlador (Coffee, Jenings e Marsh).[15] Tal entendimento levava à análise de cada caso de molde a afastar a possibilidade de prejuízos aos minoritários.

Como decorrência desta posição, a divulgação ampla (*full and fair disclosure*) das condições essenciais do negócio, mediante ofertas públicas, seria impositiva, impondo-se, ademais, a regulação do procedimento da oferta.

Outros negavam a possibilidade de que o valor referente ao bloco de controle fosse apropriado exclusivamente pelo controlador. O entendimento aqui era o de que todo o negócio de cessão de controle encerraria um prejuízo para os minoritários.

Paralelamente, em arrimo desta posição, aventou-se a idéia de que o controle, como ativo social (*corporate asset*), pertenceria à companhia (Berle e Means),[16] circunstâncias que tornaria ilegal o pagamento exclusivamente ao controlador.

Conseqüência, destarte, seria a sua divisão entre os minoritários, pois independente do fato de o controle não fazer parte dos bens incorpóreos da Cia. e de as ações integrarem o patrimônio dos acionistas, o certo é que, igualmente, não fazia parte do patrimônio do controlador. Esta e outras teses (Baynes e Andrews), todavia não vingaram, afastando a imposição da repartição do preço pago pelo controle dentre os minoritários.

De qualquer forma a proposta (repartição do preço pelos não controladores), embora rejeitada nos Estados Unidos, posto a OPA lá não ser obrigatória, disseminou-se pela Europa e, ao que parece, influenciou a lei acionária brasileira de 1976.

(c) Evolução:

O crescimento das *Tender Offers* para aquisição do controle das companhias e a falta de regulamentação adequada trouxeram o temor de que as companhias nacionais fossem "engolidas", vitimizando as pequenas companhias, então objeto favorito destas tomadas de controle.

A constatação aqui foi a de que nem sempre estas tomadas de controle eram benéficas para a companhia cujo controle era cedido e, por vezes, tampouco para o adquirente do controle, como, aliás, verificou-se na evolução deste mercado.[17]

---

15. Idem, a p. 14.
16. Aut. cit. *The modern corporation and private property*, p. 244, apud. Arnold Wald, A oferta Pública, a igualdade dos acionistas e o direito comparado, *RDM* 43, p. 15-18, a p. 15.
17. Sobre o ponto v. Mike Burkart e Fausto Panunzi, Takeovers, in European corporate governance institute, in *EGGI Working Paper Series in Finance Working Paper* 118/2006, February 2006, p. 5-8, notadamente, p. 7-8 "Transfers from acquiring firms are one possible explanation for low returns to their shareholders but high returns to target shareholders. Managers of acquiring firms may overestimate their ability to improve the target firm's operation and as a

Isto, a par da possibilidade de prejudicar, chamou a atenção da *Securities and Exchange Commision*, do que resultou o *Williams Act de 1968*, impondo o

> result pay a too high acquisition price (Roll, 1986). Alternatively, takeovers can be a manifestation of the managers' ability to pursue their own interest at the expense of the shareholders. Such acquisitions serve the purpose of empire-building (Marris, 1963, 1964), diversification of the manager's human capital risk (Amihud and Lev, 1981), or simply reflect the availability of excess cash (Jensen, 1986).13 Empirical studies strongly suggest that managerial self-interest can trigger or even drive takeovers, and that such acquisitions generate low if not negative returns to acquiring shareholders. Previously discussed evidence in support of the notion that takeovers can be a manifestation of agency problems within in the acquiring firm includes the mixed evidence on posttakeover performance, the high degree of overlap between target and bidder firms, and the target firms' poor record of past acquisitions. Other findings also indicate that managerial self-interest matters for takeovers. Bidding firms tend to have large amounts of free cash flow and relatively low leverage, and firms with more excess cash are more likely to make acquisitions with poor returns for their shareholders (Harford, 1999; Lang, et al., 1991; Bruner, 1988). Furthermore, bidder returns are higher when managers of the acquiring firm own larger shareholdings (Healy et al., 1997; Lewellen et al., 1985). Thus, managerial motives appear to be an important determinant of takeover activity. The positive combined shareholder returns reject, however, the hypothesis that target shareholders gain purely at the expense of the acquiring firm's shareholders. In an influential paper, Shleifer and Summers (1988) expound the concern that takeovers can be a means to redistribute wealth from target stakeholders to shareholders. They argue that bidders, notably in hostile bids, renege on existing contracts, either explicit or implicit, and expropriate rents from the target stakeholders. Anticipating this breach of contract, target shareholders demand higher prices from the bidders, and thus the post-acquisition transfers show up as (part of) the takeover premia. Potential victims of such redistributions are employees, creditors, consumers, and the tax authorities. The empirical evidence on transfers from stakeholders as the primary motivation for takeovers is not convincing. Generally neither blue-collar layoffs nor wage cuts are found to explain more than a small fraction of the takeover premium (Brown and Medoff, 1988; Kaplan, 1989a; Lichtenberg and Siegel, 1989; Rosett, 1993). In hostile takeovers cutbacks, disproportionately targeted at white-collar employees, are more important and account for 11 to 26 percent of the premium on average (Bhagat, et al., 1990).14 Bondholders may be hurt by increased leverage in takeovers because of the higher defaultrisk. In addition, the higher levels of debt may itself induce shareholders or managers acting on their behalf to opt for riskier ventures, further increasing the likelihood of a future bankruptcy (Jensen and Meckling, 1976). Studies on leverage buyouts document reductions in corporate bond prices during the announcement period but these losses are very small relative to the shareholder gains (Marais, et al., 1989; Warga and Welch, 1993)".

dever de informar aos acionistas sobre o conteúdo da oferta e assim facultar-lhes a melhor decisão no próprio interesse.[18] A regulação, contudo, ademais de não definir o que se deveria entender por *Tender Offer* não a submeteu a maiores entraves, embora tenha criado reclamos pela imposição da sua publicação.[19] Para alguns, inclusive, o prazo sugerido de 20 dias para que o lançador publicasse sua oferta, facultaria mais tempo para os administradores adotarem táticas defensivas levando ao seu fracasso.[20]

Mas, na visão da doutrina, o *Williams Act* não impediu nem prejudicou o crescimento das *takeovers*, apenas incentivando estratégias mais sofisticadas. Não obstou, por outro lado, práticas deletérias tais como as chamadas *bust up acquisitions* circunstâncias em que, uma vez efetivada a tomada do controle, parte do ativo da companhia era vendido para pagar o débito assumido pelo adquirente quando da realização da operação. Faz parte do elenco a chamada *leveraged buyout* (LBO). Nesta segunda modalidade, a aquisição de todas as ações da companhia era paga com recursos, obtidos mediante a emissão de obrigações de segunda categoria (*junk bonds*) para investidores institucionais ou outros e mediante empréstimos bancários temporários, a serem resgatados e pagos com recursos financeiros (*cash flow*) da própria companhia.[21]

O crescimento deste mercado, estas e outras práticas levaram a adoção de medidas defensivas tanto a nível prático, como naquele legislativo. No plano das companhias, Hamilton[22] cita, dentre outras soluções, a procura de ofertantes concorrentes; a aquisição de empresas que poderiam criar um pro-

---

18. Hamilton, Robert W. *The law of corporations in a nutshell*, 4. ed. West Publishing Co., St. Paul, Minnesota, 1996, a p. 369: The element of surprise was largely eliminated by the Williams Act (technically not a separate statute but a series of amendments to the Securities Exchange Act of 1934 that were adopted in 1986 an 1970). Under the Williams Act, any person who makes a cash tender offer for a corporation registered under section 12 must disclose information as to the source of funds used in the offer, the purpose for which the offer is made, plans the aggressor have if successful, and contracts or understandnings with respect to the target corporation. (...) This Act also requires filing and public disclosure by anyone who acquires more than 5 per cent of the outstanding shares of any class of securities of a section 12 corporation. These requirements eliminated the element of surprise. Similar requirements are also imposed upon (1) issuers making an offer for their own shapes or, (2) issuers in which a change of control is proposed to be made by seriatim resignations of directors.
19. Marc I. Steinberg, Marc I. *Understanding Securities Law*. 2. ed. Matthew & Bender, San Francisco, 1997, p. 303 e Vagts, op. cit., p. 707.
20. Idem, aut.. op. cit., p. 303.
21. Cf. Robert W. Hamilton, op. cit., p. 370- 373.
22. Idem, aut. cit., p. 374-377.

blema perante a legislação *anti-trust* com a concretização da oferta; a adoção de procedimentos para a votação tornando difícil para o adquirente da maioria dos votos substituir o conselho de administração; a emissão ou proposta de emissão de ações adicionais para pessoas amigas de molde a dificultar a takeover (*lockup*); o aumento dos dividendos ou outras táticas elevando os preços das ações e com isto tornando os preços da oferta de aquisição pouco atrativo; alterações no estatuto dificultando a tomada de controle; comprando do ofertante; comprando as próprias ações no mercado e com isto provocando a elevação dos preços; a criação de novas classes de ações aumentando os direitos dos acionistas caso alguém adquirisse um determinado percentual (*poison pills*) ademais de impor restrições com relação à criação de débitos; ou os chamados *golden parachutes*,[23] circunstâncias em que, por exemplo, se prevê, contratualmente, uma compensação financeira (*cash*) para os membros da administração, perante a eventualidade duma transferência de controle de molde a compensar as futuras perdas de salários.

Na lição, o meio mais efetivo seria as *poison pills*, distribuídas mediante cláusulas estatutárias de modo a tornar uma *takeover* excessivamente onerosa para o ofertante, circunstâncias em que este se veria compelido a negociar com os administradores ou acionistas, conforme o caso.

Ao nível legislativo surgiram diversas leis nos diferentes estados norte-americanos. Um primeiro movimento da regulação *antitakeover* está representado pelos chamados *Business Take-Over Act*, estabelecendo um pré-período de notificação para as ofertas; a necessidade do seu registro e o seu exame em audiência pública perante o Secretário do Estado, a quem incumbiria a aprovação (se considerada honesta para os acionistas).

A este, seguiram-se os chamados *business combination statutes* restringindo o direito do adquirente do controle (quando acima de um determinado percentual) de realizar uma série de negociações com a companhia alvo, por um determinado período, sem a permissão do conselho de administração. Esta regulação, todavia, varia de Estado para Estado. Em nível federal o texto básico ainda é o *Williams Act*.[24]

2.3 O tratamento atual das ofertas perante o direito europeu

A origem da questão está expressa na proposta da 13ª diretiva comunitária, aprovada em 10 de novembro de 1997 em matéria de oferta para aquisição de ações (OPA), com orientação indicativa para os diversos Estados-membros com alguns reflexos imediatos nos países do continente europeu.

---

23. Small, Kenneth; Smith, Jeff; Yildirim, H. Semih. *Ownership Structure and Golden Parachutes: Evidence of Credible Commitment or Incentive Alignment?*, p. 3, Disponível em: <http://www.efmaefm.org/0EFMAMEETINGS/EFMA%20ANNUAL%20MEETINGS/2007-Vienna/Papers/0040.pdf>.
24. Hamilton, op. cit., p. 376-377.

Em que pesem as reações imediatas, a 13ª diretiva não prosperou nesta versão. O fracasso da proposta, apesar das emendas sucessivas, em obter a maioria no Parlamento Europeu, levou à sua reformulação,[25] do que resultou, a final, a versão de 21 de abril de 2004.[26]

---

25. Cf. Takeover Bids in Europe, *European Shadow Financial Regulatory Committee (Copenhagen), European Shadow Financial Regulatory Committee Takeover Bids in Europe*, Statement n. 13, Copenhagen, 4 February 2002, Disponível em: <http://www.aei.org/publications/filter.economic,pubID.16964/pub_detail.asp>. "The European Shadow Financial Regulatory Committee (ESFRC) has consistently emphasized the desirability of achieving a more integrated capital market within the EU. It is our view that a programme to harmonize rules for capital markets is essential to give EU investors access to securities in all Member States on equal conditions. The determination of corporate law, however, should be largely left to the Member States, pursuant to the subsidiarity principle. Whenever the EU has departed from this principle in the area of corporate law, the results have either been inconsequential or harmful (for example, the imposition of a rigid and expensive regime of mandated capital in the Second Corporate Law Directive). By now there is considerable evidence that it is preferable to allow corporate law to retain a fair amount of flexibility by leaving its structures to competition among Member States. In this statement, the ESFRC recommends that the EU adopt the following provisions and changes in the proposal for a 13th Directive on rules for takeover bids, in addition to those recommended on 10 January 2002 by the High Level Group of Company Law Experts: 1. The "break-through rule" stating that a bidder obtains control over a firm after having acquired 75 percent of its risk-bearing capital should be modified by a "grandfathering" clause allowing owners of corporations five years to adapt their charters before the break-through rule takes effect. 2. We recommend the incorporation of a rule into the Takeover Directive that would require Member States to enact legal provisions enabling and encouraging their courts to examine and invalidate certain contractual arrangements which serve the primary purpose of deterring takeover bids. 3. Whereas we consider minority shareholder protection an essential feature of securities regulation and company law, this can be achieved effectively in various ways, and not only through mandatory bid rules. Moreover, the effects of mandatory bid rules are uncertain and may vary between countries. We therefore propose that the Directive should not provide for a mandatory bid, but rather that mandatory bid rules should be subject to the subsidiarity principle (...)."
26. Texto em anexo. V. Comentário em A European framework for takeover bids: The new Commission proposal. Disponível em: <http://ec.europa.eu/internal_market/smn/smn30/a29_en.htm >. "Background The previous proposal for a Directive on takeover bids was rejected by Parliament in July 2001, after 12 years of negotiation: a conciliation procedure between Parliament and the

Quanto à recepção nos diversos Estados membros, contudo, a situação não é uniforme.

Veja-se que os reflexos da 13.ª diretiva nesta versão de 2004, deveriam ser acatados até 20 de maio de 2006,[27] mas em janeiro de 2007, conforme levantamento feito em agosto de 2006,[28] só os seguintes países acataram a orientação da diretiva no direito interno: Alemanha, Áustria, Dinamarca, Eslováquia, Eslovênia, Finlândia, França, Grécia, Hungria, Irlanda, Lituânia, Letônia, Luxemburgo, Malta, Portugal, Suécia e Reino Unido. Dentre estes, nem todos integralmente. No momento da redação deste trabalho, somente a Áustria, Dinamarca, França, Hungria, Irlanda, Luxemburgo e o Reino Unido, acataram a diretiva integralmente. Nos demais países aderentes alguns somente acataram a diretiva parcialmente (Estônia, Polônia e Itália) ou adotaram regras internas permitindo a aplicabilidade de algumas regras nacionais (Holanda).[29] Vale dizer, a almejada unificação dos diversos direitos internos, ainda não se concretizou.

Notícia, datada de 27 de fevereiro de 2007, é a de que há certa relutância em incentivar o mercado de ofertas públicas para a aquisição do controle, com uma maior tendência à tutela das companhias locais.[30]

Council had produced a compromise text, but when this was put to the vote at a plenary sitting of Parliament there was no majority (273 MEPs voted for and 273 against) (see SMN 27). Following that vote, the Commission set up a Group of High-Level Company Law Experts, under the chairmanship of Professor Jaap Winter, with the task of presenting suggestions for resolving the issues raised by Parliament. In preparing the present proposal, the Commission has taken broad account of the recommendations made by the Group in its report on issues related to takeover bids, which was published in January 2002 (see SMN 29) (...)."

27. Cf. Rickford, Jonathan. Fundamentals, Developments and Trends in British Company Law – Some Woder Reflections, *European Company and Financial Law Review*, n. 4, dez. 2004, p. 391 e ss., a p. 401.

28. Conf. Commission of the European Communities, Brussels, 01.02.2007, SEC (2007) 268, Commission Staff Working Document, *Report on the implementation of the Directive on Takeover Bids*, p.12.

29. Report on de implement of the Directive on Takeover Bids, Bruxelas, 21. 02.2007 – SEC (207) 268, Commission Staff Working Document. Disponível em: <www.http://ec.europa.eu/internal_market/company/docs/takeoverbids/2007-02-report_en.pdf>. Idem, op. cit., p. 5.

30. Gouvernement d'entreprise: selon un rapport de la Commission, les États membres sont réticents à donner plus de poids aux actionnaires dans les OPA, Reference: IP/07/251. Date: 27.02.2007, "Gouvernement d'entreprise: selon un rapport de la Commission, les États membres sont réticents à don-

Neste campo e independente das diversas alterações incorridas na perspectiva comunitária, exemplo foi a publicação, em 1.º de janeiro de 1998, da segunda parte do *Federal Act on Stock Exchanges and Securities Trading* suíça e sua regulação (ordenances).[31]

Do ponto de vista das ofertas públicas para a aquisição de controle (ofertas voluntárias ou *Takeover bid*) a lei suíça acatou orientação mais ampla do que a proposta por esta diretiva, submetendo à disciplina legal não somente as ofertas que tenham por objeto adquirir o controle, mas, igualmente, àquelas

---

ner plus de poids aux actionnaires dans les OPAL a Commission européenne a publié un rapport sur la transposition par les États membres de la directive en matière d'offres publiques d'acquisition (2004/25/CE). Cette directive permet aux États membres de ne pas appliquer certaines dispositions essentielles et d'exempter les entreprises de ces dispositions si l'auteur de l'offre n'est pas soumis aux mêmes obligations. Le rapport de la Commission montre que les États membres ont dans de nombreux cas eu recours à ces options et exemptions. Il conclut que cela pourrait conduire à de nouveaux obstacles sur le marché de l'OPA dans l'UE, plutôt qu'à l'élimination des obstacles existants.M. Charlie McCreevy, membre de la Commission chargé du Marché intérieur et des services, a déclaré: 'Trop d'États membres rechignent à lever les obstacles existants et certains donnent même aux entreprises davantage de pouvoir pour contrer les offres d'achat. L'attitude protectionniste de certains semble avoir eu un effet d'entraînement sur d'autres. Si cette tendance se poursuit, il y a un risque réel que les entreprises qui lancent une offre publique d'achat seront confrontées à davantage d'obstacles, et non à moins. Cela va complètement à l'encontre de l'idée même de la directive.' La directive sur les offres publiques d'acquisition vise à créer un cadre réglementaire favorable pour les OPA et à stimuler la restructuration des entreprises dans l'Union européenne.Toutefois, les dispositions principales de la directive, qui limiteraient les possibilités pour les sociétés de se défendre contre des candidats acquéreurs – par exemple, en subordonnant les 'pilules empoisonnées' à l'approbation des actionnaires ou en rendant inopposables à l'offrant les restrictions en matière de transfert d'actions – n'ont pas un caractère obligatoire. En outre, la directive permet aux États membres d'exempter leurs entreprises de l'application de ces dispositions si l'auteur de l'offre n'est pas soumis aux mêmes obligations.De nombreux États membres ont eu recours à ces options et exemptions, et certains ont même renforcé le rôle du management en matière de défense contre les OPA. La Commission entend suivre attentivement la façon dont la directive est appliquée dans la pratique (...)". Disponível em: <http://ec.europa.eu/internal_market/company/takeoverbids/index_fr.htm>.

31. Iffland, Jacques. Recent developments in securities regulation – Public takeover offers, disclosure of shareholdings, squeeze out. *SZW/RSDA* n. 3/99, p. 145-149.

que não tenham influência sobre este. A submissão ou não ao regime especial será examinada, caso por caso, conforme o caráter particular de cada oferta.

Vale dizer, delegou à autoridade do mercado a decisão de liberar ou não a oferta pública da submissão à regulamentação particular da oferta para a aquisição de controle.

Este entendimento foi o acatado pelo *Takeover Board* suíço, ao firmar que o fato de a oferta não significar mudanças na estrutura do controle não excluiria a aplicação das regras sobre as ofertas públicas, podendo somente justificar a sua exclusão posterior.

Com esta orientação, tanto o *Takeover Board* quanto a *Federal Banking Commission* estenderam esta regulamentação, inclusive, quando a oferta tem por objeto a recompra das próprias ações (*buyback*), ainda quando a oferta não parta do próprio *Issuer* e isto independente do impacto que possa ter sobre a estrutura acionária. A exigência, todavia, não afasta a que, posteriormente, seja a oferta subtraída à regulamentação específica traçada na *Takeover Ordinance* ou inclusive daquela estabelecida pelo *Stock Exchange Act*.[32]

A finalidade é subtrair estas ofertas à disciplina comum estabelecida no Código Federal Suíço das Obrigações e destarte, submetê-las à disciplina especial das ofertas públicas, com o que se visa uma maior tutela dos minoritários e dos investidores.

Esta disciplina particular aplica-se a todas as companhias suíças que tenham, pelo menos, uma classe de ações cotadas no mercado e atingem, inclusive, aquelas cujo registro foi suspenso, desde que esta suspensão não signifique cancelamento.

O *Stockchange Act* estabeleceu diferentes grupos de regras, cuja aplicação varia conforme o objeto da oferta publicada. Mas mesmo as ofertas "espontâneas" que não tenham por objeto o controle estão submetidas a algumas exigências particulares. Assim exige-se que a diretoria da companhia ofertante publique um relatório demonstrando quais os critérios acatados para a oferta e inclua um parecer técnico, fundamentado, advindo de terceiros, que ateste a adequação do preço ofertado.

As ofertas, publicadas no período entre o fim do exercício social e a publicação do balanço, também foram regulamentadas, exigindo-se que a diretoria da companhia objeto da oferta mantenha o ofertante a par do desenvolvimento dos negócios sociais, impondo que a publicação dos resultados financeiros ocorra antes do término do período de validade da oferta.

A negociação submete-se ao princípio da *best price rule*, conforme o qual o preço oferecido deve ser mantido durante os próximos seis meses que

---

32 Idem, p. 146.

se seguirem à aceitação, sob pena de considerar-se violado o principio da igualdade de tratamento dos acionistas da mesma classe.

No que tange à recompra das próprias ações (*buyback of own shares*), excluem-se destas exigências as operações que, a par de não afetar o controle da ofertante, não afetam a liquidez dos valores visados e isto, todavia, desde que mantido um padrão mínimo de transparência.

Todavia se a oferta excede certo limite, submete-se à disciplina especial, salvo quando se cuide de transferência de controle totalitário de uma subsidiária integral para outra da mesma controladora (*holding*).

A permanência temporária nesta situação, contudo, quando sanada oportunamente, não submete o ofertante às regras da oferta obrigatória.

No direito alemão, vale mencionar, a disciplina das ofertas agressivas encontrou respaldo no direito interno, com a publicação da Lei de 22 de dezembro de 2001, em vigor desde primeiro de janeiro de 2002. Esta, segundo a doutrina resultaria da *takeover* lançada pela inglesa *Vodafone Airtouch plc* sobre a alemã *Mannesmann AG*, com vitória da *Vodafone*.[33] Mas, isto ocorreu naquele momento, independente da orientação traçada naquela diretiva. A finalidade da regulação foi:

• Criar regras para uma oferta leal e regulamentada sem qualquer intenção de promover ou prevenir qualquer tomada de controle;

• Elevar o nível de informação e transparência para os acionistas e empregados afetados pela oferta pública;

• Reforçar a posição legal dos minoritários perante os ofertantes;

• Introduzir na lei alemã, procedimentos internacionalmente aceitos.[34]

A lei, em breve linhas, aplica-se a todas as ofertas emanadas de sociedades,[35] com sede na Alemanha, cujas ações tenham sido admitidas à negociação no mercado (Bolsa ou mercado de Balcão, organizado ou não) e inclusive quando resultem de uma troca perante um mercado organizado situado em outro Estado membro da União Européia.

---

33. Cf. Traichel, Christian and Wagner, Florian (LL.M., Taylor Wessing – Munich), European requirements set forth in the EU Takeover Directive and their impact on German takeover law. Disponível em: <http://www.taylorwessing.com>.
34. Aofelbacher, Gabrielle and all. *German takeover law – A commentary*, Verlag C.H.Beck München oHG Ant. N. Sakkoulas, Athen oHG, Munique, 2002, p. 7.
35. Tanto *stock corporations* como *partnerships limited by shares*, conf. p.8.

Aplica-se a todas as hipóteses de ofertas, inclusive aquelas que não tenham por intenção adquirir o controle,[36] distinguindo entre as ofertas comuns (sem intenção de adquirir o controle), as voluntárias (*Tender Offers*) e aquelas obrigatórias, decorrentes de um negócio de alienação de controle. A disciplina das ofertas concorrentes também não foi relegada. Para cada uma delas é estabelecida uma disciplina própria.

A regulação não se limita às ações, mas igualmente, aos bônus e opções que tenham por objeto o direito de subscrição de ações, sem deixar de lado as debêntures conversíveis.

A preocupação de base é obter a máxima transparência possível, assegurando que todos os titulares de valores mobiliários interessados, tenham pleno conhecimento de todas as circunstâncias que envolvem a oferta e inclusive, as expectativas financeiras futuras, resultantes.

Durante o prazo da oferta e durante um ano após a sua expiração, o ofertante é obrigado a informar ao mercado todas as variações ocorridas na posição original.

Da mesma forma como ocorre no direito suíço, os administradores estão obrigados a emitir pareceres públicos sobre a adequação da oferta, facultado aos empregados todas as informações obtidas, os quais, por sua vez, têm o direito de manifestarem-se sobre as condições desta oferta.

A preocupação, a par de assegurar uma compensação adequada aos minoritários, é evitar que da concretização da oferta advenham conseqüências diversas para a sociedade visada. Para tanto, a submissão da oferta e seus termos a um conselho de auditores é de rigor. Estes têm um prazo de 4 semanas para o exame, sendo que o prazo máximo para a aceitação não pode ser superior a 10 semanas, somente prorrogável em circunstâncias especiais relacionadas na lei.[37] A par disto, a lei disciplina, igualmente, o procedimento contra eventuais decisões proferidas pela autoridade administrativa na apreciação de uma oferta pública. Do procedimento, inicialmente administrativo, cabe a apreciação posterior pelo judiciário e recurso para o Tribunal Superior Regional com sede em Frankfurt (*Oberlandesgericht Frankfurt am Main*).

Mas, após 2004 pelo Parlamento Europeu, a Alemanha acatou a diretiva européia, transpondo-a em 20 de maio de 2006 para o direito interno para a

---

36. Cit., p. 8 "All public offers for the acquisition of shares of such Germans companies are subject to the act. Accordingly, the Act also applies to bids aimed at a portion of the target without any intention to acquire control, as well as to bids made to strengthen a control position that already exists".
37. Op. cit., p. 9.

regulação, com a conseqüente necessidade de adaptação da lei promulgada em 2001 (*Wertpapiererwerbs-und Übernahmegesetz*, Wpüg).[38]

A intenção da diretiva, como expresso no relatório da Comissão da Comunidade Européia,[39] seria facilitar a realização de *Takeovers*, mediante a criação de mecanismos que removessem obstáculos nas companhias visadas, tal como permitidos pelas respectivas leis nacionais. Em adendo, obter que estas tomadas de controle fossem realizadas sob iguais condições nos diferentes Estados Membros.

Isto foi obtido no texto final da diretiva, tal como adotado pelo Conselho e pelo Parlamento Europeu, de molde a impedir que Estados membros criassem normas defensivas em nível nacional.

Estas defesas ou impedem a mudança de controle ou tornam a *takeover* mais onerosa e, tanto podem ter lugar preventivamente (*Pre-bid defences*), como após a publicação da oferta (*Post-bid-defences*).

Dentre os mecanismos utilizados nas primeiras incluem-se restrições estatutárias à transferência das ações que podem ser implementadas mediante o exercício do controle nas assembléias gerais, por intermédio de restrições ao direito de voto, ou pela adoção de ações com voto múltiplo. Dentre as segundas, incluem-se a recompra das ações (*share-buyback*) tendo em vista reduzir o número de ações, ou a participação do capital social, adquirida pelo ofertante ou elevando o seu preço. A idéia da Diretiva é a de restringir estas defesas e incentivar outras medidas que possam facilitar a tomada de controle, tais como a *board neutrality rule* e a *breaktrough rule*.

Na *board neutrality rule* (relacionada às defesas preventivas), impõe-se ao conselho de administração a necessidade de obter autorização prévia da

---

38. Cf. Christian Traichel e Florian Wagner, op. cit., p. 1: "*Takeover Directive of the European Union. 1. Essential content and effects on the WpÜG*. Following many years of struggle the European Takeover Directive finally came into force in May 2004. The Directive obliges the German legislator to transpose the provisions into national law by 20 May 2006 and necessitates amendments of the WpÜG in order to implement those provisions of the Directive that were added only after the WpÜG was adopted in 2001. These are, in particular, the complex rules pertaining to the establishment of a "level playing ground field"set forth in Articles 9 to 12 of the Directive. Moreover several of the already familiar regulations of the WpÜG need to be, partly substantially, revised. Aside from the scope of application of the WpÜG and the competence of the Federal Financial Supervisory Authority (BaFin), also the provisions relating to mandatory offers require considerable modification, while the minimum price regulations for takeover bids even have to be deleted completely (...)."

39 . Report on de implement of the Directive on Takeover Bids..., op. cit., p. 3.

assembléia geral, antes de adotar qualquer atitude que possa frustrar a oferta. O entendimento é o de que isto pode limitar os poderes dos administradores, impedindo-os de criar barreiras à oferta de molde a prejudicar os interesses dos acionistas. A *breaktrough rule* neutraliza as defesas preventivas durante o procedimento da oferta, posto impor restrições a determinadas técnicas defensivas, tais como as restrições à transferência de ações ou ao exercício do direito de voto que se tornam inoperantes durante o período da *takeover*.[40] Os Estados membros não estão obrigados a acatar estas regras. Mas se estas regras não se tornam obrigatórias no direito interno, isto não impede que as companhias voluntariamente acatem estas regras pela assembléia geral. Outro mecanismo destinado a implementar o acatamento destas técnicas e a chamada *reciprocity exception,* a qual faculta aos Estados Membros apliquem quaisquer destas técnicas ou deixem de aplicá-las de molde a defender-se perante um ofertante que não está submetidos às mesmas regras. Isto, porém, desde que decidido pela assembléia geral da companhia alvo da oferta.

No elenco, a diretiva prevê a obrigatoriedade para os minoritários, quando o ofertante tenha adquirido a maior parte das ações, de alienar as ações remanescentes (*Squeeze-out*). Na contramão, de molde a tutelar os minoritários, impõe a obrigatoriedade da oferta pública (*Mandatory bid*), para todos os acionistas com ações votantes. O preço aqui é o que denomina "equitativo" cujo teor vem estabelecido do art. 5.º, 4, desta diretiva, nos termos seguintes: "4. Por preço equitativo entende-se o preço mais elevado pago pelos mesmos valores mobiliários pelo oferente, ou pelas pessoas que com ele actuam em concertação, ao longo de um período a determinar pelos Estados-Membros, não inferior a seis e não superior a 12 meses, que preceda a oferta prevista no n. 1. Se, depois de a oferta ser tornada pública, mas antes do termo do prazo

---

40. Ibidem, p. 5. "The board neutrality rule relates to post-bid defences. It provides that during the bid period the board of the target company must obtain prior authorisation from the general meeting of shareholders before taking any action which may result in the frustration of the bid. This rule may facilitate takeover activity by limiting the board's power to raise obstacles to hostile takeovers to the detriment of shareholders' interests. It safeguards shareholders against opportunistic behaviour of the incumbent management and ensures that it is indeed the owners who decide on the future of the company. The breakthrough rule neutralises pre-bid defences during a takeover. This rule is considered to be a radical tool to facilitate takeovers as it makes certain restrictions (e.g. share transfer or voting restrictions) inoperable during the takeover period and allows a successful bidder to easily remove the incumbent board of the target company and modify its articles of association. Based on the principle of proportionality between capital and control, this rule overrides multiple voting rights at the general meeting authorising post-bid defensive measures as well as at the first general meeting following a successful takeover bid."

de aceitação da mesma, o oferente ou qualquer pessoa que com ele actue em concertação adquirir valores mobiliários acima do preço da oferta, o oferente deve aumentar o valor da sua oferta até um preço não inferior ao preço mais alto pago pelos valores mobiliários assim adquiridos".

Esta, em breve relato, a linha geral acatada pela 13.º Diretiva em sua versão final.

É certo que a análise da disciplina destas ofertas perante o direito comparado mereceria maior atenção, o que, todavia, escapa do âmbito deste trabalho, facultando, quiçá, sua apreciação em terreno próprio e momento posterior.

Por final, na mesma linha de indagações, vale mencionar, na América Latina, a Lei Chilena n. 19.705 de 20 de dezembro de 2000, a qual afastou o entendimento do sobrevalor, atribuído ao controle, como da propriedade do controlador, para estendê-lo a todo o corpo social. E, para tanto, estabeleceu uma disciplina rigorosa das OPAS (oferta obrigatória) como forma de tutela dos minoritários, cuidando simultaneamente da governança corporativa.

2.4 A questão perante o direito brasileiro

(a) A Lei 6.404/1976 nas normas dos seus artigos 254 a 256 (OPA obrigatória) e 257 (OPA voluntária) introduziu o instituto no direito brasileiro visando à tutela dos minoritários. Na disciplina estabelecida nos arts. 254 (atualmente revogado) a 256 a OPA era obrigatoriamente imposta em conseqüência de um negócio de alienação de controle.

A doutrina definia esta OPA, como oferta pública para aquisição de ações, conforme disposto na norma do seu parágrafo primeiro, distinguindo-a daquela disciplinada na norma do artigo 257 da Lei 6.404/1976 (OPA voluntária), correspondente às *Tender Offers* ou *Takeover bid* do direito norte americano. Esta, propriamente denominada *oferta pública para aquisição de controle*, conforme a redação legal do título da seção VII e do conseqüente *caput* deste artigo.

Destinatários da oferta obrigatória, na primeira modalidade, eram os minoritários, assim entendidos os não controladores. Aqui, porém, somente os acionistas titulares de ações com direito a voto, afastada a possibilidade para os preferenciais. A operação estava submetida à autorização prévia e à supervisão da CVM e o tratamento previsto era *igualitário*. Vale dizer, o preço oferecido aos minoritários deveria ser idêntico àquele a ser pago ao controlador. A competência para a regulação, então, era pertinente ao CMN.[41]

---

41. Conf. O texto original :Art. 254. A alienação do controle da companhia aberta dependerá de prévia autorização da Comissão de Valores Imobiliários. § 1.º

Caso a aceitação superasse o máximo previsto na oferta, o preço seria rateado proporcionalmente entre os aceitantes, como então prescrevia o § 2.º deste artigo, posteriormente revogado pela Lei 9.457/1997.

Na modalidade *voluntária*, a oferta destinava-se a todos os titulares de ações com direito a voto, tendo em vista um montante determinado, suficiente para assegurar o controle da companhia. Não só ao controlador; não só aos minoritários.

(b) A Res. 401/1976 BACEN: a par de definir a operação conforme a linha mestra traçada no art. 116 da Lei Acionária,[42] completou e esclareceu a natureza da oferta *obrigatória* (art. 254, § 1.º, da Lei 6.404/1976) classificando-a como condição *suspensiva* ou *resolutiva* do negócios de alienação.[43] A par disto, expressamente, elegeu, como objeto, ações com direito de voto excluindo as preferenciais.

No mais, cuidando-se de grupo informal de controle, vale dizer, aquele conjunto de pessoas que sempre aprovam as mesmas deliberações, estabeleceu como critério o uso efetivo deste poder nas 3 últimas assembléias gerais,[44]

A Comissão de Valores Mobiliários deve zelar para que seja assegurado tratamento igualitário aos acionistas minoritários, mediante simultânea oferta pública para aquisição de ações. § 2.º Se o número de ações ofertadas, incluindo as dos controladores ou majoritários, ultrapassar o máximo previsto na oferta, será obrigatório o rateio, na forma prevista no instrumento da oferta pública. § 3.º Compete ao Conselho Monetário Nacional estabelecer normas a serem observadas na oferta pública relativa à alienação do controle de companhia aberta.

42. Conf. "(...) II – Entende-se por alienação do controle de companhia aberta, para efeito do disposto no art. 254, da Lei 6.404, de 15 de dezembro de 1976, e desta Resolução, o negócio pelo qual o acionista controlador (art. 116 da Lei 6.404), pessoa física ou jurídica, transfere o poder de controle da companhia mediante venda ou permuta do conjunto das ações de sua propriedade que lhe assegura, de modo permanente, a maioria dos votos nas deliberações da Assembléia Geral e o poder de eleger a maioria dos administradores da companhia."

43. Conf. "(...) I – A alienação do controle de companhia aberta somente poderá ser contratada sob a condição, suspensiva ou resolutiva, de que o adquirente se obrigue a fazer, nos termos desta Resolução, oferta pública de aquisição das ações com direito a voto de propriedade dos demais acionistas da companhia, de modo a lhes assegurar tratamento igualitário ao do acionista controlador."

44. Conf. "(...) IV – Na companhia cujo controle é exercido por pessoa, ou grupo de pessoas, que não é titular de ações que asseguram a maioria absoluta dos votos do capital social, considera-se acionista controlador, para os efeitos desta Resolução, a pessoa, ou o grupo de pessoas, vinculadas por acordo de

interpretadas pela doutrina como assembléias gerais ordinárias, dada a sua obrigatoriedade anual.

A eleição do direito de voto, para qualificar as ações, objeto da oferta, e a expressão "*permanente*", utilizadas nos incisos II e III desta Resolução levou a indagar o que se deveria entender mediante esta locução para qualificar tal poder, optando a doutrina pelo entendimento de que o prazo de 3 anos, tal como previsto para os grupos informais preencheria tal requisito. Vale dizer, deveria ser identificado por pelo menos este período de molde a impor qualquer direção à política negocial da controlada. A idéia de permanente envolve a de certa estabilidade, por, pelo menos, determinado período, considerando que em qualquer AG é possível, sempre, identificar uma certa maioria.

Cuidando-se de controle, esta maioria não pode ser eventual e nem transitória.

(c) O controle – Qualificação e critérios: Neste ponto, vale a pena breve incursão à qualificação deste poder, lembrando que as linhas mestras estão nas normas dos artigos 116, a qual cuida do controle direto do ponto de vista da sociedade isolada, e 243, § 2.º, a qual tem por objeto o seu tratamento do ponto de vista dos grupos societários, prevendo, inclusive o controle indireto, ambos os artigos da Lei 6.404/1976.

Conforme a lógica da Lei Acionária Nacional, o controle é sempre *interna corporis*, vale dizer ligado ao mecanismo do funcionamento interno da sociedade, o que significa decorrer da titularidade das ações com direito de voto e da possibilidade de eleição dos membros da administração, seja do conselho de administração ou da diretoria, conforme o caso, tendo em vista os poderes deliberativos deste órgão.

A par disto, nas companhias abertas, tendo em vista a dispersão acionária e o conseqüente absenteísmo,[45] pode ser exercido com um percentual significativamente inferior a 50% (controle majoritário), circunstâncias em que se fala em controle minoritário. Não é, porém, uma situação transitória e nem virtual. Com este teor as normas das alíneas *a* e *b* do art. 116 da Lei 6.404/1976 são suficientemente claras. O exercício deste poder deve ser permanente e efetivo.

A redação da norma, aliás, coaduna-se com a doutrina clássica que, já nos primórdios da identificação deste poder, afirmava a necessidade de que

---

acionistas, ou sob controle comum, que é titular de ações que lhe asseguram a maioria absoluta dos votos dos acionistas presentes nas três últimas Assembléias Gerais da companhia".

45. Berle jr, Adolph e Means, Gardiner. "*Società per Azioni e proprietà privata*", (trad. de Giovanni Maria Ugo) Torino, 1966, p. 5 e ss, notadamente p. 8-12, 49 (dispersão acionária), 50, 58, 67, 68 e ss.

fosse permanente e efetivo, qualificando-a, inclusive, nos grupos de fato, como presunção suficiente para indicar a presença do controle.[46] Por permanente entenda-se não perpétuo, mas estável, duradouro, Por efetivo o exercício do voto para interferir ou determinar as ações da administração.

(d) Correntes: O tratamento da OPA obrigatória, no seu conjunto, todavia, não era pacífico.

Para alguns, assim Lamy Filho e Bulhões Pedreira, o valor pago a mais seria a contrapartida dos *deveres particulares e da responsabilidades* (pessoal e ilimitada) do controlador, devendo ser exclusivo dele.[47]

Já para Comparato, Wald,[48] Carvalhosa[49] e Tavares Guerreiro[50] deveria ser partilhado entre todos aqueles titulares de ações da mesma classe, embora para Comparato[51] a oferta somente fosse adequada quando oferecida aos titulares de ações com direito a voto. Fundamento, aqui seria o fato de somente se entende as noções de maioria e minoria quando ligadas ao exercício do direito de voto e conforme ao prevalecimento de uma ou outra posição.

Em linha mais ampla, Calixto Salomão, Nelson Cândido Motta e Norma Parente[52] estendiam a obrigatoriedade da oferta a todos os acionistas, independentemente da espécie de ações, como se o poder de controle fosse partilhado entre acionistas com e sem direito de voto. Nenhum deles, contudo, pretendeu atribuir aos não controladores os deveres que recaem sobre aquele.

Em realidade, quando as ações votantes são dispersas no mercado sem que haja a identificação de um ou vários acionistas controladores, a lógica da

---

46. Conf. Dabin, Leòn- *Les Systèmes rigides du type Konzernrecht (L'exemple de la propositiòn de la société européene)*, em *Les groupes de sociétés – une politique législative*, Paris, Librairie Techniques, 1978, pp. 147-191, a p. 162. Este também era o entendimento de Klunziger (Eugen), *Grundzüge des Gesellschatsrecht*, München, Verlag Franz Vählen, 1978, a p. 171. "Das Reichsgericht hat diesen Tatbestand dann bejaht, wenn das Heerreschende Unternehmen über Mittel verfügt (...)" (A dominação é juridicamente reconhecida quando a empresa dominante dispõe efetivamente sobre o meio...).
47. Sobre a questão ver a justificativa do projeto mencionada por Mauro Rodrigues Penteado, op. cit., p. 17.
48. Aut. e op. cit., p. 18.
49. Aut. cit., *Oferta pública para aquisição de ações*, tese de doutorado, São Paulo, 1978, p.189-190, *apud* Mauro Rodrigues Penteado, op. cit.., p. 19.
50. Aut cit., *Das sociedades anônimas no direito brasileiro*, José Bushatsky, 1979, v. 2, p. 745.
51. Aut. cit., *O poder de controle na S/A*, 2. ed. 1977, p. 233 e ss.
52. Rodrigo Marcilio, op. cit., p. 18, nota 24.

partilha do sobrepreço tem fundamento na possibilidade de que outros acionistas, se comparecessem às assembléias e, em certos casos, se organizassem, poderiam controlar a companhia. Daí o efetivo exercício do voto.

Objeto de discussão, igualmente, foi determinar se o *uso efetivo* deste poder seria requisito essencial para identificar a sua presença.[53]

Sobre o ponto, independentemente de quaisquer teses doutrinárias, o certo é que a CVM no seu Parecer CVM 58/1978, consagrou os termos da Resolução 401 afirmando a necessidade do exercício efetivo deste poder em consonância com o critério acatado na alínea *b* da norma do art. 116 da Lei 6.404/1976.[54]

2.5 Período intermediário: a Lei 9.457 de 5 de maio de 1997

(a) O contexto econômico e político: O programa de privatização das estatais e sociedades anônimas de economia mista levou à supressão do art. 254 e 255 da Lei 6.404/1976 com a finalidade de favorecer a execução do plano nacional de desestatização mediante por um lado da apropriação integral do prêmio pago pelo controle; por outro, pelo menos teoricamente, mediante a garantia da sua saída integral, até então ameaçada pela possibilidade do rateio previsto na norma do art. 254, § 2.º desta Lei.

Tem-se em vista aqui, considerando a posição majoritária da pessoa jurídica de direito público, a eventualidade de que a aceitação pelos minoritários, tal como até então estabelecido, poderia conduzir, em virtude desta exigência (rateio) a que a (até então) controladora, embora despida desta qualidade, permanecesse na sociedade com um número significativo de ações. Isto, como se vê, frustraria aquela intenção de saída integral da pessoa jurídica de direito público, ameaçando a possibilidade de que este se apoderasse do total do preço pago.

(b) A atuação da CVM: Em seqüência, após a supressão, surgiram as instruções CVM 229/1995 (para cancelamento de registro) e 299/1999 (ordenando a divulgação de informações, acrescida da obrigatoriedade da oferta pública) como paliativo parcial, tendo em vista aqui que a imposição da igualdade do preço na oferta pública, decorrente do aumento da participação majoritária, somente era impositiva *entre os minoritários*. Não entre os minoritários e o controlador.

---

53. Sobre a discussão, consulte-se a Penteado, Mauro Rodrigues. Apontamento sobre a alienação do controle de companhias abertas, *RDM* n. 76, p. 15-25, a p. 16.
54. Ementa: Somente a alienação de controle através de venda ou permuta de ações cujo(s) titular(es) esteja(m) no *efetivo* exercício do controle, enseja oferta pública aos minoritários, nos termos da Resolução 401/1976.

(c) A Lei 10.303/2001: A oferta pública para aquisição de ações, como condição para a alienação do controle ressurgiu com uma nova forma na Lei 10.303/2001, tendo em vista a vitória do projeto Kandir em detrimento daquele defendido pelo deputado Emerson Kapaz que propugnava por um tratamento igualitário entre controladores e minoritários.[55]

O resultado foi a aprovação de tratamento diferenciado e não igualitário, em que, ao contrário do que se previa no revogado art. 254, fixou uma valoração diferenciada entre o preço pago ao controlador e aos minoritários, estabelecendo para este o limite de até 80% deste valor. A par disto, não reintroduziu a regra de rateio, anteriormente prevista na norma do art. 254, § 2.º.

Mas, em que pese este desastre em detrimento dos minoritários a redação do novo artigo 254-A da lei acionária, saneou divergências, introduzindo algumas novidades.

São elas:

1. A menção expressa ao controle direto e indireto;

2. A possibilidade de extensão às preferenciais com direito a voto (art. 17, § 1.º, III, da Lei 6.404/1976 acatado pelo art. 29, Instrução Normativa CVM 361/2002) pleno e permanente;

3. O prêmio pela opção de permanência: art. 254-A, § 4.º (v.g. art. 30 e 2.º Instrução Normativa CVM 361/2002);

4. A ampliação dos poderes da CVM, a qual passou não só a autorizar a alienação, como tem competência para estabelecer as normas que devem ser observadas nestas ofertas (art. 254-A, §§ 2.º e 3.º).

5. A previsão de que a oferta pública obrigatória se estenda inclusive ao controle potencial (art. 254-A, § 1.º).

Paralelamente, completando este quadro, vale mencionar, fora do âmbito da Lei Acionária, a BOVESPA, quando estabeleceu as regras de funcionamento do novo mercado, e criou os níveis 1 e 2 de governança corporativa, ordenou tratamento igualitário para as companhias com ações listadas neste mercado.[56] Trata-se de decisão de política de acesso e que, pelos dados disponíveis, demonstra que as ações das companhias que aderiram ao novo mercado têm maior liquidez e são mais bem avaliadas pelos investidores.

(d) Síntese. Situação atual: uma série de indagações não mais se coloca tendo em vista não só a nova redação trazida ao artigo 254-A, abrangendo tanto o controle direto, quanto indireto e, inclusive, as ações preferenciais, como está pacífico que o controle deve ser efetivo e permanente (v. art. 3.º,

---

55. Cf. Josuá, Adriana. Alienação do Controle de S/A por oferta pública (art. 254-A da lei das S/A), *RDM* n. 126, p. 141-157, a p. 144-145.

56. Idem, aut., op. e loc. cit.

IV da Res. CVM 361/2002, alterada pela Instrução 436/2006)[57] e, a par de estender a obrigatoriedade da oferta também aos acionistas preferenciais, abrange, inclusive e expressamente, o controle potencial. é aquele que se perfaz por etapas (*multistep acquisition*) agora legalmente previsto nos artigos (254-A, §§ 1.º e 3.º, VI, §§ 1.º e 2.º da Instrução CVM 361/2002, alterada pela Instrução 436/2006.

Com este teor, a legislação voltou ao bom caminho, do qual havia se apartado, quando da supressão injustificada, caminhando em direção oposta àquela do mundo civilizado.

2.6 *Regime atual das ofertas públicas no direito brasileiro*

(a) Na Lei 6.404/1976: (1) Obrigatórias – Nesta qualidade incluem-se a OPA (oferta para aquisição de ações), tal como prevista na norma do atual art. 254-A da Lei Acionária, imposta em virtude de um *negócio de alienação de controle*; a disciplinada no art. 4.º, § 4.º desta mesma Lei, prevista para a hipótese de *cancelamento do registro* de companhia aberta e justificada pelo fato da perda do valor econômico para o minoritário (em virtude da menor liquidez decorrente do cancelamento do registro dada a impossibilidade da saída pelo mercado secundário) e aquela prevista no seu art. 4.º, § 6.º imposta em virtude de um *aumento no número das ações referentes ao controle*, acima de um determinado percentual das ações em circulação no mercado. O fundamento aqui é, igualmente, a possibilidade de perda da liquidez no mercado secundário, em virtude da concentração excessiva das ações em mãos do controlador, dando lugar ao que se convencionou chamar de *"fechamento branco de capital"*.[58]

Estas duas últimas modalidades são novidades introduzidas pela Lei 10.303/2001. Mas não só. A nova redação dá à CVM a possibilidade de intervir na formação do preço e, destarte, faculta aos minoritários contestarem aquele inicialmente estipulado (art. 4.º-A da Lei 6.404/1976). Todas estão obrigatoriamente submetidas a registro perante a CVM (art. 2.º, I, II e III da Instrução CVM 361/2002, alterada pela Instrução 436/2006).

---

57. O que Carvalhosa e Eizirik (op. cit. a p. 392) negam pelo fato de que no seu entendimento a norma do art. 254-A da Lei 6.404/1976, não exige seja permanente. Todavia, entendemos nós, a norma do art. 116, na suas alíneas a e b quando cuida de definir o poder de controle exige seja efetivo e permanente.

58. Na lição de Carvalhosa, Modesto de Barros e Eizirik, Nelson. *A nova Lei das S/A*, São Paulo, Saraiva, 2002, p. 64, o "fechamento branco" de capital é "(...) expressão utilizada pelo mercado para denominar as operações nas quais o acionista controlador adquire praticamente a totalidade das ações de emissão de sua controlada em circulação no mercado, sem cancelar o registro perante a CVM (...)".

(2) Voluntárias (*tender offers* ou *takeover bid*) – São as destinadas à aquisição de um número suficiente de ações que assegurem o controle da companhia, tal como disciplinado nas normas dos arts. 257-263 da lei acionária. Cuida-se, portanto de oferta para aquisição de controle e não para a aquisição de ações, como é o caso daquela prevista na norma do art. 254-A, § 1.º. *In casu* a oferta é dirigida a todo o corpo acionário, visando a aquisição de ações em número suficiente para garantir o controle da sociedade alvo, podendo ser:

2.(1) Amigável – Quando solicitada pela própria administração da empresa alvo ou quando esta estiver de acordo;

2.(2) hostil (*hostile takeover*) – Quando publicada sem o conhecimento e contra a vontade dos controladores e, muitas vezes, com a intenção de apenas apropriar-se dos despojos societários. Isto é, quando inesperada – ou seja, não solicitada – e contra a estratégia da administração da empresa alvo. Em ambas há a possibilidade de melhorar a oferta uma única vez, por no mínimo 5% (cinco por cento) a mais (art. 261, § 1.º, da Lei 6.404/1976).

Interessante mencionar aqui situação inusitada e particular de negócio de aquisição de controle, tal como previsto na norma do art. 257 da lei acionária e que terminou por impor uma OPA, nos termos do art. 254-A, § 1.º, e teve lugar por ocasião da aquisição do controle da Arcelor S/A, sociedade sediada em Luxemburgo, controladora (66%) da Arcelor Brasil S/A, pela gigante holandesa Mittal Steel Company N.V.

Cuidava-se de oferta pública para a aquisição do controle e eventual fusão, que, indiretamente, transferia o controle da Arcelor Brasil S/A. Todavia por não se tratar de negócio de *alienação de controle* e sim de *oferta pública para a aquisição de controle*, a assim ser dirigida a todos os acionistas da companhia alvo, não se poderia cogitar de OPA obrigatória, como ordenado naquele artigo. Posteriormente, a oferta hostil transmudou-se em amigável com a aceitação dos administradores da Arcelor S/A.

Colocou-se, então, em questão se a transferência do controle indireto da Arcelor Brasil S/A imporia ou não a OPA aos acionistas minoritários desta última. Pelo fato de cuidar-se de oferta para aquisição de controle e não de oferta conseqüente à alienação, o entendimento seria o de que não caberia qualquer OPA aos não controladores desta sociedade.

Contudo, adveio em socorro destes últimos cláusula prevista na norma do art. 10 do Estatuto desta sociedade que ordenava a OPA quando terceiro interessado "(i) *adquira o poder de controle da Companhia por meio de aquisição de ações de emissão* (ii) *do acionista controlador final da Companhia*".[59] O

---

59. Conf. Processo Administrativo CVM 2006/6209-RJ, Reg. n. 5.256/2006 Interessados: Mittal Steel Company N. V., Arcelor Brasil S.A., Arcelor S.A. Relator: Diretor Wladimir Castelo Branco Castro, Voto, Item 31.

entendimento final da CVM, fundado nesta cláusula foi pela obrigatoriedade da OPA aos minoritários da Arcelor Brasil S/A.[60] Todavia, como a Acesita S/A, sociedade por sua vez controlada pela Arcelor Brasil S/A, não portava em seus estatutos cláusula semelhante, afastou-se a obrigatoriedade da OPA para seus acionistas, embora em momento anterior o parecer da CVM tenha acatado, ademais do disposto naquela cláusula, a obrigatoriedade em virtude da *cessão indireta* do controle.[61] Este entendimento, todavia, caiu por terra, manten-

---

60. Conf. Processo Administrativo CVM 2007/1996-RJ, Reg. n. 5.443/2007 Declaração de Voto do Presidente Marcelo Fernandez Trindade "(...) Aquisição originária de controle e oferta pública por aquisição indireta 12. Mas a Instrução 361/02 não previu a ocorrência um caso como o discutido neste processo, qual seja, o de que a realização da oferta pode decorrer não de uma *alienação* de controle, mas da sua *aquisição* por meio de uma oferta pública hostil. Essa hipótese, de oferta decorrente de aquisição, e não de alienação do controle, não está prevista na lei brasileira, como foi longamente exposto no voto do Diretor Relator Wladimir Castelo Branco, quando da decisão sobre a obrigação de realização da oferta de que aqui se trata. A aquisição originária do controle até então disperso entre milhares de acionistas não faz incidir a regra do art. 254-A. Tal oferta só ocorre, como no caso concreto, porque o estatuto da companhia controlada expressamente assim o estabelece. Dificuldades para a demonstração da parcela do preço da aquisição indireta em aquisição originária de controle 13. Tratando-se de uma oferta de aquisição de controle até então disperso (ou, mais corretamente, inexistente, no nível dos acionistas), não há contrato de compra e venda entre o comprador e os milhares de vendedores, mas sim aceitação de uma oferta pública pelas ações da controladora. Não há, por isso, a princípio, lugar para a negociação da parcela do preço das ações da controladora que corresponda às ações da companhia controlada que será indiretamente adquirida. E isto até mesmo porque, como a obrigação de realizar a oferta é do comprador, a princípio os vendedores não têm sequer interesse nessa informação para tomar sua decisão de aceitar a oferta, pois o risco do pagamento do preço da oferta subseqüente, aos acionistas da companhia controlada, é do ofertante-comprador".

61. Conf. Ata da reunião do colegiado. Processo Administrativo CVM 2007/1996-RJ, Reg. 5.443/2007, Interessados: Mittal Steel Company N. V. Banco Santander Banespa S/A Assunto: Recurso contra decisão da SER. OPA por alienação do controle indireto da Arcelor Brasil S/A Diretora-Relatora: Maria Helena Santana. Relatório (...) 4. Em 25/09/2006, o Colegiado da CVM manteve o entendimento das áreas técnicas sobre a necessidade de realização da OPA. O Colegiado considerou, de um lado, que houve alienação indireta do controle da Arcelor Brasil, e, de outro, considerou o disposto no art. 10 do estatuto da própria Arcelor Brasil, dispositivo que garantiria tratamento igualitário aos acionistas minoritários da companhia em caso de aquisição do seu controle indireto.

do-se a obrigatoriedade daquela OPA, somente em virtude da mencionada cláusula estatutária.[62]

Vale dizer com isto que, quando a aquisição do controle indireto se perfaça mediante oferta pública para aquisição de ações, descaberia a oferta pública para os minoritários da sociedade controlada. A situação demonstra a insuficiência da norma do art. 254-A, da Lei Acionária, na tutela dos interesses dos não controladores, posto que, embora mencione o controle indireto, não prevê a situação em que a sua transferência decorre de oferta para aquisição e não de negócio de alienação. Quiçá, este seja um ponto a merecer uma atenção mais detalhada da doutrina.[63] Vale aqui, como orientação, aquela acatada perante o direito comparado, como decorre do relatório do Diretor Wladimir Castelo Branco Castro, apresentado neste mesmo processo administrativo[64] nos termos seguintes:

"29. Nos países membros da Comunidade Econômica Européia vigora como regra geral, por força da 13.ª Diretiva Européia (*Thirteenth Directive on Takeovers and Mergers*), a oferta de aquisição obrigatória (*mandatory bid rule*) para compra de percentuais superiores aos determinados pelas legislações nacionais. Essa regra vem apoiada em três justificativas: direito ao tratamento

---

62. Confira-se na seqüência, neste mesmo processo, a Declaração de Voto do Presidente Marcelo Fernandez Trindade, nos termos seguintes: "12. Mas a Instrução 361/02 não previu a ocorrência um caso como o discutido neste processo, qual seja, o de que a realização da oferta pode decorrer não de uma *alienação* de controle mas da sua *aquisição* por meio de uma oferta pública hostil. Essa hipótese, de oferta decorrente de aquisição, e não de alienação do controle, não está prevista na lei brasileira, como foi longamente exposto no voto do Diretor Relator Wladimir Castelo Branco, quando da decisão sobre a obrigação de realização da oferta de que aqui se trata. A aquisição originária do controle até então disperso entre milhares de acionistas não faz incidir a regra do art. 254-A. Tal oferta só ocorre, como no caso concreto, porque o estatuto da companhia controlada expressamente assim o estabelece (...)".
63. Interessante informar neste ponto que, embora o direito norte americano não contemple a obrigatoriedade da oferta, o entendimento da CVM neste relatório foi o de que, também a estes se estenderia a OPA realizada. Confira-se, item 11, alínea *f*: "quanto ao tratamento reservado aos acionistas norte-americanos de Arcelor Brasil, tratando-se de OPA obrigatória, não se admite limitação de adesão à oferta por critério de residência dos acionistas minoritários, a menos que haja oferta alternativa, apenas em dinheiro, que assegure, ao menos, o tratamento igualitário à OPA com permuta por ações, isto é, quantia em dinheiro que equivalha ao preço desta oferta realizada no Brasil na data de sua liquidação; (...)."
64. Processo Administrativo CVM 2006/6209-RJ, Reg. n. 5.256/2006. Assunto: Recurso contra entendimento da SEP e da SER, Interessados: Mittal Steel Company N. V., Arcelor Brasil S.A., Arcelor S.A.

igualitário; direito à divisão do prêmio de controle e direito dos demais acionistas da companhia de poderem, se desejarem, sair de uma companhia onde ocorra uma mudança de controle. Nesse sentido, o primeiro princípio geral constante do art. 3.º, 1, da 13.ª Diretiva Européia *'Para efeitos de aplicação da presente directiva, os Estados-Membros asseguram que sejam respeitados os seguintes princípios: a) Todos os titulares de valores mobiliários de uma sociedade visada de uma mesma categoria devem beneficiar de um tratamento equivalente; além disso, nos casos em que uma pessoa adquira o controle de uma sociedade, os restantes titulares de valores mobiliários terão de ser protegidos'.* (...) 50. A 13.ª Diretiva define como oferta pública de aquisição (art. 2.º, 1, *a*, Definições) *'uma oferta pública (que não pela sociedade visada) feita aos titulares de valores mobiliários de uma sociedade para adquirir a totalidade ou uma parte desses valores mobiliários, independentemente de essa oferta ser obrigatória ou voluntária, na condição de ser subseqüente à aquisição do controle da sociedade visada ou ter como objectivo essa aquisição do controle nos termos do direito nacional.'* Segundo o art. 5.º da Diretiva *'(Protecção dos acionistas minoritários; oferta obrigatória; preço eqüitativo): 1. Sempre que uma pessoa singular ou coletiva, na seqüência de uma aquisição efetuada por si ou por pessoas que com ela atuam em concertação, venha a deter valores mobiliários de uma sociedade a que se refere o n. 1, artigo 1.º o que, adicionados a uma eventual participação que já detenha e à participação detida pelas pessoas que com ela atuam em concertação, lhe confiram direta ou indiretamente uma determinada percentagem dos direitos de voto nessa sociedade, permitindo-lhe dispor do controle da mesma, os Estados-Membros asseguram que essa pessoa deva lançar uma oferta a fim de proteger os acionistas minoritários dessa sociedade. Esta oferta deve ser dirigida o mais rapidamente possível a todos os titulares de valores mobiliários, para a totalidade das suas participações, a um preço equitativo definido no n. 4'. 2. O dever de lançar uma oferta previsto no n. 1 não é aplicável quando o controle tiver sido adquirido na seqüência de uma oferta voluntária realizada em conformidade com a presente diretiva, dirigida a todos os titulares de valores mobiliários, para a totalidade das suas participações. 3. A percentagem de direitos de voto que confere o controle de uma sociedade, para efeitos do n. 1 bem como a fórmula do respectivo cálculo, são determinados pela regulamentação do Estado-Membro em que se situa a sua sede social".*

Se a oferta deve ser dirigida a "(...) todos os titulares de valores mobiliários, para a totalidade das suas participações, (...)" impor-se-ia a OPA perante os acionistas indiretamente atingidos pela aquisição direta, como ocorreu neste caso, entendimento, aliás, já sufragado pelo citado especialista em momento anterior neste mesmo relatório.[65]

---

65. Idem, aut. e op. cit. item 22: "Não há o que deixar claro neste tópico. Há muito, a cessão de controle indireta ocorrida em holding de controle é con-

Observa-se, todavia, não ser este o entendimento do direito nacional naquele país.

A lei de OPA Luxemburguesa – no seu art. 2.º, (2) –, trazida à colação neste mesmo relatório, por seus termos exclui a possibilidade quando a transferência indireta fosse o resultado de um negócio de alienação de controle[66] sendo esta à lei aplicável na relação Arcelor S/A v. Mittal Steel N.V.

De qualquer forma a questão permanece em aberto perante o direito brasileiro atual.

2.(3) concorrente (art. 262 da Lei 6.404/1976) – A oferta concorrente é realizada por um terceiro, que não o ofertante ou pessoa a ele vinculada, igualmente interessado na empresa alvo e pode ser utilizada, igualmente, como defesa perante uma oferta hostil, circunstâncias em que, quando parta da própria empresa alvo tem o nome de Contra-OPA.

2.(4) a contra-OPA – Surge como medida defensiva da empresa, quando ela própria faz uma oferta de aquisição de ações sobre o proponente.

---

siderada alienação de controle para efeitos de oferta pública obrigatória. A polêmica, aliás, só fazia real sentido na redação anterior do art. 254 da Lei, que não mencionava a alienação indireta e foi logo regulado por um texto que também não aludia a essa possibilidade (Resolução 401/1976). Hoje a alienação indireta vem mencionada no art. 254-A e na Instrução 361/2002".

66. Ibidem, no item 51: "(...) 2. – Définitions 'Art (1) Aux fins de la présente loi, on entend par: a) «offre publique d'acquisition» ou «offre»: une offre publique (à l'exclusion d'une offre faite par la société visée elle-même) faite aux détenteurs des titres d'une société pour acquérir tout ou partie desdits titres, que l'offre soit obligatoire ou volontaire, à condition qu'elle suive ou ait pour objectif l'acquisition du contrôle de la société visée selon le droit national; Art. 5. – Protection des actionnaires minoritaires, offre obligatoire et prix équitable (1) Lorsqu'une personne physique ou morale obtient, à la suite d'une acquisition faite par elle-même ou par des personnes agissant de concert avec elle, des titres d'une société au sens de l'article 1er, paragraphe (1), qui, additionnés à toutes les participations en ces titres qu'elle détient déjà et à celles des personnes agissant de concert avec elle, lui confèrent directement ou indirectement un pourcentage déterminé de droits de vote dans cette société lui donnant le contrôle de cette société, cette personne est obligée de faire une offre en vue de protéger les actionnaires minoritaires de la société visée. Cette offre est adressée dans les plus brefs délais à tous les détenteurs de ces titres et porte sur la totalité de leurs participations, au prix équitable défini au paragraphe (4). (2) L'obligation de lancer une offre prévue au paragraphe (1) n'est plus applicable lorsque le contrôle a été acquis à la suite d'une offre volontaire faite conformément à la présente loi à tous les détenteurs de titres pour la totalité de leurs participations'(...)".

Tanto a *concorrente* como a *contra-OPA* estão sujeitas aos mesmos requisitos e procedimentos da oferta com quem concorre; devem ser lançada por um preço ao menos superior a 5% (devem ser mais favoráveis aos acionistas do que as anteriores); surgem durante o prazo de validade da OPA (de no mínimo 20 dias, conf. art. 258, V, da Lei Acionária) e em até 10 dias antes do término deste prazo (art. 261, § 1.º, da Lei 6.404/1976). Nesta circunstância abre-se um novo prazo, obedecido ao limite legal e facultado ao primeiro ofertante prorrogar o prazo de sua oferta de modo que coincida com a do concorrente (art. 262, § 2.º, da Lei 6.404/1976). No decorrer deste prazo e ou seu prorrogamento a empresa alvo deve decidir se ordena a venda das suas ações e a qual oferta.

Existindo oferta concorrente, o entendimento é o de que os ofertantes podem aumentar o preço inicialmente proposto tantas vezes quanto necessário, desde que precedida da devida publicidade, no mesmo nível da oferta original. Estas ofertas estão, em regra, dispensadas do registro, salvo quando, no caso de oferta para aquisição do controle, disciplinada na norma do art. 257 da Lei 6.404/1976, envolverem permuta ou quando concorrerem com oferta pública submetida a registro (art. 2.º, § 1.º, Instrução CVM 361/2002). Observa-se que o dever de sigilo, estabelecido na norma do art. 260 da Lei da Lei 6.404/1976 atinge, igualmente, às ofertas concorrentes, até a data da sua publicação.

(b) O Procedimento do registro perante a Instrução CVM 361/2002, alterada pela Instrução 436/2006: (1) Obrigatoriedade do registro (art. 2.º, § 1.º, da Instrução CVM 361/2002) para as OPAs obrigatórias e possibilidade de dispensa para as voluntárias, salvo quando envolverem permuta de valores mobiliários, posto existir a possibilidade de transferência do controle, mediante as ações oferecidas em permuta e, igualmente, para as ofertas concorrentes, exceção feita quando concorressem com uma OPA submetida a registro (arts. 2.º, § 1.º, 32 e 33 da Instrução CVM 361/2002);

(2) O procedimento estabelecido nas normas dos arts. 4.º a 7.º [67] e 10 a 12; conf. o § 2.º do art. 2.º da Inst. CVM 361/02, naquilo que for aplicável, é impositivo para todas as OPAs qualquer seja a modalidade escolhida (art. 2.º, § 2.º da Instrução CVM 361/2002), cumprindo destacar:

• a intermediação obrigatória de instituição financeira nos termos do art. 7.º da Instrução CVM 361/2002 (corretoras, DTVMs, ou instituição financeira com carteira de investimentos), às quais deverão empregar diligência máxima para assegurar que as informações prestadas pelo ofertante,

---

67. Aquele do art. 8º da Inst. CVM 361/2002 (exigência de laudo de avaliação, somente se aplica quando a OPA for formulada pela própria companhia, pelo acionista controlador ou por pessoa a ele vinculada.

o qual tem o dever de veracidade, correspondem à realidade. A instituição financeira não responde pela eventual falsidade das informações colhidas, salvo a que tenha atuado negligentemente (§ 2.º, art. 7.º Instrução CVM 361/2002).

- o dever da Instituição financeira de assessorar o ofertante em todas as etapas do procedimento da oferta, devendo interromper os serviços prestados sob pena de responsabilização, quando o ofertante não acatar as instruções ou exigências apresentadas (art. 3.º, da Instrução CVM 361/2002). Cuida-se de prestação de serviços, consubstanciando uma obrigação de fazer, de meio, na qual a instituição financeira não pode garantir o resultado, salvo na hipótese prevista na norma do art. 10, § 2.º desta instrução (*cash merger*), circunstâncias em que deve garantir a liquidação financeira da OPA e o pagamento do preço de compra (art. 7.º, § 4.º).

- demonstração justificada da forma de cálculo do preço quando se cuide de OPA obrigatória (art. 29, § 6.º, da Instrução CVM 361/2002).

Estas exigências comuns abrangem, inclusive, as ofertas efetuadas fora da Bolsa ou entidades do mercado de balcão organizado.

(c) Classificação – As OPAs conforme a forma de pagamento (art. 6.º da Instrução CVM 361/2002) classificam-se como:

- de compra – ocasião em que o pagamento do preço em dinheiro;
- de permuta – quando seja realizado em valores mobiliários de emissão (ou a serem emitidos) de companhia aberta, desde que admitidos à negociação do mercado.
- mista – vale dizer, parte em dinheiro e parte em valores mobiliários.

(d) Natureza jurídica – Toda OPA encerra uma declaração unilateral feita a sujeito indeterminado, mas determinável. É oferta de contrato nos termos do art. 429 do CC/2002, podendo dar origem a inúmeros contratos conforme o número de aceitantes. É, portanto, negócio formativo gerador que, em certas circunstâncias estará sujeito a condição.

É sempre negócio *oneroso* (art. 29, § 5.º, da Instrução CVM 361/2002), praticado *inter vivos*,[68] que dá lugar, com a sua transferência a um *novo* controlador[69] voluntariamente, salvo quando se cuida de aumento de participação acionária ou para cancelamento de registro, tal como previsto na norma do art. 2.º, I e II da Instrução CVM 361/2002, circunstâncias em que, embora não surja um novo controlador, a realização da OPA é impositiva.

---

68. As aquisições *causa mortis* não são onerosas e, destarte, não impõe a obrigatoriedade da oferta pública.
69. Com este entendimento Carvalhosa e Eizirik, op. cit., p. 396.

Carvalhosa e Eizirik, neste ponto, elaboram uma distinção entre aquisição *original* e *derivada* do controle, sustentando inexistir o negócio de alienação no que definem como aquisição original e, destarte, afastam a existência do bloco de controle quando as ações estão diluídas pelo mercado. Exemplo da afirmação seria a hipótese de controle gerencial e minoritário.[70] Com este entendimento nega a necessidade da oferta pública quando se cuide de aquisição original.

Porém, não parece que assim seja, quando se cuida de OPA obrigatória em virtude da alienação de controle, pois a tese exclui a existência do controle minoritário, postura que a norma do art. 116 da Lei Acionária não abriga. A exigência, ali consubstanciada nas normas das suas alíneas a, quando estabelece como requisitos, para identificar o controlador, a maioria de votos nas assembléias e o poder para eleger a maioria dos administradores não exige seja este controle majoritário (cinqüenta por cento mais um).[71]

Se for certo que nas assembléias gerais extraordinárias o *quorum* mínimo para que as decisões sejam aprovadas é de metade no mínimo das ações com direito a voto (art. 136, *caput*), naquelas ordinárias basta a maioria dos votos presentes para aprovar as contas dos administradores, ocasião em que a dispersão acionária e o absenteísmo invocado por Berle e Means, pesam na balança. Por outro lado, é necessário não esquecer o mecanismo do voto múltiplo, sancionado na norma do art. 141 da Lei Acionária, o qual pode facultar à minoria estar representada no conselho de administração, não bastasse o direito, garantido aos preferencialistas no art. 18 desta Lei de eleger, mediante votação em separado, um ou mais membros dos cargos de administração.

Vale dizer, nem sempre a maioria do capital votante é suficiente para preencher a maioria dos cargos do Conselho de Administração, tarefa que, por outro lado, pode ser levada a feito pela minoria, conforme as circunstâncias. A considerar a somatória de poderes deliberativos, consubstanciada na norma do art. 142 da Lei 6.404/1976, não é inadmissível a possibilidade do controle minoritária (*working control*) no direito brasileiro, sob a égide do disposto na norma do art. 116, supra invocado. Portanto, embora na prática, a quase totalidade dos negócios de alienação de controle no mercado brasileiro, em decorrência da excessiva concentração das ações em mãos de uns poucos, tenham por objeto o controle majoritário (isolado ou conjunto), isto não afasta a possibilidade de negociação tendo por objeto controle minoritário.

---

70. Aut. cit, op. cit., p. 405-406.
71. Conf. Comparato, Fábio Konder. *O poder de controle na sociedade anônima*. 2. ed., São Paulo, RT, 1977, p. 46, afirmando com todas as letras " A existência de um controle minoritário está implicitamente reconhecida na lei, ao fixar as regras de quorum e maioria no funcionamento da assembléia geral (...)".

A hipótese de *aquisição originária*, tal como aventada, somente pode ser vislumbrada quando se cuide de aquisição de controle, na forma regulamentada pelo disposto nas normas dos arts. 257 e ss. da Lei Acionária e à interpretação do disposto no § 2.º desta norma como correspondente a, pelo menos, 50% das ações com direito a voto. Mas a lei brasileira não estabeleceu qualquer percentual.[72] Por outro lado aí, nem há que se discutir a OPA, posto que a

---

72. Ao contrário do que ocorre perante o direito comparado como demonstrado no relatório acurado do Diretor da CVM, Wladimir Castelo Branco, apontado acima na nota número 32, com as seguintes palavras: "53. O percentual de aquisição do poder de controle foi um dos grandes focos de negociação durante as discussões da Diretiva. discussões da Diretiva. Sua redação original, inspirada no *City Code on Takeover Codes and Mergers*, propunha "*uma porcentagem de direitos de voto que não poderá ser fixada acima de 1/3 dos votos existentes na data da aquisição*". A redação final, como se viu, deixou o percentual à escolha de cada Estado-Membro, que teria à disposição, basicamente, três critérios: (a) controle majoritário ou de direito (50% + 1); (b) controle presumido (qualquer percentual fixo, abaixo de 50%); ou (c) controle de fato (independente da especificação de um percentual). 55. Ensina a doutrina inglesa que por força da aplicação do Takeover Code há tempos estuda as matérias só agora incorporadas à legislação européia que nos países que adotam o sistema de controle presumido, considera-se reforço de controle a aquisição de percentuais superiores aos necessários para configurar o controle. Assim, presume-se que alguém que já detenha 35% do capital votante seja controlador da companhia e as compras adicionais são consideradas reforço de controle. Paul Davies comenta a Diretiva Européia: "A final and important aspect of the ex post impact of the mandatory bid rule should now be noticed. It protects the non-controlling shareholders against anticipated disadvantageous conduct on the part of the new controller of the company, whether or not that control was purchased from an existing controlling shareholder of the company, or was put together as a result of a number of a separate, small purchases on the market or otherwise. In other words, when the mandatory bid rule concentrates on is the *acquisition* of control, whether or not it is accompanied by a *transfer* of control from an existing controlling shareholder. Or to put the matter another way, transfers of control from management to bidder are within the scope of the rule, just as transfers of control from existing controlling shareholders are. It might be said that transfers of control form existing controlling shareholders should not be within the rule, because the non-controlling shareholders were subject to a controlling shareholder before the transfer and are still so subject after it, and so their position has not worsened." (grifos no original) 56. Ao fixar o percentual de 33,3% dos direitos de voto, a Lei de OPA adotou o critério de controle presumido, equiparando, para efeitos da realização da OPA, a aquisição do poder de controle à titularidade daquele percentual determinado de ações votantes. Vejam-se os comentários oficiais sobre a Lei: Comentários do Ministério das Finanças:

oferta de aquisição dirige-se a todos os acionistas e não somente ao, então, eventual controlador.

Nas obrigatórias, apresenta-se como negócio subsidiário, conseqüência de um negócio de alienação de controle, e atua como condição suspensiva ou resolutiva da eficácia do negócio principal. Será suspensiva: quando a propriedade das ações ainda não foi transferida e resolutiva: quando o contrato já foi firmado e a propriedade das ações transferidas (com pagamento parcial ou integral do preço). O registro da oferta perante CVM, no caso obrigatório, deve ser efetuado até trinta dias a contar da feitura do negócio principal de alienação de controle (conf. art. 29, § 3.º, da Instrução CVM 361/2002).

Na visão de Carvalhosa e Eizirik[73] cuidando-se de condição resolutiva (na suspensiva o negócio ainda não se concretizou) se o adquirente não realiza a oferta pública para a aquisição das ações dos minoritários, o negócio é nulo. Tese que se coaduna com o disposto na norma do art. 166, IV do CC. 2002, tendo em vista cuidar-se de imposição advinda de norma objetiva (art. 254-A da Lei 6.404/1976).

"Au paragraphe (3), comme l'exige la directive, le projet de loi fixe le pourcentage de droits de vote conférant le contrôle aux fins du paragraphe (1). Le Gouvernement a choisi de retenir comme limite un tiers de l'ensemble des titres conférant un droit de vote. Cette limite correspond à l'un des paliers retenus dans la réglementation régissant la transparence des opérations sur titres; elle se situe par ailleurs au niveau le plus communément retenu par la plupart des autres Etats membres. Pour le calcul du pourcentage, il est tenu compte uniquement des titres assortis d'un droit de vote. Sont donc compris les parts bénéficiaires assorties d'un droit de vote mais sont exclues les actions dites sans droit de vote qui retrouvent le droit de vote dans les circonstances prévues par la loi (article 44 (2) et article 46 de la loi modifiée du 10 août 1915 concernant les sociétés commerciales)." Discurso do Ministro das Finanças: «Troisième règle que je voudrais relever de ce projet de loi c'est la protection des actionnaires minoritaires. La principale mesure de protection pour les actionnaires minoritaires est celle qui impose à toute personne qui acquiert le contrôle d'une société cotée, en venant à détenir un certain pourcentage de titres de cette société, d'offrir aux autres actionnaires les mêmes conditions qui ont été offertes à celui qui vend en premier lieu. Le seuil de contrôle que nous avons fixé à cet égard est de 33 1/3 pourcent. Donc si on acquiert un tiers de la société, alors il faut offrir aux autres actionnaires exactement les mêmes conditions et ce qu'on entend par les mêmes conditions, c'est qu'il faut leur offrir un prix qui correspond au prix le plus élevé payé dans une période. allant jusqu'à 12 mois avant la prise de contrôle. Donc tous doivent dans ce cas là être servis de la même manière, si j'ose m'exprimer ainsi, dès qu'on acquiert donc plus de 33,3 pourcent d'une société.»

73. Idem, p.398-399.

A questão que se coloca aqui é a da sanção para o não cumprimento, cuidando-se de OPA, imposta como condição tendo em vista que a nulidade de ato jurídico não pode ser declarada por autoridade administrativa.

Para efeito da Instrução CVM 361/2002 a desobediência constitui infração grave nos termos do seu art. 36, mas não o contém previsão específica determinando o destino da oferta não registrada, tal como fazia a Resolução 401/1964 no seu inciso IX[74] ao ordenar o seu desfazimento.[75]

Indaga-se, ademais se a oferta da opção para a permanência dos acionistas, mediante o pagamento do prêmio seria um requisito essencial a ser sempre cumprido. Não parece, todavia ser este o entendimento, por cuidar-se de faculdade do adquirente e não de dever legal.[76]

(d) Negociações: A OPA obrigatória aplica-se ao negócio de alienação de controle em todas as suas formas: direto, indireto (tanto na *holding* pura, quanto na mista), isolado ou grupal e aqui tanto ao resultante de convenção

---

74. " (...) IX – Quando o contrato de alienação de controle declarar a oferta pública aos demais acionistas como condição resolutiva, o negócio considerar-se-á automaticamente desfeito se: a) dentro de 30 (trinta) dias da data da sua contratação não for requerida à Comissão de Valores Mobiliários a aprovação da oferta pública aos acionistas minoritários; b) a Comissão de Valores Mobiliários recusar a aprovação do instrumento de oferta pública, ressalvado o disposto no item VIII; c) dentro de 90 (noventa) dias da aprovação pela Comissão, a oferta pública não for efetivada, mediante publicação e início do decurso do prazo."
75. Conf. Parecer CVM 010/82. Ementa: Nos termos do inciso IX da Resolução n. 401 o negócio considerar-se-á desfeito se dentro de 30 (trinta) dias da data da sua contratação não for requerida à CVM a aprovação da oferta pública aos acionistas minoritários. Ocorrendo a hipótese acima, a transferência efetiva do controle deve ser confirmada através da celebração de novo contrato na forma do art. 254 da Lei 6.404/1976 e da Resolução n. 401. Parecer CVM/SJU 085/1982 Rio de Janeiro, 29.11.82 Referência: Memo/GEC 132/1982. Interessada: GEO. Gerência de Operações Especiais. Assunto: Oferta pública de aquisição de ações. Ementa: Considerar-se-á desfeito o negócio de alienação de controle de companhia aberta se, dentro do prazo de 30 (trinta) dias da data da sua contratação, não for requerida à CVM a aprovação da oferta pública aos acionistas minoritários, conforme preceitua o inciso IX, letra *a* da Resolução 401/1976. Nesta hipótese devem as partes celebrar novo contrato nos termos do art. 254 da Lei 6.404/1976 e da Resolução 401/1976. Em face do tempo decorrido – mais de quatro anos e meio – o tratamento igualitário ao acionista minoritário dependerá da fixação, no edital da oferta pública, de um preço justo, entendido como tal, o preço pago ao controlador acrescido de correção monetária e juros moratórios legais.
76. Com este entendimento Carvalhosa e Eizirik, op. cit., p. 410.

de voto, como de acordos informais e ainda ao potencial (art. 254-A, § 1.º, da Lei 6.404/1976).

E, para tanto, os mecanismos são, dentre outros, na aquisição voluntária: a compra e venda que também pode ocorrer mediante alienação a diversos interessados, com a divisão do bloco de controle ou alienação de ações com opção de recompra. Indício, aqui, é a presença do ágio;[77] a permuta apresenta um problema particular que é a diferente flutuação do preço, entre as ações permutadas, durante o espaço intercorrente entre o negócio de alienação e a OPA que lhe é decorrente.

Práticas não tão evidentes também são utilizadas tais como a celebração de negócios de garantia (respeitado o limite estabelecido na norma do art. 1.428 do CC/2002) ou a assunção de dívidas. Pode, ainda, decorrer do aumento de capital, seguido de alienação das ações resultantes; da cessão de direitos de subscrição ou cessão de valores mobiliários conversíveis em ações com direito a voto (controle potencial).

Situações particulares que merecem uma atenção à parte, são aquelas que dão a transferência do controle indireto para os controladores finais e a transferência ao único acionista minoritário.

Na primeira (controle indireto) inexiste um novo controlador, razão pela qual é desnecessária a OPA.

Na segunda, já foi entendimento da CVM não se aplicar, o que é lídimo, a oferta pública, quando o minoritário é o próprio adquirente do controle,[78] entendimento que não se aplica quando existem outros minoritários. Nesta circunstância a OPA é de rigor.

(e) O Instrumento da oferta: Para as *obrigatórias* os requisitos, são aqueles estabelecidos nas normas dos arts. 29, 30 da Inst. CVM 361/02; já as *voluntárias* obedecem ao que se dispõe nos seus artigos. 31, 32 Inst. CVM 361/02; reservando-se a regulação do art. 33 as de *permuta* todas devendo preencher os requisitos traçados no anexo II que se segue e submetidos à publicação na forma do seu art.11.

2.7 *A importância da liquidez no mercado de valores mobiliários*

Diz-se que um determinado ativo é líquido quando pode, rapidamente e sem perda de valor, ser convertido em dinheiro. Liquidez é, pois, a aptidão dos

---

77. O que Carvalhosa e Eizirik negam (op. cit., p. 392).
78. Parecer CVM/SJU n. 55/1978 – Ementa: Nos termos da Resolução 401/1976 do CMN somente é obrigatória a Oferta Pública aos minoritários titulares de direito a voto. É desnecessária a efetivação da Oferta quando o minoritário é o próprio adquirente do controle.

valores mobiliários negociados que interessa a qualquer investidor porque lhe permite entrar ou sair do mercado com rapidez e sem perdas. A viabilidade dos mercados depende de sua aptidão para atender aos interesses de adquirentes e vendedores dos bens neles negociados e a liquidez é requisito importante.

Normas que disciplinem as operações celebradas nos mercados de valores mobiliários são um dos mecanismos pelos quais se procura fomentar sua liquidez. Sem liquidez, isto é, sem a possibilidade de mudar a posição, dificilmente serão atraídos recursos para a atividade produtiva mediante a emissão de valores mobiliários.

Portanto, a qualidade das informações, as práticas dos agentes do mercado, a fiscalização que seja exercida pelos órgãos reguladores, ganha realce na medida em que pode atingir a liquidez.

Quando a legislação se refere a liquidez ou perda de liquidez de ações como fator determinante de uma OPA obrigatória, tem por escopo dois aspectos que se entrelaçam.

De um lado, se não há liquidez para as ações no mercado secundário – o preço das ações negociadas não é recebido pela sociedade emissora, mas pelo titular das ações – não haverá investidores dispostos a subscrever valores mobiliários em emissão primária, quando o valor é carreado para a companhia porque se antevir que será difícil alienar o investimento, notadamente se a dificuldade for acompanhada de perda de valor, faltará incentivo a quem tenha recursos para direcioná-los para a atividade produtiva.

De outro, porque a aquisição pelo controlador, de ações que circulam no mercado secundário torna-o o único potencial adquirente pelo que o preço não é mais resultante da relação entre oferta e demanda, mas sim da oferta para alguém, o único adquirente, que não precisa mais aumentar sua posição acionária para ter controle quase totalitário sobre as deliberações das assembléias gerais.

A medida determinando a aquisição compulsória das ações mediante OPA, nesses casos, visa à profilaxia do mercado.

Eventuais distorções detectadas no mercado secundário rapidamente minam a confiança dos investidores e se propagam para o mercado primário. A presença de *market makers*, por sua vez pode ser uma das formas de fomentar a liquidez de ações.

Por outro lado, seguindo orientação já exarada na antiga Resolução BACEN 401/1976, estabeleceu, para a identificação do controlador, que o poder seja efetivamente exercido (art. 3.º, IV, alínea *b*).

Quanto à forma de liquidação financeira, a Instrução classifica, conforme o modo de pagamento, as ofertas em: *de compra* (quando o pagamento é feito em dinheiro); *de permuta* (quando o pagamento é por meio de valores mobiliários de emissão de companhias abertas) e *mistas*, aceitando ainda, o que chama de oferta *alternativa*, (quando o pagamento pode tanto ser feito em numerário quanto em valores mobiliários, cabendo a escolha ao destinatário).

No mais, por cuidar-se de oferta regulamentada, deve cumprir os requisitos exarados na norma do art. 10 desta Instrução.

3. Considerações finais

A diretiva acima referida, que impõe a OPA quando se trate de aquisição de controle a termo, refere-se a operações realizadas em mercado de derivativos. Duas são as alternativas previstas: contratos a termo e opções.

Contratos a termo negociados em Bolsa representam operação de compra e venda de um determinado bem (no caso ações), para execução em data futura, predeterminada. O preço do bem está desde logo definido na celebração do contrato. Como esse negócio está perfeito e acabado a partir da contratação, ficando apenas sua execução para data futura, o risco de variação do preço das ações, que pode afetar qualquer das partes é grande, o que torna a operação menos atraente do que as opções.

Opção é um tipo de derivativo no qual alguém, o lançador, faz proposta a pessoa indeterminada, dando-lhe o direito de, em data futura, exercer, ou não, o poder que lhe foi conferido. Natureza jurídica da opção é a de direito formativo ou direito potestativo. O titular da opção pode, se quiser, exercê-la, na forma e pelo preço anteriormente ajustado. Ora, quem tem a posição de titular de opção de compra pode, se quiser, até o termo final, se for opção americana, ou no termo final, se européia, pagar o preço e haver para si as ações objeto da opção. Se não a exercer perde o prêmio pago ao lançador. O risco do titular da opção é o prêmio que paga quando se torna titular do direito potestativo o que as faz, as opções, mais atraentes do que os contratos a termo de compra e venda de ações.

Nas duas situações, entretanto, se estiver em questão o controle de uma companhia aberta, não há razão para que não se imponha ao titular da posição comprada o dever de, se o negócio for consumado, no caso de opções, fazer a OPA.

(g) Extensão às Cias. fechadas. Soluções contratuais: A obrigatoriedade das ofertas públicas não se estende aos minoritários das companhias fechadas. Quanto a estes a cessão de controle perfaz-se mediante a cessão de direitos, no terreno contratual, conforme as regras do Código Civil e a negociação restringe-se ao âmbito do controlador cedente e do adquirente cessionário.

A prática vem contornando esta limitação mediante a inclusão de cláusulas estatutárias (ou no acordo de acionistas) de molde a garantir o direito de saída do minoritário mediante oferta obrigatória do adquirente aos não controladores (a *tag-along*) ou a obrigatoriedade de que estes cedam conjuntamente suas ações quando ocorrer um negócio de alienação de controle (a *drag-along*).

São utilizados igualmente pactos para-sociais, assegurando aos não controladores vantagens para a hipótese da transferência do controle. Exemplo seriam cláusulas estabelecendo para estes preferências na aquisição de ações nas mesmas condições propostas ao controlador, ou ainda as *look back provisions* prevendo a revenda dentro de certo tempo das ações adquiridas por um preço superior, circunstâncias em que a diferença perante o preço original pago ao acionista controlador, reverterá a seu favor.

XII
Dissolução, Liquidação e Extinção das Sociedades Anônimas

1. A DISSOLUÇÃO

A doutrina civilista distingue os termos dissolução e dissociação, reservando o primeiro para as situações em que a sociedade se extingue. Esta, pelo menos, a opinião de Alberto Gomes da Rocha Azevedo.[1]

Para o estudioso, dissociação é termo amplo que abrange toda espécie de solução do vínculo societário quer leve à separação de um, alguns ou de todos os sócios.

Pode advir tanto da vontade de um ou de todos os sócios, como independente desta vontade e, inclusive, compulsoriamente, quando os sócios decidem excluir um ou alguns deles.

Quando a solução do vínculo que liga o acionista à sociedade advém da vontade do sócio que se retira, fala-se em direito de retirada ou recesso.

Mas, fala-se em recesso só naqueles casos previstos em lei por força de exercício de direito formativo desconstitutivo!

Quando compulsória, contra a sua vontade, o termo é exclusão, o que na sociedade anônima somente ocorre de forma indireta, tal como estabelecido na norma do art. 107, II da Lei Acionária, em virtude da venda em Bolsa das ações do acionista remisso. A exclusão é, destarte, medida excepcional de rompimento do vínculo societário e tem base em comportamento inadequado do sócio que deliberadamente prejudica os demais ou o funcionamento da sociedade.

Em ambos os casos a solução do vínculo é parcial e a sociedade continua existindo.

Já a dissolução, em sentido estrito, é processo que leva à extinção da sociedade pelo rompimento do vínculo que une todos os acionistas. Todavia,

---

1. Aut. cit., *Dissociação da sociedade mercantil*, Edusp, São Paulo, 1975, p. 50-57.

com esta não se confunde, posto que a extinção pode decorrer de outras formas, como ocorre na fusão e na incorporação, o que analisaremos em momento posterior.

A dissolução é procedimento que se desenvolve por fases. No primeiro momento tem-se o fato ou deliberação dissolutória, ou seja, aprova-se a quebra do vínculo, em razão do que, a continuação das operações sociais far-se-á apenas para ultimar o procedimento de venda dos ativos e pagamento do passivo, no que se denomina liquidação, conversão dos ativos em moeda para pagamento do passivo.

Assim, a lei determina se altere o nome, para acrescentar a informação de que a companhia está em processo de liquidação, o objeto, pois a sociedade perdura apenas para ultimar os atos de liquidação e não mais para realizar a atividade societária, e a pessoa do administrador que será, então, o liquidante.

Diz-se fato ou deliberação, porque a dissolução também pode advir de pleno direito, v.g., pelo advento do termo ou pela cassação da autorização para funcionar.

Em síntese, indica-se na denominação, até para informação a terceiros, que cessarão as atividades ordinárias, o que a expressão "em liquidação" na sua denominação evidencia. O objeto social, porque a sociedade perdura não mais para realizar a atividade descrita no estatuto, mas para ultimar os atos de liquidação, não precisa ser observado. Por final, altera-se a figura do administrador que é substituído pelo liquidante com funções específicas previstas na lei.

2. SEDE DA MATÉRIA

Na lei das sociedades anônimas o texto básico é a norma do art. 206, cujo elenco é taxativo, distinguindo, separadamente, as causas: I – de pleno direito; II – por decisão judicial e III – por decisão administrativa.

I – Dentre as causas de *pleno direito* distinguem-se as *automáticas* (legais) que ocorrem independente de qualquer manifestação dos acionistas (art. 206, I, alíneas *a*, *b*, *d*, e *e*) e a *voluntária ou convencional* que decorre da deliberação conjunta dos acionistas (art. 206, I, alínea *c*). Lembramos que quando em virtude do término do prazo de duração, este pode ser prorrogado.

Problema, aqui, é qual a maioria necessária para deliberar quanto ao prosseguimento com vida da sociedade.

Isto porque, com o fato ou ato dissolutório, o direito do acionista à partilha do que restar do acervo social após a liquidação, de expectativa que era torna-se direito em ato. Destarte, a atentar-se para o disposto na norma do art. 109, II da lei acionária, não pode ser suprimido por deliberação assemblear. Com este ponto de vista o *quorum* adequado seria, então, unanimidade.

Todavia, a norma do seu art. 137, VII, autoriza a interrupção do processo de liquidação por deliberação da assembléia geral extraordinária. Com este teor, bastaria, então, a decisão fundada na maioria do capital social para prorrogar a existência da sociedade.

Mas, o disposto na norma do art. 209, I da lei, afasta tal entendimento quando autoriza a qualquer acionista pleitear a liquidação judicial da companhia, quando a isto se oponha a maioria dos acionistas. O critério, portanto, é unanimidade.[2]

Quanto aos casos previstos nos estatutos, como preleciona Bulgarelli,[3] sua ocorrência determina de pleno direito a dissolução da sociedade, não nos parecendo que a maioria tenha poderes para alterar o Estatuto nessa matéria, prorrogando a vida da sociedade. Com este entendimento, caso a unanimidade decidisse pela permanência da sociedade, poder-se-ia, inclusive falar em "sociedade nova",[4] ou em recontratação da sociedade.

Já o mesmo entendimento não teria aplicação no caso de dissolução voluntária, posto que aqui, como bem alerta Brunetti, *"No se trata de hacer reviver a um organismo ya muerto, sino anular una condena a muerte, dictada anteriormente."*[5] Assim ser, o *quorum* destinado a deliberar a retificação desta deliberação, é a maioria. Neste caso os dissidentes da deliberação terão direito de recesso, pois não se pode obrigar ninguém a permanecer associado.

Quanto à redução a um único acionista a própria lei faz a ressalva da possibilidade de permanência na forma da subsidiária integral desde que esse acionista seja pessoa jurídica de nacionalidade brasileira.

---

2. Com este teor Brunetti, op. cit, v. III, a p. 331, textualmente: "La consecuencia lógica de esta premisa es que la prorroga de la sociedad, después del vencimiento, es únicamente posible con el consentimiento unánime de los socios. Comparte este criterio también Ascarelli. Ello responde al concepto de que la liquidación se dispone en interés de los socios y no a los terceros, y que la disolución de la sociedad accionaria, como consecuencia del vencimiento Del plazo, trata de tutelar a los socios y no a los terceros, como resulta de la comparación de la disciplina de la prorroga en las sociedades de personas y en las por acciones (...)".
3. Aut. cit., *Manual das Sociedades Anônimas,* 12. ed., Atlas, São Paulo, 2001, p. 332.
4. Assim Brunetti, com apoio em Ferri: "Por eso ninguna deliberación por mayoría puede dar vida nuevamente a una sociedad disuelta de derecho, por lo que, sobre ello, ni tan siquiera puede plantearse la cuestión del receso de los socios ausentes o disidentes. Prorroga después del vencimiento del plazo significa (aunque se haya usado impropiamente este término) constitución de una sociedad nueva, por un nuevo plazo".
5. Aut. e op. cit., p. 333.

Quando a dissolução resulta da extinção ou cassação, na forma da lei, da autorização para funcionar, como ocorre, v. g. com as sociedades estrangeiras autorizadas a funcionar no país (art. 1.134 do CC/2002), também se procederá à liquidação da sociedade salvo se viável a mudança do objeto social para a exploração de alguma atividade em que tal autorização não seja requerida. Nessa hipótese fala-se em nova constituição e transferência de patrimônio.

Sobre o ponto, Modesto Carvalhosa, critica a qualificação da forma como "de pleno direito", visto demandar decreto do governo federal, o qual, inclusive determinará a forma de liquidação. Mas considera a eficácia do decreto extintivo imediata.[6] Todavia, ousamos discordar, posto que o referencial para a manifestação volitiva é a companhia por seus órgãos e não a autoridade externa. Considere-se que a cassação da autorização para funcionar implica a proibição de, regular e legalmente, exercer a atividade indicada no objeto social. Portanto, à sociedade, não restam outras alternativas que a liquidação ou alteração do objeto social, se possível.

II – *Por decisão judicial* entende-se a resultante de sentença com trânsito em julgado.

A hipótese prevista na alínea *a* do art. 206, II, da Lei 6.404/1976 deve ser entendida em consonância com o disposto no seu art. 285, parágrafo único, posto que o vício pode ser sanado por deliberação da assembléia geral ordinária. Vale dizer que a maioria tem poderes para afastar a causa.

Já situação particular é a prevista na alínea *b* deste artigo leva a uma série de indagações.

Cuida-se aqui de direito de minoria posto que a medida somente pode ser invocada por acionistas (isoladamente ou em conjunto) que detenham, pelo menos, 5% do capital social. Quanto a isto nenhum problema. A questão é qual o critério para determinar a inadequação da companhia em atender seu fim social.

O que é o fim social?

Por objeto social, compreende-se a empresa (atividade lícita) de fim lucrativo, assinalada no ato constitutivo, tendo por objetivo ou finalidade a produção de lucros por meio da atividade descrita.

Já quando se fala em 'interesse social' é necessário distinguir conforme se trate de sociedades de pessoas (contratuais ou com autonomia pessoal relativa) ou de capitais (institucionais ou estatutárias).[7]

---

6. Aut. e op. cit., *Comentários...*, vol. 4, t. I, p. 53-54.
7. Conf. Píer Giusto Jaeger, *L'interesse sociale*, Milão, 1972, p.13-87, para as teorias institucionalistas e p. 85-114, para a análise da postura contratualista.

E assim é porque, enquanto nas primeiras o interesse social resume-se à distribuição de lucros obtidos por meio do exercício da atividade prevista no objeto social, afastada a possibilidade da imposição de qualquer interesse extra-societário, nas segundas, ao lado do interesse da sociedade (e por vezes acima) coloca-se o interesse da empresa que não se reduz ao mero interesse de lucro do acionista.[8] E assim é porque a necessidade de conservar a empresa, (atividade), dotando-a de meios para enfrentar a concorrência e adequá-las às eventuais oscilações econômicas (ademais do seu reconhecimento como fator básico para o desenvolvimento da economia nacional), minimizou-se aquela concepção de sociedade como mera fonte de dividendos, destinada à única satisfação do intuito lucrativo ou especulativo do acionista.

Por tal razão as legislações modernas, do que é exemplo a nossa Lei 6.404/1976, abandonando a visão *oitocentista* da sociedade anônima, acatou a cláusula social, tal como necessário a uma economia de mercado onde a empresa é o centro, como produtora de riquezas, tributos e empregos.

Indo além do conflito entre o intuito de maximização de lucros e aquele da maximização da eficiência produtiva na empresa (que se traduz em autogeração de recursos, financiamento), a nova teoria institucionalista ampliou seus horizontes para abranger, ainda, o interesse dos dependentes da empresa, dos consumidores, do meio ambiente, da economia nacional a mais do interesse nacional em si mesmo.

Fala-se, então, em funcionalização ou democratização da empresa.[9] Com esta visão, como preleciona Galgano,[10] o "interesse da empresa em si vem representado como um interesse superior, transcendente ao interesse de todos os sócios, compreendido entre estes, inclusive, os próprios majoritários: este interesse torna-se, nos termos desta teoria, um interesse próprio da inteira coletividade, ao qual qualquer interesse particular deve se submeter (...)".

Por outro lado, adequando a teoria contratualista à necessidade de preservação da empresa (núcleo do direito comercial hodierno), minimizou-se aquela oposição entre o interesse dos acionistas presentes (percepção de dividendos) e aquele da preservação da empresa (autofinanciamento) de molde a incluir o interesse dos sócios futuros.

---

8. Conf. Fábio Konder Comparato, *O poder de controle na S/A*, São Paulo, RT, 2. ed. 1977, p. 285.
9. *Funcionalização* para Giovanni Iudica (conf. *Autonomia dell'impreditore privato ed intervento publici*, Padova, Cedam, 1980, p. 16-17); *democratização* para Francesco Galgano, conf. "La Riforma dell'impresa", *Rivista della Società*, maio-ago. 1976, p. 467-495.
10. Aut. cit. *La società per azioni. Trattato di diritto commerciale e di diritto pubblico dell'economia*, Padova, Cedam, 1984, p. 61-62, trad. nossa.

E minimizou-se porque o interesse dos sócios futuros ordena a preservação da empresa, justificando a não distribuição de dividendos quando sua saúde assim o requeira.[11]

Destarte, como se vê, "o fim social" nas sociedades anônimas não se reduz à mera distribuição dos lucros obtidos (dividendos) e a lei acionária brasileira não ficou imune à tese; dando relevo à importância social de que se reveste a empresa moderna, enfatizou a função social da companhia e seus deveres para com a comunidade e, com este teor, tem em vista não só a comunidade local, como aquela nacional.

Com esta orientação, ao reconhecer o poder de controle, sancionou interesses a serem tutelados que não se reduzem ao dos sócios, da sociedade isolada ou do grupo societário (v. g. arts. 265 cc 273 da Lei 6.404/1976); mas englobam os de todos vinculados à empresa, notadamente os dos que nela trabalham (v. g. art. 116, parágrafo único, da Lei 6.404/1976), os da comunidade (art. 116, parágrafo único, idem); o nacional e o da economia nacional (art. 117, § 1.º, a, ibidem).

Por tal razão, o *fim social*, na sociedade anônima, é mais amplo do que a mera produção de lucro, justificando-se a não distribuição de dividendos quando a preservação da empresa assim aconselhe.

Vale dizer que a não distribuição de dividendos não é razão suficiente para pretender a dissolução da sociedade com fulcro na norma do art. 206, II, alínea b,[12] em que pese a posição contrária de *Bulgarelli* sobre o ponto.[13]

---

11. Minervini, *Società, associazioni, gruppi organizatti*, Napoli, Morano, 1973, p. 16.
12. Conf. Píer Giusto Jaeger, op. cit., p. 21 e 23, trad. minha, com o seguinte teor: Em síntese, tal teoria, como resulta da elaboração sobre o plano jurídico do pensamento de Rathenau, por obra dos autores por ele inspirados, mais proximamente, apresenta as seguintes características (...) d) redução de todos os direitos dos acionistas condicionados ao interesse superior da empresa, com relação à qual estes tem uma obrigação de fidelidade (Treupflicht) e conseqüente subordinação do direito à informação, do direito de impugnação da deliberação assemblear, a mais, como se viu, do direito aos dividendos e ao uso conforme este interesse (...). Vale ainda, no mesmo sentido a lição de Marcus Lutter, *Die Treupflicht des Aktionärs, Zeitschrift für das gesamte Handelsrecht und Wirtschaftsrecht*", v. 153, p. 367-510, ago. 1989, p. 452-453, afirmando: Há uma conscientização crescente dos deveres superiores e da particularidade do dever de fidelidade (dever de proteção) no direito da sociedade de capital. Em primeiro lugar, não se leva mais em consideração a perda da posição de influência do mero investidor; em segundo, a possibilidade crescente do exercício da influência torna-se, também, subserviência a deveres jurídicos maiores (...).
13. Aut e op. cit., a p. 333.

Mais adequadamente deve-se apreender a noção de fim social como a impossibilidade da sociedade prosseguir em seu funcionamento normal quer pela perda do capital social necessário para manter a atividade; quer pelo obsoletismo da sua produção, fato que merece atenção pelo desenvolvimento tecnológico e da globalidade, ou por mudanças das preferências dos consumidores.

III – Situação particular, neste ponto, é a *liquidação extrajudicial* de instituição financeira (entidades de captação, custódia e aplicação de recursos financeiros)[14] e sociedades a elas equiparadas (corretoras, distribuidoras de títulos e valores mobiliários e seguradoras). Esta a hipótese prevista no inciso III, da mencionada norma do art. 206 da Lei 6.404/1976.

Cuida-se aqui de procedimento administrativo que transcorre sob a égide do Banco Central do Brasil (Lei 6.024/1976) com a finalidade de sanear o mercado financeiro. Cuidando-se de sociedades integrantes do sistema de distribuição de valores mobiliários, esta tarefa, por delegação, pode ser exercida pelas Bolsas de Valores (art. 52, § 2.º da Lei 6.024/1976).

A liquidação extrajudicial é modalidade de intervenção do Estado na economia e tanto o procedimento como a intervenção têm natureza pública. Na raiz deste procedimento está a necessidade de manter a divisão de poderes, evitando a ingerência do judiciário em setores da exclusiva competência administrativa.

É forma excepcional de liquidação e extinção da sociedade, decorrente de procedimento administrativo que difere da liquidação disciplinada na lei acionária, por tratar-se de execução coletiva (procedimento concursal), submetido, como tal, ao princípio da justiça distributiva.

3. A Liquidação

A liquidação tanto pode ocorrer mediante órgão da companhia, situação em que se considera o liquidante um órgão desta (liquidação privada), conforme a postura organicista, como por decisão judicial, circunstância em que deverá seguir o que dispõe as normas dos artigos 655-674 (com especial ênfase a este último) do CPC de 1939, mantidas em vigor em virtude da remessa expressa da norma do art. 1.218, VII, do CPC atual.

Quando a liquidação é privada, os deveres e poderes dos liquidantes, que se submetem aos mesmos deveres que os administradores, estão arrolados na norma dos arts. 210 e 211, respectivamente, da lei acionária.

Note-se que a pessoa jurídica permanece com vida até a declaração da extinção, mantendo-se, até então, a separação legal entre o patrimônio da

---

14. V. art. 17 da Lei 4.595/1964.

pessoa jurídica (patrimônio autônomo) e aqueles dos acionistas. Todavia, não poderá desenvolver suas atividades normais, apenas praticando os atos necessários à liquidação.

Esta, conforme a lição da doutrina,[15] submete-se ao princípio da *pars conditio creditorum* quando do pagamento do passivo. Vale dizer, o da igualdade dos credores de cada classe e ordem nos pagamentos, pagando-se primeiro os titulares de prioridades ou preferências, e, em seqüência, as dívidas vencidas ou vincendas.

Uma vez liquidado todo o passivo, rateia-se o que restar dentre os acionistas, rateio este que tanto pode ocorrer à medida que se forem realizando os bens sociais, como, inclusive, pela partilha dos bens residuais aos sócios na forma assinalada no art. 215, § 1.º da Lei 6.404/1976.

Uma vez rateado o ativo remanescente e prestadas as devidas contas pelo liquidante encerra-se a liquidação e com isto, extingue-se a companhia (art. 219, I da Lei 6.404/1976).

4. Extinção da companhia em virtude de fusão, incorporação e cisão

O Capítulo XVIII da lei acionária cuida, conjuntamente da transformação, fusão, incorporação e cisão.

A transformação, tal como dispõe a norma do art. 220 da Lei 6.404/1976, é a operação pela qual a sociedade passa de um tipo para outro independente de dissolução ou liquidação.

A acatar-se a lição de Modesto Carvalhosa,[16] segundo o qual se dá tão somente "(...) a extinção dos atos constitutivos que são substituídos por outros, e que dão, à mesma pessoa jurídica transformada, direitos, obrigações e responsabilidades diversos no plano interno, e inalterados no plano externo (...)", não se pode com rigor falar em extinção.

Cuidando-se de transformação, mudança de tipo e, pois, de estrutura organizativa, altera-se a relação societária entre sócios, no plano interno, e eles, os sócios, ficam sujeitos às regras próprias do tipo societário escolhido.

Quanto aos direitos dos credores, permanece a lei do momento em que os créditos foram constituídos. Vale dizer que a responsabilidade dos sócios vai regular-se conforme a lei de regência do tipo societário existente quando da constituição do débito. Por exemplo, em sociedade em nome coletivo que, posteriormente, transforma-se em anônima, os débitos criados anteriormente à transformação, contarão com a responsabilidade solidária dos sócios.

---

15. Bulgarelli, op. cit., p. 336.
16. Aut. e op. cit., p. 1.771 e ss.

Observe-se que a lei exige a unanimidade quando o estatuto não contenha autorização para a transformação por deliberação da maioria (art. 221 da Lei 6.404/1976). Existindo a autorização, tem o descontente o direito de retirar-se da sociedade (art. 221, parágrafo único, da Lei 6.404/1976).

Tanto a fusão, quanto a incorporação e a cisão são formas de reorganização societária, usualmente empregadas em projetos de concentração de poder econômico.

Quanto à fusão e à incorporação, o que leva a empresa ao gigantismo (macro empresa) fala-se (por oposição aos grupos) em *concentração na unidade*. Já com relação à cisão, em *concentração na pluralidade*, posto que o caminho é inverso. Fragmenta-se a unidade em duas ou mais, sem que com isto, todavia, este poder torne-se menor.

A cisão é técnica de reorganização empresarial que, inclusive, pode ser utilizada para a constituição de grupos de sociedades. Consiste na divisão do patrimônio de uma sociedade que pode subsistir, ou não e na criação de outra(s) para receberem parcelas do patrimônio cindido. Outra alternativa é a divisão do patrimônio e a incorporação de parcelas em sociedades existentes.

Tem-se a fusão quando duas ou mais sociedades, unem-se para dar lugar a uma sociedade nova, com o desaparecimento das sociedades anteriores.

Na incorporação a situação é diferente, pois se cuida de uma sociedade que absorve (incorpora) outra ou outras, que desaparecem, permanecendo a incorporadora. Aqui somente a(s) sociedade(s) incorporadas desaparecem. Tanto em um caso quanto em outro, todavia, tem-se extinção sem liquidação, pois a(s) sociedade(s) fusionada(s) ou incorporada(s) deixam de existir.

Na cisão, somente se pode falar em extinção da sociedade cindida no caso de cisão total. A saber, quando uma sociedade divide-se em duas, sendo criadas outras novas e desaparecendo a original. Já não é o que ocorre na cisão parcial, posto que aqui a sociedade cindida apenas cede uma parcela do seu patrimônio para a constituição de uma nova sociedade ou para sociedade já existente, permanecendo com vida.

Os três institutos são regulados em conjunto nas normas dos arts. 223 e ss. da Lei 6.404/1976, e podem ocorrer tanto entre sociedades de tipos iguais como diferentes.

Existindo a criação de sociedades nova, a observância do que dispõem as normas reguladoras da constituição do novo tipo societário é de rigor.

As condições de uma e de outros devem constar de protocolos firmados pelos órgãos de administração ou sócios das sociedades interessadas, respeitando o teor do que dispõe a norma do art. 224 da lei acionária e dependem da aprovação dos sócios das sociedades envolvidas na forma determinada pela norma do art. 226 que se segue.

Quer se cuide de incorporação, quer de fusão, a sociedade resultante ou a remanescente sucede as anteriores ou a incorporada em todos os direitos e obrigação.

A tutela dos sócios das sociedades fundidas ou incorporada(s) também não foi desatendida, assegurando-se aos sócios ou acionistas não só o direito de retirada (art. 230 da Lei 6.404/1976), substituindo-se as participações (ou ações) dos sócios (ou acionistas) das sociedades extintas, proporcionalmente, por participações societárias da incorporadora ou da sociedade nova resultante do processo de reorganização.

A tutela dos debenturistas igualmente não foi descurada, como faz ver a norma do art. 231 e seus §§ da Lei 6.404/1976, ao submeter as operações à assembléia especial dos debenturistas ou facultando-lhes o resgate antecipado.

Problema particular aqui é a tutela dos credores na fusão e na incorporação tendo em vista a exigüidade do prazo estabelecido na norma do art. 232 da Lei 6.404/1976, findo qual ocorre a decadência do direito ai assegurado. Note-se que o credor continua, até o integral pagamento dos seus créditos, com as mesmas garantias que a sociedade incorporada ou fundida lhes oferecia, como bem adverte Modesto Carvalhosa.[17] Por tal razão a idéia de prejuízo deve corresponder à probabilidade de algum dano ao seu direito de crédito, seja pelo não pagamento, seja pela alteração das garantias anteriormente existentes. De qualquer forma a consignação em pagamento da quantia devida afasta o pedido de anulação da operação (art. 232, § 1.º, da Lei 6.404/1976).

Com relação à cisão, todavia, esta tutela não parece tão clara, tendo em vista que existe a possibilidade, na cisão parcial, das sociedades que absorverem parcela patrimonial da sociedade cindida responderem, apenas, pelas obrigações que lhes forem transferidas, sem qualquer vínculo de solidariedade com aquela.

É certo que o credor pode se opor a esta estipulação se o reclamar dentro de 90 dias a contar da publicação dos atos de cisão (art. 233, parágrafo único). Todavia, é duvidosa a certeza deste conhecimento em prazo tão restrito, razão pela qual a cisão pode ser usada como forma para burlar credores, esvaziando, indevidamente, o patrimônio ativo da sociedade cindida sem a correspondente transferência do passivo, ou vice versa.

5. PROBLEMA COLOCADO – A DISSOLUÇÃO PARCIAL PERANTE A SOCIEDADE ANÔNIMA

Discute-se na doutrina[18] a possibilidade da chamada dissolução parcial com relação às sociedades anônimas. A construção é obra da jurisprudência

---

17. Aut. e op. cit, p. 313.
18. Assim Modesto Carvalhosa, op. cit., *Comentários...*, vol. 4., t. I, p. 19 e ss.

anterior ao Código Civil de 2002 e advinha fundada na norma do art. 335, V do Código Comercial revogado.[19]

Nesta, conforme a tradição romanista, atribuía-se a qualquer dos sócios o direito de pedir a dissolução das sociedades celebradas por tempo indeterminado, quando (conforme a interpretação doutrinária) faltasse a *affectio societatis*. A construção foi largamente utilizada nas sociedades limitadas, como forma alternativa para o recesso.

Note-se, todavia, que a hipótese não se confunde com o recesso. Em primeiro lugar porque o recesso é direito assegurado na lei a favor do minoritário que discorda de deliberação da maioria em matéria prevista na lei. Já a dissolução parcial é remédio criado pela jurisprudência fundado na idéia de preservação da empresa, o qual pode advir tanto do sócio minoritário quanto majoritário.

Em segundo lugar porque o fundamento de uma e de outra formas são absolutamente distintos. Para que o recesso tenha lugar se exige uma deliberação assemblear que, perante o desacordo, do minoritário, introduza a dissidência na harmonia societária.

Já a base para o pedido da dissolução repousa no rompimento do dever de colaboração que incumbe a todos os sócios nas chamadas sociedades de pessoas ou contratuais (*affectio societatis*).

Por último, distinguem-se quanto aos efeitos, porque no recesso a solução do vínculo é parcial. A sociedade permanece intocada. Por tal razão, somente tem direito a perceber seus haveres, conforme o último balanço ou balanço especialmente levantado para tal fim, aqueles sócios retirantes. No cálculo do reembolso não se inclui aquele correspondente à sua participação no acervo empresarial como ocorreria se a sociedade fosse liquidada e existissem sobras.

Ademais como a sociedade permanece com vida, pode receber em parcelas, caso assim se tenha estabelecido no contrato social, pois este ainda vigora.

Contrariamente, na chamada dissolução parcial, a sociedade reputa-se dissolvida por ficção. Como tal, o valor de reembolso é feito mediante avaliação física e contábil, pois o sócio tem o direito de exigir, também parte que lhe caberia, caso a sociedade fosse dissolvida.

No núcleo da construção jurisprudencial está a idéia de preservação da empresa. Com esta finalidade, sem desatender o direito legítimo do só-

---

19. A possibilidade permanece em sede de defesa perante o disposto na norma do art. 1.034, II, CC/2002, como afirmamos no nosso *Manual de direito comercial*, RT, 2. ed., 2004, p. 281.

cio à dissolução, posto que lhe atribui como valor de reembolso o mesmo que teria caso a sociedade dissolvida fosse, a jurisprudência mantém a sociedade viva.

Mas a solução não tem lugar nas sociedades anônimas e isto não somente pelo fato do elenco consubstanciado no art. 206 da lei acionária ser taxativo, mas, ainda, porque a lei, quando cuida dos direitos essenciais dos acionistas, claramente estatui que este tem o direito de retirar-se da sociedade "(...) *nos casos previstos nesta lei* (...)" (art. 109, V da Lei 6.404/1976). Trata-se, portanto, de respeitar direito essencial dos acionistas. A norma é cogente. Por tal razão qualquer interpretação extensiva seria *contra lege*. Ainda mais, levando em consideração que, quando se tratar de companhia aberta o acionista pode vender suas ações em Bolsa. e quando fechadas, há sempre a possibilidade de negociar com os demais acionistas.

Por outro lado, o núcleo do pedido de dissolução *ex voluntates* repousa no rompimento da *affectio societatis*, como vínculo que une os sócios entre si.

E, como demonstramos no primeiro capítulo, nas sociedades de capitais, em que a personalidade jurídica repousa na estrutura corporativa da instituição, as relações não se estabelecem entre os acionistas, mas entre estes e a sociedade. A figura do sócio é absorvida pela unidade. Daí porque não é possível afirmar a presença da *affectio societatis* nas sociedades de capitais.

Tanto assim é que, quando se fala em dever de lealdade dos acionistas (*Treupflicht*), tem-se em vista postulado da teoria institucionalista, conforme o qual os interesses destes submetem-se àquele maior da empresa em si mesma. Com este teor o dever de fidelidade do acionista é para com a companhia e não dos acionistas entre si.

Com esse entendimento afasta-se a possibilidade da dissolução parcial nas sociedades anônimas em que pese orientação divergente da jurisprudência.[20]

JURISPRUDÊNCIA

- "*Sociedade anônima. Retirada de acionista. Pretensão à dissolução parcial. Inadmissibilidade por tratar-se de pedido juridicamente impossível. Espécie societária que possui procedimento próprio consistente no direito de recesso do sócio. Inteligência da Lei 6.404/1976. A pretensão de dissolução de sociedade anônima em virtude da retirada de acionista traduz-se em pedido juridicamente impossível, pois, como prevê a Lei 6.404/1976, esta espécie societária não admite a dissolução parcial, mas procedimento próprio pelo direito de recesso do sócio, consistente no resgate, amortização e*

---

20. Apud Modesto Carvalhosa, op. cit., *Comentários*..., v. 4, t. I, p. 65-66.

reembolso das ações do acionista dissidente" (TJ/SP, 2.ª Câm. Ap. 2.818.4/2, j. 14.10.1997, rel. Des. Linneu Carvalho, *RT* 749/258).
- *"Sociedade anônima. Retirada de acionista. Pretensão à dissolução parcial. Inadmissibilidade por tratar-se de pedido juridicamente impossível. Espécie societária que possui procedimento próprio consistente no direito de recesso do sócio. Inteligência da Lei 6.404/1976.* A pretensão de dissolução de sociedade anônima em virtude da retirada de acionista traduz-se em pedido juridicamente impossível, pois, como prevê a Lei 6.404/1976, esta espécie societária não admite a dissolução parcial, mas procedimento próprio pelo direito de recesso do sócio, consistente no resgate, amortização e reembolso das ações do acionista dissidente" (TJ/SP, 2.ª Câm., Ap. 2.818.4/2, j. 14.10.1997, rel. Des. Linneu Carvalho, *RT* 749/258).
- *"Sociedade anônima. Medida cautelar interposta pelo Ministério Público. Apreensão e depósito de livros e documentos. Preparatória de ação de dissolução judicial. Legitimidade ad causam. Vícios na constituição da empresa e desvio de finalidade. Defesa dos interesses ou direitos coletivos. Inteligência e aplicação dos arts. 127 e 129, III e IV, da CF.* Embora a constituição Federal atribua ao Ministério Público apenas a defesa de interesses individuais indisponíveis (art. 127), além dos difusos e coletivos (art. 129, III), a relevância social da tutela coletiva dos interesses ou direitos individuais homogêneos levou o legislador ordinário a conferir ao Ministério Público e a outros entes públicos a legitimação para agir nessa modalidade de demanda, mesmo em se tratando de interesses ou direitos disponíveis. Em conformidade, aliás com a própria Constituição, que permite a atribuição de outras funções ao Ministério Público, desde que compatíveis com sua finalidade (art. 129, IX). Bastava a exibição dos documentos e livros em juízo, para a obtenção das xerocópias autenticadas que o Ministério Público entendesse necessárias como aliás deve ter providenciado, objetivando instruir a ação de dissolução. Como, também, era plausível se efetuasse o preventivo exame pericial contábil dos papéis. Afora tais providências, nada mais justifica a permanência das coisas em depósito, por importar em abusivo cerceamento ao exercício do próprio comércio, dificultando o controle das operações contábeis de empresa. A atividade empresarial há de ser respeitada, enquanto não determinada judicialmente a dissolução da sociedade, nas vias judiciais certas (ação principal, em curso)" (TJ/SP, 1.ª C., Ap. 159.260-1/2, j. 12.5.1992, rel. Des. Euclides de Oliveira, *RT* 690/65).
- *"Sociedade anônima. Cisão parcial. Possibilidade de o ato conter cláusula de exclusão da solidariedade entre a companhia cindida e a sociedade que absorve parcelas de seu patrimônio. Existência de deliberação pelas partes de que os débitos judiciais existentes anteriormente à cisão seriam elencados em uma listagem. Necessidade de publicação do rol para viabilizar que o credor exerça seu direito de se opor à estipulação. Inteligência*

do art. 233, parágrafo único, da Lei 6.404/1976. O ato de cisão parcial de sociedade anônima pode conter cláusula de exclusão da solidariedade entre a companhia cindida e a sociedade que absorve parcelas de seu patrimônio, entretanto, uma vez deliberado pelas partes que os débitos judiciais existentes anteriormente à cisão seriam elencados em uma listagem, a publicação do referido rol, de forma a viabilizar que o credor se oponha à estipulação, é direito garantido a este pelo art. 233, parágrafo único, da Lei 6.404/1976" (1.º TACivSP, 2.ª Câm., AgIn 1.162.577-5, j. 11.06.2003, rel. Juiz José Reynaldo, *RT* 819/239).

- "*Sociedade anônima. Cisão. Notificação de que trata o parágrafo único do art. 233, da Lei 6.404/1976 – Possibilidade de ser feita judicial ou extrajudicialmente.* A notificação de que trata o parágrafo único do art. 233 da lei das sociedades por ações pode ser feita judicial ou extrajudicialmente. Prazo decadencial afastado ante a demora do próprio aparelho judicial. Acórdão – Vistos, relatados e discutidos estes autos: Acordam os Ministros da 3.ª Turma do Superior Tribunal de Justiça, na conformidade dos votos e notas taquigráficas a seguir, por unanimidade, não conhecer do recurso especial. Votaram com o Relator os Mins. Costa Leite, Nílson Naves, Eduardo Ribeiro e Waldemar Zveiter" (STJ, 3.ª T., REsp 15.078-0-RJ, j. 13.3.1995, rel. Min. Cláudio Santos, *DJU* 08.05.1995, *RT* 718/247).

- "*Sociedade comercial. Incorporação societária. Cisão de empresas. Laudêmio. Inexigibilidade, visto a natureza não onerosa das transferências de bens realizadas em tal operação. Inteligência do art. 3.º, do Dec.-lei 2.398/1987.* O cerne da questão cinge-se na indagação acerca da exigibilidade ou não do laudêmio na presente incorporação societária, entendendo-se como tal a operação pela qual uma ou mais sociedades são absorvidas por outras, que lhes sucedem em todos os direitos e obrigações, sem se olvidar da pesquisa acerca do caráter desta transferência patrimonial, aí incluído o domínio útil dos imóveis pertencentes à União, se onerosa ou não para os fins de recolhimento do referido laudêmio. A presente controvérsia encontra-se subsumida ao preceito insculpido no art. 3.º, do Dec.-lei 2.398/1987. A jurisprudência é pacífica no sentido de que não cabe cobrança de laudêmio nas hipóteses de cisão de empresas, haja vista a natureza não onerosa das transferências de bens nelas realizadas" (TRF-2.ª Reg., 5.ª T., Ap em MS 2000.02.01.022682-1/RJ, j. 20.04.2005, rel. Des. federal Vera Lúcia Lima, *DJU* 02.05.2005, *RT* 839/395).

- "*Sociedade anônima. Incorporação. Direito de recesso dos acionistas. Admissibilidade, pois gozam de liberdade para discordar da deliberação.* O acionista, no caso de incorporação da sociedade, tem direito de recesso, pois goza de liberdade para discordar da deliberação, eis que ninguém é obrigado a deter ações na incorporação por outra empresa concorrente (TJ/SP, 3.ª Câm., EI 004.852-4/5-02, j. 18.08.1998, rel. Des. Ênio Santarelli Zuliani, *RT* 759/199).

XIII
A Sociedade Anônima de Economia Mista

1. ANTECEDENTES – REGIME JURÍDICO DA ATIVIDADE ECONÔMICA EXERCIDA PELO ESTADO

Conforme o princípio constitucional abrigado na norma do art. 173 da Constituição da República de 1988, reserva-se o exercício da atividade econômica aos particulares, tal como previsto no art. 170 que garante a liberdade de iniciativa no domínio econômico. A atuação do Estado neste setor, somente é admitida em caráter suplementar e de apoio às atividades dos particulares. O princípio acatado é o da subsidiariedade,[1] somente aceitando-se a atividade do Estado em caráter suplementar.

Por tal razão, fala-se em intervenção, quando o Estado adentra dentro desta área reservada aos particulares.[2]

Somente se aceita a intervenção do Estado no domínio econômico quando a iniciativa particular se apresente inadequada ou contraproducente, quando indispensável à segurança nacional ou para reprimir abusos do poder econômico. Conforme o texto legal (art. 173 da CF), "(...) quando necessária aos imperativos da segurança nacional ou a relevante interesse coletivo, conforme definido em lei (...)".[3] Ademais disto, esta atuação somente pode ter lugar mediante a empresa pública e ou a sociedade anônima de economia mista (art. 173, § 1.º, da CF), as quais se submeterão, enquanto no exercício da atividade econômica, ao tratamento "próprio das empresas privadas, inclusive quanto aos direitos e obrigações civis, comerciais, trabalhistas e tributários" (art. 173, § 1.º, II, da CF) sem qualquer privilégio fiscal (art. 173, § 2.º).

---

1. V. Eros Roberto Grau, *Elementos de direito econômico,* São Paulo, 1981, p. 84-85 e 98-101.
2. Fabio Konder Comparato, *Vendas em bolsa de ações da união federal no capital social de sociedade anônima de economia mista, novos ensaios e pareceres de direito empresarial,* São Paulo, 1981, Forense, p. 294-295.
3. Aqui há de ser incluída a regulação das atividades; assim como a concessão de incentivos a setores da economia.

Isto vale tanto para as companhias abertas, quanto para as fechadas.

A par disto, por cuidar-se de intervenção na economia, a exploração da atividade econômica, quer pela empresa pública, quer pela sociedade anônima de economia mista deve sempre ser autorizada por lei e a exigência aplica-se a todas as pessoas jurídicas de direito público (União, Estado e Municípios).

Genericamente o regime aplicável é o de direito privado, conforme ordena norma do art. 173, § 1.º, II da CF, com as derrogações de direito público, impostas por leis especiais, as quais disciplinam a participação do Estado na atividade econômica, submetendo-a a um regime, por assim dizer, misto.

Estas derrogações variam de intensidade conforme a participação seja direta ou indireta, exercida por uma empresa pública ou sociedade anônima de economia mista, em regime de monopólio, ou não, e, ainda, conforme se tenha em vista uma atividade econômica em sentido estrito ou a prestação de um serviço público.[4]

De qualquer forma estas derrogações, quando se tratar da exploração de atividade econômica empresarial não monopolizada, abrange apenas aspectos regulamentares, não podendo revogar o disposto na legislação federal aplicável.

2. A SOCIEDADE ANÔNIMA DE ECONOMIA MISTA

As sociedades anônimas de economia mista estão submetidas ao tratamento particular que lhes reserva a lei acionária no seu capítulo XIX, com as eventuais derrogações regulamentares de direito público.

Note-se, todavia, que o mesmo regime não se aplica às empresas públicas ou àquelas sociedades que, por quaisquer circunstâncias, contam com a participação do Estado no seu capital; e não se aplica porque as sociedades anônimas de economia mista têm características bem delimitadas na lei.

Embora possam ser qualificadas como estatais[5] todas as sociedades que contam com a participação do Estado, é necessário distinguir, nas sociedades de economia mista, a par de o capital ser composto tanto por recursos dos particulares, como dos oriundos dos cofres públicos (por isto que de economia mista), o controle, deferido à pessoa jurídica de direito público, é sempre majoritário, em atenção ao que já dispunha a norma do art. 5.º, II, do Dec.-lei 200/1967, o qual ordena, ainda, utilize a sociedade de economia mista a forma de sociedade anônima; já na empresa pública, o capital é totalmente formado

---

4. Eros Roberto Grau, op. cit., p. 89-92.
5. Para Odete Medauar, *Direito administrativo moderno*, RT, 8. ed., 2004, p. 98 e ss., o nome genérico *estatais* aplica-se a todas as empresas administradas e controladas direta ou indiretamente pelo poder público.

com recursos advindos dos cofres públicos, não se admitindo a participação de particulares.

Quanto à criação, em ambas é necessário autorização legal para sua constituição, devendo esta autorização ser específica como determina a norma do art. 37, XIX, da CF/1988. Com este teor a norma do art. 236 da Lei Acionária é, da mesma forma, suficientemente clara.

Já nas chamadas "estatais", sociedades que contam com a participação do Estado em seu capital, o requisito não é o controle majoritário e, tampouco, faz-se necessária autorização legal para a criação da companhia eis que nada impede que o Estado adquira ou desaproprie ações de sociedade já existente, tendo em vista o interesse público.[6]

Estas, sociedades, todavia, em que pese a origem mista do capital, não podem ser definidas como sociedades anônimas de economia mista, tendo em vista a ausência da lei autorizadora.

A sociedade anônima de economia mista é órgão integrante da administração indireta (federal, estadual ou municipal) e não se confunde com as chamadas *paraestatais*, expressão reservada, conforme lúcida lição de Maria Silvia Zanella di Pietro[7] (com apoio em Bandeira de Mello), para as "(...) pessoas privadas que colaboram com o Estado desempenhando atividade não lucrativa e às quais o Poder Público dispensa especial proteção (...)", e que não se incluem dentre as entidades da administração indireta.

Estas sociedades estão submetidas, quando companhias abertas, à disciplina da CVM e, quando instituições financeiras, à disciplina normativa do Conselho Monetário Nacional (art. 4.º, VIII e XV da Lei 4.595/1964) e, ainda, à supervisão, regulamentação e fiscalização de suas atividades pelo BACEN (art. 10, VIII da Lei 4.595/1964).

---

6. Conf. Odete Medauar, op. cit., p. 104, textualmente: "Antes de 1967 muitas sociedades de economia mista formaram-se pela intervenção do Estado em empresas mal administradas pelos particulares, sob a alegação de que a iniciativa privada não tinha condições de exercer essa ou aquela atividade, nem sempre mediante lei. A instituição mediante autorização de lei configura elemento fundamental à identificação da entidade como sociedade anônima de economia mista. Esse é o entendimento decorrente do acórdão do STF, exemplificado nos seguintes: RE 91.035.179, ementa: 'Sociedade de economia mista. Com ele não se confunde a sociedade sobre controle acionário do poder público. É a sociedade especial que o Estado se assegura, através da lei criadora da pessoa jurídica que a caracteriza como sociedade de economia mista'(...)".

7. Aut. cit., *Direito administrativo,* 16. ed. Atlas, São Paulo, 2003, p. 414.

A atividade submete-se à supervisão do Ministério competente, ao qual incumbe o acompanhamento e orientação da gestão conforme os objetivos, traçados no Decreto-lei 200/1967 (arts. 19 e 24), conforme os comportamentos determinados no seu art. 26, parágrafo único e ao controle do Tribunal de Contas (art. 71, II e 74, II, da CF).

Genericamente, como afirmamos, o regime aplicável é o de direito privado com as derrogações de direito público, impostas por leis especiais, as quais disciplinam regularmente a participação do Estado na atividade econômica, submetendo a economia mista a um regime, por assim dizer, híbrido de direito público e privado.

Mas estas derrogações, quando a finalidade for a exploração de atividade empresarial não monopolizada, abrange apenas aspectos regulamentares, o que é feito mediante dispositivos complementares destinados a atuar "(...) um concreto preceito abstrato da lei (...).".[8] A regra geral é a da submissão ao regime jurídico de direito privado, atuando o Estado "(...) em regime de absoluta igualdade com os sujeitos privados (...)".[9]

3. O CONTROLE ACIONÁRIO DO ESTADO POR INTERMÉDIO DA SOCIEDADE ANÔNIMA DE ECONOMIA MISTA

3.1 *Controle e qualificação jurídica*

Cuidando-se de controle acionário do Estado, é necessário distinguir conforme ele tenha lugar na sociedade isolada ou no grupo e, ainda, conforme a sociedade controlada seja uma anônima de economia mista ou uma empresa pública.

Com relação a estas últimas entidades o controle é sempre majoritário (sociedade anônima de economia mista) ou a totalidade das ações está em mãos da pessoa jurídica de direito público (na Empresa pública) e não há mais que falar em controle, pela inexistência de minorias e esta qualidade do controle integra o próprio tipo legal, como fazem ver as normas dos incisos II e III do art. 5.º, Dec.-lei 200/1967.

Com tal redação a norma afasta, outrossim, a possibilidade de controle grupal, tal como aquele resultante do acordo de acionistas ou de grupos informais.

---

8. Fabio Konder Comparato, Vendas em Bolsa de ações da União Federal no capital de sociedade de economia mista e desrespeito às normas disciplinares do mercado de capitais em *Novos ensaios e pareceres de direito empresarial*, Rio de Janeiro, Forense, 1981, p. 290-311, a p. 296.
9. Idem, aut. op. e loc. cit.

Note-se, ademais, que o fato deste Decreto dispor quanto a estas entidades na órbita pública federal não significa que não se aplique a noção a Estados e Municípios.

Sobre o ponto, a questão já foi a muito resolvida, notadamente após o Ato Institucional 8, de 02.04.1969, o qual submeteu, também, as sociedades de economia mista estaduais e municipais aos ditames do Dec.- lei 200/1967.

Já nos grupos o controle é sempre indireto, tal como define a norma do art. 243, § 2.º, da lei acionária e o fato da sociedade de economia mista deter o controle de determinada sociedade não o submete à disciplina especial do Capítulo XIX. Com este teor a norma do art. 235, § 2.º é suficientemente clara.

Por outro lado, a participação de uma sociedade de economia mista em outras sociedades deve advir, igualmente, de autorização legal, salvo a exceção prevista na norma do art. 237, § 2.º, da Lei 6.404/1976 e, quando instituições financeiras, submetem-se da mesma forma ao Banco Central.

E a exigência é coerente eis que, em se cuidando de procedimentos intervencionistas, inclusive a participação indireta do Estado na economia, deve estar previamente autorizada em lei.

3.2 O Estado como acionista controlador

A norma do art. 239 da Lei Acionária submete o Estado enquanto acionista controlador aos mesmos deveres estabelecido para as demais sociedades anônimas nas normas dos arts. 116 e 117.

Questão particular, todavia, é o que se deve entender por *interesse público* na redação desta norma.

O fato da norma do art. 116 mencionado ter acatado a tutela de interesses extra societários, além daquela finalidade da obtenção de lucros por meio do exercício da atividade contemplada no objeto social, dentre os quais aquele da comunidade e a tutela indireta daquele nacional e o da economia nacional (art. 117, § 1.º, alínea a da Lei 6.404/1976), não está aqui tutelado o interesse público a que faz menção a norma do art. 238 desta lei.

Aqui, o que a lei tem em vista é o interesse público concreto,[10] plenamente tipificado na lei autorizadora e assumido, normativamente, dentre os fins, cuja realização o Estado se propõe realizar.

---

10. Cf. Eugêncio Cannada Bártoli, *Interesse (diritto administrativo)* em *Enciclopedia del Diritto*, Milano, Giuffrè, 1972, 1978, p. 976-979, nos termos seguintes: "Ma il termine ha un significato meno culto, tanto da esser pressuposto dalla dottrina e dalla giurisprudenza, che se ne avvale continuamente: come interesse pubblico in genere o in una qualsiasi specificazione (...). Già questa breve presentazione di significati mostra Che il primo gravita intorno al

Sendo este interesse, conforme Cannada Bártoli,[11] aquele consubstanciado na definição normativa, por meio da lei que autorizou a criação da sociedade de economia mista, não se confunde com qualquer outro. O interesse perseguido pela administração pública, neste caso, é somente aquele particularizado na lei que autorizou a constituição da sociedade.

A realização deste interesse, todavia, não exclui a persecução da finalidade lucrativa. O interesse público permanece externo ao interesse social da controlada (enquanto visando ao lucro e sua conseqüente distribuição).

Vale aqui a lição já clássica de Vicenzo Alegri ao prelecionar que, apesar da ampliação do interesse dos administradores na direção do público e do social, esta não vai a ponto de incluir o interesse público como um elemento do interesse social, propriamente dito. Os administradores, ainda quando nomeados pelo Estado, não têm poderes diferentes dos demais administradores. Também para estes o primeiro dever é o de fazer com que a companhia cumpra o seu objeto social.[12]

A responsabilidade decorrente de qualquer um dos deveres assinalados na lei será sempre, em primeiro lugar, perante a sociedade e depois perante os credores e investidores.[13]

O Estado como acionista controlador está submetido ao cumprimento dos mesmos deveres que incumbem aos demais controladores nada afastando a aplicação do disposto nas normas dos arts. 116 e 117 da Lei Acionária.

---

  cittadino intenso in quel senso antonomastico proprio dei nostri studi, mentre l'amministrazione pubblica gravita intorno al secondo significato (...) Bisogna qui ricordare Che in un sistema di aministrazione pubblica sub legge, la difinizione dell'interesse pubblico è rimessa al legislatore e si risolve, pertanto, nella definizione normativa (che per simplificare riteniamo legislativa) de distinti interessi publici astratti. La realizzazione di tali interessi em di volta in volta, l'interesse pubblico concreto dell'amministrazione, la quale nell'agire, ossia nello specificare l'asttrato fine indicato dalla legge nel valutarlo nella complessità della situazione storica data, nel predisporre il provvedimento – deve regolarsi secondo il principi d'imparzialità e buon andamento. Cioè dire, l'interesse publcico concreto considerato nel diritto amministrativo, è quel che l'autorità amministrativa definisce come tale, osservando i suddetti principi, è il risultato di uma definisiona, la quale è siffatta e non altra secondo la valutazione e relativi canonim da cui deriva.(...)".

11. Idem, aut. op. e loc cit.
12. Aut. cit. Amministratori e consiglio direttivo. *Grandi problemi della società per azioni nelle legislazioni vigenti*, organizado por Mario Rotondi, Padova, Cedam, 1976, v. 5-1, p. 9, 116, 127, 130, 132 e 139.
13. Idem, p. 129-130, 180 e 190.

Em decorrência, a violação destes deveres pelo Poder Público, ou por seus representantes, dará lugar à figura do abuso de poder levando o Estado a responder pelos prejuízos carreados à sociedade e aos demais acionistas.

A realização do interesse público nesta sociedade, somente pode ser obtida em situação de coexistência harmônica, de forma a não causar dano ao interesse imediato da sociedade. Aqui, do ponto de vista das sociedades controladas, a realização do objeto social, tal como previsto no ato constitutivo é o limite do comportamento do controlador ainda quando se trate de pessoa jurídica de direito público.

3.3 O Interesse Público e a finalidade lucrativa

Necessário faz-se uma distinção.

Se o Estado se vale de instrumentos jurídicos do direito privado (assim da empresa pública) no exercício de seus poderes soberanos, exercendo uma atividade de direito público, a finalidade é a prestação de serviços públicos.[14]

O Estado emprega institutos e formas jurídicas de direito privado para o atendimento de necessidades públicas. A atividade aqui é de direito administrativo e a finalidade de lucro deve ser afastada.

Outro é o raciocínio quando o Estado exerce "(...) atividade econômica em caráter suplementar (...)" ou "(...) atividade econômica em sentido estrito (...)".[15]

Neste caso o Estado exerce atividade econômica submetida integralmente ao direito privado, e deve exercê-la em absoluta igualdade de condições com os particulares, sob pena de atuar como um concorrente desleal. E, na idéia do exercício desta atividade em condições de absoluta igualdade com os particulares, o lucro é elemento essencial.

E este entendimento é o acatado na doutrina já de longa data, o qual pode ser sintetizado nos seguintes postulados:

a) nada impede ao poder público o exercício de uma atividade econômica lucrativa;[16]

b) no exercício desta atividade a finalidade de lucro é essencial. A anulação desta finalidade dá lugar à prática de ato de concorrência desleal;[17]

---

14. Eros Roberto Grau, op. cit., p. 88-105, 87-92.
15. Idem, p. 88-105, 87-92, 34-35 e especialmente 36.
16. Dietrich Reimer, *La repression de la concurrence deloyale em allemagne*, Ed. Econômica, Paris, 1978, p. 131, n. 75, "La solutiòn à ces questions doit nécessairement partir du príncipe selon lequel rien n'interdit aux pouvoir publics d'exercer une activitè lucrative (...)".
17. Vito Mangini, Iniziativa econômica pubblica e concorrenza sleale, *Rivista*

c) a alegação da finalidade de interesse público não afasta a prática de concorrência desleal;[18]

d) à medida que o Poder Público exerce uma atividade lucrativa, é concorrente igual aos particulares, submetendo-se às mesmas regras que disciplinam a concorrência e o fato da atividade econômica ser exercida em nome do interesse público não afasta este princípio.[19]

A disciplina da concorrência, porém, não é o único fator que impõe ao Estado a observância de comportamento empresarial conforme a lei de mercado. O Estado, adotando este comportamento, está compelido pela própria necessidade de sobrevivência da empresa a buscar um equilíbrio entre aquela finalidade de interesse público e a lucrativa essencial ao próprio conceito de empresa.

Também para as estatais é obrigatório operarem em regime de economicidade.

Note-se que o apego às teorias institucionalistas, como sustentavam alguns,[20] não autoriza a inserção do interesse público como um componente do interesse social em sentido estrito. Mais de uma notável opinião bem esclareceu que a adoção das teorias institucionalistas e, principalmente, aquela da *Empresa em si*, não autoriza a inclusão do interesse público, enquanto interesse concreto da administração pública no interesse social.[21]

Com este teor Calixto Salomão, bem ressaltou as diferenças entre o "(...) institucionalismo *publicístico* de Rathenau (...)" e o "novo institucionalismo *integracionista* (...)" ou o que chama "institucionalismo organizativo", demonstrando o abrandamento na ênfase *publicística* da tese original.[22]

Na empresa o relevo é dado à comunidade de trabalho e à sobrevivência da atividade econômica como um meio em si. O interesse público, como interesse concreto da administração, tipificado normativamente na lei auto-

---

della Società, Giuffrè, anno XIX, maio-ago. 1974, p. 445-482, notadamente p. 476-480.
18. Dietrich Reimer, op. cit., a p. 133, n. 77.
19. Idem, aut. e op. cit., a p. 132.
20. Esta era a tese defendida por Ariberto Mignoli nos anos 50, conf. "L'interesse sociale", Rivista della Società, Giuffrè, 1958, p. 725-763, notadamente, p. 732-734.
21. Cf. Cottino, Gastone, *Participación pública en la empresa privada de interés social*, Bolonia, Publicaciones del Real Colegio de España, 1970, vol. I, p. 317-356, a p. 345, Rossi, op. cit. p. 67-68, Vicenzo Allegri, p. 136-137.
22. Aut. cit. *O novo direito societário*, Malheiros Editores, São Paulo, 1998, p. 17-24.

rizadora, não têm aqui seu lugar. Escoimada a teoria dos vícios *publicistas* do nacional socialismo e da impositividade do *Führer Prinzip*, a tutela visada por seu intermédio nada tem a ver com os interesses da administração pública, impondo-se a adequação do interesse público àquela finalidade típica societária de realização do objeto social.

Mas sustentam alguns,[23] o lucro, por parte da administração pública, deve ter uma destinação social.

Isto é, a finalidade lucrativa visada pelo Estado com o exercício da atividade econômica não é um fim em si mesma, mas instrumento para a consecução daquela finalidade original que justificou sua intervenção no setor constitucionalmente reservado à atividade dos particulares.

Vale dizer que o lucro obtido por meio da participação Estatal deve ser destinado à realização do interesse público que justificou o comportamento intervencionista, respeitando as leis concorrenciais de um mercado, no qual a livre iniciativa é a regra e a atuação do Estado, comportamento excepcional de caráter suplementar ou complementar.

Mas, é necessário mencionar que a norma do art. 238 da lei acionária apresenta, paradoxalmente, a realização do interesse público como uma faculdade ("...poderá..."), e não como um dever atribuído ao controlador. Diz-se paradoxalmente porque, sendo a realização deste interesse o critério legitimador da intervenção e o fundamento da criação da sociedade de economia mista, sua persecução deveria ser obrigatória e não facultativa.

Porém, a invasão na atividade econômica, por motivos exclusivamente financeiros, deve ser afastada. Com este teor as normas dos artigos 7 e 10, § 8.º, do Dec.-lei 200/1967 são, por si mesmo, suficientemente elucidativas.

Enquanto na empresa pública a realização do interesse público é impositiva e a finalidade lucrativa admitida, enquanto necessária para a subsistência da empresa, na sociedade anônima de economia mista a participação dos capitais privados impõe a atenuação deste princípio. Impõe-se, em atenção aos capitais privados, que a finalidade imediata seja o fim econômico,[24] mas abrandada pelo interesse público que justificou a criação da sociedade, o que vale dizer um abrandamento naquela finalidade de maximização de lucros, o que não significa suprimi-lo, eis que, também para a empresa exercida pelo Estado, a economicidade é critério de eficiência na gestão.

No mais, nestas sociedades, da mesma forma que nas companhias abertas e naquelas de capital autorizado, a presença do conselho de administração é

---

23. Assim Eros Roberto Grau, Empresas públicas, licitações, registros contábeis e processamento da despesa pública, *RT* 541/47-73.
24. Giampaolo Rossi, op. cit., p. 257-258.

de rigor e o funcionamento do conselho fiscal permanente (arts. 239 e 240 da Lei 6.404/1976).

Jurisprudência

- "*Fepasa. Ação contra ela proposta. Prescrição. Prazo qüinqüenal. Aplicação às dívidas passivas da entidade do Dec.-lei 4.597/1942. Sociedade anônima com natureza de economia mista e incluída no conceito de entidade paraestatal. Desenvolvimento de função delegada e de interesse coletivo. Manutenção com preços públicos e subsídios provenientes de impostos transferidos. Preenchimento dos requisitos do art. 2.° do referido diploma legal.* O art. 2.° do Dec.-lei 4 597/1942 dispõe que a prescrição qüinqüenal abrange as dívidas passivas das autarquias ou entidades e órgãos paraestatais criados por lei e mantidos mediante impostos, taxas ou quaisquer contribuições exigidas em virtude de lei federal, estadual ou municipal, bem como todo e qualquer direito e ação contra os mesmos. Tem aplicação, portanto, em relação à Fepasa, que foi criada com autorização legislativa, exerce função delegada e de Interesse coletivo e se mantém com preços públicos cobrados dos usuários e com subsídios do ente estatal mediante transferências de vendas provenientes de impostos. é, assim, sociedade anônima com natureza de sociedade de economia mista e incluída no conceito de entidade paraestatal" (TJ/SP, 13.ª C., Ap. 155.681-2, j. 24.04.1990, rel. Des. Paulo Shintate, *RT* 657/92).

- "*Competência. Ação em que é parte sociedade anônima de economia mista. Matéria relativa à contratação de pessoal. Inaplicabilidade do art. 109, I da CF. Julgamento afeto a Justiça Estadual. Inteligência da Súmula 556 do STF.* Sendo parte sociedade anônima de economia mista, que exerce monopólio concedido pela União Federal, não se enquadrando na previsão do art. 1091, da CF fica sujeita, portanto, a competência de Justiça comum, de cada estado como já assentado no entendimento jurisprudencial compendiado na Súmula 556 do STF, que não perdeu sua atualidade, sob o novo sistema constitucional brasileiro" (TJ/SP, 5.ª C., AI 180.866-1/0, j. 22.10.1992, rel. Des. Márcio Bonilha, *RT* 698/96).

- "*Imposto de renda. Sociedade de economia mista. Fundo de reserva e lucros suspensos. Imunidade tributária inexistente. Verbas acrescidas ao capital social e pertencentes à empresa, consideradas pro indiviso e distintas dos lucros distribuídos. Favor fiscal apenas reservado ao Estado-membro que na sociedade figura como acionista. Aplicação da Súmula 76 do STF e do art. 19, III, c, da CF.* Imposto de renda sobre fundo de reserva e lucros suspensos. Sociedade de economia mista (Banco do Estado de Minas Gerais). Imunidade (art. 31, V, *a*, da CF de 1946 e art. 19, III, *c*, da EC 1/1969). Os fundos de reserva e lucros suspensos, acrescidos ao capital da sociedade, pertencem a esta, e não ao sócio. Por isso mesmo, não gozam da imunidade que só ao sócio é conferida (no caso, o Estado de Minas Gerais). Recurso extraordinário conhecido e provido para restabelecimento da sentença que julgou Improcedente ação anulatória do lançamento do débito fiscal. Precedentes do STF" (STF, 1.ªT., RE 104.236-2-MG, j. 05.04.1988, rel. Min. Sydney Sanches, *DJU* 06.05.1988, *RT* 634/204).

• *"Ação direta de inconstitucionalidade. Ações de sociedade de economia mista. Constituição Estadual que exige autorização legislativa para a alienação. Indispensabilidade somente se, da operação, resultar para o Estado a perda do controle acionário. Ações com direito a voto. Dispositivo que preceitua a possibilidade de alienação desde que mantido o controle acionário de 51% das ações. Inconstitucionalidade configurada. Estado-membro que pode reordenar, no âmbito da própria competência, sua posição na economia. Exclusão do Governador do Estado do processo, para a autorização legislativa destinada a alienar as ações. Inadmissibilidade. Violação aos arts. 48, V; 84, VI; 25; e 66 da CF. Inteligência dos arts. 173 e 174 do mesmo diploma legal e da Lei federal 8.031/1990.* 1. Segundo os dispositivos impugnados, as ações de sociedades de economia mista do Estado do Rio de Janeiro não poderão ser alienadas, a qualquer título, sem autorização legislativa. Mesmo com autorização legislativa, as ações com direito a voto das sociedades aludidas só poderão ser alienadas, sem prejuízo de manter o Estado o controle acionário de 51%, competindo, em qualquer hipótese, privativamente, à Assembléia Legislativa, sem participação, portanto, do Governador, autorizar a criação, fusão ou extinção de empresas públicas ou de economia mista bem como o controle acionário de empresas particulares pelo Estado. 2. O art. 69, *caput,* da Constituição fluminense, ao exigir autorização legislativa para a alienação de ações das sociedades de economia mista, é constitucional, desde que se lhe confira interpretação conforme a qual não poderão ser alienadas, sem autorização legislativa, as ações de sociedades de economia mista que importem, para o Estado, a perda do controle do poder acionário. Isso significa que a autorização, por via de lei, há de ocorrer quando a alienação das ações implique transferência pelo Estado de direitos que lhe assegurem preponderância nas deliberações sociais. A referida alienação de ações deve ser, no caso, compreendida na perspectiva do controle acionário da sociedade de economia mista, pois é tal posição que garante à pessoa administrativa a preponderância nas deliberações sociais e marca a natureza da entidade. 3. Alienação de ações em sociedade de economia mista e o "processo de privatização de bens públicos". Lei Federal 8.031, de 12.04.1990, que criou o Programa Nacional de Desestatização. Observa-se, pela norma do art. 2.º, § 1.º, da Lei 8.031/1990, a correlação entre as noções de "privatização" e de "alienação pelo Poder Público de direitos concernentes ao controle acionário das sociedades de economia mista", que lhe assegurem preponderância nas deliberações sociais. 4. Quando se pretende sujeitar à autorização legislativa a alienação de ações em sociedade de economia mista, importa ter presente que isso só se faz indispensável, se efetivamente, da operação, resultar para o Estado a perda do controle acionário da entidade. Nesses limites, de tal modo, é que cumpre ter a validade da exigência de autorização legislativa prevista no art. 69, *caput*, da Constituição fluminense. 5. Julga-se, destarte, em parte, procedente, no ponto, a ação, para que se tenha como constitucional, apenas, essa interpretação do art. 69, *caput*, não sendo de exigir-se autorização legislativa se a alienação de ações não importar perda do controle acionário da sociedade de economia mista, pelo Estado. 6. É inconstitucional o parágrafo único do art. 69 da Constituição do Estado do Rio de Janeiro, ao estipular que "as ações com direito a voto das sociedades de economia mista só poderão ser alienadas, desde que mantido o controle acionário representado por 51% das ações". CF, arts. 170, 173 e parágrafos, e 174. Não é possível deixar de interpretar o sistema da Constituição Federal sobre a matéria em exame em conformidade com a natureza das atividades econômicas e, assim, com o dinamismo que lhes é inerente e a possibilidade de aconselhar periódicas mudanças nas formas de sua execução, notadamente quando revelam intervenção do Estado. O juízo de conveniência, quanto a permanecer o Estado na exploração de certa atividade econômica, com a utilização da forma da empresa pública ou da sociedade de economia mista, há de concretizar-se em cada tempo e à vista do relevante interesse coletivo ou de imperativos da segurança nacional. Não será, destarte, admissível, no sistema da Constituição Federal, que norma de Constituição estadual proíba, no Estado-membro, possa este reordenar, no âmbito da própria competência, sua posição na economia, transferindo à iniciativa privada atividades indevidas ou desnecessariamente exploradas pelo setor público. 7. Não pode o constituinte estadual privar os Poderes Executivo e Legislativo do normal desempenho de suas atribuições institucionais, na linha do que estabelece a Constituição Federal, aplicável aos Estados-membros. 8. É, também, inconstitucional o inc. XXXIII do art. 99 da Constituição fluminense, ao atribuir competência privativa à Assembléia Legislativa "para autorizar a criação, fusão ou extinção de empresas públicas ou de economia mista bem como o controle acionário de empresas particulares pelo Estado". Não cabe excluir o Governador do Estado do processo para a autorização legislativa destinada a alienar ações do Estado em sociedade de economia mista. Constituição Federal, arts. 37, XIX, 48, V, e 84, VI, c/c os arts. 25 e 66. 9. Ação direta de inconstitucionalidade julgada procedente, em parte, declarando-se a inconstitucionalidade do parágrafo único do art. 69 e do inc. XXXIII do art. 99, ambos da Constituição do Estado do Rio de Janeiro, bem assim para declarar parcialmente inconstitucional o art. 69, *caput*, da mesma Constituição, quanto a todas as interpretações que não sejam a de considerar exigível a autorização legislativa somente quando a alienação de ações do Estado em sociedade de economia mista implique a perda de seu controle acionário. Ementa da redação: Na interpretação dos arts. 170, 173 e parágrafos e 174 da CF é imprescindível que se o faça diante da totalidade do sistema constitucional sobre a natureza das atividades econômicas, notadamente quando revelam intervenção do Estado. O juízo de conveniência, quanto a permanecer o Estado na exploração de certa atividade econômica, com a utilização da forma de empresa pública ou sociedade de economia mista, há de concretizar-se em cada tempo e à vista do relevante interesse coletivo ou de imperativos da segurança nacional. Não será, destarte, admissível, no sistema da Constituição Federal, que norma de Constituição estadual proíba, no Estado-membro, possa este reordenar, no âmbito da própria competência, sua posição na economia. São, pois, inconstitucionais, limitações impostas em Constituições estaduais que restrinjam as alienações de ações com direito a voto em sociedades de economia mista obrigando-se o controle acionário do Estado" (STF, Tribunal Pleno, ADIn 2.341/600-RJ, j. 22.06.1995, rel. Juiz Néri da Silveira, *DJU* 22.06.1995, *RT* 725/116).

XIV
Sociedades Controladoras e Controladas

1. INTRODUÇÃO AO TEMA

1.1 Motivos e objetivos da criação dos grupos

O grupo, como expressão do processo de fragmentação da macro empresa numa pluralidade de sociedades é fenômeno característico do século XX, com extraordinário desenvolvimento a partir das décadas de 1950 e 1960, quando se tem em vista o comércio internacional.[1]

Na raiz deste desenvolvimento, ademais da possibilidade de limitar a um ponto máximo a responsabilidade patrimonial perante os riscos do investimento, assinalam-se aquelas da diversificação da atividade por distintos setores da economia e da expansão por diferentes centros de consumo.

Vale dizer, tem-se a fragmentação do risco, tanto do ponto de vista da responsabilidade quanto daquele da atividade e, deste ponto de vista, sob dois ângulos ou momentos da produção, a saber: aquele da atividade e aquele do mercado consumidor. Destarte, tem-se a fragmentação e a separação de riscos derivados de diferentes atividades e setores econômicos, quanto a possibilidade de imputá-los a diferentes centros, de molde a diluir a responsabilidade por diversas sociedades.

A técnica é bem conhecida no terreno das multinacionais, onde, além da vantagem de separar o risco derivado do mercado interno daquele advindo do mercado externo, há a possibilidade da instalação de unidades em diferentes países, compensando as vantagens fiscais, o custo da mão de obra ou do capital, de um e de outro centro, entre si, explorando vantagens comparativas e, sobretudo, evitando o requerimento de autorizações para funcionamento

---

1. Conf. Wilhelm F Bayer, *Horizontal groups and joint ventures in Europe concepts and reality*, groups of companies in european laws (les groupes de sociétés en droit européen), v. II, coordenação de Klaus J. Hopt., Walter de Gruyter, Berlin, N. York, 1982, p. 3-17, a p. 6.

uma vez que as unidades são organizadas segundo a legislação de cada país. São, portanto, sociedades nacionais de capital estrangeiro.

O resultado é a possibilidade de diluir o risco a limites desconhecidos na sociedade isolada.[2] Mas não só. Se o modelo é aquele da sociedade anônima, surge vantagem adicional da alteração na correlação poder e responsabilidade a tal ponto que se torna possível o poder de disposição sobre patrimônios e recursos financeiros significativos, com um mínimo de investimento. É o que se denomina *alavancagem*. É necessário lembrar que, em que pese a autonomia jurídica das diversas unidades, o vínculo de complementaridade entre elas, com transferência de técnicas,[3] tecnologia e conhecimento, recursos financeiros[4] e econômicos[5] de uma unidade para outra denunciam a unidade econômica da empresa.

Isto permite identificar a finalidade comum e a concentração de poder econômico resultante, em que pese a fragmentação jurídica da organização econômica. No grupo, o fenômeno da dissociação entre poder e risco atinge o seu ponto máximo.

1.2 *Sociedades coligadas, controladas e grupos de sociedades*

Os grupos podem ser criados tanto pelo desenvolvimento interno (criação de uma sociedade que se separa da matriz, ou pela cisão)[6] como pelo desenvolvimento externo (aquisição do controle de outra sociedade).

---

2. Idem, op. e aut. cit., p. 6 e ss.
3. V.g. como a possibilidade do aprovisionamento de matérias primas para todas as unidades; o desenvolvimento das diferentes fases da produção por diferentes sociedades do agrupamento; a possibilidade de toda a produção do grupo ser vendida por uma única sociedade; o desenvolvimento conjunto da troca de bens e serviços; a possibilidade da mobilização do pessoal pelas diversas unidades do grupo.
4. Trocas financeiras, inclusive em espécie.
5. V.g. a possibilidade de uma política comum de gestão, determinando a existência de um sujeito econômico comum ou, ainda, a distribuição dos lucros em função do interesse comum do grupo.
6. A cisão, do ponto de vista grupal, é modo de constituição derivada de grupo desde que exista a unidade de controle ou de direção entre as s sociedades participantes do processo. Do ponto de vista econômico (da perspectiva do grupo) é instrumento de concentração empresarial, precedendo ou sucedendo à esta concentração em sentido estrito (na unidade). É instrumento de concentração de poder econômico que atua, tecnicamente, pela desconcentração jurídica e técnica das explorações empresariais primitivas. Ela tem lugar pela multiplicação dos vários centros de imputação jurídica. Porém a unidade econômica mantém-se pois as diversas unidades,

Quando pelo desenvolvimento externo, sendo aberta a companhia cujo controle (inclusive quando indireto) é cedido ou adquirido, a disciplina é aquela estabelecida nas seções VI e VII do capítulo XX e na Instrução CVM 400/2003. Quando companhia fechada a transferência rege-se, contratualmente, conforme as normas do direito civil.

A relação pode tanto ser estabelecida entre sociedades do mesmo tipo como entre sociedades de tipos diferentes. Nada impede que uma sociedade limitada, ou em nome coletivo, tenha a posição de controladora, ou de comando, do grupo, embora o inverso não seja possível no que diz respeito à sociedade em nome coletivo.[7]

Quanto à natureza do comando, os grupos podem tanto ser públicos (quando a controladora for pessoa jurídica de direito público), quanto particulares.

Indiferente à origem do capital, à composição ou à estrutura, a doutrina, designa o fenômeno utilizando a expressão "grupos de sociedades". Esta foi a terminologia introduzida no direito brasileiro pela Lei 6.404/1976, e é de uso comum na doutrina para designar genericamente sociedades ligadas.

Mas, a expressão, conforme a lógica da Lei 6.404/1976, está reservada àqueles agrupamentos cuja criação é fundada num contrato (a convenção de grupo) e cuja unidade econômica repousa num vínculo de subordinação (controle ou coligação), decorrente da participação de uma sociedade no capital social de outra.[8]

Os grupos de sociedades, também de origem contratual, cuja unidade econômica decorre da direção comum, sem relação de sujeição ou subordinação, é chamado de *consórcio* (art. 278 e ss., da Lei 6.404/1976). Já os termos controladoras e controladas designam a relação entre sociedades nas quais, embora presente o vínculo de subordinação de uma perante a outra, inexiste contrato. Vale dizer, a sujeição de uma sociedade à outra não está legitimada juridicamente por uma convenção grupal, mas deriva da participação no capital social.

Sinteticamente, grupos:

---

juridicamente autônomas, permanecem unidas do ponto de vista econômico. É neste sentido que deve ser apreendida como forma de concentração empresarial. Isoladamente, fora do âmbito grupal, isto é, quando utilizada para criar sociedade(s), formal e economicamente distinta(s) (sem a unidade econômica), técnica de desconcentração.
7. A norma do art. 1.039 CC/2002 impede a participação de pessoas jurídicas na sociedade.
8. V. arts. 265 e 269 cc. com art. 243, § 2.º, da Lei 6.404/1976.

– *de coordenação* (consórcio) – Critério: *a direção comum*, estabelecida mediante contrato, com ou sem participação societária;

– *de subordinação* – Critério: *o controle* (direto ou indireto) resultante da participação de uma sociedade no capital de outra. Este por sua vez, subdivide-se em: *grupos de fato* (sociedades controladoras e controladas) e *de direito* (sociedades de comando e filiadas) quando a subordinação, resultante da participação societária, está acompanhada pela convenção grupal.

Estes grupos podem atuar:
– no mesmo setor de mercado (v.g. seguradoras);
– em setores complementares (v.g. auto peças);
– em diferentes setores (grupos de forma conglomerada).

Quanto às sociedades "coligadas", a unidade econômica decorre tão somente da participação de uma sociedade no capital de outra (anteriormente mais de 10% do capital social, atualmente em virtude da alteração levada a feito na norma do art. 243, pela MP 449/2008, este percentual foi elevado para 20%[9]), mas sem vínculo de subordinação.

A participação isolada não dá lugar a grupo. A participação de uma sociedade no capital de outra somente dará lugar ao grupo quando significar o poder de controlar a sociedade investida. A mera participação, quando acima do percentual legal (art. 243, § 1.º) é apenas coligação, a qual merece a atenção do legislador visto que este percentual permite certa influência na vida da outra sociedade, ainda que sem controle, principalmente quando se tem e vista, dentre os direitos de minoria, o disposto na norma do art. 141 da Lei Acionária.

A orientação acatada pelo legislador brasileiro não abrange todas as composições definidas como grupos no direito estrangeiro. Exemplo disto é o *"Konzern"* do Direito alemão (arts. 16 e 17 da AktG/65), o qual, a par de admitir a presença de "empresas", (pessoas naturais ou jurídicas), aceita que a relação de dominação derive exclusivamente de contratos, independente de qualquer participação societária.

---

9. Cf. a redação atual: Art. 243. O relatório anual da administração deve relacionar os investimentos da companhia em sociedades coligadas e controladas e mencionar as modificações ocorridas durante o exercício. § 1.º São coligadas as sociedades nas quais a investidora tenha influência significativa. (...) § 4.º Considera-se que há influência significativa quando a investidora detém ou exerce o poder de participar nas decisões das políticas financeira ou operacional da investida, sem controlá-la. § 5.º É presumida influência significativa quando a investidora for titular de 20% (vinte por cento) ou mais do capital votante da investida, sem controlá-la.

Também não há consenso quanto à natureza jurídica do agrupamento. Para a antiga Comunidade Européia (atual União Européia) o grupo surgia como uma empresa única.[10] Já para Fabio Konder Comparato[11] o grupo constituiria "(...) em si mesmo, uma sociedade".

Todavia, para o que interessa, o certo é que o grupo, em qualquer das suas formas (de subordinação ou de coordenação) não tem personalidade jurídica.

2. Definições propostas

O primeiro colóquio sobre direito internacional, realizado em Genebra, em maio de 1973, definiu os grupo como "(...) entidades compostas por várias sociedades, juridicamente independentes, agrupadas em uma organização comum, a qual funciona para a consecução de um interesse único, mediante uma direção comum (...)."[12]

A definição, todavia, embora facultasse distinguir *ab initio*, as noções de grupos de sociedades e grupos de empresas, não era suficientemente ampla, por deixar de lado o critério adotado na lei acionária alemã, eis que este admite, também, a participação de empresas, pessoas naturais ou jurídicas no agrupamento.

A definição excluía, ademais, os grupos de forma conglomerada, nos quais a finalidade visada, pode ser, simultaneamente, os objetos sociais das sociedades agrupadas, como, inclusive, permitir na alternativa, estabelecida na 2.ª parte da norma do art. 265 da Lei 6.404/1976. Por outro lado, limitava-se à direção comum, deixando de lado aquela derivada do vínculo de subordinação.

---

10. Conforme decorre da maioria das decisões então proferidas. Com este teor vale examinar Olivier Mach, *L'Entreprise et lês groupes des sociétés em droit európéen de la concurrence*. Génève, Librairie de l'Universitè, George et Cie. S/A, 1974, p. 5, 6, 57, § 3.º, alínea *a*, 69 § 4.º, 85, § 1.º, 86, alínea *a*, 91-97, 111-116, 123, 124-126 e ss., onde o critério é utilizado na hipótese de abuso de posição dominante para qualificar os contratos intragrupos como acordos entre empresas.
11. Aut. e op. cit, *O poder de controle...*, a p. 279.
12. Conf. Blaise Knapp, "La Protection dês travailleurs dês sociétés members du groupe", trabalho apresentado ao primeiro colóquio sobre direito internacional privado de grupos de sociedades, realizado no período de 10 a 12 de maio de 1973 em Genève (Em "Colloque International Privé dês groupes dês sociétés, études suisses du droit európéen", vol. 14, Génève, 1973, p. 149, II, letra A, n. 6.

Melhor sucesso, teve a proposta que antecedeu a esta (em 1972) ao definir o grupo como uma "(...)entidade composta de diversas empresas e ou sociedades, juridicamente independentes, mas economicamente unidas(...)", fundando a unidade econômica na direção unificada do conjunto.[13] Note-se que foi este o critério acatado pela CVM na Nota Explicativa 21, de 31 de novembro de 1980, quando descreveu o grupo como "(...) uma unidade econômica, disseminada em unidades operacionais com personalidades jurídicas distintas".

E, esta unidade econômica, a qual se contrapõe à autonomia jurídica das unidades agrupadas, é a nota conceitual destes grupos, apta tanto a identificar o grupo de sociedades, conforme o modelo nacional, como o "*Konzern*", formado por empresas e sociedades, da *AktienGesetz* alemã de 1965.

Poder-se-ia aventar que a definição não permitiria distinguir os grupos de empresas (grupos econômicos) daqueles de sociedades. Mas, conforme a lição da doutrina, o critério básico para distinguir os grupos de sociedades dos grupos de empresas está, justamente, na unidade econômica decorrente do vínculo de subordinação ou da gestão unitária, à qual se contrapõe a autonomia jurídica das unidades agrupadas.[14] A idéia de fundo é a de que,

---

13. Cf. Anne Petit-Pierre Souvain, "Droit des sociétés et groupes des sociétés" (Responsabilitè de l'actionnaire dominant. Retrait des actionnaires minoritaires). Génève. Librarie de L'universitè, Gerog et Cie S/A, 1972, p. 1, n. 2.
14. E esta é a lição já clássica, desde a recepção do instituto no direito brasileiro, como fazem ver, entre outros, Frederico Pepe, *Holdings, gruppi e bilanci consolidati*, Milano, Giuffrè, 1974 a p. 50, nos termos seguintes: "Nel gruppo econômico, infattti, única è la volontá economica e l'autonomia giuridica delle singole società, che sussiste, non há rilevanza alcuna sotto il profilo econômico (...)"; Olivier Mach, *L'Entreprise et lês groupes de sociétés en droit européen de la concurrence*, Génève, Librarie de l'Université, Gerog et Cie. S/A, 1977, a p. 85, professava o mesmo entendimento. Confira-se: "Em revanche, l'analyse de la realité économique conduit souvent à voir dans lê groupe de sociétés organisé, dont lês membres, bien que juridiquement distincts, son génèralement prives del 'independance économique que caracterize tout entreprise (...).". Tal modo de ver persiste, como faz ver Uwe Hüffer, *AktienGesetz*, 4. ed., Verlag C. H. Beck, München, 1999, em comentários ao § 18, apresentando a síntese das diversas posições doutrinárias, principalmente a p. 76-77. Confira-se: "6. 1. Unternehmen; rechtliche Selbständigkeit; Abhängigkeit. Der Unterordnungskonzern stzt gem § 18 I, die Zusammenfassung mehrerer rechtlich selbstäandiger Unternehmen voraus, Von denen eines herrerschend und wenigstens eines abhängig ist . (...) b) Grundposition: Stellungnahme. Der Konzern ist als wirtschaftliche Einheit zu verstehen, das Tatbestandsmerkmal einheitlicher Leitung entspr auszulegen (...)".

enquanto nos grupos econômicos as unidades componentes mantêm a sua independência econômica, naqueles de sociedades a relação econômica é de interdependência que dá lugar a uma entidade econômica unitária sem prejuízo da independência jurídica das unidades componentes.

3. O VÍNCULO DE SUBORDINAÇÃO

O vínculo de subordinação ou o poder de mando (definido como controle na letra da lei) de uma sociedade sobre a outra pode resultar, tanto de meios jurídicos quanto de uma situação de fato, apta a estabelecer uma relação de dependência.

De qualquer forma, no direito brasileiro, *ex vi* o disposto na norma do art. 243, 2.º da lei acionária, está sempre ligado ao mecanismo interno da sociedade. Vale dizer, deve resultar da participação de uma sociedade no capital de outra em montante suficiente para garantir, mediante o direito de voto, a preponderância nas deliberações sociais e o poder para eleger a maioria dos administradores, aqui entendidos como membros do conselho de administração. Membros do conselho de administração porque estes detêm poderes deliberativos (art. 142 da Lei 6.404/1976), o que não ocorre com os diretores.

Todavia, perceba-se que a norma do art. 243, § 2.º, ao contrário daquela do art. 116, em princípio, excluiria o controle conjunto (aquele resultante do acordo de acionistas, ou exercido por grupos informais). Tal entendimento, porém, deve ser afastado quando se tem em vista o teor do disposto na norma do art. 265, § 1.º da mesma lei que, expressamente, sanciona o acordo de votos.

A preponderância nas deliberações sociais não significa, forçosamente, maioria das ações. A dispersão acionária por um grande número de acionistas e o absenteísmo, conseqüência dos diferentes níveis de interesses dos acionistas,[15] permitem, dentre outros fatores,[16] determinar a vontade da assembléia geral com percentagens inferiores a cinqüenta por cento mais uma das ações com direito a voto.

Critério, portanto, para qualificar o agrupamento é a participação societária, qualificada pelo poder de mando (controle) de uma sociedade sobre

---

15. Lembrar a clássica lição de Berle and Means, "*Società per Azioni e proprità privata*" (Trad. De Giovanni Maria Ughi), Torino, Giulio Enaudi, 1966, a p. 5, 8, 11, 12, e 49 (sobre dispersão acionária) e 50, 58, 67,68 e ss. (absenteísmo).
16. Dentre outros fatores, assinalem-se a existência do voto múltiplo e os direitos de minoria possibilitando a eleição de membros do conselho por votação em separado.

outra, o qual pode resultar tanto de uma participação majoritária, quanto minoritária.

4. Reconhecimento da relação de dominação – A convenção grupal

A participação societária, ainda quando decorrente de relação de subordinação de uma sociedade em face de outra, não é suficiente, no direito brasileiro, para dar lugar ao grupo de sociedades formalmente constituído.

No direito nacional, como aventado, os grupos somente são formalmente constituídos quando o poder de mando de uma sociedade sobre outra está legitimado contratualmente, mediante *convenção grupal* (art. 265 da lei acionária).

Mas, a convenção de grupo, isoladamente, também não cria a situação grupal no direito brasileiro, que não reconheceu a criação puramente contratual dos grupos de subordinação.

O que ela faz é legitimar a relação de dominação (o vínculo de subordinação) decorrente da participação de uma sociedade no capital de outra, de molde a sancionar a imposição de interesses extra-societários (da sociedade de comando ou o do grupo) à sociedade filiada, ainda quando lhe sejam danosos, desde que nos limites da convenção.

A legitimação contratual da relação de dominação autoriza a sociedade de comando a orientar as atividades das filiadas somente quando, concomitantemente, exista ou se estabeleça uma ligação derivada da participação acionária.

Para os grupos cuja unidade econômica decorre unicamente da participação qualificada pelo controle, repetimos, a doutrina utiliza a designação "grupos de fato".[17] A terminologia foi empregada na lei alemã de 1965, (*faktischen Konzern*) de molde a distinguir os grupos nos quais o poder de mando da sociedade dominante não está legitimado contratualmente. Quanto a estes, a lei brasileira utiliza as expressões "controladoras e controladas", dando-lhes tratamento à parte na norma do Capítulo XIX.

Aqui, inexiste a legitimação contratual da subordinação dos interesses da sociedade controlada àqueles da controladora. Por tal razão, o teor das normas, artigos 245 e 246 da Lei Acionária, impõe aos administradores tratamento equânime das sociedades agrupadas, e estabelece a responsabilização da controladora pelos danos carreados por instruções abusivas que atinjam as atividades das controladas. Trata-se, por evidente, de tutela especial dos sócios/acionistas da controlada externos ao controle.

---

17. Conf. Fabio Konder Comparato, op. cit., *O poder de controle...* p. 77.

Já nos grupos formalmente constituídos, a legitimação da relação de dominação mediante a convenção grupal autoriza a sociedade de comando a orientar as atividades das filiadas. A convenção grupal, destarte, surge como condição para a subordinação do interesse das filiadas àqueles da sociedade de comando ou outro eleito como objeto grupal (art. 273 da lei acionária).

Uma vez celebrada a convenção e preenchido os requisitos legais, o grupo está formalmente constituído e, a partir daí, é facultado à sociedade de comando, por meio dos administradores do grupo (art. 273 da Lei Acionária), determinar a orientação geral dos negócios e as instruções ditadas devem ser seguidas pelos administradores das sociedades filiadas. Isto, porém, desde que não colidam com as condições estabelecidas na convenção grupal ou na Lei.[18]

5. A DISCIPLINA DOS GRUPOS FORMALMENTE CONSTITUÍDOS

5.1 Antecedentes

No direito alemão, cuja influência na disciplina traçada na lei acionária brasileira para os grupos de sociedades é sobejamente conhecida,[19] em regra, a elaboração de um contrato de dominação (*Beheerschendes Einfluss*) entre a sociedade dominante e a dominada, nada mais faz do que sancionar uma relação de controle interno pré existente, de molde a revestir de roupagem jurídica um grupo de fato,[20] transmudado, desta forma, em grupo de direito. Com isto reduz-se a modalidade à técnica de organização jurídica da relação de dominação *interna corporis*, faticamente exercida.[21]

A roupagem jurídica, expressa contratualmente, é essencial para o exercício legítimo da "influência dominante" sobre a sociedade dominada. A feitura do pacto de dominação não é graciosa e dela advêm vantagens evidentes para o controlador, das quais, para o que interessa, a mais significativa está consubstanciada no direito de impor diretrizes aos órgãos sociais das sociedades dependentes, visando ao interesse único da sociedade dominante ou àquele do grupo.

Esse poder de ditar instruções abrange, inclusive, a possibilidade de dar ordens contrárias ao interesse da dependente, quando em benefício do interesse eleito como objeto grupal.

---

18. Cf. Fábio Konder Comparato, op. cit., *O poder de controle*..., p. 281-282.
19. Consulte-se, por todos, a Fábio Konder Comparato, *O poder de controle*..., cit.
20. Cf. idem, aut. e op. cit., p. 77.
21. Ibidem, p. 63, 64, 76, 77, 103, e Cap. I, nota 41.

Ocorrendo tal hipótese, os administradores das sociedades dependentes estão obrigados a seguir as instruções recebidas, ainda que em detrimento do interesse dessas sociedades (308, 2 da *AktG*/65), eis que tais instruções correspondem ao interesse do grupo, o qual, por vezes, o legislador identifica com aquele da dominante. A única possibilidade de recusa é quando fique demonstrado que tais instruções não atendem quer ao interesse da dominante; quer àquele do grupo.

O contrato de dominação, como adverte Gessler,[22] transfere juridicamente a direção da sociedade dependente para a dominante. Por tal razão a Lei (§ 309, 1 e 2 da *AktG*/65) impõe aos seus administradores provar, existindo prejuízos, terem agido diligentemente. Se não, devem indenizar os prejuízos acarretados.

O dever de reparação estende-se aos administradores e membros do conselho fiscal da sociedade dependente (§310 da AktG/65), os quais somente são desonerados se provarem terem agido conforme as instruções recebidas. O direito de impor diretrizes às dependentes é amplo, somente limitado pela lei ou quando coloque em perigo o interesse dos credores ou dos minoritários.

Inexistindo contrato de dominação nenhum direito assiste à sociedade dominante, eis que os administradores das sociedades dependentes não estão obrigados a acatar as ordens recebidas em detrimento do interesse social.

Se as instruções são prejudiciais, a sociedade dominante deve comprometer-se a compensar quaisquer prejuízos carreados por suas instruções, tal como ordena a lei (*AktG*/65) na norma do seu § 311. Se descumprir esta condição estará submetida à sanção prescrita no § 317 da *AktG*/65, pelo que a sociedade dominante e seus administradores responderão, pessoalmente, pelas perdas e danos causados à sociedade dependente e seus acionistas.

5.2 A disciplina dos grupos perante o direito brasileiro

5.2.1 A convenção de grupo

No direito brasileiro a situação não é dessemelhante.

Havendo convenção de grupo é possível subordinar os interesses da sociedade filiada àquela da sociedade de comando. Esta, segundo os ditames da norma do art. 265, § 1.º, deve ser sempre (independente da sua forma) sociedade brasileira.

Conforme o disposto na norma do art. 269 da Lei 6.404/1976, a convenção deve ser aprovada pela assembléia geral extraordinária de ambas as sociedades

---

22. Gessler, E. Les groupes de sociétes em droit allemand, *Revue Pratique des Sociétes*, Bruxelles, 1972, no 5.567, p. 41-59, p. 50.

participantes, exigindo-se, para tanto, aquela maioria designada na norma do art. 136, conforme a remessa do art. 270, todos da Lei Acionária.

A convenção tem seus efeitos protelados até a data do arquivamento, conforme o disposto na norma do art. 271 desta Lei.

A tutela dos minoritários e dos credores sociais, todavia, somente advém de forma indireta. Tem-se em vista que a Lei 6.404/1976 não estabeleceu, expressamente, garantias especiais destinadas à tutela dos minoritários e dos credores sociais neste Capítulo (XXI). Estas devem decorrer do conjunto das diversas normas legais imperativas abrigadas na lei.

É certo que os eventuais prejuízos somente podem ser opostos pelos acionistas minoritários nos termos da convenção de grupo (art. 276), mas é necessário lembrar que a convenção não pode tudo, como não o pode a maioria.

Existem limites bem delineados nas diversas normas legais de caráter cogente que regulamentam a constituição e o funcionamento da sociedade, nas que dizem respeito à tutela do capital social,[23] às garantias dos debenturistas e à proteção dos minoritários.[24]

O equilíbrio do contrato também foi assegurado, embora de forma indireta. Cuidando-se de formalização de relação de subordinação anteriormente existente, esse equilíbrio resulta do disposto no art. 245 da Lei 6.404/1976, posto ser dever dos administradores velar para que a convenção de grupo se atenha a "(...) condições estritamente comutativas ou com pagamentos compensatórios adequados (...)" sob pena de responderem pelos danos causados.

Esta necessidade de tutela, inexistindo vínculo anterior de subordinação, decorre dos deveres impostos no capítulo XI, seção IV da Lei.

Se os poderes dos administradores são poderes funções, ou poder-dever, derivados da lei e aos quais correspondem deveres específicos,[25] estes deveres não podem ser suprimidos ou alterados pela assembléia geral. Por tal razão impõe-se aos administradores, independente da vontade da maioria (do controle), zelar para que a tutela do interesse da companhia, tal como determina a norma do art. 155, II da Lei 6.404/1976, não seja violada pela convenção grupal.

---

23. V. por exemplo, arts. 8.º, 30, parágrafo único, 45, 216, 46, § 2.º, 60, 104, 174, 195-199, 201-203, § 4.º, 214, 215, 233 e 244.
24. V., por exemplo, art. 109, 17, § 4.º, 11, § 1.º e 2.º, 112, parágrafo único, 115, 117, 134, § 1.º, 137, 141, 152, § 1.º e 2.º, 154, 156, 158, 159, 161, § 2.º, 3.º e 4.º, 165, 213, § 1.º, 231, 245 e 246.
25. Vicenzo Allegri, *Contributo allo studio della responsabilità civile degli amministratori*, Milano, Giuffrè, 1979, p. 131-132.

Outrossim, a maioria não pode impor, na convenção, finalidades em conflito com a natureza empresarial da sociedade que viole os direitos essenciais, inalienáveis dos acionistas ou a proteção devida aos credores.

5.2.2 O grupo formalmente constituído – Conseqüências

A primeira conseqüência é a de que os grupos poderão ter designação da qual constará, obrigatoriamente, a expressão "grupo" ou "grupo de sociedades" (art. 267 da Lei 6.404/1976) com o que se indica a existência de vínculos contratuais entre as diferentes unidades.

Outrossim, uma vez formalizado o vínculo de subordinação mediante a convenção grupal, abre-se para a sociedade de comando a possibilidade de dirigir as atividades das filiadas, conforme a finalidade comum, eleita como objeto grupal. Aqui o poder de controle não se exerce, como nos grupos de fato, de assembléia para assembléia, mas permanece, já que reconhecido, como resultado da convenção grupal.

Isto, porém, sempre dentro dos limites estabelecidos na convenção de grupo (art. 276 da Lei 6.404/1976). Se as instruções extravasarem os limites estabelecidos na convenção, os minoritários (tal como definidos na norma do art. 276, § 1.º), podem se valer da ação destinada a tutelar o interesse da companhia, tal como previsto na norma do art. 246 da lei acionária (art. 276, § 3.º).

A par disto, enquanto nos grupos de fato não há, formalmente, administração supra-societária (as administrações são separadas, imputando-se aos controladores, as responsabilidades por prejuízos causados às sociedades controladas); os grupos de sociedades têm uma estrutura administrativa própria (art. 272 da Lei 6.404/1976), à qual incumbe determinar a orientação geral das atividades do grupo. A remuneração destes administradores poderá ser rateada entre as diversas sociedades do grupo, na forma estabelecida na norma do art. 274 desta Lei.

Note-se, ademais, que os administradores das sociedades filiadas devem acatar esta orientação, desde que não importe em violação da lei ou da convenção de grupo. Se, todavia, cumprem instrução prejudicial que viole o estabelecido na convenção ou na lei, respondem pessoalmente pelo descumprimento do dever de lealdade que lhes impõe a norma do art. 155, II, da Lei Acionária, como retro mencionado.

Por final, no tópico, impõe-se aos grupos formalmente constituídos a apresentação do balanço consolidado, na forma estabelecida na norma do art. 275 da Lei 6.404/1976. Tal disposição legal serve aos interesses de credores que, conhecendo a situação patrimonial do todo, estimam o risco global ao qual se sujeitam.

5.3 Grupos de coordenação

Os consórcios são, em regra, grupos temporários de sociedades, constituídos contratualmente, embora nada impeça sejam estabelecidos entre sociedades com vínculos permanentes entre si, resultantes da participação de uma no capital da outra.

Isto, todavia, não lhes elimina a transitoriedade, eis que, por definição legal, são constituídos para "(...) executar determinado empreendimento (...)". A par disto a menção à duração é cláusula de inclusão obrigatória, *ex vi* o disposto na norma do art. 279, II, da Lei das Anônimas. Vale dizer que sempre terão duração determinada.

Demais disso, como ensina Modesto Carvalhosa,[26] enquanto nos grupos a finalidade é "favorecer o grupo como um todo (...)", no consórcio o objetivo "(...) visará sempre a benefícios individuais para as sociedades consorciadas (...)", as quais são autônomas quanto à administração dos seus negócios. Nega, inclusive, exista uma direção que se sobreponha às administrações particulares de cada uma.

Aqui a direção unitária resulta do acordo livre entre as sociedades agrupadas. A relação é paritária e inexiste subordinação de uma sociedade à outra.

A transitoriedade e a ausência de subordinação entre as sociedades agrupadas em consórcios faz com que alguns[27] situem os grupos de coordenação fora do âmbito da concentração empresarial, colocando-os no terreno da colaboração ou cooperação interempresarial, da mesma forma que outras uniões temporárias, tais como as *joint ventures*.

Não está longe deste modo de ver a opinião de Carvalhosa[28] quando atribui ao contrato que cria o consórcio a natureza de um contrato associativo, representando uma comunhão de interesses, que, em que pese não ter personalidade jurídica, tem "personalidade judicial e negocial", demonstrada "pela existência de uma representação e de uma administração, com capacidade negocial e processual passiva (...)". Como esta administração é tipicamente contratual e não orgânica, caracterizar-se-ia "por um mandato e uma delegação, decorrentes do próprio contrato (...)."[29]

---

26. Aut. cit., op. cit. (*Comentários...*), vol. 4, T. II, a p. 339.
27. Assim, José Miguel Embid Irujo, Algunas reflexiones sobre los grupos de sociedades y su regulaciòn jurídica, *RDM* 53, p. 18-40, a p. 24.
28. Aut., op. e loc. cit., p. 339.
29. Idem, aut. e op. cit., p. 341, nos termos seguintes: "Há mandato para o consórcio exercer sua capacidade negocial ou judicial junto a terceiros. Há delegação quando, internamente, a direção consorcial ou a sociedade líder delibera sobre matéria de administração do consórcio (...)".

A crítica pode, inclusive ser procedente, eis que a inclusão da modalidade nos "grupos de sociedades" advém de construção doutrinária e não da lei, onde o fenômeno é analisado em capítulo à parte (XXII). Porém, a influência da lei alemã na elaboração da nossa disciplina grupal, parece autorizar a inclusão da modalidade (*gleichordnungsKonzern*) no âmbito grupal, conforme acatado pela nossa doutrina.[30] A par disto, ainda aqui, *Carvalhosa*[31] classifica as "*joint ventures*" como *consórcios* contratuais (*joint venture agreements*) ou societários (*joint venture corporations*), o que afasta a utilidade da indagação.

As sociedades consorciadas mantêm sua autonomia econômica e jurídica sem qualquer vínculo de subordinação e, inclusive, por expressa disposição legal (art. 278, § 1.º e 2.º da Lei 6.404/1976), falta entre elas solidariedade passiva, a falência de uma não se estende à outra.

No mais, e ainda aqui Carvalhosa,[32] os consórcios podem se classificar em:

– Operacionais e instrumentais: *Operacional*, quando formado para a realização de um empreendimento empresarial comum; *instrumental*, quando a finalidade seja contratar com um terceiro a execução ou concessão de uma determinada obra (pública ou privada);

– Abertos ou fechados: conforme aceitem ou não o ingresso de novos participantes durante o prazo de duração;

– Nacionais, estrangeiros e multinacionais: os últimos regulando-se pelo ordenamento jurídico escolhido e, quando regionais, pelos Tratados e Diretivas aplicáveis à atividade desenvolvida.

6. As participações recíprocas

6.1 O direito anterior

A prática das participações recíprocas já era questionada durante a vigência do Decreto 2.627/1940, embora a lei fosse omissa neste ponto.

No âmbito das sociedades financeiras, todavia, a prática era vedada (Circular BACEN, 126 de 20.03.69), sob qualquer pretexto, excluindo-se essa possibilidade em qualquer das suas formas (alternadas ou combinadas) o que equivale dizer, excluindo-se tanto a participação direta quanto a indireta.[33]

---

30. Consulte-se, por todos a obra pioneira de Fábio Konder Comparato, *O poder de controle...*, cit., conf. p. 23-24.
31. Aut. e op. cit., p. 344.
32. Idem, p. 345-346.
33. Fabio Konder Comparato, op. cit., *O poder de controle...*, p. 163-166.

Com o advento da Lei 6.404/1976, a vedação encontrou lugar, também, no direito societário, (art. 244), o que, de resto, seria uma conseqüência inevitável da regulamentação adequada dos grupos de sociedades.

Todavia, em redação inferior àquela da Circular BACEN 126/1969, expressamente, somente abrangeu as participações diretas, deixando de lado as combinações indiretas ou sucessivas, alternadas ou combinadas. Sob tal aspecto a regulação é falha eis que, embora o mecanismo de atuação seja distinto, o resultado final será o mesmo: a sociedade, valendo-se de outra, ou outras, intercaladamente, termina por participar do próprio capital.

6.2 Finalidade da vedação

O objetivo da proibição foi, por um lado – a tutela dos credores, mediante a manutenção da integridade do capital social, evitando que a sociedade, em virtude de participação em outra que, por sua vez, participa dela, termine por participar de si mesma.

A finalidade é evitar o aguamento ou esvaziamento do capital social. Vale dizer um descoberto efetivo no capital aparentemente íntegro, com o que se fazem ineficazes uma série de medidas decorrentes do princípio da intangibilidade do capital social, como v.g. a proibição da negociação com as próprias ações, a que veda a emissão abaixo do par e as destinadas à proteção dos credores quirografários quando das deliberações de redução da cifra do capital social. A par disto, cai por terra, também, o princípio da veracidade do balanço uma vez que os saldos das contas representadas não corresponde, em essência, à sua realidade.

Sob outro ângulo, tem-se em vista a tutela dos minoritários enquanto ligada ao exercício do direito de voto, conforme as participações impliquem, ou não, em exercício do poder de controle.

A idéia é evitar o chamado controle administrativo ou gerencial, no qual os administradores, em decorrência do esvaziamento dos poderes da AG, passam a defender somente os próprios interesses, perpetuando-se no poder, mediante um mecanismo de troca de favores. Com a proibição evita-se possam os administradores valer-se das próprias participações para permanecerem em seus cargos.

A proibição admite uma exceção na norma do art. 244, § 1.º, da Lei Acionária. A participação é facultada nas condições previstas em que a companhia pode adquirir suas próprias ações (art. 30, § 1.º, b), desde que até o valor do saldo dos lucros ou reservas (ressalva à reserva legal) e sem diminuição do capital social. A exceção se explica porque o saldo de lucros e reservas poderia ser distribuído aos acionistas, portanto em nada interfere com a manutenção da integridade do capital social.

Fora dessa hipótese, a sociedade cuja aquisição der lugar à situação vedada (a que adquiriu por último) deverá alienar, dentro de seis meses, as ações que excederem ao valor dos lucros ou reservas e isto, também quando estes sofrerem redução.

Tal faculdade, a aquisição de ações, pode ser exercida tanto pela controlada quanto pela controladora. Mas é necessário notar que, cuidando-se de sociedade controlada, as ações da controladora em seu poder terão o direito de voto suspenso. Vale dizer, o fato de a controladora adquirir participações na forma do art. 30, § 1.º, não implica que terão, também estas, o seu direito de voto suspenso perante a controlada. A finalidade é desestimular as controladas de adquirirem ações das controladoras. Até porque, o controle acionário depende de uma sociedade deter ações representativas do capital de outra que lhe permitam atuar como controlador elegendo a maioria dos administradores e fixando as diretrizes gerais de condução dos negócios da sociedade.

A restrição também atinge as situações de coligação, como faz ver a norma do § 5.º, segunda alínea deste artigo.

6.3 Sanção

A aquisição da qual resulte a participação recíproca é causa de responsabilidade solidária dos administradores e, inclusive, da possibilidade de responsabilidade criminal.

No âmbito da responsabilidade civil a questão está disciplinada na norma do art. 158 da lei acionária e, s.m.j., a ação é aquela prevista na norma do art. 159 da mesma lei, lembrando que o prazo prescricional é de 3 anos, previsto na norma do art. 287, II, alínea b, da Lei 6.404/1976 e começa a correr na data da publicação da deliberação que aprovou o balanço do exercício, no qual ocorreu a violação.

Note-se, ademais, que a vedação permanece, ainda que a controladora, ou a controlada não sejam sociedades anônimas (v.g. sociedade limitada), em que pese a expressão "companhia", na norma do art. 244 da Lei 6.404/1976, eis que a lei, por vezes, utiliza a expressão em sentido atécnico, como se pode demonstrar com fundamento no disposto na norma do seu art. 275, § 2.º.

Veja-se, outrossim, que a norma do art. 243, ao descrever tanto a coligação quanto o controle, utilizou a expressão "*sociedades*", não necessariamente identificada com a anônima.

Aliás, diga-se que no direito comparado a vedação estende-se, expressamente, às sociedades limitadas. Com este teor são exemplos as normas do art. 2359, 3.ª alínea do Codice Civile; art. 485, 2 e 3, do Código das Sociedades Comerciais Português; art. 32 da Lei argentina 19.550/1972 (e alterações posteriores); art. 360 da Lei Francesa, de 24 de julho de 1966; § 19 da Lei

Acionária alemã de 1965; Sec. 35, 1 do *Companies Act* inglês de 1980, dentre outras.

O mesmo diga-se quanto à norma do art. 265. Restringir a vedação às situações nas quais a controladora seja uma anônima equivaleria sancionar a possibilidade de participações recíprocas nos grupos em que a controladora ou sociedade de comando fosse uma limitada, por exemplo.

7. A SUBSIDIÁRIA INTEGRAL

A adoção da figura da subsidiária integral na norma do art. 251 da Lei 6.404/1976, incorpora, no seu bojo, a tendência ao reconhecimento da sociedade unipessoal que, de há muito, vem se manifestando no direito estrangeiros.

A idéia da sociedade como um grupo de pessoas, dominante durante a primeira parte do século passado, foi sendo, gradualmente, abrandada. A visão tradicional alterou-se, vendo-se, na maioria dos países, tendência para o reconhecimento da sociedade unipessoal em qualquer uma das suas formas das ditas sociedades de capitais, anônima e limitada.

Além da redução no número mínimo de sócios exigidos para a constituição das anônimas, de que é exemplo a nossa lei acionária (anteriormente o número mínimo era 7, caindo para 2), alargaram-se as hipóteses de permanência da sociedade, apesar da concentração das participações societárias nas mãos de um único sócio. Exemplo da afirmação é o disposto na norma do art. 1.033, IV, do CC/2002, facultando a permanência da sociedade por 180 dias apesar da redução a um único sócio.

A par disto, nos diversos ordenamentos firmou-se compreensão no sentido da admissibilidade da sociedade unipessoal, tanto por constituição originária quanto derivada.

Valem como exemplos tanto a *Wholly owned subsidiary* do direito norte-americano, quanto a *Eingeglierdete Gesellschaften* do alemão.

No direito nacional a constituição da subsidiária integral tanto pode ser decorrente de constituição original (já surge como tal), como por constituição derivada, tal como resulta, por exemplo, da incorporação de todas as ações de uma anônima por outra sociedade, na forma prescrita nas normas dos arts. 252 e 253 da Lei Acionária.

Modesto Carvalhosa[34] distingue a sociedade unipessoal provisória (aquela do art. 206, alínea *d*) da permanente, conforme o disposto nas normas dos artigos 252 e 253.

---

34. Aut. cit., op. cit., *Comentários*..., v. 4, t. II, p. 116-117.

Qualquer que seja a modalidade, estão submetidas a todas as formalidades exigidas para a constituição das companhias fechadas, com as exceções previstas na disciplina específica, traçada nesta seção V, do capítulo XX da Lei das S/A.

Note-se, particularmente, que a admissão de outros sócios, tal como descrito na norma do art. 253, supra mencionado, significa a extinção (sem liquidação) da subsidiária integral circunstância em que se transmuda em sociedade pluripessoal submetida à disciplina comum traçada para as demais sociedades anônimas.

JURISPRUDÊNCIA

- *"Sociedade por ações. Falência. Determinação, pelo Juiz, da arrecadação de bens das empresas controladas pela falida. Circunstância que não estende os efeitos da quebra às coligadas. Inexistência de responsabilidade solidária de sociedades do mesmo grupo, eis que cada uma conserva sua personalidade jurídica e autonomia patrimonial independente dos objetivos comuns a alcançar. Inteligência dos arts. 265, 266 e 278, §§ 1.º e 2.º, da Lei 6.404/1976.* A determinação, pelo Juiz, da arrecadação de bens das empresas controladas pela falida não tem o condão de estender os efeitos da falência às coligadas, pois inexiste responsabilidade solidária presumida de sociedades do mesmo grupo, eis que cada uma das empresas conserva sua personalidade jurídica e autonomia patrimonial, independente dos objetivos comuns a alcançar, conforme inteligência dos arts. 265, 266 e 278, §§ 1.º e 2.º, da Lei 6.404/1976" (TJ/SP, 10.ª Câm., AgIn 125.124-4/2, j. 09.11.1999, rel. Des. Ruy Camilo, *RT* 773/224).

Bibliografia

ALEGRI, Vicenzo. Amministratori e Consiglio Direttivo. In: ROTONDI, Mario (org.). *Grandi problemi della società per azioni nelle legislazioni vigenti*. Padova: Cedam, 1976. vol. 5.

——. *Contributo allo studio della responsabilità civile degli amministratori*. Milano: Giuffrè, 1979.

ALMEIDA SALLES. Marcos Paulo de. *O contrato futuro*. São Paulo: Cultura Editores Associados, 2000.

ANNUNZIATA. Filippo. La tredicesima Direttiva CU sull'OPA: nuova proposta.. *Rivista della Società*. ano 43, fasc. 2-3, p. 664-681. mar.-jun. 1998.

AOFELBACHER. Gabrielle et al. *German takeover law: a commentary*. Munique: Verlag C. H. Beck – München oHG – Ant. N. Sakkoulas – Athen oHG, 2002.

ASHER, Bernard. The development of a global securities market. In ODITAH, Fidelis (org.). *The future for the global securities market: legal and regulatory aspects*. Oxford: Claredon Press, 1996.

BALDWIN, Robert; CAVE, Martin. *Understanding regulation: theory, strategy, and practice*. New York: Oxford University Press, 1999.

BANFI, Alberto. *La borsa e il mercato mobiliare: organizazzione, strumenti, intermediari*. 4. ed. Torino: UTET, 1998.

BARRETO FILHO, Oscar. Medidas judiciais da companhia contra administradores. *RDM* 40, nova série, p. 9-18.

BAYER, Wilhelm F. Horizontal groups and joint ventures in Europe: concepts and reality. In: HOPT, Klaus J. *Groups of companies in European laws (Les groupes de sociétés en droit européen)*. In: GRUYTER, Walter de (coord.). Berlin — New York, 1982. vol. 2.

BEBCHUCK, Lucian; HART, Oliver. *Takeover bids vs. Proxy fights in contests for corporate Control*. Disponível em: <http://ssrn.com/abstract=304386>.

BERLE; MEANS *Società per azioni e proprietà privata*. Trad. Giovanni Maria Ughi. Torino: Giulio Enaudi, 1966.

BURKART, Mike; PANUNZI, Fausto. Takeovers. *European corporate governance institute. EGGI working paper series in finance: Working Paper 118/2006*. fev. 2006.

BRUNETTI, Antonio. *Tratado del derecho de las sociedades*. Buenos Aires: UTEHA, 1960. vol. 1 e 3.

BULGARELLI, Waldírio. *Manual das sociedades anônimas*. 12. ed. São Paulo: Atlas, 2000.

———. *Manual das sociedades por ações*. 12. ed. São Paulo: Atlas, 2001.

———. *Questões de direito societário*. São Paulo: Ed. RT, 1983.

———. *Regime Jurídico da Proteção às Minorias nas S/A: de acordo com a reforma da Lei 6.404/76*. Rio de Janeiro: Renovar, 1998.

———. *Títulos de Crédito*. 16. ed. São Paulo: Atlas, 2000.

CAMINHA, Uinie. *A securitização: função econômica e regime jurídico*. Tese de Doutorado, São Paulo, USP, 2004.

CAMPOS BATALHA, Wilson de Souza. *Comentários à Lei de Sociedades Anônimas*. Rio de Janeiro, 1977.

CANNADA BÁRTOLI, Eugênio. Interesse (Diritto administrativo). *Enciclopedia del Diritto*. Milano: Giuffrè, 1972. 1978. p. 976, 979.

CANNU, Paul le. *La société anonyme a directoire*. 2. ed. Librairie Generale de Droit et de Jurisprudence: Paris, 1979.

CARVALHO DE MENDONÇA, J. X. *Tratado de direito comercial brasileiro*. Rio de Janeiro: Freitas Bastos, 1959. vol. 4.

CARVALHOSA, Modesto de Barros. *Comentários à Lei de Sociedades Anônimas*. São: Paulo: Saraiva, 1997. vol. 1, 2, 3 e 4.

———. EIZIRIK, NELSON. *A NOVA LEI DAS S/A*. SÃO PAULO: SARAIVA, 2002.

CELLERIER, Lucien, *Étude sur les sociétés anonymes en France et dans les pays voisins*. Paris: Librairie Syrey, 1905.

CHINEN, Akira. *Comercial paper*. 2. ed. São Paulo: Atlas, 1996.

COMPARATO, Fabio Konder. *Ensaios e pareceres de direito empresarial*. Rio de Janeiro: Forense, 1981.

———. O direito de subscrição em aumento de capital no fideicomisso acionário. *RDM* 40, p. 63-78.

———. *O poder de controle na sociedade anônima*. 2. ed. São Paulo: Ed. RT,1977.

———. Restrições à circulação de ações em companhia fechada: 'Nova et Vetera'. *RDM* 36, p. 65-76.

———. Vendas em bolsa de ações da União Federal no capital social de sociedade anônima de economia mista. *Novos ensaios e pareceres de direito empresarial*. Rio de Janeiro: Forense, 1981. p. 294-295.

———. Vendas em Bolsa de ações da União federal no capital de sociedade de economia mista e desrespeito às normas disciplinares do mercado de capitais. *Novos ensaios e pareceres de direito empresarial*. Rio de Janeiro: Forense, 1981.

COTTINO, Gastone. *Participación pública en la empresa privada e interés social*. Bolonia: Publicaciones del Real Colegio de España, 1970. vol. 1.

DABIN, Leòn. *Les systèmes rigides du type Konzernrecht: l'exemple de la proposition de la société européene*. Les groupes de sociétés: une politique législative. Paris: Librairie Techniques, 1978.

DE LUCCA, Newton. *Aspectos da teoria geral dos títulos de crédito*. São Paulo: Pioneira, 1979.

DUCLERC VERÇOSA, Haroldo Malheiros. A CVM e os contratos de investimento coletivo ("Boi Gordo" e outros). *RDM* 108, p. 91-100, notadamente p. 92 e 93.

———. *Curso de direito comercial 1: teoria geral do direito comercial e das atividades empresariais mercantis: introdução à teoria geral da concorrência e dos bens imateriais*. São Paulo: Malheiros, 2004.

EIZIRIK, Nelson. Aspectos jurídicos do "underwriting". *RDM* 66, p. 19-28.

———. Caracterização jurídica da emissão pública de valores mobiliários. *RDM* 83, p. 83 e ss.

———. "Insider Trading" e Responsabilidade de administrador de companhia aberta. *RDM* 50, nova série, ano XXII, p. 42-56. 1983.

———. Nova regulamentação do mercado de balcão organizado. *RDM* 109, p. 102-106.

———. Os valores mobiliários na Nova Lei das S/A. *RDM* 124, p. 72-79.

———. *Reforma das S.A. & do mercado de capitais*. Rio de Janeiro: Renovar, 1997.

EMBID IRUJO, José Miguel. Algunas reflexiones sobre los grupos de sociedades y su regulación jurídica. *RDM* 53, p. 18-40.

EPSTEIN, Richard A. Controlling company takeovers: by regulation or by contract. *New Zealand Business Roundtable*. 1999. Disponível em: <http://.nzbr.org.nz/documents/publicaions/publications-199/controlling_company_takeovers.pdf>.

FARENGA, Luigi. Sulla natura giuridica della sottoscrizione del capitale sociale. *Rivista delle Società*. ano 43, fasc. 2-3, p. 462-472; Milano, mar-jun. 1998.

FERRAN, Eilis. *Building an EU securities market*. Disponível em: <http://papers.ssrn.com/sol3/papers.cfm?abstract_id=604047#PaperDownload>.

FERRARINI, Guido. Solettazione del risparmio e quotazione in borsa. In COLOMBO, G.E.; PORTALE, G.B. *Trattato delle Società per Azioni*. Torino: UTET, 1993. vol. 10.

FERRI, Giuseppe. *La Società*, Torino: UTET, 1971.

FIGUEIREDO MARCOS, Rui Manuel de. *As companhias pombalinas: contributo para a história das sociedades por acções em Portugal*. Coimbra: Almedina, 1997.

FRANCO, Vera Helena de Mello; SZTAJN, Raquel. *Falência e recuperação da empresa em crise: comparação com as posições do direito europeu*. São Paulo: Campus Elsevier, 2008.

———. Considerações sobre a OPA: estado atual da questão. *RDM* 244, p. 16-57.

FREITAS, Newton. *História do sistema de pagamentos brasileiro*. Disponível em: <http://www.newton.freitas.nom.br/artigos.asp?cod=166>.

GALGANO, Francesco. La società per azioni. *Trattato di diritto commerciale e di diritto pubblico dell' economia*. Padova: Cedam, 1984.

———. La società per azioni. *Trattato di diritto commerciale e di dirito pubblico dell'economia*. Padova: Cedam, 1984. vol. 7.

GESSLER, E. Les groupes de sociétes em droit allemand. *Révue pratique des sociétes* 5.567, p. 41-59. Bruxelles, 1972.

GOWER, L.C.B. *Principles of modern company law*. 4. ed. London: Stevens & Sons, 1979.

GRAU, Eros Roberto. *Elementos de direito econômico*. São Paulo: Ed. RT, 1981.

———. Empresas públicas, licitações, registros contábeis e processamento da despesa pública. *RT* 541/47-73.

GUYENOT, Jean. *Derecho comercial*. Trad. Manuel Ossorio Florit e Concepción Ossorio de Centrágolo. Buenos Aires, 1975. vol. 1.

HALPERIN, Isaac. *Sociedades anónimas: examen crítico del Decreto ley 19.550*. Buenos Aires: Depalma, 1978.

HAMILTON, Robert W. *The law of corporations in a nutshell*. 4. ed. St. Paul, MN: West Publishing Co, 1996.

HAZEN, Thomas Lee. *The Law of Securities Regulation*. 3. ed. St. Paul, MN: West Publishing Co, 1996.

HEIMAN, George notas à tradução do "Das deutsche Genossenshaftsrecht". de Otto Von Gierke, do ingles. *Associations and Law: The classical and early Christian stages*. Toronto – Buffalo: University of Toronto Press, 1977.

HUECK, Gotz. *Gesellschaftsrecht*. 18. ed. München: C. H. Beck, 1983.

HUFFER, Uwe. *AktienGesetz*. 4. ed. München: Verlag C. H. Beck, 1999.

_____. *Aktiengesetz*. 4. ed. Beck'fche Kurz Kommentare, 1999.

HULL, John. *Introdução aos mercados futuros e de opções*. 2. ed. São Paulo: BM&F, 1996.

IFFLAND. Jacques Recent developments in securities regulation: public takeover offers, disclosure of shareholdings, squeeze out. *SZW/RSDA* 3/99, p. 145-149.

IRTI, Natalino. Concetto giuridico di mercato e dovere di solidarietà. *Rivista di Diritto Civile* 2, anno XLIII, p. 186 e ss. Padova: Cedam, mar.-abr. 1997.

_____. Teoria generale del diritto e problema del mercato. *Rivista di Diritto Civile* 1, anno XLV, p. 1 e ss. Padova: Cedam, jan.-fev. 1999.

IUDICA, Giovanni. *Autonomia dell'impreditore privato ed intervento publici*. Padova: Cedam, 1980.

JAEGER, Píer Giusto. *L'interesse socieale*. Milano: Giuffrè, 1972.

JOSUÀ, Adriana. Alienação do controle de S/A por oferta pública (art. 254 – A da Lei das S/A). *RDM* 126.

KLUNZIGER, Eugen. *Grundzüge des Gesellschatsrecht*. München: Verlag Franz Vählen, 1978.

KNAPP, Blaise. *La Protection des travailleurs des sociétés members du groupe*. Trabalho apresentado ao primeiro colóquio sobre direito internacional privado de grupos de sociedades, realizado no período de 10 a 12 de maio de 1973 em Genève (*Colloque International Privé des groupes des sociétés: études suisses du droit européen*). Genève, 1973. vol. 14.

KOSCHAKER, P. *Europa y el derecho romano*. Madrid: Editorial Revista de Direito Privado, 1955.

KÜMPEL, Siegfried. *Direito do mercado de capitais: do ponto de vista do direito europeu, alemão e brasileiro: uma introdução*. Rio de Janeiro: Renovar, 2007.

LACERDA TEIXEIRA, Egberto; TAVARES GUERREIRO, José Alexandre. *Das sociedades anônimas no direito brasileiro*. Rio de Janeiro, 1979.

LAMY FILHO, Alfredo; BULHÕES PEDREIRA, José Luiz. *A Lei das S.A.* Rio de Janeiro: Renovar, 1992.

LEÃES, Luiz Gastão Paes de Barros. *Mercado de capitais & insider trading*. São Paulo: Ed. RT, 1982.

LUTTER, Marcus. Die Treupflicht des Aktionärs. *Zeitschrift für das gesammte Handelsrecht und Wirtschaftsrecht* 153, p. 367-510. ago. 1989.

MACH, Olivier. *L'Entreprise et les groupes de sociétés en droit európéen de la concurrence*. Genève: Librairie de l'Universitè – George et Cie. S/A, 1974.

MANGINI, Vito. Iniziativa economica pubblica e concorrenza sleale. *Rivista della Società*. anno XIX, p. 445-482. Milano: Giuffrè, maio-ago. 1974.

MARCILIO, Rodrigo. *Oferta Pública de aquisição de ações por alienação de controle acionário*. Dissertação de mestrado, São Paulo, FADUSP, 2003.

MAMEDE, Gladston. *Títulos de Crédito*. São Paulo: Atlas, 2003.

MARTINS, Armindo Saraiva. Titularização: um novo instrumento financeiro. *RDM* 112, p. 48-54.

MARTINS, Fran. *Comentários à Lei das Sociedades Anônimas*. Rio de Janeiro, 1977. vol. 1.

MEDAUAR, Odete. *Direito administrativo moderno*. 8. ed. São Paulo: Ed. RT, 2004.

MIGNOLI, Ariberto. L'interesse sociale. *Rivista della Società*. p. 725-763. Milano: Giuffrè, 1958.

———. *Le assemblee speciali*. Milano: Giuffrè, 1960.

MINERVINI, Gustavo. *Società, associazioni, gruppi organizatti*. Napoli: Morano, 1973.

MIRANDA VALVERDE, Trajano de. *Sociedades anônimas*. Rio de Janeiro: Borsoi & Cia., 1937.

NOBEL, Peter. *Schweizerisches Finanzmarketrecht*. Berna: Stämpfli Verlag AG, 1997.

OLIVEIRA, Miguel Delmar de. *Introdução ao mercado de ações*, ed. de 1988, atualizada por Miguel Dirceu Fonseca Tavares e Eduardo Novo Costa Pereira.

———. *O direito do acionista ao dividendo*. São Paulo: Obelisco, 1969.

PENTEADO, Mauro Rodrigues. Apontamento sobre a alienação do controle de companhias abertas. *RDM* 76.

PEPE, Frederico. *Holdings, gruppi e bilanci consolidati*. Milano: Giuffrè, 1974.

PETIT-PIERRE SOUVAIN, Anne. *Droit des sociétés et groupes des sociétés: responsabilitè de l'actionnaire dominant: retrait des actionnaires minoritaires*. Genève: Librarie de L'universitè - Georg et Cie S/A, 1972.

PLANITZ, Hans. *El problema del germanismo en el derecho español: siglos V-VI*. Madrid: Marcial Pons - Ediciones Jurídicas y Sociales, S.A., 1997.

R. Silva, Fabrício Mello. *ECNs redes eletrônicas de comunicação no mercado de capitais dos EUA: complemento ao relatório técnico SMI de março de 99*. CVM, ago. de 1999.

Reimer, Dietrich. *La repression de la concurrence deloyale en Allemagne*. Paris: Ed. Econômica, 1978.

Ricardo dos Santos, João Regis. Poupança, investimento e intermediação financeira. In: Portocarrero de Castro, Hélio (coord.). *Introdução ao mercado de Capitais*. 7. ed. Rio de Janeiro: IBMEC, 1979.

Rickford, Jonathan. Fundamentals, developments and trends in British Company Law: some wider reflections. *European Company and Financial Law Review* 4. dez. 2004.

Ripert, Georges; Roblot, René. *Traité elementaire de droit commercial*. Paris, 1968. vol. 1.

Rocha Azevedo, Alberto Gomes da. *Dissociação da sociedade mercantil*. São Paulo: Edusp, 1975.

Rodrigues, Silvio. *Direito civil: direito das coisas*. 27. ed. São Paulo: Saraiva, 2002. vol. 5.

Roe, Mark J. *The institutions of corporate governance*. Discussion Paper n. 488. Disponível em: <http://www.Law.Harvard.edu/programs/olin centre>. 01.11.2004.

Ruiz Alonso, Felix. *Comentários à Lei das Sociedades por Ações*. São Paulo: Resenha Universitária, 1980. vol. 2.

Sabato, Francesco di. *Manuale delle Società*. Torino: UTET, 1984.

Salomão, Calixto, *O novo direito societário*. São. Paulo: Malheiros, 1998.

Salomão Neto, Eduardo. Sistema financeiro imobiliário. *RDM* 116, p. 155-166.

Seibert, Ulrich. *Die kleine AG*. Köln: Verlag Kommunikationsforum GMBH, 1994.

Hölters, Wolfgang; Deilmann, Barbara. *Die kleine Aktiengesellchaft*. München: Verlag C.H.Beck, 1997.

Siems, Mathias M. *The foundations of securities law*. in SSRN_ID1089747_cide367649.pdf in http://ssrn.com/abstract=1089747.

Small, Kenneth; Smith, Jeff; Yildirim, H. Semih. *Ownership structure and golden parachutes: evidence of credible commitment or incentive alignment?*. Disponível em: <http://www.efmaefm.org/0efmameetings/efma%20annual%20meetings/2007-Vienna/Papers/0040.pdf>.

Simonsen, Roberto. *História econômica do Brasil*. 8. ed. São Paulo: Siciliano, 1977.

SMITH, Kenneth; KEENAN, Denis. *Company law.* 4. ed. London: Pitmann, 1981.

STEINBERG, Marc I. *Understanding securities law.* 2. ed. New York: Matthew & Bender, 1977.

―――. *Understanding securities law.* 2. ed. San Francisco: Matthew & Bender, 1997.

SZTAJN, Rachel. *Futuros e swaps.* São Paulo: Cultural Paulista, 1999.

TANDOGAN, Haluk. *Notions preliminaires a la théorie générale des obligations.* Genève: Librairie de L'Université,1972.

TAVARES GUERREIRO, José Alexandre. Impedimento de administrador em ação social 'ut singuli'. *RDM* 46, p. 23-28. 1982.

―――. O usufruto das ações ao portador e a posição da companhia emissora. *RDM* 39, p. 84-95.

―――; Lacerda Teixeira, Egberto. *Das sociedades anônimas no direito brasileiro.* José Bushatsky, 1979.

TRAICHEL, Christian; WAGNER, Florian (LL.M., Taylor Wessing-Munich). *European requirements set forth in the EU Takeover Directive and their impact on German takeover law.* Disponível em: <http://www.taylorwessing.com>.

VAGTS, Detley F. *Basic corporation law: materials: cases: text.* 3. ed. Westbury, NY: The Foundation Press Inc., 1989.

VERÇOSA, Haroldo Malheiros Duclerc. *Curso de Direito Comercial.* São Paulo: Malheiros, 2006. vol. 2.

―――. *Curso de Direito Comercial.* São Paulo: Malheiros, 2008. vol. 3.

VON GIERKE, Otto. *Associations and Law: the Classical and Early Christian stages.* Toronto - Buffalo: University of Toronto Press, 1971.

―――. *Political theories of the Middle Age.* 2. ed. Trad. Frederic William Maitland. Bristol: Thoemmes Press, 1996 (reimpressão da edição de 1900).

VON THUR, A.. *Tratado de las obligaciones.* T. I. Madrid: Editorial Réus S.A., 1964.

WALD, Arnoldo. A oferta Pública, a igualdade dos acionistas e o direito comparado. *RDM* 43.

WEBER, Ernst Juerg. *A short history of derivative security markets.* Disponível em: <http://ssrn.com/abstract=1141689>.

WILSON, Colin. *True crime.* 2. ed. New York: Carrol & Graf Publisher Inc., 1998.

ZANELLA DI PIETRO, Maria Silvia. *Direito administrativo*. 16. ed. São Paulo: Atlas, 2003.

RELATÓRIOS

Gouvernement d'entreprise: selon un rapport de la Commission, les États membres sont réticents à donner plus de poids aux actionnaires dans les OPA. Reference: IP/07/251, 27.02.2007. Disponível em: <http://ec.europa.eu/internal_market/company/takeoverbids/index_fr.htm>.

A European framework for takeover bids: The new Commission proposal. Disponível em: <http://ec.europa.eu/internal_market/smn/smn30/a29_en.htm>.

Report on de implement of the Directive on Takeover Bids. Bruxelas, 21.02.2007 – SEC(207) 268- Comission Staff Working Document. Disponível em: <http://www.ec.europa.eu/internal_market/company/docs/ takeoverbids/2007-02-report_en.pdf>.

European Shadow Financial Regulatory Committee (Copenhagen). European Shadow Financial Regulatory Committee Takeover Bids in Europe. Takeover Bids in Europe. *Statement No. 13*. Copenhagen, 04.02.2002. Disponível em: <http://www.aei.org/publications/filter.economic,pubID.16964/pub_detail.asp>.

Diagramação
Art & Estilo Apoio Editorial Ltda.
CNPJ 06.143.777/0001-91.

Impressão e encadernação
Associação Religiosa Imprensa da Fé.
CNPJ 62.202.528/0001-09.

A.S. L5857